Widmung

An Mira, Krishnas Botin

Als mich umgab die finstere Nacht in des Ozeans wegloser Flut,
rief ich voll Angst: »Der Lotse ist nirgends in Sicht!
Wer lenkt mein Boot im wilden Sturm zu Seines Hafens Licht?«
Kam Seiner Flöte Antwort: »Blick auf Mira, fasse Mut.
Seiner Minnesängerin begnadete Musik
wird lenken dein Boot in Seine gesegnete Bucht zurück.«

Hari Krishna Mandir
Poona, Indien
17. April 1972

In tiefer Dankbarkeit
Dilip und Indira

Dilip Kumar Roy
Indira Devi

Autobiografie zweier Yogis

Eine göttliche Liebesgeschichte

AURINIA

Dilip Kumar Roy, Indira Devi
AUTOBIOGRAFIE ZWEIER YOGIS
EINE GÖTTLICHE LIEBESGESCHICHTE
Aus dem Englischen von Liselotte Julius
Überarbeitet, erweitert und herausgegeben von Reinhold Schein

Published by arrangement with Hari Krishna Mandir Trust, Pune, India

Umschlagdesign: Oliver Hahn
Umschlagfoto: Gestaltungselemente von fotolia.com
Lektorat: Anke Schenker
Satz und Herstellung: Produktion Hamburg
www.produktion-hamburg.de

Printed in EU
ISBN 978-3-95659-000-9

1. Auflage

Besuchen Sie auch unsere Website: **www.aurinia.de**

Inhalt

Dritter Teil von Dilip Kumar Roy

Anhang

Vorbemerkungen des Herausgebers

Es war für mich in vieler Hinsicht ein Glück, dass ich fünf Jahre in Poona leben und (als Deutsch-Lektor) arbeiten konnte. Von Dilip Kumar Roy und Indira Devi hatte ich schon vorher gelesen, so erkundigte ich mich bald nach meiner Ankunft, wo ihr Ashram, der Hari Krishna Mandir, sei und fand ein unauffälliges, eher einem größeren Einfamilienhaus als einem Tempel oder einer Institution gleichendes Gebäude in einem gepflegten Garten. Beim ersten Besuch erfuhr ich, dass Dilip Kumar Roy Anfang des Jahres verstorben war. Auch Indira Devi, die den Ashram nun allein leitete, sei zurzeit nicht in der Stadt. Dennoch nahm ich einige Tage später an dem musikalischen Programm teil, das jeden Sonntagmorgen im Tempelsaal des Hari Krishna Mandir stattfindet. Der Gesang von *Bhajans*, begleitet von Instrumenten, war für mich etwas Neues. Diese Musik der *Bhakti* (Gottesliebe) und die Atmosphäre des Ortes übten einen eigenartigen Zauber auf mich aus. Ich wusste, hierhin würde ich gern wiederkommen.

Das tat ich anfangs sporadisch, dann häufiger und während der letzten zwei Jahre meines Aufenthalts in Poona verbrachte ich fast alle Abende dort. Indira Devi vermittelte mir das Gefühl, zur Familie zu gehören.

In der Tat ging es im Hari Krishna Mandir durchaus familiär zu. Nach dem öffentlichen Abendprogramm aus *Arati* und gemeinsamem Singen im Tempel und anschließend einem etwa halbstündigen Vortrag von Indira Devi versammelten sich die Bewohner des Ashrams und einige regelmäßige Besucher in Indira Devis Zimmer im ersten Stock. Ich hörte dann zu, was sie sagte oder worüber sie sich mit anderen unterhielt. Es wurde schnell klar, dass diese Frau im gelben Sari eine ganz besondere Person war. Wenn sich das Gespräch spirituellen Themen zuwandte, konnte sie oft nicht weitersprechen und war für kurze Zeit ganz in ihre innere visionäre Welt entrückt. Das Gleiche geschah oft, wenn Audiokassetten von Dilip Kumar Roy gespielt wurden. Sein wunderbar inniger Gesang hob sie heraus aus der alltäglichen Sphäre, und nur mit einiger Anstrengung gelang es ihr, sich wieder zurück ins

Abendliche Szene aus dem Tempelsaal, ca. 1984/85

diesseitige Hier und Jetzt zu zwingen. Ihren Augen sah man an, dass sie in eine Welt der Glückseligkeit blickte.

Anfangs nahm ich an diesen Treffen einfach schweigend teil, doch allmählich lockte mich Indira Devi aus der Reserve, sie fragte mich, was ich tat, wohin ich strebte usw. Und nachdem ich einmal ausführlicher von meinen Erlebnissen auf einer Wanderung im Himalaya an die Quelle des Ganges erzählt hatte, war ich endgültig zum Teil der Familie geworden. Mehrmals stellte mir Indira Devi auch Fragen nach Umständen, die kein Anwesender wissen konnte. Es war klar: Sie las in den Gedanken und Gefühlen der Menschen wie in einem offenen Buch.

Manchmal blieb ich für einige Tage im Ashram, nahm nicht nur am abendlichen Tempel-Programm teil, sondern auch am täglichen *Seva*, dem hingebungsvollen Dienst in Haus und Garten, bei dem man so gut lernen konnte, wie einfache Routinetätigkeiten, mit Achtsamkeit ausgeführt, zu spirituellem Üben wurden. Wenn dies allmählich zur eigenen Natur wird, durchdringt die Haltung des Yoga das ganze Leben.

Höhepunkte des Jahres waren einige große Feste, zu denen Anhänger und Freunde des Ashrams aus ganz Indien und dem Ausland zusammenkamen. Im dicht gefüllten Tempelsaal wurde mit gesteigertem Enthusiasmus gesungen, darunter viele der Mira-Bhajans, die Indira Devi in ihrem *Samadhi* empfangen hatte. Schließlich gab es ein festliches gemeinsames Essen. An diesen Tagen spürte man noch stärker als sonst die segensreiche Atmosphäre dieses Ortes, die fast greifbare Gegenwart einer spirituellen Kraft.

Es war ein großes Geschenk, mit einem Menschen in so nahen Kontakt zu kommen, der den ganzen Weg seiner „Pilgerschaft zu den Sternen" zurückgelegt hatte und seine Heimat in einer reinen, göttlichen Sphäre wiedergefunden hatte, den man aber auch zu seinen kleinen und großen Problemen befragen konnte. Eine Antwort bekam man immer, eine Richtung wurde immer gewiesen, vielleicht nicht der erhoffte leichte Weg, aber der richtige, der zum Ziel führen würde.

Selbst jetzt, viele Jahre nachdem auch Indira Devi ihren Körper aufgegeben hat, bleibt ihr Ashram ein Ort der Kraft und der Inspiration. Dilip Kumar Roy und sie haben ein solches Erbe an spiritueller Energie hinterlassen, dass es sich bis heute so anfühlt, als seien sie körperlich anwesend. Wer sich ein wenig einstimmt auf den Geist des Ortes, kommt ganz von allein in Einklang mit sich selbst.

Von Indira Devi inspiriert begann ich mit dem Übersetzen einiger ihrer mit Dilip Kumar Roy gemeinsam verfassten Schriften, eine immens befriedigende und inneren Gewinn bringende Tätigkeit. Es ist mir daher eine besondere Freude, nachdem ihre gemeinsame Autobiografie lange vergriffen war, diese Neuausgabe zu betreuen und mit weiteren Passagen aus dem englischen Original zu ergänzen. Ich hoffe, sie findet eine aufgeschlossene Leserschaft, die sich von den geistigen Schätzen dieser beiden großen *Bhakti-Yogis* ansprechen und begeistern lässt.

Die Neuausgabe wurde mit vielen Fotos aus der englischen Originalausgabe illustriert. Sie vermitteln einen lebendigen Eindruck von den Autoren, ihrem Umfeld und den Personen, die in ihrem Leben eine wichtige Rolle spielten.

Begriffe aus dem Sanskrit oder anderen indischen Sprachen sind, wenn sie zum ersten Mal auftauchen, direkt im Text oder in einer Fußnote kurz erläutert. Zum Nachschlagen ist am Ende des Buchs ein Glossar angefügt.

Reinhold Schein

Vorwort
von Frederic Spiegelberg

Wer dieses Buch zur Hand nimmt, wird eine große Überraschung erleben. Denn Dilip schreibt seine Autobiografie nicht, er singt sie. Und so sollte es sein. Ein Künstler, der sein Leben als Symphonie lebt, sollte jeden einzelnen Abschnitt wie eine bezaubernde Melodie erklingen lassen.

In der Tat handelt es sich hier um die Autobiografie eines bemerkenswerten Künstlerpaares: Dilip, der Musiker und Philosoph, Indira, die Tänzerin und visionäre Dichterin. Welch eine Verbindung! Man müsste lange suchen, um nochmals einen solchen Bericht über ein gemeinsames Leben der Inspiration zu finden.

Dilip entstammt der höchsten aristokratischen Schicht; er gewinnt praktisch alle führenden Philosophen und Staatsmänner Indiens zu Freunden und Gefährten und tritt in Kontakt zu den maßgeblichen Persönlichkeiten des europäischen Geisteslebens. Es fehlen nur wenige. Das allein würde dieses Buch als Quelle persönlicher Information über so viele bedeutende Männer wertvoll machen. Aber über diese anregenden Kontakte hinaus ist immer die Stimme Dilips mit ihrer unvergleichlich reichen Klangfülle vernehmbar.

In einer Zeit wie der unseren, da der sogenannte geheimnisvolle Orient von Millionen junger Leute erforscht und bewundert wird, die begierig eine Antwort auf ihr niemals endendes Streben suchen, muss die Anziehungskraft eines solchen ganz persönlichen Berichts über das spirituelle Abenteuer eines führenden Inders groß sein.

Darüber hinaus jedoch ist es das ganz und gar menschliche Gefühl, weit jenseits jeder rassischen oder geografischen Besonderheit, das durch alle Kapitel durchklingt. Hier sprechen ein Mann und eine Frau über Jahrhunderte oder Kontinente hinweg zu uns.

Wer C. G. Jungs Autobiografie *Erinnerungen, Träume, Gedanken* gelesen hat, wird der Meinung beipflichten, dass heute niemand ein solches Buch schreiben sollte, ohne durch diesen außergewöhnlichen Zugang zu den Tiefen der Seele Impulse empfangen zu haben. Und niemand wird durch belanglose Berichte über äußere Ereignisse gelangweilt werden, denen nur wenige Seiten in Dilips Buch gewidmet sind. Wie Sri Aurobindo in einem seiner persönlichen Briefe an Dilip schrieb (in dem er über das Leben Krishnas sprach):

> Wichtig allein ist die spirituelle Wirklichkeit, die Macht, der Einfluss, die mit ihm kamen oder die er durch sein Wirken und Dasein herabbrachte. Im Leben eines spirituellen Menschen ist gar nicht das entscheidend, was er tat oder was er in der Betrachtung seiner Zeitgenossen von außen her war (darauf laufen doch Geschichtlichkeit und Biografie hinaus, nicht wahr?), sondern was er in der inneren Welt war und tat; allein das gibt seinem äußeren Leben überhaupt seinen Wert.

Aurobindo ist Dilips Guru. Ich hoffe, er wird es nicht zu vermessen finden, wenn ich mich somit als seinen Gurubhai bezeichne, das heißt, als Schüler desselben Lehrers, tief innerlich durch ein geheimnisvolles Band verbunden. Vermessenheit ist es gewiss, denn während Dilip durch mehrere Jahrzehnte in ständigem Kontakt mit diesem größten Vertreter indischer Spiritualität lebte, hatte ich lediglich den Vorzug, ihm für fünf Sekunden Auge in Auge gegenüberzustehen. Doch Quantitatives vergeht zu nichts, wenn Qualitatives so überwältigend ist. Als ich mich 1949 auf eifriger Suche nach der Botschaft Indiens befand, nahm ich mit dem Großteil der Meister und Yogis Verbindung auf und lebte sogar mit ihnen in ihren Ashrams zusammen. Natürlich wusste ich von Dilip und seinem immensen Ruf als Künstler und bemühte mich in Kalkutta, ihn kennenzulernen. Er sang im oberen Stockwerk einer in einem weitläufigen alten Park gelegenen Privatvilla und mein Taxifahrer hatte wie häufig größte Mühe, das Haus zu finden. Bei meiner Ankunft war die Darbietung in vollem Gange, und da ich zu schüchtern war, die Tür zu dem Raum zu öffnen, setzte ich mich in die Diele, nur um mich lange Zeit durch den Klang von Dilips Stimme, der durch dicke Holztüren gedämpft wurde, bezaubern zu lassen. Er hat nie erfahren, dass ich dort war.

Einen Monat später fand in Pondicherry eine persönliche oder vielmehr eine Begegnung von Seele zu Seele zwischen Dilip, Indira und mir statt. Es war der Tag von Sri Aurobindos Darshan, als der große Mann, der meist in völliger Zurückgezogenheit lebte, aus der Verborgenheit herauskam, um so für seine vielen Anhänger »sichtbar« zu werden. Mehr als zweitausend waren zum Ashram in Pondicherry gepilgert. Ich war entsetzt beim Anblick dieser riesigen Menge, wie einem Reisenden zumute ist, wenn er sein Ziel erreicht und nun feststellt, dass es von Touristenschwärmen wimmelt. Doch ich war ein spiritueller Tourist und brannte darauf, einen ausführlichen Blick auf den zu tun, dem meine Reise galt. Ich deutete dem Sekretär des Ashrams diesen Wunsch an und wies darauf hin, dass ich über eine größere Strecke hierhergekommen sei als jeder andere und dass ich mir ganz gewiss Zeit lassen würde.

»Oh«, antwortete er, »aber das dürfen Sie nicht tun; wie lange müsste Sri Aurobindo dort sitzen, wenn jeder länger als fünf Sekunden verweilen würde; das ist die für Sie festgesetzte Zeit.« Und beiläufig fügte er hinzu: »Antworten Sie Ihrem Arzt in Amerika, wenn er Ihnen die Liquidation über eine Röntgenbestrahlung schickt, die Behandlung habe nur fünf Sekunden gedauert und Sie würden seine Rechnung nicht bezahlen, wenn er Ihnen nicht eine viel längere gibt? Nein, das werden Sie nicht tun«, sagte er, »denn durch ein Mehr von dieser Behandlung werden Sie schwere Verbrennungen davontragen.«

Also kauerte ich dort im Garten mit Tausenden anderer und wartete geduldig, bis die freiwilligen »Polizisten« des Ashrams meine Gruppe immer näher zum Eingang des Gebäudes führten, wo Sri Aurobindo im oberen Stockwerk saß.

Da kam mir der Gedanke: Hier sitze ich und warte darauf, einen sehr alten Mann ein paar Sekunden lang anzusehen – das kann leicht zur größten Enttäuschung meines Lebens werden. Sicher, ich habe die philosophischen Bücher dieses Genies, die ein ganzes Regal füllten, gelesen, aber ihn anzusehen, worauf wird das hinauslaufen?

Schließlich kam der große Augenblick. Ereignisse wie dieses lassen sich nur durch Umschreibung der Umstände, unter denen sie geschehen, schildern, denn das Ereignis selbst ist gleichsam der blinde Fleck, um den herum sich alles vorbereitet und vollzieht, der aber der unsichtbare Brennpunkt des Ganzen bleibt. Daher will ich nur sagen, dass mir, als ich hinunterging, der Gedanke kam: Himmel, das war viel mehr, als ich erwartet hatte! Denn es wurde mir klar, dass nicht nur ich ihn, sondern auch er mich angesehen hatte …

Als ich den Ashram durch das Tor verließ, verkaufte mir ein junger Schüler eine Fotografie von Sri Aurobindo und sprach die unvergesslichen Worte: »Sir, wollen Sie sich bitte daran erinnern, dass diese Fotografie Ihnen nur den Leib von Sri Aurobindo zeigt.« Nun, das würde für jedes Lichtbild gelten, aber auf dieses traf es, wie ich zugeben musste, besonders zu.

Wenn sich die Erfahrung des Darshan in wenigen Worten zusammenfassen ließe, müsste ich sagen: Es war ein erstaunlicher anhaltender Schock zu sehen, zu welchem Höchstmaß von Vollkommenheit das menschliche Antlitz entwickelt sein kann. Fraglos wurde Sri Aurobindo während dieser fünf Sekunden mein Guru, obwohl ich mich nicht zu dem monotheistischen Glaubenssatz Indiens bekenne, der nur einen Guru gestattet und nur diesen einen. Ich habe andere Gurus gehabt wie Rudolf Otto, Paul Tillich, Martin Heidegger, C. G. Jung und ihr Anteil lässt sich nicht schmälern.

Diese und andere Dinge wurden zwei Tage darauf beim Frühstück mit Dilip und Indira erörtert und abermals, als er im Ashram in seinem prachtvollen Gewand und der Kappe sang – wirklich ein überaus gutaussehender Bursche! Lieber Dilip, ich bin bei meinem Bericht abgeschweift. Es bleibt, mich zu fragen: Wenn fünf Sekunden so viel für deinen Gurubhai bedeuten konnten, wie gewaltig muss die transformierende Kraft dieses Geistes für einen Mann gewesen sein, der wie du den Vorzug hatte, nahezu ein Leben lang einen so engen Kontakt zu unterhalten! Bist du immer noch einfach du selbst oder bist du zu einem Spiegelbild von etwas geworden, das über alle menschlichen Möglichkeiten weit hinausgeht?

Gesang und Tanz werden in vielen Teilen Indiens als die höchsten Formen des Yoga angesehen. In der *Bhagavad Gita* heißt es: »Yoga ist vollkommenes Handeln.« Auf einem Gebiet vollendet zu sein, bedeutet häufig – wie wir wissen – auf anderen ebenfalls Meisterschaft zu erlangen. Daher vermochten es auch Dilip und Indira, die ihren Weg durch das Leben singen und tanzen, sich selbst in unsere Herzen zu projizieren, indem sie eine faszinierende Autobiografie schrieben. Nicht sie, sondern wir, die Leser, sollten beglückwünscht werden.

Frederic Spiegelberg
Stanford University, Kalifornien

Einführung
von Dilip Kumar Roy

Unter der erleuchteten Führung meines Gurus Sri Aurobindo entwickelte ich mich erstmals zum Verfasser von Romanen, Theaterstücken, Gedichten und Biografien. Zu all dem trieb mich mein tief verwurzelter Drang, menschliche Größe darzustellen, die bei jedem Schritt an mich heranzutreten schien. Ich habe diese meine Neigung niemals als bloße Heldenverehrung betrachtet, insbesondere da Krishna selbst in der *Gita* (10:41) erklärt: »Was immer herrlich, wahr, heilbringend oder machtvoll ist, wisse, das hat seinen Ursprung in einem Bruchteil meines Glanzes.«

Daher haben Indira und ich mit einer gewissen Freude die Aufforderung unseres lieben Schülers Prashanta aufgenommen, ein Buch über unser Leben als spirituell Suchende zu schreiben. Für mich selbst stellte ein Brief, den mir Aldous Huxley vor einigen Jahren geschrieben hatte, einen Ansporn dar. Er beklagte sich darin über die zahlreich wuchernde Pseudoliteratur zu diesem Thema, deren Motivation und Zielsetzung sich sehr von wahrer Spiritualität unterscheidet.

Einigen Lesern wird mein früheres Werk *Among the Great* bekannt sein, in dem ich ausführlich über die großen Persönlichkeiten geschrieben habe, deren Ideen und Freundschaft einen bedeutenden Einfluss auf mein Leben ausgeübt haben. Aus Platzgründen und auch, um überflüssige Wiederholungen zu vermeiden, habe ich hier solch biografisches Material wesentlich gekürzt, außer natürlich im Fall von Sri Aurobindo, meinem Guru und dem einzigen Fixpunkt in meinem sonst so wechselvollen Leben.

Ich muss kurz innehalten, um ein Wort über Sri Aurobindo zu sagen, dessen Geburtstag sich 1972 zum hundertsten Male jährte und in aller Welt festlich begangen wurde. Ich habe vielfach aus seinen Werken zitiert, nur um zu bezeugen, dass er es war, der mich in seinem unendlichen Mitgefühl zu dem geformt hat, wozu immer ich geworden sein mag.

Von meinen Kindertagen an hatte ich von ihm gehört als von dem

Sri Aurobindo
»Mein Guru und der einzige Fixpunkt in meinem sonst so wechselvollen Leben.«

großen Revolutionär, der alles für die Sache des Mutterlandes, wie er Indien nannte, geopfert hatte. Als ich ihn schließlich kennenlernte, geschah es jedoch in einem anderen Licht, denn inzwischen hatte er sich aus der Politik zurückgezogen und die Führung seines Landes abgelehnt, um jener größeren Vision zu folgen, die sich ihm durch das Ausüben von Yoga nach und nach offenbarte. Ich lebte von November 1928 bis zu seinem Tod im Dezember 1950 unter seiner gütigen Obhut und machte die Anfechtungen durch, die jedem Strebenden widerfahren, der trachtet, »sein Leben zu einer Brücke zwischen Erde und Himmel zu machen«, wie es uns in seinem unsterblichen Epos *Savitri* ans Herz gelegt wird. Bei ihm zu sein, das hieß einen Vorgeschmack des Himmels zu genießen, und sein plötzlicher Tod hätte mich ohne den Trost meiner Schülerin Indira Devi, die im Jahr davor zu mir gekommen war, in hoffnungsloser Trauer zurückgelassen. Sie war eine Mystikerin von hohen Graden und gab mir stets Kraft mit ihren lichtvollen Erfahrungen, die Sri Aurobindo vollauf bestätigte, indem er ihren *Samadhi* (überbewusste Trance) als »authentisch« und ihre Visionen als »eindrucksvoll« bezeichnete.

Es geschah auch zu dieser Zeit, dass sich die berühmte Heilige Mira als leitendes Licht in Indiras Visionen zu offenbaren begann und ihr Lied auf Lied in makellosen Hindi-Versen schenkte, die ich dann vertonte und begeistert sang. Bisher hat Indira über achthundert solcher Lieder diktiert, wobei sie mitunter infolge ihres Herzasthmas buchstäblich nach Luft rang. In Bezug auf die Historizität von Mira, der Königin, die im Namen Gottes zur Bettlerin wurde, wird der Leser auf den Anhang dieses Buches verwiesen. Ich brauche hier nur zu erwähnen, dass von der Zeit ihrer irdischen Inkarnation im sechzehnten Jahrhundert bis zum heutigen Tage von ihrem Leben und ihren Liedern zahllose Bewunderer und Gottliebende hingerissen waren, die sich von der unsterblichen Botschaft von Krishna und der göttlichen Liebe angezogen fühlten.

Da Indira ein eigenes Vorwort beisteuert, will ich mich jetzt nur noch auf die kurze, aber angenehme Aufgabe der Danksagungen beschränken. Unser aufrichtiger Dank gilt Sri Prashanta, Sri H. V. Kamath, Sri Aina, Sri Mohanta und Sri Rasiklal Desai für ihre mannigfaltige und liebevolle Hilfe. Meine besondere dankbare Anerkennung möchte ich der Jaico Publishing Company in Bombay für die Genehmigung aussprechen, die vielen ausführlichen Zitate aus meinen Werken *Among the Great* und *Sri Aurobindo kam zu mir* zu übernehmen.

Sri Dilip Kumar Roy

»Ich liebe meinen Guru und nenne ihn Dada. Sein Guru, Sri Aurobindo, nannte ihn ›einen Freund und Sohn, einen Teil meines Lebens‹.«

Einführung

von Indira Devi

Was ist Yoga? Ist es eine Reihe von Übungen auf indische Art, die ausgeführt werden, um den Körper zu vervollkommnen, Krankheiten zu heilen, eine gewisse Ruhe zu erlangen, die in dieser hektischen Welt so notwendig ist? Ist es Gedankenbeherrschung, Gemütsberuhigung, das Erlangen bestimmter Kräfte durch Manipulation? Ist Yoga den Hindus vorbehalten?

Nein. Yoga ist eine Verbindung, eine Begegnung mit Gott, mit dem kosmischen Bewusstsein, mit dem Höchsten oder mit dem individuellen höchsten Selbst. Jede Bemühung oder Methode, die diese Verbindung, diese innere Harmonie, Erkenntnis, Liebe oder dieses Verstehen hervorbringt, ist Yoga. Nach Vollkommenheit streben, wie Christus sagte, ist Yoga.

Wer war ein größerer Lehrer des Yoga als Christus? Wollte er nicht eine Wandlung der Natur? Predigte er nicht Liebe, Toleranz und Demut? Und hat er nicht schließlich durch sein Beispiel statt durch Vorschriften gelehrt?

Yoga ist keine orientalische Kunst, Geld zu verdienen oder Grimassen zu schneiden und Körperstellungen zu üben. Beim Yoga gibt es kein Schnellverfahren. Yoga ist eine lebenslängliche Disziplin. Yoga ist eine Lebensform. Yoga ist das höchste Leben, das der Menschheit erreichbar ist. In der *Gita* sagt Sri Krishna:

> Vier Arten rechtschaffener Menschen verehren mich: Ausgestoßene, Erkenntnissuchende, jene, die um einen Segen beten, und die Weisen.

In der modernen Welt ist ein fünfter Weg entstanden. Er scheint auch sehr beliebt zu sein – sich überhaupt nicht mit dem Meister zu befassen, sondern einfach selbst seine Empfehlungsbriefe zu fälschen. Das ist der Weg der professionellen Yogis, der Glücksjäger, der Scharlatane. Allerdings gibt es Scharlatane in jedem Lebensbereich. Warum also sollte man überrascht sein, sie auf dem Gebiet der Spiritualität zu finden? Häufig übersehen oder ignorieren wir eines, dass nämlich gerade das Vorhandensein von Scharlatanen, Imitationen und Betrügern nur die Existenz von wahren Yogis und Heiligen bestätigt. Es würde keine Quacksalber unter den Ärzten geben, wenn es niemals wirkliche Ärzte gegeben hätte. Diese Menschen schaden dem allgemeinen Ruf, aber andererseits ist es das, was die Mehrzahl will, und daher wird sie zu ihnen hingezogen. Die wenigen, die die Wahrheit wollen, bekommen sie auch. »Bittet, so wird euch gegeben werden; suchet, so werdet ihr finden; klopfet an, so wird euch aufgetan« – wie Christus so wunderbar gesagt hat. Die grundlegende Forderung des Yoga ist dieselbe in allen Religionen, nämlich die Transformation unserer niederen Natur. Wenn man alle religiösen Schriften der Welt gelesen, sämtliche *Asanas* und Stellungen gemeistert und gelernt hat, stundenlang still zu sitzen, wenn man tagelang gefastet, in Lumpen gelebt und alle normalen Wünsche nach Freude unterdrückt hat – und wenn dennoch die Bigotterie intakt, das persönliche Ich sich nur als Teil eines kollektiven aufgebläht hat, wenn man andere Religionen, andere Propheten, andere Kulturformen für falsch und nur die eigene für richtig hält, dann mag man alles Mögliche sein, ein Yogi jedenfalls ist man nicht. Ein Yogi steht über religiösem Chauvinismus, über Engstirnigkeit und Kleinlichkeit.

Ich liebe meinen Guru und nenne ihn Dada. Die Älteren in der Familie rufen ihn bei seinem Kosenamen und betrachten ihn als ihr Kind. Seine Freunde nennen ihn Dilip. Sein Guru, Sri Aurobindo, bezeichnete ihn als »einen Freund und einen Sohn, einen Teil meines Lebens«. Habe ich irgendein Recht, Einwände zu erheben, weil andere ihn nicht auf genau die gleiche Weise wie ich verehren und bewundern?

Ein Yogi muss frei sein von Stolz, frei von falscher Bescheidenheit. Es ist wichtiger, zu sein als zu scheinen.

Die *Gita* spricht von drei Wegen des Yoga: *Jnana (*Erkenntnis), *Bhakti* (Liebe) und *Karma* (Handeln). Der wahre Yogi muss dem dreieinigen Weg folgen, wie ihn Sri Aurobindo nennt. Wie kann man lieben, wenn man nicht erkennt, und wie kann man wahrhaft erkennen, wenn man nicht die Einsicht besitzt, die nur Liebe zu geben vermag? Und wie kann man letztlich Liebe ausdrücken außer durch dienen? Eine Liebe, die sich lediglich mit Sentimentalität und akrobatischen Kunststücken zufriedengibt, mag Eigenliebe sein, Gottesliebe aber ist sie gewiss nicht.

»Arbeit ist Gottesverehrung«, sagt Sri Aurobindo. »Arbeit ist sichtbar gemachte Liebe«, fügt Khalil Gibran hinzu. Ein gewöhnlicher Mann arbeitet für seine Familie und für seinen persönlichen Wohlstand. Ein

Yogi vollbringt alle seine Werke als Teil seiner Gottesverehrung. Ein gewöhnlicher Künstler sagt: »Kunst um der Kunst willen«, ein Yogi-Künstler: »Kunst um des Göttlichen willen.«

Wenn ich sage: »Kunst um des Göttlichen willen«, spreche ich aus persönlicher Erfahrung. Jahrelang hatte ich klassischen indischen Tanz studiert, Manipuri, Bharat Natyam und Kathakali. Tanzen fesselte mich wie kaum etwas anderes. Es brachte ein Gefühl großer Harmonie in mein Leben. Mein Körper, meine vitalen Emotionen, das oberflächliche Mental drückten sich durch das Tanzen aus. Dennoch fehlte etwas. Erst nachdem ich zu Dadaji kam, lehrte er mich, Tanzen als Gottesverehrung mittels des Körpers zu betrachten. Ich lernte, mein Herz, meine Liebe und mein ganzes Wesen durch den Tanz an seinem Altar darzubringen, und der große Friede senkte sich herab. Durch das Tanzen wurde ich ein Teil jener einen großen Harmonie. Meine Fußkettchen zitterten vor Freude, wenn ich zu Seiner Melodie tanzte. Einige meiner schönsten Erfahrungen von Harmonie, Seligkeit, Kraft und Süße kamen durch das Tanzen. Deshalb sage ich, dass Musik, Kunst und Dichtung einem Yogi sehr nützen, wenn er seine Begabung dem Dienst am Göttlichen zuwendet.

Wie kann man andere verändern, wenn man sich selbst nicht wesentlich gewandelt hat? Man kann ein guter Redner werden und mag ein großes Auditorium fesseln, aber wenn nicht einmal einige wenige Zuhörer feststellen, dass sie dadurch zu besseren Menschen geworden sind, was hat das Ganze dann für einen Zweck? Bis auf das Geld, das man bekommt, und den Beifall der Zeitungen am nächsten Tag bleibt als Fazit nur, dass man eine Anzahl von mittelmäßigen Menschen, die weder für die Welt noch für das Göttliche viel taugen, versammelt hat.

Wenn die Führer unserer Nationen ein klein wenig Yoga praktizieren würden, was für ein wunderbarer Ort wäre diese Welt. Sie besäßen die Demut, die aus innerer Kraft kommt. Sie hätten Toleranz und Verständnis – das aus Erkenntnis geborene Ergebnis der Unterscheidungsfähigkeit. Sie wüssten, dass die Stärksten unter uns lediglich Werkzeuge entweder in den Händen des Göttlichen oder im Griff der gottfeindlichen Kräfte sind. Schließlich würden sie erkennen, dass man andere nicht durch Kritik, noch weniger durch Zwang, sondern nur durch Liebe ändern kann.

Eine Welt von wahren Yogis, durch Yogis geführt, zu dem einen höchsten Yogi hinleitend. Was für ein Traum!

Indira Devi

»Ich lernte, mein Herz, meine Liebe und mein ganzes Sein durch den Tanz an Seinem Altar darzubringen, und der große Friede senkte sich herab.«

Erster Teil

von Dilip Kumar Roy

1
Apologie

Häufig hören wir die ziemlich billige Belehrung, der Personenkult führe uns auf Abwege. Meine eigene Erfahrung war jedoch das genaue Gegenteil: dass nämlich in dieser unserer unsicheren Welt nur das von einer hochentwickelten Persönlichkeit ausgehende Licht die Gewähr dafür bietet, dass es niemals plötzlich erlischt. Denn es lässt sich durch eine Fülle von Beispielen beweisen, dass eine Persönlichkeit, die man wirklich geliebt hat, ihr Licht auch posthum weiterhin ausstrahlt. Mit anderen Worten gibt uns das, was man sich aus den Äußerungen und dem Leben einer liebenswerten Persönlichkeit zu eigen gemacht hat, bei jedem Schritt Kraft, auch wenn ihr Licht nicht mehr ist. Wenn ich auf das zurückblicke, was ich in der Vergangenheit war, und versuche alles zu überblicken und zu bewerten, was ich im Laufe der Jahre gelernt habe, so stelle ich fest, dass die Erinnerung an Persönlichkeiten, denen ich zugetan war, das meiste zu der Weisheit beigetragen hat, die mir insgesamt zugewachsen ist und mich zu dem werden ließ, was ich bin. Nicht dass ich immer imstande war, die unerklärbaren Kräfte zu analysieren oder abzuwägen, die mich zu dem geformt haben, was ich wurde, als ich meinen Weg weiterging. Doch wenn ich auch nicht deutlich erkannte, wie ich geformt wurde, so fühlte ich tief in meinem Herzen, dass mich eine unsichtbare Hand durch den Ansturm von Ereignissen und Persönlichkeiten führte. Sri Aurobindo hat das wunderbar in seinem *Savitri* (Buch II, V) ausgedrückt:

> Obgleich bewusst, wird die Puppe hundertfach herumgestoßen;
> sie fühlt den Stoß, doch nicht die Hände, die sie drängen.

So viel zu meiner Selbstrechtfertigung für etwas, das sich praktisch nur durch das Wort »Erinnerungen« beschreiben lässt. Deutlicher gesagt werde ich mich zu schildern bemühen, wie mich bei jeder Gelegenheit jene sichtbaren und unsichtbaren Anstöße, die mein wechselvolles Leben für mich so interessant machten, vorantrieben und wie ich träumte und versuchte meinen Traum nach und nach Wirklichkeit werden zu lassen, als ich zu dem Immer-sich-Entziehenden, Flüchtigen strebte, den ich vor allem mit Sri Krishna gleichsetzte.

2
Mein Vater

Ich kam aus einer hochkultivierten Brahmanenfamilie; einer meiner Vorfahren war der berühmte Heilige Advaita Goswami, ein treuer Anhänger des Sri Chaitanya. Mein Vater, Dwijendralal Roy, pflegte mit stolz-ironischem Lächeln zu mir zu sagen: »Weißt du, mein Sohn, ich bin ein Adelsspross – in meinen Adern fließt das blaue Blut eines großen Heiligen!« Zuerst begriff ich nicht, denn ich war damals ein zehnjähriger Junge und außerstande, mir vorzustellen, dass Blut je blau sein könnte. Er lächelte und erklärte, das sei eine englische Redensart, die Adel von Geburt und Bildung zugleich bedeute. Er behandelte mich immer als Freund und disputierte oder witzelte häufig freimütig mit mir wie ein Kamerad oder ein Spielgefährte. Ein paar Worte über seine großen Fähigkeiten dürften am Platze sein, zumal er die erste Persönlichkeit mit Strahlkraft war, die nicht nur Licht auf meinen Weg warf, sondern mir auch sehr mit seinem wohltätigen Einfluss und seinem starken Intellekt half. Am lehrreichsten und mitreißendsten jedoch waren bei meinem Streben nach Wahrheit seine tiefe Aufrichtigkeit und Integrität.

Selbst Sohn eines bedeutenden Vaters, lernte es mein Vater früh, meinem Großvater in Bezug auf Wahrhaftigkeit, Aufrichtigkeit, Mut und Redlichkeit nachzueifern. Mit einundzwanzig Jahren bekam er ein staatliches Stipendium und ging nach England, wo er einen akademischen Grad in Landwirtschaft erwarb. Aber sein Herz gehörte der Musik und der Dichtkunst. Bereits als Kind konnte er bemerkenswert gut singen und mit zwölf Jahren komponierte er ein hübsches Lied über den Mond, das ich heute noch vortrage und damit viele Musikfreunde entzücke. Mein Großvater Sri K. C. Roy, ein berühmter klassischer Sänger, war über die Begabung seines geliebten Sohnes hocherfreut und prophezeite, das Wunderkind werde sich zu einem großen Sänger entwickeln. Diese Prophezeiung erfüllte mein Vater jedoch nur zur Hälfte, denn er wurde in erster Linie als bedeutender Dramatiker und Dichter berühmt, dessen zahlreiche patriotische Lieder ihn um die Jahrhundertwende zum Idol der jungen Freiheitskämpfer von Bengalen machten. Seine Liebeslieder und Gedichte mussten länger auf die ihnen gebührende Anerkennung warten.

Als Erstgeborener eines berühmten Vaters machte ich mir früh seine Liebe zur Musik zu eigen und konnte im Alter von fünf Jahren vollkommen tonrein singen. Einige Jahre später lernte ich von ihm mehr als hundert Lieder, meist seine eigenen, aber auch eine Anzahl von anderen Dichtern. Mein Vater pflegte zu sagen, er sei stolz auf seinen Sohn, und ermunterte mich, unsere alten Epen zu lesen, das *Ramayana* und das *Mahabharata,* die mich schon damals zutiefst begeisterten. Danach riss mich mein Enthusiasmus mit sich fort und ich wandte mich unserer reichen mythologischen Schatzkammer zu, den *Puranas,* den Erzählungen von Helden und Heiligen. Als Folge davon erlangte ich bereits in früher Jugend eine weit über meine Jahre hinausgehende geistige Reife. Außerdem lernte ich dabei unser großartiges Sanskrit lieben.

Meine große Leidenschaft aber galt der Musik und Literatur, auch wenn ich in den Naturwissenschaften einen akademischen Grad erwarb und in Mathematik die Bestnote erreichte. Doch es sind nicht meine akademischen Meriten, über die ich mich in der Rückerinnerung auslassen möchte. Ich habe vielmehr zur Feder gegriffen, um in großen Zügen meine geistige Entwicklung im Streben nach der Wahrheit zu verfolgen, die mich in zwei Formen ansprach – Gott zuerst in Gestalt der Mutter (Kali oder Durga) und dann als Krishna, der ewige Geliebte der Welt. Die herrlichen Lieder meines Vaters über die Mutter hatten auf mein jugendliches Gemüt tiefsten Eindruck gemacht. Doch später nahm auch Krishna einen Platz in meinem Herzen ein – allerdings ohne die Mutter zu verdrängen. Denn mir wurde gesagt, dass Krishna heiter alle Huldigungen für die Mutter entgegennehme, und so lernte ich, beide freudig gleichzusetzen, abwechselnd zu ihnen zu beten, wie es mir meine Stimmung eingab. Dieser zweifache Aspekt des Göttlichen ist bei vielen Strebenden beliebt, wenn auch der Mutter-Aspekt in Bengalen fraglos verbreiteter ist.

Doch vor allem die faszinierende Persönlichkeit und Begabung meines Vaters zogen mein Herz zu seinen frommen Liedern an Shiva, Kali, Krishna Gauranga und Mutter Ganga, den heiligen Fluss, der Sünder erlöst und Heilige entzückt. Diese Lieder ließen beim Anruf Gottes von hoch oben in seinen verschieden gestimmten Offenbarungen

Sri Dwijendralal Roy, der Vater des Autors
»Er war die erste Persönlichkeit mit Strahlkraft, die nicht nur Licht auf meinen Weg warf, sondern mir auch sehr mit seinem wohltätigen Einfluss und seinem starken Intellekt half.«

mein jugendliches Herz erbeben. Als Krishna führt er uns durch Schönheit zur Liebe, die in Seligkeit gipfelt. Als Kali, die Mutter, erleuchtet er uns, das Göttliche selbst im Schrecklichen zu sehen; als Shiva segnet er uns mit seinem unbeschreiblichen Frieden und als Mutter Ganga kommt er, um uns von unseren Sünden freizusprechen, sodass wir in ihrem Schoß mystischer Glückseligkeit schlafen können. Im Westen bezeichnet man den Hinduismus als polytheistisch, wobei man unserer Vorliebe für mannigfaltige Götter als Götzenverehrung mit Misstrauen begegnet. Es würde den Rahmen meiner Erinnerungen sprengen, wenn ich dieses Missverständnis mit gelehrten Argumenten widerlegen wollte. Daher zitiere ich nur ein paar Verse aus einem berühmten Gedicht von Sri Aurobindo, um zu veranschaulichen, wie die verschiedenen Aspekte Gottes das erleuchtete Herz dazu bringen können, auf seinen Anruf in verschiedenen Melodien und Rhythmen verzückt zu antworten[1]:

> In des Himmels Blau, in der Wälder Grün,
> wem ist die Hand, die das Glänzen vollbracht?
> Als die Winde noch schliefen in Äthers Schoß,
> wer hieß sie blasen, wer hat sie entfacht?
>
> Verloren im Herz, im Gewölb der Natur
> ward im Hirn Er gefunden, wo Er schuf die Gedanken;
> mit dem Muster der Blüten ist Er verwoben,
> im leuchtenden Netzwerk der Sterne gefangen.
>
> In des Mannes Kraft, in der Schönheit der Frau,
> in dem Lachen des Knaben, im Erröten der Maid;
> die Hand, die den Saturn ins Weltall geschleudert,
> legt die Locke mit all ihrer Kunstfertigkeit.
>
> Dies Seine Werke, Seine Schleier und Schatten;
> wo aber ist Er dann? Wer mag Er sein?
> Ist Er Brahma, ist Er Vishnu, Mann oder Weib?
> Ist Er Körper oder leiblos, zu zweit oder allein?

---

1 Gedichte von Sri Aurobindo werden zitiert nach der Übersetzung von Carlo Schüller (Anm. d. Hrsg.).

Wir lieben den Knaben, den dunklen, der strahlt,
ein Weib ist uns Herrin, unbändig und nackt;
wir sehen Ihn musisch auf Schneegipfeln thronen,
im Herzen der Sphären schlägt Er den Takt.

Dies ist nicht lediglich eine freie und ungebundene Anbetung der Götter, sondern ein innerlich bewegter Lobgesang auf die vielfältigen Stimmungen des Einen-in-Allem und findet seine Entsprechung in den rezeptiven Stimmungen des Gottliebenden, der seine Berührung selbst in der tiefsten Qual spürt und daher in Ekstase singt:

Aller Welt sind wir Zeugen Seiner Wege, Seiner List:
Unsre Qualen sind Ihm Wonne, unser Leid, unser Schmerz,
unser Kummer entzückt Ihn, Er bringt uns zum Schluchzen,
dann mit Schönheit und Freude lockt Er wieder unser Herz.

Wie könnte es anders sein, da Er alles ist und alles beseelt?

Nichts als Schall Seines Lachens ist jede Musik,
alle Schönheit Seines Lächelns verzückter Genuss;
unser Leben Sein Pulsschlag, unser Jubel die Hochzeit
von Radha und Krishna, unsre Liebe ist ihr Kuss.

Folglich ist Er nicht nur unser zutiefst Geliebter, der uns inspiriert zu lachen und zu singen, zu lieben und zu küssen. Er ist auch Shiva, der paradoxerweise aus Mitgefühl straft:

Er ist Stärke, die gellt im Geschmetter der Trompeten,
Er ist Lenker des Fahrzeugs, Er lässt schnellen den Pfeil;
Er erschlägt ohne Zögern, ist voller Erbarmen,
Er führt Krieg für die Welt und ihr letztgült'ges Heil.

Tennyson hatte nicht unrecht, als er dichtete:

Vertrauter ist Er als der Atem und näher als Hände und Füße.

Sri Aurobindo besingt Ihn eindringlicher:

Er ist Meister des Menschen in unendlicher Liebe,
unsrem Herz ist Er nah, könnten wir es erkennen.

Doch leider:

Unser Stolz, unsere Leidenschaft schlagen uns blind,
unser Denken begrenzt uns, wo frei wir uns nennen.

Aber sobald der Strebende sein Herz öffnet, kann er nicht umhin, sich diese verschiedenen Aspekte der Gottheit vorzustellen – das haben wir, seine Anbeter, auf dem Schoß unserer Mütter gelernt. Mein Vater hat sein Herz hin und wieder geöffnet, und so kam die dichterische Inspiration zu ihm und trieb ihn, in seinen Liedern die verschiedenen Aspekte Gottes zu beschreiben: Liebe und Schönheit, Furcht und Krieg, Seligkeit und Musik.

Ich wurde erstmals in die Gnade der Mutter eingeweiht, als ich zu ihr und von ihr sang – meist durch die schönen Lieder meines Vaters. Danach lernte ich, meine Liebeslyrik dem Krishna von Brindaban darzubieten, der bis heute mit seinen Anhängern Versteck spielt, der Wunder vollbringt und unsere menschliche Freude zu göttlicher Ekstase entfacht.

Da mein Vater jedoch ein hochbegabter Intellektueller war, pflegte sich die Elite von Bengalen, die Intelligenzija, um ihn zu versammeln. Das geschah nicht nur, um mit ihm zu singen, wobei sie oft in Tränen aufgelöst waren, sondern auch um mit ihm zu lachen, wenn er in seinen populären humoristischen Liedern die Heuchler verspottete oder die Frömmler geißelte (denn er war zugleich ein glänzender Satiriker). Danach schlossen sich sehr oft Diskussionen über verschiedene aktuelle Fragen an. So ist es kein Wunder, dass ich ebenfalls bald meine Zweifel und Befürchtungen äußerte, wenn auch mein Unbehagen mit köstlichen Aufwallungen religiöser Inbrunst abwechselte, die von Glauben untermauert war.

In meiner Jugend wusste ich natürlich nicht, dass ein Mensch gleichzeitig bzw. abwechselnd Skeptiker und Gläubiger sein kann. Jahre später erklärte mir mein Guru Sri Aurobindo, dass ein Mensch die Gesamtsumme vieler Persönlichkeiten ist, sodass er Dichter ebenso wie Materialist, ungläubiger Thomas ebenso wie Priester des Glaubens sein kann. Mit anderen Worten: Der Mensch ist in den meisten Fällen abhängig von seinen Lebensumständen und muss somit fortwährend in seinen verschiedenen Stimmungslagen hin- und herschwanken. Ich hatte jedoch keine Vorstellung von der komplexen menschlichen Natur, als ich mich fünfzehnjährig immer noch über all die wechselnden Eindrücke, die ich ständig empfing, wundern oder freuen konnte. Daher war ich nicht wenig verblüfft, als mein Vater mir erklärte, er sei sowohl Agnostiker wie Gläubiger in einem.

»Verwirre mich bitte nicht, Vater!«, flehte ich. »Wie kann ein Mensch, der nicht an Krishna glaubt, wunderschöne Lieder über seine Liebe und seinen Zauber schreiben – Lieder, auf die Menschen mit Tränen der Verzückung reagieren? Und wenn du deine Lieder über Mutter Kali oder Durga singst, wirst du dann nicht selbst von deiner Liebe zu ihr fortgerissen und verzauberst du nicht andere durch deine Begeisterung? Bin ich nicht Zeuge der Freude gewesen, die du verbreitest, wenn du von ihnen singst?«

Mein Vater lachte, streichelte mich zärtlich und antwortete: »Aber diese Lieder habe ich in einer flüchtigen ekstatischen oder, wenn du willst, poetischen Stimmung verfasst. Dichter bleiben Dichter, mein Sohn, genau wie Jungen Jungen bleiben. Daher preisen sie – die Dichter und Komponisten – die Götter und Göttinnen, von einer plötzlichen Verzückung fortgerissen. Aber all das wirst du jetzt nicht verstehen. Du musst warten, bis du erwachsen bist und das Leben siehst, wie es ist – ein Labyrinth von geheimnisvollen Gassen und Straßen, in dem eine Gasse dich in einen Wald, eine andere in eine Sackgasse, eine dritte in eine Lichtung, eine Wüste oder einen Rosengarten führen kann.«

Ich habe das natürlich alles mit meinen eigenen Worten wiedergegeben, aber ihn weder falsch zitiert noch interpretiert. Er sprach oft von den verwirrenden Widersprüchen des Lebens, die ein dichtes Netz weben und dadurch leider das Licht ausschließen und bereits um die Mittagsstunde Dämmerung heraufbeschwören können.

Doch ich fand das Leben trotz alledem nicht so rätselhaft. Der Grund dafür ist, dass dank der Gnade der Mutter durch die seelenbewegende Botschaft ihres geliebten Sohnes, des großen Sri Ramakrishna, plötzlich der Glaube in mich herabkam.

3
Meine frühen Jugendjahre

Wenn ich die Segnungen erwähne, die mir in meiner Kindheit zuteilwurden, darf ich meine Mutter nicht vergessen. Sie war zugleich gütig und schön, großzügig und liebevoll, aufrichtig und rein. Mein Vater, dem sie sehr viel bedeutete, sah nach ihrem Tode wie schon zu ihren Lebzeiten keine andere Frau an. Sein Leben war ein »langes Fest aus Freude, Musik und Süße« gewesen, wie er es in einem seiner Gedichte ausdrückte, und das verdankte er ihr. Doch wie es Sri Aurobindo in *Savitri (I, II)* prägnant ausdrückt:

> Ist eine Dunkelheit in allem Irdischen,
> die eine große Freude nicht für lang erträgt.

Meines Vaters »Fest« wurde durch den plötzlichen Tod meiner Mutter im Alter von siebenundzwanzig Jahren abgebrochen. Sein Schmerz und Kummer über ihr jähes Hinscheiden änderten die Richtung seines Lebens. Er musste tiefer gehen, um einen Weg zu finden, der ihn aus der unmittelbar folgenden Dunkelheit herausführte. Vor ihrem Tode pflegte er zu lachen und seine ganze Umgebung damit anzustecken und sich über alles lustig zu machen, was unecht und theatralisch ist. Er hatte eine Anzahl schöner Dramen geschrieben, die unsere Herzen bewegten, aber er war stark und voller Selbstvertrauen und hatte stets ein Lied auf den Lippen. Nach ihrem Tode begann er bei jedem Schritt zu spüren, dass »ein Glanz von der Erde dahingegangen ist.«

In einem seiner schönsten Gedichte über sie wandte er sich folgendermaßen an ihre abgeschiedene Seele:

> Wie kann ich sagen, zwischen uns, den Eheleuten,
> sei niemals eine Wolke aufgezogen?
> Denn manchmal irrte ich und manchmal du:
> Das Leben ist nicht denkbar ohne Fehler.

Dilips Mutter

»Wenn ich die Segnungen erwähne, die mir in meiner Kindheit zuteilwurden, darf ich meine Mutter nicht vergessen. Sie war zugleich gütig und schön, großzügig und liebevoll, aufrichtig und rein.«

Wir sind nur Menschen, haben Vorzüge und Mängel,
fehlerbehaftet sind wir schließlich alle:
Daraus entsteht Verletzung, Missverständnis,
obwohl man doch den andern segnen will.

Ich weiß: Du liebtest mich von ganzem Herzen,
niemals erlahmte deine Liebe.
Nur selten wird ein Ehemann auf Erden
getragen auf den Flügeln solcher Liebe.

Als meine Mutter ihren letzten Seufzer tat, war ich sechs und meine Schwester erst vier Jahre alt. Daher konnte ich unmöglich ahnen, wie schwer mein Vater den Schicksalsschlag genommen hatte, der wahrhaft wie ein Blitz aus heiterem Himmel gekommen war. Aber ein Kind gehört der Zukunft, und so brauchte ich nicht lange, meine Mutter zu vergessen, zumal Vater uns beides in einem wurde.

Wir lebten mit meinem Vater in Kalkutta in einem Haus, das er um 1908 erbaut hatte. Ich war damals erst elf Jahre alt. Da ich nicht zur Schule gehen wollte, wurde ein Privatlehrer engagiert, der mir Englisch, Mathematik, Geschichte und Geografie beibringen sollte. Meine Muttersprache Bengali hatte ich bereits durch die Lektüre unserer Epen, *Puranas,* Romane, Theaterstücke und der berühmten Dramen meines Vaters erlernt. Ich war ein unersättlicher Leser. Sanskrit lernte ich zwei Jahre später lieben – insbesondere seine melodischen Versmaße –, als ich in eine nahe gelegene Schule geschickt wurde. 1913 schloss ich die Schule ab und erhielt wegen meiner guten Noten in Sanskrit und Mathematik ein Stipendium. Mein erstes Erlebnis von Gnade habe ich einem Vetter zu verdanken. Sein Name war Nirmalendu. Ich vergötterte ihn und nannte ihn Nirmalda – das Suffix *da* bedeutet älterer Bruder.

Er stammte aus Shantipur, der Heimat meines Ahnen, den ich bereits erwähnte – des großen Heiligen Advaita Goswami. Nirmaldas Vater, mein Onkel, war ein zutiefst frommer Mann. Nach dem Tode meiner Tante hatte er sich Krishna geöffnet und lebte ausschließlich für Ihn, den Herrn seines Herzens.

Nach dem Schulabschluss der zehnten Klasse bereitete sich Nirmalda auf das Studium der Geisteswissenschaften vor und wurde dafür nach Kalkutta geschickt, wo mein Vater ihn einlud, bei uns zu wohnen. Für mich war es Liebe auf den ersten Blick. Auch er fasste Zuneigung zu mir und wir lasen, spielten und aßen zusammen. Er war ein außerordentlich hübscher Junge und besaß ein ausgeprägtes schauspielerisches Talent. Mit Begeisterung rezitierte er viele Stellen aus den Dramen meines Vaters, was unsere Beziehung noch enger machte, denn auch ich deklamierte gern.

Es dauerte nicht lange, bis ich zu meiner großen Freude feststellte, dass Nirmalda ein echter Verehrer Gottes war. Freilich hatten mich die seelenbewegenden Lieder meines Vaters bereits in Gottesliebe eingeweiht, aber da dieser sich nicht als Gottliebender empfand, betete ich um Kontakt zu einem Menschen, der den Herrn von Herzen liebte, und dieses Flehen wurde erhört in Gestalt von Nirmalda. Als ich ihn näher kennenlernte, entdeckte ich zu meinem Entzücken, dass er außerdem die Gabe besaß, das Licht, das sein Vater in seinem Herzen entzündet hatte, weiterzugeben. Übrigens war er ein glühender Verehrer von Sri Ramakrishna, und zwar so sehr, dass seine Augen stets glänzten, wenn er beredt von Mutter Kali sprach, die höchstpersönlich zu Sri Ramakrishna gekommen war. Doch obwohl ich im Innern gläubig war, fand ich dies ein wenig schwierig hinzunehmen. Kein Wunder, denn in unserem Kreis hatte ich mit angehört, wie sich Vaters intellektuelle Freunde über diese fantastische Behauptung Sri Ramakrishnas lustig machten. »Wie könnte wohl das unendliche Göttliche menschliche Gestalt annehmen und in einer Menschensprache zu seinen Verehrern reden?«, fragten sie skeptisch. »Gott mag durchaus existieren, aber wie könnte Er menschliche Grenzen hinnehmen? Wäre das nicht absurd? Er kann uns Sterbliche von oben lenken, doch wieso sollte Er nach einer Geburt als Mensch streben oder vor dem Gläubigen in menschlicher Hülle sichtbar werden? Es wäre reine Blasphemie, den Geist mit dem Fleisch gleichzusetzen.« Und so weiter. Jahre später las ich in Sri Aurobindos *Essays über die Gita:*

> Weit gefehlt, dass das Unendliche unfähig sein sollte, Endlichkeit anzunehmen, das ganze Universum ist nichts anderes als das. Wohin wir auch blicken, können wir in der ganzen weiten Welt, die wir bewohnen, nichts anderes sehen. Weit gefehlt, dass der Geist zur Form unfähig sein oder es verschmähen sollte, sich mit materieller oder mentaler Form zu verbinden, um

eine begrenzte Natur oder einen Körper anzunehmen. Alles hier ist nichts als das; die Welt existiert nur durch diese Verbindung, diese Annahme.[2]

Aber damals war ich ein Teenager und fand es äußerst beunruhigend, dass der Gedanke, Gott suche Geburt im Menschen oder komme in menschlicher Gestalt zu ihm, auf eine derart spöttische Ablehnung stieß.

Nirmalda jedoch war nicht zu erschüttern. Hatte er nicht die mystische Trance – *Samadhi* – seines Vaters bezeugt und ihn von seinem Kontakt mit dem unsichtbaren Krishna sprechen hören? So machte er sich über die Spötter lustig und verlachte ihre pedantische Sophisterei, die auf ihrer Unkenntnis der göttlichen Lila, des kosmischen Spiels, beruhte. Allerdings konnte er, wenn er von Angesicht zu Angesicht herausgefordert wurde, ihre Angriffe nicht wirksam parieren. Aber freilich war er auch nicht ihr Gegenspieler, sondern hatte es mit mir zu tun, seinem geliebten Schützling, der zwischen Glauben und Unglauben hin- und herschwankte und sich dabei recht unbehaglich fühlte.

Doch schließlich und endlich hat die Kraft der Persönlichkeit das letzte Wort – wie ich bereits zu Anfang betonte. Nirmalda war eine hart zu knackende Nuss, zwar kein echter Intellektueller, aber intelligent genug, mich mit seinen Argumenten zu überzeugen, umso mehr als sie aus seinem festen Glauben herrührten, inspiriert durch die persönliche Ausstrahlung seines Vaters, der, wie es hieß, mit Krishna wandelte und sprach.

Trotzdem bestand mein Unbehagen weiter oder befiel mich vielmehr von Zeit zu Zeit, bis Nirmalda mir auftrug, das *Ramakrishna Kathamrita*[3] zu lesen.

»Argumentiere nicht aus Unkenntnis, mein kleiner Weiser«, neckte er. »Sei bescheiden und bete um Erleuchtung, damit die Dunkelheit vergeht, die dich glauben macht, mit Vernunft zu krächzen sei lohnender, als in Verzückung zu singen.«

Auf diese Weise verspottete er mich sehr oft. Ich schlug manchmal

---

2 Sri Aurobindo, *Essays über die Gita,* 16. Kapitel

3 Das bedeutet: die nektargleichen Worte des Sri Ramakrishna. Der erste Teil wurde 1902 veröffentlicht, danach erschienen hintereinander vier weitere Teile. Swami Nikhilananda übersetzte sie ins Englische und publizierte sie in einem Band unter dem Titel *The Gospel of Sri Ramakrishna.* Die Originalausgabe, *Kathamrita,* wurde von Sri Ramakrishnas geliebtem Schüler Mahendra Nath Gupta in Bengali aufgezeichnet und unter seinem Pseudonym »Sri Ma« veröffentlicht.

zurück, da ich mir etwas auf meine Intelligenz einbildete, die viele Freunde bewunderten. Aber im Allgemeinen blieb Nirmalda Sieger, sobald wir hitzig über Dinge des Geistes debattierten. Sein Vorteil lag natürlich darin, dass er zumindest mit einer Gewissheit aus zweiter Hand behaupten konnte, Gott komme tatsächlich zu seinen Anhängern, um das Dunkel der Unwissenheit aufzuheben.

Ich war, wie ich schon sagte, dank meines Studiums unserer Epen und Schriften, mit der Lehre von den Manifestationen des göttlichen Geistes vertraut. Doch die Lebendigkeit, Schönheit und Einfachheit von Sri Ramakrishnas Worten überwältigte mich in hohem Maß. Er sprach mit Autorität (wie es auch von Jesus hieß), eine Gabe, die ihm die Göttliche Mutter selbst verliehen hatte, als sie in seinem *Samadhi* erschien und ihm Schritt für Schritt erklärte, wie er sich verhalten und seine Anhänger behandeln solle, die als ein strahlendes Gefolge einer nach dem anderen kommen würden. Sein Lachen, sein Witz, seine Schlagfertigkeit und vor allem seine kindliche Offenheit, abwechselnd mit seinem kraftvollen Zeugnis für die Wirklichkeit Gottes – all dies grub sich tief in mein jugendliches Gemüt ein, das in der Wüste der Unwissenheit nach dem Regen des Lichtes dürstete.

Doch obwohl Sri Ramakrishnas Worte in mir den Willen zum Glauben auslösten, war das Ergebnis zunächst zwiespältig: glauben oder nicht glauben, freudig annehmen oder ablehnen, nach Offenbarung streben oder sie nur versuchsweise akzeptieren? Nach beträchtlichem Schwanken beschloss ich erst einmal abzuwarten. Es war zugleich zu schön, um wahr zu sein, und zu wahr, um als Hirngespinst abgetan zu werden – wahr, weil eine Persönlichkeit von Sri Ramakrishnas Strahlkraft eindeutig erklärte, kein Ruf zum Licht der Mutter könne ungehört bleiben; wer immer in aller Demut ihren Nektar suche, müsse die Fülle ihrer Gnade erlangen.

Wenn ich mir damals auch nicht sicher war, so weiß ich doch heute, dass es dies war: Ihre Gnade, die mir den Glauben schenkte, nach dem ich hungerte. Sonst wäre ich nicht so hingerissen gewesen von Sri Ramakrishnas mystischer Beteuerung, die Mutter sei kein Mythos, sondern eine lebendige, immerwährende Wirklichkeit, die jeder, der Sie anruft, durch Ihr gütiges Lächeln als Antwort überprüfen könne.

Selbst im Wechsel mit meinen Zweifeln gab mir diese Gewissheit nicht wenig Trost auf meiner einsamen Pilgerfahrt zu Gott, wofür ich Nirmalda zu danken habe, der in meiner Jugend zu mir kam, um den verführerischen Lügen des wissenschaftlichen Materialismus entgegenzuwirken. Auf diese Weise wurden mir in meinem Leben immer wieder die kostbarsten Gaben in erster Linie durch die Persönlichkeiten, die ich geliebt habe, dargeboten. Mein Glauben an Sri Ramakrishna wurde durch Nirmaldas Versicherung bestärkt, er *sei* der gottgesandte Prophet unserer Zeit – der *Yugavatar*[4] – und könne uns als solcher unmöglich durch unbeweisbare oder unwahre Äußerungen irreführen.

Ich erinnere mich noch, wie Nirmalda mir eines Tages mein Zögern, Sri Ramakrishnas Zeugnis zu akzeptieren, vorwarf.

»Wie kannst du mich deswegen tadeln«, beschwerte ich mich, »wenn seine Aussagen nicht von ihm *geschrieben*, sondern lediglich von einem seiner Schüler bezeugt wurden? Wie kann man sicher sein, dass Sri Ma ein zuverlässiger Berichterstatter war? Bestimmt wirst du nicht behaupten, er habe alles bis in die kleinste Einzelheit tagtäglich schriftlich festgehalten?«

Nirmalda sprang auf und brüllte: »Genau das hat er getan, du Skeptiker! Komm mit, ich bringe dich direkt zu ihm und beweise es dir unwiderlegbar!«

Ich erwähnte bereits, dass Sri Ma das Pseudonym von Sri Mahendra Nath Gupta war, einem Lieblingsschüler Sri Ramakrishnas. Er war Direktor einer sehr guten Schule, der Morton Institution. Ich hatte von ihm gehört und natürlich wäre ich ihm aus Neugier sehr gern von Angesicht zu Angesicht begegnet. Als Nirmalda mich allerdings aufforderte, ihn zu dem großen Chronisten zu begleiten, empfand ich eine nicht geringe Scheu. Doch Nirmalda schleppte mich zu ihm als willfährigen Gefangenen, in dessen Herzen Freude und Angst wetteiferten. Sri Ma zu begegnen, einem Vertrauten von Sri Ramakrishna! Freude, Freude, Freude! Aber wie könnte ich vor ihm stehen, ohne in die Erde zu versinken! Eine tiefe Angst erfasste mich.

Doch Sri Ma war nicht im mindesten Furcht einflößend, sondern das Mitgefühl in Person. Was für schöne Augen, groß und ausdrucksvoll, was für ein Licht auf seinem Antlitz und was für ein kindliches Lächeln, das ihn trotz seines Bartes so jung und überaus zugänglich erscheinen ließ!

Nachdem sich Nirmalda tief vor ihm verneigt hatte und ich seinem Beispiel folgte, fragte er mich freundlich, wer ich sei. Ich sagte es ihm.

---

4 der *Avatar* (die göttliche Inkarnation) dieses *Yuga* (Zeitalters)

»Oh, du bist der Sohn des großen D. L. Roy!«, rief er. »Glücklicher, gesegneter Junge, einen so edlen Vater zu haben! Komm her, sei nicht schüchtern, setz dich hier zu mir.« Er streichelte mein Gesicht und musterte mich mit liebevoll prüfendem Blick.

Ich war entzückt, meine Ängste waren wie weggezaubert. Mit gesenktem Kopf saß ich neben ihm, mein Herz klopfte heftig.

Nach einer Weile legte er mir die Hand auf die Schulter und fragte: »Nun sag mir, mein Junge, was hat dich bewogen, mich aufzusuchen?«

Ich begegnete seinem freundlichen Blick und antwortete: »Ich bin gekommen, Sir, um etwas über *Thakur* zu hören«, womit ich Sri Ramakrishna meinte.

Lebhaft rief er: »Prabhash! Prabhash! Komm schnell, beeil dich! Stell dir vor, dieser kleine Junge ist hergekommen, um von mir etwas über *Thakur* zu hören!«[5]

Dann zu mir gewandt: »Sieh, mein lieber Junge, ich habe eine Gänsehaut bekommen!«

Staunend betrachtete ich ihn: Sein Körper bebte tatsächlich vor Entzücken und jedes einzelne Haar auf seiner Hand stand zu Berge, während in seinen Augen Tränen glitzerten.

Welch eine Hingabe an den Guru!, sagte ich mir erregt. Ich berührte seine Füße mit meiner Stirn. Er hob mich sanft auf.

»Du bist gesegnet, mein Junge! Dreifach gesegnet, von *Thakurs* Gnade gerufen worden zu sein!«

Dann sprach er lange über Sri Ramakrishna, hob seine Gottesliebe hervor und nannte Beispiele für seine Reinheit und Einfachheit, dergleichen sich kein Mensch rühmen konnte. Danach zeigte er mir seine wohlgehüteten, in Saffianleder gebundenen Tagebücher, in denen die nektargleichen Worte eines Mannes, der den lebenslangen Durst zahlloser verirrter Sterblicher gestillt hatte, für alle Zeiten aufbewahrt waren.

Ich war schier überwältigt, dass sich ein so bedeutender Freund Gottes auf die Ebene eines unbekannten Halbwüchsigen herabbegeben hatte und zu ihm von der göttlichen Natur seines großen Gurus sprach! Denn für ihn wie für Millionen anderer Verehrer Gottes in Indien und im Ausland galt und gilt Sri Ramakrishna als eine Inkarnation der Got-

---

5 Prabhash war sein Neffe und der Verleger des *Kathamrita*. Sie nannten Sri Ramakrishna *Thakur*, was »Herr« bedeutet.

tesliebe und unbefleckten Reinheit. Er wies auf ein gerahmtes Bild an der Wand, eine vergrößerte Fotografie des Meisters, und sagte: »Das wurde von einem seiner Anhänger aufgenommen, als er in *Samadhi* war. Am nächsten Tage wurde es *Thakur* gezeigt, der lächelnd meinte: ›Es wird der Tag kommen, an dem dieses Bild von Millionen verehrt wird.‹ Nun sag mir, war er nicht ein Prophet?«

Meine Augen füllten sich mit Tränen. Er zog mich an sich und verblüffte mich dann durch eine unerwartete Bemerkung.

»Bevor du gehst, mein Junge«, sagte er, »möchte ich dich um etwas bitten.«

Mich bitten! Ich starrte ihn in fassungslosem Staunen an.

»Du bist mit dem Segen geboren, einen solchen großen Vater zu haben«, fuhr er fort. »Versprich mir, seine wertvollen Aussprüche festzuhalten, ja?«

Immer noch sprachlos nickte ich mechanisch.

Er musterte mich mit seinen funkelnden Augen und fügte hinzu: »Und nicht nur die Aussprüche deines Vaters. Wann immer du einem großen Mann begegnest, musst du jedes denkwürdige Wort, das von seinen Lippen kommt, zu Papier bringen. Am besten führst du ein Tagebuch, wie ich es getan habe.«

Ich weiß nicht, was ihn dazu bewog, eine so seltsame Bitte an einen Schuljungen zu richten. Kann es sein, dass ein Heldenverehrer den anderen erkennt? Oder hatte er etwas gespürt, irgendeinen Wink von oben? Ich kann es nicht sagen. Ich weiß nur, dass ich mein Versprechen an ihn nie vergessen konnte, das der Ursprung meines Buches *Among the Great*[6] und später meiner bengalischen Erinnerungen mit dem Titel *Smriticharan* ist, in denen ich meine Gespräche mit mehr als einem Dutzend bedeutender Männer, deren Bekanntschaft mein Leben bereicherte, festgehalten habe.

Die unverhoffte Ermutigung von Sri Ma löste nicht nur Erregung in mir aus, sie bewirkte sogar eine veränderte Lebensrichtung, indem sie mich auf einen neuen Ruf lenkte, der mich verfolgte. Bevor ich ihn kennenlernte, war ich ein recht normaler Junge gewesen, vielleicht ein wenig frühreif und dadurch besonders enthusiastisch bei allem, was ich liebte, doch nach meiner freudvollen Begegnung mit ihm träumte

---

6 Es ist die Aufzeichnung meiner Gespräche mit Mahatma Gandhi, Romain Rolland, Bertrand Russell, Rabindranath Tagore und Sri Aurobindo.

Sri Ramakrishna
»Plötzlich floss durch die Gnade der Göttlichen Mutter Gaube in mich ein, ausgelöst von der seelenergreifenden Botschaft Ihres geliebten Sohns, des großen Propheten Sri Ramakrishna.«

ich fortan hin und wieder von ihm und wachte häufig in Verzückung auf. Nirmalda, dessen Bett neben dem meinen stand, erwachte mitunter und fand mich dann mit gefalteten Händen betend.

»Was tust du da, mein kleiner Heiliger?«, fragte er und tippte mir liebevoll auf die Schulter. Ich war verlegen und fühlte mich auf frischer Tat ertappt. Das lag daran, dass Sri Ramakrishna im *Kathamrita* immer wieder sagt, man solle stets allein meditieren, wobei er betonte, je weniger andere Menschen von den Gebeten wüssten, desto besser sei es. Das konnte ich sogar damals verstehen. Denn ich besaß ein angeborenes Verlangen nach Anerkennung und Lob. Aber ein wahrer Strebender darf einem solchen Wunsch niemals nachgeben. Sri Ramakrishna sagte in seiner schlichten Redeweise: »Man muss *moné, koné, boné* meditieren« – das heißt in seinem Herzen, in einem Winkel oder im Wald. Nirmalda, damals mein geistiger Betreuer, hatte das mit Beispielen jener kommentiert, die für ihre Frömmigkeit gepriesen und bewundert werden wollen und von einem selbstgefälligen Überlegenheitsgefühl erfüllt sind, das für einen Strebenden Unglück bedeuten muss. Als ich vierzehn Jahre später Sri Aurobindo als meinen geistigen Führer annahm, hob er die Notwendigkeit von Demut hervor, mit der das Zurschaustellen von Talenten oder Leistungen nicht einhergehen kann. Er schrieb mir in einem Brief:

> Fast jeder Künstler (es gibt wenige Ausnahmen) hat etwas von der Persönlichkeit des öffentlichen Lebens in sich, in seinen vitalen Bereichen, was ihn nach dem Stimulans eines Publikums, nach Beifall von der Gesellschaft, nach befriedigter Eitelkeit, Ruhm und so weiter verlangen lässt. Das muss verschwinden, wenn er ein Yogi sein will und seine Kunst nicht ein Dienst am Menschen oder an seinem eigenen Ich, sondern an Gott.

Natürlich wusste ich all dies damals noch nicht. Ich wusste nur, dass ich mich immer sehr glücklich fühlte, wenn meine Schulfreunde, meine Lehrer oder Verwandten meine musikalischen oder sonstigen Talente lobten. Nirmalda aber war nicht zu überlisten. Er tadelte mich unnachsichtig, sobald er eine Ermahnung für angezeigt hielt.

»Nicht so schnell, mein Lieber«, pflegte er zu sagen. »Denk daran, Demut ist der Schlüssel und Beharrlichkeit der Zugang. Der Weg ist lang und voller Fallen. Daher kann man nie zu wachsam sein.« Und so weiter.

Er war in der Tat irgendwie unbewusst zu meinem Beschützer oder soll ich sagen, zu meinem Fackelträger auf diesem Weg geworden. Ich war ein stolzer Junge, aber da ich ihn liebte und bewunderte, hatte ich nichts dagegen, dass er mich herumkommandierte, auch wenn ich unruhig oder etwas verärgert war. Das lag mit daran, dass er mich mit sehr vielen Sadhus der Ramakrishna-Mission bekannt machte, vor allem mit Swami Saradananda, dem berühmten Autor der voluminösen Biografie Sri Ramakrishnas, die ich immer wieder mit großer Freude las.[7] Eifrig studierte ich zwei weitere Biografien über Sri Ramakrishna – eine von Ram Chandra Dutta, die andere von Gurudas Burman – sowie einige Bücher von Swami Vivekananda, und das um so beflissener, als Nirmalda sehr belesen in der Literatur der Ramakrishna-Mission war und ich es nicht ertragen konnte, hinterherzuhinken.

Was mich jedoch entzückte, war Sri Ramakrishnas Wohnraum in Dakshineswar im berühmten Kali-Tempel der Rani Rasmani, am heiligen Ganges gelegen. Der Tempel war rund sechsundzwanzig Kilometer von Kalkutta entfernt, und da es in jener Zeit (1910–1911) keine Busse oder Autos gab, mussten wir entweder den Zug nehmen und dann etwa vier Kilometer zu Fuß gehen oder mit dem Schiff fahren. Aber diese Transportschwierigkeiten entmutigten uns nicht – vielmehr zogen wir beide beflügelten Schrittes zum Allerheiligsten, und sobald ich es betrat, weitete sich mein Herz und Freudentränen schossen mir in die Augen. Ich betete erfüllt vom schlichten Glauben eines unschuldigen Jungen, dass ich in seine Fußstapfen treten, ein *Brahmachari*[8] bleiben und mein Leben der Suche nach Krishna und Kali weihen möge. Für mich waren beide eins, wie ich bereits sagte.

Im Tempel von Dakshineswar führten die Priester den Kult dreier Gottheiten aus: Shiva, Kali und Radha-Krishna. Im Raum des großen Meisters, der durch seine ekstatische Gegenwart für immer geheiligt ist, war ich in Tränen aufgelöst. Mein Gebet galt vornehmlich dem Wunsch, ich möge dem göttlichen Ruf treu bleiben, dem Ruf, den ich in meiner Seele vernommen hatte, und ich wiederholte auf meiner Gebetskette aufrichtig sein *Mantra:* »Ziel des Lebens ist es, Gott zu verwirklichen.« Jahre später erklärte mir Sri Aurobindo, was Hingabe in sich schließt:

---

7 Sie trägt den Titel *Sri Ramakrishna Lilaprasanga;* später übersetzt und auf Englisch veröffentlicht unter dem Titel *Sri Ramakrishna, the Great Master.*

8 Ein *Brahmachari* ist ein Suchender, der ausschließlich dem Ruf des Göttlichen folgt und ehelos lebt.

> Kunst, Poesie, Musik, wie sie gewöhnlich ausgeübt werden, erschaffen mentale und vitale, keine spirituellen Werte. Sie können aber auf einen höheren Zweck ausgerichtet werden und wandeln sich dann um, wie alle Dinge, die unser Bewusstsein mit dem Göttlichen zu verknüpfen geeignet sind, sie werden spirituell und können als Teile eines Yoga-Lebens zugelassen werden. Alles nimmt neue Werte an, aber nicht aus sich selbst, sondern aus dem Bewusstsein, das es verwendet. *Denn es gibt nur eines, was wesentlich, notwendig, unentbehrlich ist: sich der Göttlichen Wirklichkeit bewusst zu werden, in ihr zu leben, sie immer zu leben.*

Ich brauche wohl kaum zu erwähnen, dass ich damals nicht in vollem Umfang erkannte, was mein Gelübde bedeutete. Es wurde mir erst allmählich klar, dass es alles andere als leicht war, ein strenger keuscher *Brahmachari* zu bleiben. Doch da mich die Gnade Sri Ramakrishnas in ihre Aura zog, gelang es mir dank der Kraft des Gebetes, Versuchungen nicht nachzugeben. Denn ich entdeckte zu meiner großen Freude, dass immer, wenn ich unter Tränen betete, meine Schwäche zu Stärke wurde. Daher beschloss ich, ernsthafter zu beten.

Aber wie war dies in unserem Haus zu erreichen? Mein Vater war allzu großzügig und ich hatte keinen Raum für mich, da sein älterer Bruder Harendra Lall Roy nebst Familie – drei Söhnen und zwei Töchtern – unsere Gäste waren. Dann gab es Nirmalda und einen weiteren Vetter, Bhupenda. Daher mussten wir alle zusammen in einem Raum lernen. Zum Glück konnte ich mich einigermaßen leicht konzentrieren, war jedoch außerstande zu beten oder zu meditieren, wenn andere anwesend waren. Hatte nicht Sri Ramakrishna vorgeschrieben, man müsse in Einsamkeit meditieren? Doch wie sollte ich diese Einsamkeit in einem derart überfüllten Haus finden?

Also baute ich mir mit Nirmaldas Hilfe aus ein paar Brettern und einem Vorhang ein kleines höhlenartiges Refugium auf dem Dach unseres Hauses. Es war gerade groß genug, dass ein vierzehnjähriger Junge darin sitzen konnte, und wenn der Vorhang vor der Stirnseite vorgezogen war, konnte mich niemand sehen. Dort betete ich zu Sri Ramakrishna, Krishna und Kali. Und sehr oft wurde ich mit Freude und einem Gefühl der Stärke erfüllt. Rückblickend kann ich mich in dieser merkwürdigen selbstgemachten Höhle sehen, leidenschaftlich um Kraft, Reinheit und vor allem um Hingabe an Gott betend. Ich erinnere mich gut an den tiefen Frieden, der sich stets in mich senkte und mein ganzes Wesen durchdrang, insbesondere wenn mein Gebet in Tränen der Hingabe mündete. Es war damals eine sehr einfache Erfahrung, die sich mir jedoch nach dem plötzlichen Tod meines Vaters gänzlich entzog, als meine Schwester und ich von meinem Großvater aufgenommen wurden, der eine prächtige Villa auf der Theatre Road in Kalkutta bewohnte.

Aber ehe ich mich diesem neuen Kapitel in meinem Leben zuwende, muss ich betonen, dass ich meinen Vater glühend geliebt und ihn als einen der edelsten Menschen geschätzt habe. Seine Maxime hieß Wahrhaftigkeit, was nach seinen Worten gleichbedeutend mit Aufrichtigkeit war. Er hasste nichts mehr als Falschheit, und obwohl er gegenüber schwankenden Menschen, die sich nicht immer von hohen Grundsätzen leiten ließen, Nachsicht übte, gab er sich niemals mit Heuchlern und Abenteurern ab. Er pflegte einen bekannten Vers aus dem *Mahabharata* zu zitieren:

> Na ca satyāt paro dharmah nanritāt pātakam mahat:
> Dharmasya hi stitih satyam tasmāt satyam na lopayet.

Das bedeutet: »Nichts im Leben ist höher als Wahrheit und nichts niedriger als Falschheit. Die Grundlage des *Dharma* (Ethik) ist Wahrheit: Daher handle nicht der Wahrheit zuwider, komme, was wolle.«

Dieser edle Spruch war durch sein Beispiel früh in mein Herz eingepflanzt worden. Denn er praktizierte stets, was er predigte, kein leichtes Unterfangen in dieser Welt der Fallgruben und Versuchungen, der Verstellung und des falschen Scheins.

4
Gebete

In einem ihrer Kapitel schreibt meine spirituelle Tochter und Schülerin Indira überzeugend, wie notwendig Entspannung ist, wenn man sich zur Meditation niedersetzt. Dies wusste ich jedoch nicht, als ich still für mich *Brahmacharya* gelobte. Daher betete ich weiter, wenn niemand in der Nähe war, vor einer vergrößerten Fotografie, die Sri Ramakrishna in *Samadhi* zeigte. Mein Vater liebte dieses Bild und sagte mir des Öfteren, die Erfahrung des *Samadhi* kenne er zwar nicht, aber er wisse genau, dass dies ein echter Heiliger sei. Seine Gewissheit war umso bemerkenswerter, als er das *Ramakrishna Kathamrita* nie gelesen hatte. Zwar hatte er einige Sadhus von der Ramakrishna-Mission kennengelernt, war jedoch mit Lehre und Botschaft des großen Meisters nicht vertraut. Im Innern war er zwar ein Gläubiger, obwohl er nach außen hin beteuerte, Agnostiker zu sein, aber abgesehen von seiner Freude am Singen der Hymnen, die er komponiert hatte, schien er nicht nennenswert an Gott oder Frömmigkeit interessiert zu sein. Und die Phasen, in denen sich seine Stimmung Gott zuneigte, waren von kurzer Dauer. Als Mann von außerordentlicher Vitalität konnte er sich nie ernsthaft hinsetzen, um zu meditieren, auch wenn er, von Gottesliebe inspiriert, wunderschöne Lieder über das Thema *Bhakti* schrieb.

In meiner Jugend war ich häufig tief bewegt von seiner zeitweilig aufwallenden Begeisterung für Krishna, Kali oder Shiva, vor allem aber von dem begeisterten Hymnus an Mutter Ganga, den er ein Jahr vor seinem Tode schrieb und der Hunderte von Gläubigen jedes Mal zu Tränen rührte, wenn er (und später ich) ihn sang. Frei übersetzt lautet er:

> Oh Ganga, du Erlöserin aller Sünder!
> Bei Narads Singen löste Vishnus Mitgefühl
> sich in begeisterter Musik und floss
> in Abertausend machtvoll glühende Ströme.

Stieg freudetrunken nieder auf den himmelweiten Haaren
Shivas, des Yogis, dessen unbegrenzte Gnade sich
durch deine Melodien klingend-froh ergießt
vom mystischen Himalaya hinab zur Erde und zum Meer.

Zu dir, oh Himmelstochter, wandten sich zu allen Zeiten
Sünder, Seher, Weise, um Freispruch zu erlangen.
Sie sangen liebevoll von deinem Auftrag,
des Lebens Wildnis zum Erblühen zu bringen.

Wie viele Pilger badeten in deinen Wellen,
erlangten die Erlösung! Gekommen, unser trübes Dunkel
mit deiner Liebe, deinen ruhig-heitern Liedern zu erhellen,
wie viele Wüsten sind, von dir berührt, ergrünt!

Wie viele gottverlassene Gefilde
verwandelten sich in heilige Stätten, als
dein freier, unbegrenzter Tanz mit seiner Alchemie des Lichts
und seinen wunderbaren Rhythmen unsre Nacht zum Tage machte!

Wenn ich in meinen letzten Stunden Abschied nehme
von allen Freuden, allem Schmerz der Erde, oh mögen deine Schauer
meine verlöschenden Augen mit dem Schlaf des Himmels netzen,
in meine Ohren dein fließendes Wiegenlied summen,
mein ganzes Wesen hüllen in dein friedevolles Herz
und das vom Tod gejagte Leben mit dem Ende aller Furcht erlösen.

Die Übersetzung wird seinem seelenbewegenden Lied nicht gerecht. In seiner Aufrichtigkeit, poetischen Wirkung und Bildhaftigkeit kennzeichnete das Lied ein Stadium seiner religiösen Entwicklung zum Gottliebenden und ist umso bemerkenswerter, als solche verzückte Vergöttlichung eines Stromes nicht als bloß vorübergehende poetische Stimmung abgetan werden kann, die so rasch sie aufleuchtet auch wieder erlischt. Ich habe oft gedacht, dass unsere Verehrung der Mutter Ganga als Gottheit einem Rationalisten unverständlich bleiben muss. Die fantasievolle Anbetung eines Bildsymbols mag er freilich noch vertreten, wie es gläubige Katholiken selbst heutzutage tun, aber einen Fluss mit einer Göttin gleichzusetzen, an die sich der Bittsteller wendet, dürfte ihm wohl unmöglich sein. Ich beabsichtige nicht wie John Milton, »die Wege Gottes vor den Menschen zu rechtfertigen«. Denn da Gott eine reale, schwingende, allgegenwärtige Ganzheit ist, bedarf Seine vielgestaltige Göttlichkeit keiner ultramodernen Rechtfertigung, am allerwenigsten wenn Er einzig durch die Liebe des Anhängers wahrgenommen wird. Wer Liebe zu Ihm empfindet, sagt frei nach Descartes: »Ich habe Gott mit meinem Auge der Erleuchtung flüchtig gesehen, deshalb weiß ich, was Gott ist.« Ähnlich kann jemand, der Mutter Ganga wahrhaft liebt, sehr wohl behaupten: »Da ich in ihr die Berührung Gottes empfinde, habe ich keine Bedenken, sie mit einer Göttin gleichzusetzen.« Dies ist keine akademische Verteidigung, sondern die Anerkennung einer Erfahrungstatsache, dass nämlich jemand, dessen Herz auf den göttlichen Ruf der Mutter Ganga geantwortet hat, ein für alle Mal auf die Dienste eines intellektuellen Advokaten verzichten kann. Denn er weiß, dass das, was dem Geist irrational erscheint, letztlich die Vernunft übersteigen und sich somit im Licht unserer Intuition auflösen kann. Lösen sich freilich nicht alle Paradoxa in der Harmonie Gottes auf? Um abermals aus *Savitri (V, III)* zu zitieren:

> Die Welt ist Gott, der sich vervollständigt nach außen.
> Des blauen Meeres Sang, des Bächleins wandernde Stimme
> sind von des Ew'gen Harfe fallendes Gemurmel.

Und das ist notwendigerweise so, denn:

> Vernunft und Sinn betört Er uns durch Seine Wege,
> aus winz'gem Staub hat Seine Formen Er geballt;
> auf kleinen Dingen hat das Große Er gegründet.

Oder wie ein französischer Mystiker treffend bemerkte:

> Die Augen sind blind, man muss mit dem Herzen suchen.

Was könnte also für einen spirituell Strebenden willkommener sein als das Zeugnis seiner suprarationalen Erfahrung, einer Erfahrung überdies, die so hinreißend real ist, dass der flackernde Schattentanz der Sinne unwirklich wie ein Phantom erscheint, sobald ihr Licht angerufen wird. Es war diese Wahrnehmung, die meinen Vater (wie Tausende von Suchenden vor ihm) Ganga als die anmutige Erlöserin begrüßen ließ. Sein Hymnus rief ein Echo in mir hervor – und das immer kraftvoller, als ich heranwuchs. Jahre später sang ich das Lied in Hardwar, wo die blau umschleierte Ganga pausenlos einherwirbelt und tanzt, und mein Herz war erfüllt von einem solchen Hochgefühl, dass ich an ihrem Ufer Lied auf Lied verfasste und diese in Verzückung sang. Bislang habe ich mehr als achtzig Lieder über ihre segensreiche Schönheit komponiert, von denen ich viele in unserem Tempel mit Tränen in den Augen vor Krishna gesungen habe. In einem heißt es:

Sehnsuchtsvoll, oh Mutter Ganga,
singe ich und beschwöre Dich:
Komm und reiße fort den Schleier,
der mich von Deiner Gnade trennt.

Dann sehe ich Dein göttlich Licht
in allem, schließe alle ein in meine Liebe!
Und lerne, auch in Dunkelheit zu lauschen
auf Deiner Seele eigene Melodie.

5
Studienjahre

Indira schreibt, dass sie sich danach sehnte, Nonne zu werden. Ich betete zu Gott um Kraft, ihm mein Leben weihen zu können. Das berühmte Lied Miras – *Chakar Rakho Ji* (Lass mich Dir dienen, Herr) – gibt die Stimmung von sehr vielen meiner eigenen wieder. Aber ich unterschied mich von Indira darin, dass ich kein Mönch in der Abgeschlossenheit eines Klosters sein wollte. Ich hatte den dringenden Wunsch, mich dem Willen Gottes zu unterwerfen, nicht aber dem eines Menschen. Und trotzdem wollte ich – paradoxerweise – einen Guru haben! Allerdings einen Guru wie Sri Ramakrishna. »Keinen halbfertigen Yogi für mich, danke«, sagte ich, ängstlich auf die Wahrung meines Eigenwillens bedacht.

Hier muss ich innehalten, um Mutter Saradamoni, Sri Ramakrishnas strahlender Gefährtin, Dankbarkeit und Respekt zu bezeugen. Nirmalda hatte mich ihr vorgestellt und sie gebeten, mich zu segnen, damit ich meine hochmütige Abneigung gegen einen menschlichen Guru ablegen könnte.

Mutter Saradamoni meinte lächelnd: »Mein Sohn, wer Sri Ramakrishna geliebt hat, braucht sich über nichts mehr Sorgen zu machen. Er muss sich nur im Herzen seiner erinnern und ihn als den in Ehren halten, der den endgültigen Anstoß gibt. Seine Geburt auf Erden erstrebte er nur, um uns allen die Führung des Lichtes zu schenken.«

Mit diesen wenigen Worten segnete sie mich, berührte meinen Kopf, als ich mich zu ihren Füßen verneigte. Ich war zutiefst bewegt und ein Kloß im Hals hinderte mich am Reden. Was gab es zudem zu ihr zu sagen, einer Inkarnation heiliger Mütterlichkeit? Hatte ich nicht in Sri Mas *Kathamrita* und in Swami Saradanandas *The Great Master* von ihrer erhabenen Größe gelesen? War ich nicht verblüfft gewesen über Sri Ramakrishnas Huldigung an sie, als er sagte, dass er die göttliche Mutter von Anfang an in ihr *sah*? Hatte ich nicht gelesen, wie ihre Kraft der Liebe alle anzog, die zu ihr kamen, um von ihrem Licht mütter-

Mutter Saradamoni, Sri Ramakrishnas strahlende Gefährtin
»Ihre Kraft der Liebe zog alle an, die zu ihr kamen, um von ihrem Licht mütterlich umsorgt und gestärkt zu werden.«

lich umsorgt und gestärkt zu werden? Jahre später – nachdem sie ins Jenseits übergegangen war – schrieb ich auf Bengali ein Lied über sie:

Wer zählt die Seelen, Mutter, die du segnend an dich zogst
und himmlisch-zärtlich schützend nahmst in deine Arme?
In unsren trüben Hütten spielten wir schwache Marionetten,
doch der Kontakt mit Dir ließ uns wie Blitz ins Leben springen!
Wie deine lotusgleiche Gnade in diesem neuen Streben blühte,
in Hell und Dunkel, Lachen, Tränen, du regenbogenbunte Herrlichkeit!

Wie unser alter Schmerz sich unter deiner Liebkosung löste,
wie wir zu deinen Füßen Überbewusstsein erlangten!
Hieß dich nicht deshalb der Bote göttlicher Liebe willkommen,
der uns für immer segnete durch dein jungfräulich-mütterliches Herz?
So sangst du mit dem letzten Atem: »Niemand, niemand ist dir fremd!
Durch Liebe gewinnst du alles, erkennst den Einen in allem.«

Als ich in der Theatre Road 34 unter die Obhut meines Großvaters kam, war ich zuerst sehr unglücklich. Mein Vater fehlte mir – die Gespräche mit ihm, seine Lieder, sein Lachen und seine Diskussionen, seine Ermutigung bei meinem Studium der geistigen Schätze – und alles, was mich an seine noble Persönlichkeit erinnerte, deprimierte mich. Aber meine angeborene Spannkraft und meine Freunde aus dem College – allen voran Subhash Chandra Bose – halfen mir aus meiner Niedergeschlagenheit heraus. Nach dem Tode von Subhash im Jahre 1945 würdigte ich ihn in einem Buch mit dem Titel *Netaji, the Man*. Daher will ich jetzt nicht ausführlich auf die bleibenden Impulse eingehen, die ich seinem Idealismus, seiner Würde, der Lauterkeit seines Charakters und seiner Bewunderung für Swami Vivekanandas Ermahnung, unserem heiligen Mutterland zu dienen, verdanke. Es genügt zu sagen, dass ich auf seine Veranlassung begann, vor großen Versammlungen die beliebten patriotischen Lieder meines Vaters zu singen. Seine von mir hochgeschätzten Romanzen und Hymnen der Gottesliebe behielt ich freilich Musikkennern vor.

Mein Leben im College war glücklich, bis auf einen Haken: Ich hatte mit Mathematik, Physik und Chemie begonnen, weil mir die ultramodernen Weltverbesserer eingehämmert hatten, nur von der Naturwissenschaft sei das Heil zu erwarten. Aber obwohl ich in Mathematik mit Auszeichnung abschnitt, langweilten mich Physik und Chemie mit ihren Säuren und Reagenzgläsern, mit ihren Retorten und Galvanometern zu Tode. Doch wie man sich bettet, so liegt man!

Nirmalda sah ich gelegentlich, aber da er jetzt andere Interessen hatte, trennten sich allmählich unsere Wege. Daher fehlte mir der Ansporn zu Gebet und Meditation, den er mir in meiner Schulzeit gegeben hatte. Doch ich fuhr hin und wieder nach Dakshineswar – insbesondere wenn die weltlichen Gespräche und Vergnügungen ihren Reiz verloren. Nicht dass ich überhaupt keine Freude daran hatte. Der weltverhaftete Teil in mir erfreute sich an meinen praktisch-klugen Freunden und Bekannten, auch wenn ich mein spirituelles Streben nicht mit ihnen teilen konnte. Als Gottesverehrer jedoch war ich ausgehungert und brauchte eine Unterstützung von außen – zumal nach dem Schulabschluss, als meine Großeltern beschlossen, mich zu verheiraten, bevor ich nach England fahren würde, um mich dem Examen für die Ausleseprüfung des Indian Civil Service zu unterziehen.

Ich selbst plante, unverzüglich abzureisen, vor allem weil ich für meinen Freund Subhash, der bald folgen würde, einen Studienplatz an der Cambridge University sichern sollte. Aber alle meine Versuche, eine Koje auf einem der PNO-Schiffe zu reservieren, schlugen monatelang fehl. Und so musste ich warten und mich in Geduld fassen.

Meine Großeltern, Onkel und Tanten warnten mich weiterhin Tag für Tag, dass ich große Gefahr liefe, wenn ich unverheiratet nach England führe. »Du bist ein sehr impulsiver Junge«, sagten sie, »und deshalb wirst du dich dort so gut wie sicher in ein englisches Mädchen verlieben.« Mein Großvater war sehr strenggläubig und erklärte unumwunden, er würde keine Nicht-Brahmanin als Schwiegerenkelin akzeptieren. Ich protestierte und versprach unentwegt hoch und heilig, niemals in England zu heiraten, aber mein Großvater entgegnete: »Du kennst die Versuchungen dort nicht, mein Kind, daher solltest du lieber vernünftig sein und eine Absicherung bejahen.« Und so weiter.

In schierer Verzweiflung lief ich zu Nirmalda und erzählte ihm, in welcher Klemme ich saß. Er nickte ernst. »Du bist nicht dafür geschaffen, mit Erfolg den Hausvater zu spielen, mein lieber Bruder«, meinte er. »Außerdem vergiss nicht, dass du wie mein Vater, der dich aus ganzem Herzen gesegnet hat, in *Samadhi* versinken wolltest.«

Ich muss hier das Erlebnis mit meinem Onkel nachtragen – eine überaus erwähnenswerte Erfahrung.

Nirmalda unterhielt mich gern mit Geschichten über den wunderbaren *Samadhi* seines Vaters, in dem er mit Krishna sprach, und schließlich bat ich ihn, mich nach Shantipur mitzunehmen, eine etwa hundertdreißig Kilometer von Kalkutta entfernte Kleinstadt. Er willigte freudig ein und wir fuhren mit der Bahn zu meinem Onkel, wo ich ein paar Tage blieb.

Was ich sah, war Folgendes: Mein Onkel, ein Arzt, stand sehr früh auf und machte nach einigen Stunden der Meditation und *Puja* (rituelle Anbetung) seine Patientenbesuche. Gegen Mittag kam er zurück, gab das verdiente Geld seiner ältesten Schwiegertochter, die ihm den Haushalt führte, und von da an gehörte er niemandem außer Krishna, seinem Herrn und Gott. Er musste Geld verdienen, um die von ihm Abhängigen zu ernähren, aber da die Honorare, die er bei seinen Morgenrunden erhielt, gerade ausreichten, sah er nachmittags außer einigen Freunden, die ebenfalls Gottesverehrer waren, keinen Menschen mehr. Mit ihnen sprach er nur über spirituelle Themen, las die heiligen Bücher und hörte stundenlang *Kirtans* (fromme Lieder). Er trieb keinen Sport, hatte kein Verlangen nach Geld oder Ruhm, geschweige denn leerem Geplauder. Seine große Leidenschaft war Gott und er strebte nach nichts als Konzentration auf das Ewige (*Nitya*) im Gegensatz zum Vergänglichen (*Anitya*). Er duldete keine profanen Vertraulichkeiten, war wenig interessiert an familiären Beziehungen, besuchte keine Gesellschaften – mit einem Wort, alle seine Nachbarn und Freunde betrachteten ihn als einen Mann, der über Gott »verrückt geworden« war. Die etwas Nachsichtigeren flüsterten sich verhalten zu: »Nikunja ist unwiederbringlich vom Herrn ergriffen!« Alle aber waren sich einig, dass er eine freundliche Seele war, wenngleich ohne jegliche Anhaftungen, ein gewissenhafter Arzt während der wenigen Stunden, in denen er seine Patienten behandelte, immer noch glänzend in seinen Diagnosen, sachkundig bei seinen Verordnungen und Vertrauen einflößend für den Kranken. Trotz alledem sagten sie, dass er für die Welt so gut wie tot sei, was in der Tat stimmte, da sich der Schwerpunkt seines Bewusstseins von der Welt abgewandt hatte und in einem Wesen ruhte, das zu einer anderen Sphäre zu gehören schien. So begrüßte er mich beispielsweise, als er mich kennenlernte, sehr herzlich, aber nicht etwa als seinen Neffen und den Sohn seines berühmten Schwagers, sondern vielmehr als einen, der religiöse Lieder singen konnte. Ich erinnere mich gut an seine erste Frage, weil sie mich nicht wenig überraschte. »Ich höre, mein Kind, dass du fromme Lieder schön singst«, sagte er fast sehnsüchtig. »Möchtest du mir nicht etwas vorsingen? Kennst du das Lied, das Sri Ramakrishna liebte: *Shakali Tomar Ichchha Ichchhamoyi Tara Tumi?«*

Ich nickte schüchtern und sang das Lied, von dem ich hier einige Zeilen wiedergebe:

Alles, Mutter, ist von Dir bestimmt!
Nichts geschieht je ohne Deinen Willen.
Du alleine handelst, doch wir Narren brüsten uns:
»Wir sind selbst die Herren unseres Schicksals!«
Mit Deinem Segen klimmen Krüppel Berge
und Elefanten gehen in die Falle.
Du krönst nach eigenem Beschluss die Könige,
lässt andere im Höllenfeuer brennen.

Während ich sang, liefen Tränen über seine Wangen, und er sank in *Bhava Samadhi* (ekstatische Halbtrance). Seine Söhne, meine Vettern, erzählten mir, dass er in diesem Zustand eine tiefe Gemeinschaft mit dem Einen erfuhr, den er manchmal als die göttliche Mutter Kali, manchmal als Krishna, manchmal als Shiva erlebte.

Es war meine erste unmittelbare Erfahrung mit einem Gottliebenden, dessen ganzes Wesen »in Gott lebte und webte«. Ich hatte von den Heiligen aus den Legenden gehört und gelesen, war aber bisher nie mit einem in Berührung gekommen. Sein ganzes Gesicht strahlte dank einer seltsamen Versunkenheit, wie ich sie nie zuvor gesehen hatte, Beglückung aus. Meine Skepsis wich der Verehrung für den wunderbaren Mystiker, den meiner Meinung nach so viele missverstanden hatten, obwohl ich nicht weiß, wie ich zu dem Schluss gekommen war, dass ich ihn besser beurteilen könnte als diejenigen, die ihn kritisierten. Denn in diesem Fall hatte ich kein Beispiel, nach dem ich mich richten konnte, auch wenn ich zahlreiche »Berühmtheiten« Indiens gesehen hatte, deren glänzende Gaben ich aufrichtig bewunderte. Doch zweifellos war dies eine Erfahrung völlig anderer Art! Denn während jene mit Witz und Schlagfertigkeit brillierten, schöne Lieder komponierten und herrliche Dramen, Romane und Essays schufen – sich mit einem Wort im Rampenlicht von Reichtum oder Ruhm sonnten –, war hier ein Mann, der mit keinen besonderen Talenten aufwarten konnte, und trotzdem leuchteten aus seinem Gesicht und seinen Augen eine Seligkeit und ein

Frieden, wie ich sie niemals auf einem lebenden Antlitz wahrgenommen hatte! Welches war diese Glückseligkeit, so fragte ich mich, die ihn meine schöne Tante (die er leidenschaftlich geliebt und tief betrauert hatte) vergessen ließ und ihn aus dem grenzenlosen Schmerz des Verlustes zu diesem Gipfel selbstvergessener Verzückung emporhob? Was ich über das atemberaubende Leben der Heiligen gelesen hatte, waren also nicht nur von ihren Verehrern erfundene Legenden! Jahre später, als ich begonnen hatte, mich nach der Hellsichtigkeit zu sehnen, die mir erlauben würde, zu *sehen*, was dieser Seher nicht bloß *gehört*, sondern wahrgenommen hatte, schrieb ich:

> Mein Herz ist voll von dem, was meine Ohren hörten
> über Deine wunderbare Gnade:
> Oh segne nun auch meine Augen
> und führ mich zur Glückseligkeit.

Ja, er hinterließ einen unauslöschlichen Eindruck auf mein jugendliches Gemüt. Denn hier hatte ich, wenn auch von ferne, etwas *gesehen*, das mich bis ins Tiefste aufwühlte und davon überzeugte, dass ein solches Leben in dieser unserer eintönigen Welt *möglich* ist, ein Leben, in dem ein Bewusstsein pulsierte, das sich von unserem normalen so unterschied wie Flügel von Füßen, wie Musik von Geplapper. Vor dieser großen Erfahrung war mein Streben nach dem mystischen Leben mehr oder minder unentwickelt und farblos gewesen. Denn ich konnte mich, wie ich es auch anfing, nicht dazu bringen, mit ganzem Herzen zu glauben, dass das, was die heiligen Bücher als möglich darstellten, durchführbar oder vielmehr empirisch nachweisbar sei.

Als die wohlmeinende Schar der Tanten, angeführt von meiner Großmutter, unbarmherzig mein Gelübde wie eine Zitadelle belagerte, blieb mir kein Frieden, keine Ruhepause. Unisono vertraten sie die Auffassung, es sei höchste Zeit, dass ich ein schönes, gebildetes Mädchen heiratete, das einen festigenden Einfluss auf mein Leben ausüben würde – mir den Halt geben, den ich dringend brauchte. Als sie mir mit ihren Argumenten immer mehr zusetzten, entdeckte ich zuinnerst erschreckt, wie angreifbar ich im Grunde war. Denn obwohl ich immer, wenn ich mich schwach fühlte, leidenschaftlich betete und dadurch gerade genug Kraft bekam, um bei meinem Entschluss zu bleiben, geriet ich zunehmend stärker in Versuchung, als der Druck der Überredungskünste meiner liebenden Gegnerinnen an Intensität und Glaubwürdigkeit gewann.

Meine lebenskluge Großmutter – Mutter von zehn Töchtern und drei Söhnen (alle bis auf einen höchst gesund und munter) – ahnte, dass mein Widerstand immer schwächer wurde. Daher stellte sie mir eine Falle, um den Streit zu beenden.

»Hör zu, mein Kind«, schmeichelte sie süß, »ich habe heute Nachmittag um fünf Uhr ein wunderbares Mädchen zum Tee eingeladen – die Tochter von Soundso. Du wirst hier sein und sie dir genau ansehen. Und dann musst du singen, vergiss das nicht. Sie liebt Musik sehr!«

Ich fühlte mich schutzlos preisgegeben und zugleich überglücklich. Denn ich hatte von meinen Tanten gehört, das Mädchen sei schön, charmant und im höchsten Grade kultiviert.

»Sie ist schlechthin vollkommen«, sangen sie ihr Loblied, und dann, mit einem hintergründigen Lächeln: »Dein Schicksal ist besiegelt, das wissen wir, sobald sie dir einen scheuen und dennoch aufmunternden Blick zuwirft ...« Auf diese Weise ging es kichernd weiter.

Für mich jedoch war es kein Anlass zum Lachen, umso weniger als ich ein heftiges Verlangen empfand, einem solchen Ausbund an Vollkommenheit vorzusingen. Aber ich schwankte wie gewöhnlich und geriet in Panik.

Angenommen, ihre Schönheit und ihr Charme würden sich als unwiderstehlich erweisen und am Ende meinen Entschluss, mein Leben ausschließlich der Suche nach Krishna zu weihen, umstimmen, was dann?, fragte ich mich. Habe ich nicht vor Sri Ramakrishnas Bild ein Gelübde abgelegt, niemals zu heiraten? Wie kann ich danach abschwören und seinen Ruf missachten, den Ruf, der mich zu meinem Gelübde veranlasst hat?

Und so steigerten sich meine Selbstvorwürfe schnell und rangen mit dem wachsenden Verlangen, die immer noch schwache Stimme in meinem Herzen zu ersticken. Und jeder Vorwurf verstärkte wiederum mein Unbehagen. Wie konnte ich jetzt nachgeben? Was würde Nirmalda sagen? Würde ich nicht in meinen eigenen Augen als Versager dastehen ... und so weiter, bis ich mit meinem Latein am Ende war, unsäglich verwirrt und unglücklich. Nach dem Mittagessen betete ich in meinem Schlafzimmer vor der Fotografie von Sri Ramakrishna. »Oh *Thakur!* Verlass mich nicht in der Stunde meiner Not«, flehte ich. »Du musst mir die Willenskraft und Stärke geben, die mir so bitter fehlen.

Ich darf keinesfalls durch weibliche Schönheit von dir abgebracht werden. Du weißt, ich möchte nicht heiraten und das Leben eines ichbezogenen Hausvaters führen, an eine Frau und Kinder gefesselt. Ich möchte nur eines: meinem Herrn Krishna von Angesicht zu Angesicht begegnen und Ihm allein dienen. Und habe ich nicht gelobt, das Leben eines *Brahmachari* zu führen?«

So betete ich weiter, während Tränen meine Wangen herabflossen, als ich plötzlich eine deutliche Stimme aus meinem Innern befehlen hörte: »Geh sofort weg. Sei am Nachmittag nicht hier.«

Ich war überglücklich, dass mein Gebet gehört worden war – nicht nur gehört, sondern auf eine unvergesslich überzeugende Weise beantwortet. Denn mir war zumute, als flösse mir Seine Kraft ein, bis mein Blut vor Freude und inbrünstiger Hingabe sang. In diesem Augenblick wurde mir die Bedeutung von Christi Bitte klar: »Führe uns nicht in Versuchung.« Ebenso erkannte ich die Torheit, unserer eigenen Kraft zu vertrauen, ehe wir am Ziel angelangt sind.

Geräuschlos ging ich hinaus auf die Straße und rief ein Taxi. »Fahren Sie zur Iswar Mill Lane im Norden von Kalkutta«, wies ich den Chauffeur an.

Als ich vor dem Haus eines meiner liebsten Freunde, Dr. Satyendranath Basu, ausstieg und ihm alles – abgesehen von dem gebieterischen Befehl der Stimme – erzählte, lachte er, bis ihm Tränen in die Augen traten. Doch er verstand und schlug mir mit den Worten auf den Rücken: »Ob du sie nun heiratest oder nicht, möge dir diese Aufrichtigkeit dein ganzes Leben lang erhalten bleiben, lieber Dilip!«

Diese Erfahrung liegt mehr als fünf Jahrzehnte zurück, aber ich kann mir den Schauer des Wunders immer noch ins Gedächtnis zurückrufen. Denn für mich war es ein wunderbares göttliches Eingreifen – oder soll ich sagen, göttliche Gnade, die mir als Antwort auf meine Bitte von oben zuteilwurde. Ich sage dies mit Bedacht, weil ich einige Jahre später das Mädchen zufällig in Bodh-Gaya im Hause ihres Mannes kennenlernte, wo ich als Gast weilte. Ich war so fasziniert von ihrer Schönheit und Ausgeglichenheit, dass ich Gott dafür dankte, mich nicht auf die Probe gestellt und mir diese Qual erspart zu haben: Denn ich bin in Bengalen niemals einer jungen Frau begegnet, deren Schönheit und Charme atemberaubender gewesen wären.

6
Swami Brahmananda, Netaji, Rolland

Meine Großmutter seufzte und weinte, und Großvater schäumte vor Zorn, weil ich nicht spuren wollte. Aber da ich volljährig und nicht von ihnen abhängig war, konnten sie mich nicht zwingen, ihnen zuliebe am Vorabend meiner Abreise nach England im Alter von zweiundzwanzig Jahren zu heiraten.

Nun ergab es sich, dass Swami Brahmananda, früher bekannt als Rakhal Maharaj, zu dieser Zeit in Kalkutta war. Mein Großvater, der Sri Ramakrishna während seiner tödlichen Krebserkrankung als Arzt behandelt hatte, war bei seinen Visiten mit dem berühmten Schüler recht gut bekannt geworden. Aber er vermutete nicht, dass ich über den Swami wohlunterrichtet war, noch viel weniger, dass ich nachts zu Sri Ramakrishna um Kraft, Reinheit und *Bhakti* gebetet hatte. Dieses Geheimnis hatte ich in der Theatre Road 34 eifersüchtig gehütet. Daher glaubte er mich zu überraschen, als er vorschlug, ich solle ihn zu Swami Brahmananda, »einem großen Heiligen«, begleiten.

Mir stockte der Atem. »Swami Brahmananda?«

»Wer sonst?«, entgegnete er. »Da du störrisch wie ein Maulesel bist, bin ich gezwungen, ihn zu bitten, dass er dir seinen Segen gibt zum Schutz gegen die große Gefahr, der auszusetzen du dich wie ein Narr entschlossen hast. Swamiji hat große Kräfte, wirklich göttliche Kräfte, wie jeder weiß. Aber auch du musst mir dadurch helfen, dass du ernsthaft betest, er möge das Unglück verhüten.«

Ich war überglücklich, da ich alles über Swami Brahmananda gelesen hatte, den Sri Ramakrishna oft als seinen *Manasa Putra* oder geistigen Sohn bezeichnen hatte. Doch meine Freude wich ehrfürchtigem Herzklopfen, als wir das Haus des verstorbenen Balaram Bose (eines anderen direkten Schülers von Sri Ramakrishna) betraten, wo sich Swami Brahmananda damals aufhielt. Während wir die Treppe hinaufgingen, erfüllte mich der süße Duft von Weihrauch mit einem Glücksgefühl, das ich der Gegenwart eines der größten Yogis des modernen Indien zuschrieb, eines Yogis, den Sri Ramakrishna mit dem Attribut *nitya-siddha* (befreit geboren) bedachte. Ich erinnerte mich an sein treffendes Gleichnis vom Adler, der sein Ei im Himmel legte. Während das Ei noch herabfällt, schlüpft ein junger Vogel aus, und da er von Anfang an weiß, dass er im Himmel zu Hause ist, schwingt er sich wieder empor, bevor er auf die Erde abstürzen kann. Erregt dachte ich daran, wie Sri Ma die tiefe menschlich-göttliche Vertrautheit geschildert hatte, die zwischen seinem Meister und diesem Schüler bestand. Er war damals der Leiter der Ramakrishna-Mission und wurde von Tausenden als leuchtendes Beispiel dafür verehrt, wie sich ein Yogi im Leben verhalten solle, nämlich es wie ein Souverän beherrschen, ohne sich jedoch von seinem Königreich Fesseln auferlegen zu lassen. So war der Mann beschaffen, dem ich jetzt begegnen sollte! Gesegnet bin ich, sang es in meinem Innern. Nur mit Mühe konnte ich meine Tränen zurückhalten.

Als wir das Wohnzimmer von Swami Brahmananda betraten, das im ersten Stock lag, wandte sich der große Yogi im ockergelben Gewand um und begrüßte uns mit einem schlichten Lächeln.

»Oh, Pratap Babu!«, rief er. »Das ist wirklich wunderbar!«

Die beiden alten Freunde unterhielten sich eine Weile voller Freude. Danach kam ich an die Reihe und wurde gebührend vorgestellt. Ich bebte vor Glück. Doch dann begann mein Prozess, denn nachdem mein Großvater einmal begonnen hatte, sich über mich zu beklagen, setzte er seine Beschwerde beredt fort und gab mir an allem die Schuld. Die Szene hat sich in mein Gedächtnis eingegraben.

Zunächst klärte er Swamiji eingehend über meinen Charakter und die gesamte Vorgeschichte auf. Danach mag er selbst empfunden haben, dass er in seinem Eifer zu weit gegangen war.

»Trotzdem ist er kein schlechter Junge«, lenkte er ein. »Zu seinen Gunsten muss ich sagen, dass er in seinem Studium recht gut abschneidet und dieses Jahr das Examen in Mathematik mit Auszeichnung bestanden hat. Aber ich mache mir Sorgen, Swamiji. Sein Vater hat ihm ein beträchtliches Vermögen hinterlassen, musst du wissen. Außerdem ist er bereits volljährig, sodass jede Handhabe fehlt. Und schließlich siehst du ja selbst, dass er ein hübscher Junge ist. Die Schwierigkeit liegt eben darin, Swamiji, dass er von Natur aus zu offenherzig ist, zu temperamentvoll, impulsiv und modern – das ist am schlimmsten: Er ist modern. Deshalb weigert er sich zu heiraten, Gott weiß, warum, obwohl mehrere schöne Bräute in Sicht sind, eine noch dazu mit einer beacht-

Swami Brahmananda

lichen Mitgift.« Er schüttelte bekümmert den Kopf. »Aber leider ist er störrisch wie ein Maulesel und lehnt es rundheraus ab zu heiraten!«

Ein belustigtes Lächeln umspielte die Lippen des großen Heiligen. »Ich verstehe durchaus, Pratap Babu«, entgegnete er. »Doch was könnte *ich* deiner Meinung nach in dem Fall tun? Sicher erwartest du nicht, dass ich ihn zur Ehe überrede, da ich ja nun einmal ein Mönch bin, ohne Bindung an die Welt. Aber warum es nicht ihm selbst überlassen?«, fügte er beschwichtigend hinzu.

»Das würde ich gern, Swamiji«, erklärte mein Großvater. »Der Haken dabei ist nur – er besteht darauf, sofort nach England abzureisen. Und ich – nun, ich habe Angst um ihn, verstehst du! Er ist ein recht leidenschaftlicher Bursche und hat reichlich Geld. Du weißt – das heißt, du vielleicht nicht, aber ich –, wie schnell dergleichen dort geht: Er wird schnurstracks in die Falle stolpern und mit einem aufgedonnerten, angemalten ... ähem ... Dämchen zurückkommen. Und das ist dann das Ende vom Lied – eine glatte Katastrophe, sage ich dir schon heute. Deshalb erklärte ich ihm: ›Da du so dickköpfig bist, geh wenigstens mit mir zu einem großen Heiligen. Lass uns als Schutz zumindest seinen Segen empfangen und damit einer misslichen Angelegenheit die beste Seite abgewinnen.‹ Ach ja, ich vergaß, dir zu erzählen«, fügte er niedergeschlagen hinzu, »zu allem Überfluss ist er Musiker, singt einfach drauflos, und du weißt, wie gefährlich das ist – wenn junge Mädchen in der Nähe sind ...«

Doch da wurde er von Swamiji unterbrochen, der sich lebhaft an mich wandte. »Du singst, mein Junge? Na, das ist aber schön! Möchtest du uns nicht etwas vorsingen? Ein Lied über die Göttliche Mutter meine ich. Kennst du eines?«

Ich war außer mir vor Freude und willigte sogleich ein. Ich wählte einen berühmten Kirtan des großen Gottesverehrers Kamalakanta über Kali, *Majlo Amar Man Bhramara*, das Sri Ramakrishna liebte und das ich im *Raga Bhairavi* vertont hatte:

> Mein Herz ist ein liebestrunkener Schmetterling,
> angelockt von den Lotosfüßen der Mutter.
> Berauscht fliege ich zu Ihr, verliere
> mich ganz in Ihrer Seligkeit.

Der Welt mindere Freuden reizen nicht mehr:
Verpfändet bin ich nun Ihr allein.
Von Ihrer himmlischen Gnade ergriffen
entsage ich allem anderen gern.

Dunkel ihre lotosgleichen Füße und dunkel mein Herz:
Der Pilger hat sein Ziel erreicht.

Sieh, die Hindernisse sind überwunden,
die Lockungen des Verlangens wurden fad:
Denn in Ihrer unfasslichen Gnade badend
entsage ich allem anderen gern.

Kamalakantas Traum ging in Erfüllung,
als Sie sich ihm – endlich – offenbarte.

Jenseits zeitlicher Freude und Leid
lauscht er dem zeitlos seligen Klang:
Begeistert von Ihrer unfasslichen Gnade,
entsagt er allem anderen gern.

Während ich sang, verklärte sich sein Gesicht und leuchtete förmlich aus sich heraus. Dann verlor er das Bewusstsein von seiner Umgebung gänzlich und sank in *Samadhi*. Ich sang weiter, die Augen auf sein in der Trance unbewegliches Antlitz geheftet, bis ich durch meinen Tränenfluss nichts mehr sehen konnte. Als ich am Schluss meines Liedes innehielt, hatte sich Frieden in mich gesenkt – ein tiefer Frieden, der alle Winkel meines Wesens zu erfüllen schien. Mit einer Intensität, die ich unmöglich zu beschreiben vermag, spürte ich, dass er mich gesegnet hatte, während ich sang.

Dieses eine Mal war mein Großvater ebenfalls bewegt. Vielleicht hatte er zum ersten Mal in seinem Leben empfunden, dass Musik mitunter Gefahr abwenden kann, anstatt sie herauszufordern. Jedenfalls hatte sich sein Gesichtsausdruck verändert, und er sah mich beifällig an, als unsere Blicke sich trafen. Und die ganze Zeit saß der große Yogi da, eine Gestalt wie eine Statue, atmete kaum, auf seinem Antlitz lag ein glückseliges Lächeln. Hier waren Frömmigkeit, Reinheit und – für *mich* – Romantik! Mir fiel eine Gedichtzeile, die ich irgendwo gelesen hatte, ein: »Ewigkeit in einer Stunde!« Es war kein bloßes Gefühl, das ich empfand, viel weniger eine sentimentale Rührung, sondern eine seltsame Erfahrung wie bei einem Blick – nur einem flüchtigen Blick, aber worauf, das konnte ich nicht genau bezeichnen. Ich wusste lediglich eines, obwohl ich es weder beweisen kann noch möchte, nämlich dass ich etwas von ihm empfangen hatte, das mich auf unerklärliche Weise läuterte, und dass es etwas war, das mir gehörte, obwohl es von ihm in mich einzuströmen schien. Doch sosehr ich das auch anschaulicher schildern möchte, kann ich nicht mehr sagen, weil eine solche Erfahrung für jemanden, der nie die Wonne über den Segen eines Heiligen verspürt hat, keineswegs überzeugend sein kann.

Wir warteten schweigend, bis er das normale Bewusstsein wiedererlangte. Dann sah er mich stumm und unverwandt an. Ich senkte unter seinem beharrlich forschenden Blick beruhigt und zugleich leicht verwirrt die Augen. Plötzlich wandte er sich meinem Großvater zu und sagte mit einem wunderbaren Lächeln: »Pratap Babu! Hab keine Bedenken – ihm wird im Ausland kein Leid widerfahren.«

Mein Großvater starrte ihn verständnislos an. Wieder lächelte Swamiji. »Weißt du, was ich sah, während er sang? Ich sah eine schützende Aura um ihn … *Thakurs* (Sri Ramakrishnas) Aura. Sie ist eine Rüstung, sage ich dir, und ich weiß, wovon ich rede. Daher lass ihn gehen, wohin er will – er wird unversehrt zurückkehren. Freilich mag er bisweilen straucheln – aber fallen wird er nicht, das kann ich dir versichern.« Dann das Gesicht mir zugewandt: »Komm, mein Junge – komm näher.«

Ich konnte mich nicht mehr zurückhalten und berührte seine Füße mit der Stirn, als sich Tränen der Freude und Dankbarkeit endlich Luft machten.

Er streichelte sanft meinen Kopf. Die Berührung seiner Handfläche besänftigte mein ganzes Wesen, da ein kühler Strom tiefen Friedens meinen Körper vom Scheitel bis zum Ende der Wirbelsäule durchlief. Als ich meine Augen zu den seinen erhob, fixierte er mich immer noch liebevoll.

»Möchten Sie – möchten Sie mir nicht einen – einen Rat geben?«, stammelte ich sehnsüchtig.

Er hielt meinen Blick einige Sekunden lang fest. Ein leichtes Lächeln umspielte seine Lippen.

»Nur eines«, sagte er. Seine Stimme war kaum lauter als ein Flüstern. »Erinnere dich – immer.«

»Erinnern?«

Er nickte. »Ja, das ist es, was Thakur uns so häufig sagte: *Smaran manan* (sich ständig erinnern), das ist das Wesen des Yoga. Erinnere dich an Thakurs Gnade und denke stets daran: ›Ich habe seinen Segen empfangen – ich muss seiner wert sein.‹ Dann wird alles gut sein.«

So lauteten die einzigen Worte des Rates, die er mir mitgab, und sie blieben für immer in mein Herz eingegraben.

Eins habe ich mich oft gefragt: Lag es daran, dass es mir bestimmt war, diese große Inspiration zu empfangen, die ich so sehr brauchte, dass sich meine Abreise nach England immer wieder verzögerte? (Einmal kam ich tatsächlich bis Bombay, aber die zuständigen Stellen erklärten mir, auf Monate hinaus sei keine einzige Koje verfügbar.) Ich fragte mich das in Indien und mehr noch in England, sobald eine Versuchung an mich herantrat, und sagte mir jedes Mal: »Erinnere dich an Rakhal Maharaj! Wiederhole mit deiner Gebetskette: Ich habe Thakurs Segen empfangen und muss seiner würdig sein.« Diese unschätzbare Ermahnung verfehlte nie, mir die notwendige Kraft zu geben und die Versuchung zu überwinden, doch die Wirkungsweise göttlicher Gnade lässt sich nicht in menschlichen Begriffen beschreiben, weil sie von einer jenseits der vital-mental gelegenen Ebene wirkt.

Im Juli 1919 kam ich in London an und war von Anfang an entzückt. Der Lichterglanz, die ungeheure Betriebsamkeit, die großartigen Theater, die malerischen Häuser, die herrlichen Gärten, der wunderbare Piccadilly Circus mit seinen prächtigen Shows und Restaurants und insbesondere die unglaubliche Untergrundbahn – alles ging mir ins Blut und berauschte mich.

Doch leider hält kein Rausch an. So verblassten auch die Reize Londons nach ein paar Wochen und die Stadt begann beinahe hässlich zu wirken, wenn sie auch nach wie vor eine hinreißende Stätte der Vergnügungen blieb und bei jedem kurzen Aufenthalt Freudenausbrüche in mir auslöste. Ich fühlte dann jedes Mal ein beglücktes Prickeln in den Adern, vor allem wenn ich neue Freundschaft mit Leuten aus vielen Ländern schloss, wobei ich durch jeden von ihnen gewissermaßen die Schönheiten seines Heimatlandes genoss. Mochten diese Freundschaften auch nur flüchtig sein, so nahm das doch nichts von dem Staunen, das mich wie auf einer beseligenden Welle zu wahren Zauberinseln von Schönheit und Glanz dahintrug.

Subhash jedoch, der einige Monate später eintraf, blieb in meinem Herzen und gewann zunehmend an Bedeutung. Je besser ich ihn kennenlernte, desto mehr liebte ich ihn mit einem an Verehrung grenzenden Gefühl. Nicht etwa, dass wir niemals geteilter Meinung waren. Aber selbst die Unterschiedlichkeit unserer Ansichten und Neigungen vertiefte unsere Vertrautheit nur noch weiter. Durch unsere vehementen Auseinandersetzungen über Menschen und Sachfragen erkannte ich immer deutlicher, dass wahre Freundschaft auf Differenzen gedeiht, da selbst eine Meinungsverschiedenheit der Liebe und Zuneigung, die sich auf jugendlichen Idealismus gründet, nur förderlich sein kann. Mein Vorbild war Sri Ramakrishna, der gesagt hatte, Ziel des Lebens sei, sich in Gott zu begegnen und in Ihm zu leben. Subhash zufolge war das Ziel des Lebens, unserem geliebten Mutterland Indien dadurch zu dienen, dass wir es vom fremden Joch befreiten, das uns unbarmherzig ausbluten ließ. Es war keineswegs so, dass ich Indien nicht liebte. Ich pflegte mit eleganter Verbeugung und dramatischem Lächeln zu sagen (wobei ich Shakespeares Brutus abwandelte): »Nicht weil ich Indien weniger, sondern weil ich Krishna mehr liebe.«

Er erwiderte lachend: »Ich klatsche gebührend Beifall, mein Freund, aber wie können wir ausgehungerten Plebejer uns für Krishna begeistern gleich wohlgenährten Patriziern wie Dilip, der mit einem goldenen Löffel im Mund geboren wurde? Ich will nicht sarkastisch sein, sondern dich nur an den Ausspruch Vivekanandas erinnern, dass Religion nicht für leere Mägen taugt. Denk doch an die erhabenen Verse dieses großen Verkünders des *Dharma* in seinem *Birbani*:

In zahllosen Formen steht Gott vor dir:
Allem wohnt Er inne.
Warum Ihn dann andernorts suchen?
Wer den Menschen liebt, dient auch Gott.

»Aber ist es möglich, den Menschen zu lieben, ehe man nicht zuerst gelernt hat, Gott zu lieben?«, entgegnete ich.

Das war keine lahme Verteidigung weltfeindlicher Askese, noch weniger irgendeiner Pseudofrömmigkeit, sondern, wie ich jetzt weiß, die intuitive Erkenntnis einer zeitlosen Wahrheit spiritueller Erfahrung – dass sich nämlich wahre Liebe, womit ich selbstlose Liebe meine, kaum von einem Egoisten erreichen lässt, noch dass Egoismus ausgerottet werden kann, solange wir nicht endlich lernen, unserer Liebe eine andere Richtung zu geben, weg von uns und hin zu dem Einen, von dem alle wahre Liebe ausgeht und gespeist wird. Denn erst dann erwacht der Geist und liebt alles, sieht in allem den Einen-in-Allem, wie A.E. es in seinem Gedicht *Sybil* so schön ausgedrückt hat:

> Wenn der Geist erwacht,
> wird er für seine Zärtlichkeit
> nicht weniger haben
> als das ganze Leben.

Doch ich fand in England leider niemanden, mit dem ich solche Fragen diskutieren konnte. Allerdings gewann ich in Cambridge eine Reihe von Freunden, die klug und umfassend gebildet waren. Doch keiner von ihnen vertrat die Maxime von Sri Ramakrishna und Jesus, dass die höchste Erfüllung im Leben die Verwirklichung Gottes sei.

Dennoch war Subhash überaus anregend. In unserer Generation hatte ich keinen Menschen kennengelernt, der so unsagbar dem einen Ideal hingegeben war, unser Mutterland von der Schmach der Fremdherrschaft zu befreien. Für ihn war Indien kein Subkontinent mit Flüssen und Ebenen, Bergen und Seen, sondern ein Traumland, das man liebte und von dem man ständig beflügelt wurde, ein heiliges Land – *Punya Bhumi* –, ausgebeutet und ausgeblutet durch fremde Materialisten, denen außer Geldverdienen jedes Ideal unbekannt und wesenlos war. Um es in den kraftvollen Worten Sri Aurobindos zu sagen:

> Indiens Wesen, seine Sendung, das Werk, das es zu vollbringen hatte, sein Anteil am Schicksal der Erde, die besondere Macht, für die es einsteht, ist dort in seiner vergangenen Geschichte geschrieben und ist der geheime Sinn und Zweck seiner jetzigen Leiden und schweren Prüfungen.[9]

Dieser Sinn und Zweck, das betont er, war der in der Evolution hervortretende Geist:

> Nach indischer Vorstellung ist der Mensch ein in das Wirken von Energie verhüllter Geist, der sich hinbewegt zur Entdeckung seines Selbst und der

---

9 *The Foundations of Indian Culture*, Kapitel 3

> zur Göttlichkeit befähigt ist. Er ist eine Seele, die durch die Natur hindurch zur bewussten Selbstheit wächst; er ist ein göttliches Wesen und ein ewiges Sein; er ist eine immer flutende Welle des Gott-Ozeans, ein unauslöschlicher Funke des erhabenen Feuers.[10]

Ich brauche kaum zu bekennen, dass ich im Europa der Zwanzigerjahre nicht in diesen Kategorien dachte, doch ist es nicht übertrieben zu behaupten, dass ich die unumstößliche Wahrheit vage erkannte: Der Mensch kann niemals seine Seele finden, ehe er nicht Gott als lebendigen Bewohner und Guru in seinem Herzen entdeckt, um von seinem »gütigen Licht« wieder heimgeleitet zu werden.

Auch Subhash räumte dies ein, aber er war so ganz auf einen Punkt fixiert und dem Ideal verschrieben, Indiens politische Freiheit hier und jetzt zu erreichen, dass er immer wieder erklärte, dringende Dinge müssten den Vorrang haben und das erste Gebot der Stunde sei Indiens endgültige Befreiung von der drückenden Fremdherrschaft. Und er pflegte in völliger Übereinstimmung mit Sri Aurobindos Sicht hinzuzufügen: »Unsere spirituelle Botschaft kann der Welt erst überbracht werden, wenn wir endlich auf eigenen Füßen stehen. Denn die Welt wird der psychischen Botschaft einer Sklavenrasse, die sich fortdauernd dem Willen einer herzlosen Bürokratie von fremden Herren beugt, einfach keine Beachtung schenken.«

Dazu musste ich schweigen – denn wie konnte man das Unbeantwortbare beantworten?

Ich wollte ihm auch gar nicht antworten, da ich gerade zu dieser Zeit – es war 1920 – Romain Rollands großen Roman *Jean Christophe* las und so hingerissen war von seinem hochfliegenden Idealismus und seiner Darstellung der Aufgabe wahrer Kunst – insbesondere der Musik –, dass ich ihm einen langen Brief schrieb, in dem ich mich begeistert über sein Meisterwerk ausließ und ihn fragte, ob er mir den Vorzug eines Gesprächs gewähren könne. Überglücklich empfing ich seine Antwort, die mir eine Einladung in das Schweizer Dorf Schönegg brachte.

Ich wünschte mir sehr, Rolland vorzusingen sowie mit ihm zu erörtern, ob das Ideal der Musik (oder der Kunst) die Seele völlig befriedigen könne. Über Sri Ramakrishnas Beteuerung, das höchste Ziel des menschlichen Lebens sei es, Gott von Angesicht zu Angesicht zu begeg-

---

10 ebd., Kapitel 5

Sri Dilip Kumar Roy und seine Studienfreunde in England, 1920
Von links: D. K. Roy, K. P. Chatterji, Subhash Chandra Bose (Netaji), C. C. Desai

nen und ständig unter seinem Schutz zu leben, äußerte ich mich nicht. Ich fragte nur eindringlich, ob Kunst – Literatur, Musik oder Poesie – ihrem ganzen Wesen nach nicht einigermaßen ichbezogen sei und sich damit als Berufung zum höchsten Gipfel selbst disqualifiziere.

Ich sah Rolland insgesamt sechsmal in der Schweiz: zweimal in Schönegg, dreimal in Villeneuve und einmal (das letzte Mal) in Lugano. Meine Gespräche mit ihm habe ich an anderer Stelle festgehalten, sodass ich sie wohl nicht zu rekapitulieren brauche. Hier will ich mich nur zu dem tiefen Dank bekennen, den ich Rolland schulde, denn er war es, der mich schließlich bewog, meine gesamten Energien dem Aufbau einer Musikerkarriere zu widmen.

Doch er spornte mich nicht allein im Bereich der Musik an: Ich wurde zuerst von ihm (und später von Bertrand Russell) in den Kult des Internationalismus eingeweiht. Im November 1922 schrieb er mir:

> Nein, es besteht keine unüberbrückbare Kluft zwischen der Musikkunst Europas und der Asiens. Es ist der gleiche Mensch, dessen eine und vielfältige Seele wie eine weit ausladende Eiche das unendliche, ungreifbare Leben zu umfassen sucht. Ich liebe die Eiche als Ganzes. Ich liebe es, sie mit all ihren mächtigen Ästen rauschen zu hören. Ich möchte meine Ohren und mein Herz mit ihrer gesamten bewegten Harmonie erfüllen.

Und abermals am 1. Oktober 1924:

> Unter den Europäern stehe ich mit meinem Urteil über Indien ziemlich allein da. Die Mehrheit wiederholt den unkritischen, engstirnigen Satz: »Asien ist Asien, und Europa ist Europa« ... Ich bin überzeugt davon, Freund Roy, ja, ich habe die Gewissheit, bereits mit den siegreichen Ariern die Hänge des Himalaya herabgekommen zu sein. In meinen Adern fließt ihr Blut.

Diese Vision konnte so spontan in ihm erwachsen, weil er im Innern empfänglich war für eine Weite, deren allgegenwärtige Wurzeln sich überall in die Unendlichkeit ausdehnten. Aber Universalität vermochte in Rollands Augen niemals jenen Missbrauch der Hässlichkeit zu rechtfertigen, der auch zu seiner Zeit unter dem Deckmantel eines vitalen Realismus zum Krebsgeschwür geworden war, das sich ins Mark der westlichen Literatur hineinfraß.

»Kunst um der Kunst willen?«, fragte er rhetorisch in seinem großen

Werk *Jean Christophe,* worauf er mit dem edlen Credo seines eigenen Lebens entgegnete: »Unglückliche! Kunst ist gebändigtes Leben, ist die höchste Herrscherin des Lebens.«

Das freute mich, da ich niemals an die abgedroschene Redensart geglaubt hatte, Kunst sei nichts weiter als ein Abbild des Lebens und müsse als solches all den gemeinen Schmutz und die hässlichen Wucherungen einer kranken oder krankhaften Begierde widerspiegeln, die unseren Augen leider bei jeder Gelegenheit begegnet. Rolland lehnte die Darstellung solcher pathologischer Leiden nicht nur als ungeeignet ab, sondern verurteilte sie als schändlich. Um noch einmal aus seinem Meisterwerk zu zitieren: »Und wie gewisse Schauspieler, die sich ihrer Hässlichkeit rühmen, macht ihr Literatur aus der eurigen. Liebevoll hegt ihr die Krankheiten eures Volkes, seine Scheu vor Anstrengung, seine Sucht nach Vergnügungen, seine grobsinnlichen Vorstellungen, seine trügerische Menschenliebe.«

Freilich eine scharfe Kritik, aber wie tatsachengetreu! Er griff den modernen, ungesunden und schmutzigen Realismus wie ein reinigender Windstoß von oben an, der den Pesthauch seiner Zeit nicht wenig entgiftete. Auch hierin kann er wohl beanspruchen, mit seinem unbezähmbaren Idealismus viele Impulse gegeben zu haben. Er war einer Meinung mit Schopenhauer, der geschrieben hatte: »Vom Schlechten kann man nie zu wenig und das Gute nie zu oft lesen.« Rollands Bewunderung für Beethoven hat einen ihrer Gründe darin, dass dessen Musik die Seele auf mystische Weise erhebt, indem sie uns auf ihren Schwingen in schwindelnde Höhen trägt und uns Einblick in grenzenlose Schönheit gewährt. In seiner Beethoven-Biographie zitierte er nachdrücklich das Bekenntnis des Komponisten »Musik ist höhere Wahrheit als alle Weisheit und Philosophie«. Ähnlich bewunderte er Tolstoi nicht nur als Künstler wie etwa Turgenjew (den er lediglich »ausgezeichnet« nannte), sondern als »gigantische Naturgewalt«.

Es geht mir darum zu unterstreichen, dass Rolland mit einer seltenen Gabe geboren war, denn er besaß nicht nur künstlerische Kreativität, sondern auch die Fähigkeit, die Wirkung von Größe zu empfinden und sie aufzunehmen, wo immer er sie antraf. Deshalb gilt sein überschwängliches Lob Sophokles, Euripides, Beethoven, Tolstoi, Gandhi, Shakespeare, Rabindranath, Sri Ramakrishna, Swami Vivekananda, Sri Aurobindo, Russell, Einstein, Lenin, Netaji (denn er war niemals lau gegenüber einem Genie, das er bewunderte) … Vivekanandas berühmtem Credo hätte er sich sehr wohl anschließen können: »Wo immer sich Größe in irgendeiner Gestalt oder Form entfaltet hat, muss ich mein Haupt in Ehrfurcht neigen.«

Die Anteilnahme, die er aller Welt bezeugte, war gleichfalls gewaltig. Eines seiner letzten Bücher trägt den Titel *Ich will nicht ruhen*. Und das traf wörtlich zu: Bis zu seinem letzten Atemzug ruhte er niemals. In einem seiner bewegendsten Briefe an mich schrieb er im Juni 1933 (posthum veröffentlicht 1951 in seinem umfangreichen Tagebuch mit dem Titel *Journal*):

> Wir müssen unverzüglich den Unterdrückten, Menschen wie Völkern, zu Hilfe eilen, die nicht warten können. Wir gestehen uns nicht das Recht zu, uns der gegenwärtigen Aktion auch nur einen einzigen Augenblick zu entziehen. Intuitiv mag ich sehr wohl wissen und wahrnehmen, dass der Eine die unzähligen Wellen dessen, was sich abspielt, umfasst und beherrscht: Meine erste Pflicht als Fährmann ist es, auf diesen Wogen diejenigen zu retten, die darin ertrinken, oder mit ihnen unterzugehen. Das Wort von Vivekananda »Mein Gott, die Unglücklichen« ist in mein Herz eingeprägt.

Das war typisch Rolland. Er konnte nicht beiseite stehen, wenn er in irgendeinem Teil der Welt Unterdrückung oder Ungerechtigkeit sah. Die letzten zwei Jahrzehnte seines Lebens verbrachte er in einem Schweizer Dorf, scheinbar zurückgezogen, in Wirklichkeit aber in fast tagtäglicher Verbindung mit der ganzen Welt. Menschen aus buchstäblich allen Teilen der Erde besuchten ihn und sein Haus stand allen offen: Niemand wurde fortgeschickt, ohne mitfühlendes Gehör gefunden zu haben. Er konnte mit vollem Recht behaupten, sein ganzes Leben lang sein Bestes getan zu haben, getreu dem Motto des römischen Dichters Terenz: Mensch bin ich; nichts was menschlich acht' ich mir als fremd.

Doch was ich an ihm am meisten schätzte, oder soll ich sagen, was mich am tiefsten inspirierte, war seine leidenschaftliche Liebe zur Kunst. Damals schwankte ich, weil mich ernstliche Zweifel beschlichen hatten, ob Kunst als Berufung, als Ruf zum Höheren betrachtet werden könne. War sie nicht letzten Endes eine Zerstreuung, ein köstlicher Zeitvertreib, bestenfalls ein Ideal, das unter die Kategorie des Zweitbesten fällt, ein Notbehelf? Ich schrieb ihm und bat um Klärung, worauf er unverzüglich antwortete:

Ich konnte nie das Leben eines wahren Künstlers als das eines Karrieristen oder eines lediglich egoistischen Vergnügungsreisenden ansehen. Ich weiß allzu gut, dass die größten Künstler in Europa – Michelangelo, Rembrandt, Beethoven und so weiter – wie Christus selbst Schmerzensmänner sein mussten. Das ist fast eine Voraussetzung des wahren Genies. Das Genie muss zuerst die Prüfung des Elends, der Einsamkeit, des Zweifels und des allgemeinen Missverstandenwerdens durchmachen. Tolstoi geht in seinem Brief an mich so weit zu behaupten, dies sei die Prüfung, die den wahren Künstler vom Scharlatan unterscheide: Die wahren Künstler müssen ihr irdisches Glück ihrem Glauben, ihrer Kunst opfern. Das Leben eines wahren Künstlers könnte, da es aus Entsagung besteht, für den Normalbürger nahezu unerträglich sein. Wenn der Künstler nicht die innere Freude und den Glauben an sein schöpferisches Genie hätte, wäre er unfähig zu atmen: Er würde erstickt zusammenbrechen. Er muss sich irgendwie die zum Atmen notwendige Luft schaffen. Da ist wieder der Ruf nach Heroismus – nach dem Herzen eines Löwen.

Sie scheinen erstaunt über den unglaublichen Eindruck, den *Othello* auf Malwida von Meysenbug machte. Aber wissen Sie, dass der Eindruck, den die düstere Tragödie des Sophokles, *König Ödipus*, beim breiten Publikum des Théâtre Français hervorrief, etwas seinem Wesen nach sehr Ähnliches war? Schmerz wird bei einer gewissen Intensität in leidenschaftliche Erregung verwandelt, und alle großen Tragödiendichter des Abendlandes wissen das. Es handelt sich daher keineswegs um einen ausschließlich orientalischen Mystizismus. Nur muss er von höchster Harmonie gekrönt werden – dem natürlichen Begleitumstand großer Kunst. Die schönsten Quartette Beethovens, die er gegen Ende seines Lebens schrieb, die Seufzer des Amfortas in Wagners *Parsifal* sind erfüllt von derselben Todesqual der Seele, aber die Erhabenheit der gemarterten Seele wird zur göttlichen Wohltat für jene, die zu streben vermögen. Aus solchen Zerreißproben geht man hervor wie im Feuer geläuterter Stahl. Hegen Sie keine Zweifel an dem Element moralischer Kraft, das allen großen Seelen und allen großen Leistungen zugrunde liegt. Was wir in der Welt als Erstes brauchen, ist Energie. (Das hat nicht nur Beethoven gesagt, sondern ebenso Ihr Vivekananda.) Ohne Energie kann nichts Großes bestehen, mit ihr nichts Schwaches. Weder Laster noch Tugend.

Ich drücke Ihnen herzlich die Hand,
Ihr ergebener Romain Rolland

7
Auf dem Kontinent

Etliche meiner Freunde und Gönner missbilligten meinen Entschluss, Musik als Beruf zu wählen. Ursprünglich hatte ich beabsichtigt, 1920 das Examen für den Indian Civil Service abzulegen – im gleichen Jahr, in dem Subhash es gemacht hatte. Doch als er mir mit dem Bibelwort, man könne nicht zwei Herren dienen, gestand, er sei entschlossen, den Dienst zu quittieren, war ich von seinem Idealismus zutiefst bewegt und bereit, die Musik als mein Ideal zu wählen. Daher legte ich, nachdem ich die Zwischenprüfung für das Hauptstudium in Mathematik bestanden hatte, die Sonderprüfung in Musik, Teil I, ab. In diesem entscheidenden Augenblick geschah es, dass sowohl Rolland wie Rabindranath Tagore (über den ich jetzt mehr zu sagen haben werde) mich drängten, nicht länger zu schwanken. Diese Ermutigung brauchte ich dringend, denn damals – in den frühen Zwanzigerjahren – war es tatsächlich für Leute mit ›nüchternem, klaren Urteil‹ undenkbar, dass ein vielversprechender junger Mann so verrückt und unvernünftig sein sollte, sich auf Musik als Beruf einzulassen. Aber andererseits hat der weltkluge Bürger Kunst nie als anständigen Beruf angesehen, sondern den Künstler als Zigeuner abgestempelt, sagte ich mir. Wurde nicht Michelangelo von seinen Eltern bestraft, als er erklärte, er wolle Maler werden? Zwar gab es ein paar Genies in Europa, die sich als Komponisten einen Namen gemacht hatten, in Indien aber betrachtete man vor fünfzig Jahren die Musik als Zeitvertreib, bestenfalls als Zerstreuung, um die strapazierten Nerven zu beruhigen. Jedenfalls billigte keiner meiner praktisch denkenden Beschützer und Gönner mein Streben, Musiker zu werden. Das heißt keiner außer Rabindranath und Rolland, die mir beide sagten, ich solle mein Talent nicht in einem »nüchternen, vernünftigen« Beruf vergeuden. Subhash war anfangs zwiespältig. Als ich ihm jedoch später von Rollands und Rabindranaths unbedingter Zustimmung erzählte, wurde er zum überzeugten, unschätzbaren Verbündeten.

»Ja, Dilip«, sagte er oft, »wir dürfen nicht nur danach trachten, uns zu langweiligen Rechtsanwälten, Ärzten und Buchhaltern zu entwickeln. Du wirst imstande sein, deine Landsleute durch deine patriotischen Lieder aus ihrem Dahindämmern und ihrer Lethargie aufzuwecken. Und ich stehe voll hinter Rollands Rat, du solltest ernsthaft ein künstlerisches Studium aufnehmen.« Damit fuhr er nach Indien und stürzte sich mit seiner großartigen Vitalität und Geradlinigkeit in den Strudel, den die Bewegung zur Verweigerung der Zusammenarbeit unter der Führung von C. R. Das ausgelöst hatte. Subhash hatte mir auch zugeredet, »meine Schiffe zu verbrennen«, was ich schließlich tat, und sei es nur, um in die Fußstapfen eines Mannes zu treten, der die seinen verbrannt hatte und dafür immer wieder ins Gefängnis gewandert war. Sri Sarat Chandra Dutta, älter als ich und ebenfalls idealistisch, gab der in meinem Herzen entzündeten Flamme mit beredten Worten weitere Nahrung: »Wer sich einen Freund des großen Subhash nennt, darf nicht auf Nummer sicher gehen.«

Also fuhr ich schließlich nach Deutschland und begann Geigen- und Gesangsunterricht zu nehmen. Außerdem wollte ich die europäische Methode der Stimmbildung erlernen und fand alsbald einen hervorragenden Lehrer. Jukelius, ein wunderbarer ungarischer Sänger, brachte mir deutsche und italienische Lieder bei und beschwor mich, die reguläre anstrengende Ausbildung zu durchlaufen, denn ich hätte, wie er sagte, das Zeug zum Opernsänger.

Doch ich schüttelte entschieden den Kopf: »Kommt nicht in Frage, mein Herr! Ich studiere europäische Musik nicht, um von Beruf ›Sänger‹ zu werden, sondern lediglich, um in unsere Musik etwas von der Vitalität deutscher und italienischer Lieder einbringen zu können, die ich aufrichtig bewundere.« Er war zutiefst bestürzt über meine Weigerung, mich der europäischen Musik zu widmen, insbesondere der großen Operntradition.

»Es ist ewig schade, mein Herr!«, pflegte er zu seufzen, was mich an Othellos »Aber, wie schade dennoch, Jago! – Oh Jago, wie schade, Jago!« erinnerte.

In seiner Eigenschaft als Musikwissenschaftler hatte mich Rolland mehr als einmal gebeten, den Musikliebhabern auf dem Kontinent nicht nur vorzusingen, sondern ihnen auch den Aufbau und die Entwicklung unserer Raga-Musik genau zu erklären. Es geschah ebenfalls auf seinen Vorschlag hin, dass ich eingeladen wurde, vor der Internationalen Gesellschaft für Frieden und Freiheit in Lugano einen Vortrag über die klassische Musik Indiens zu halten. Der Sekretär der Gesellschaft schrieb mir, dass Bertrand Russell über China und Georges Duhamel über den Weltkrieg sprechen würden.

So kam ich via Genf pünktlich in Lugano an. Eine Kopie meines säuberlich getippten Vortrags hatte ich zuvor an Madeleine Rolland (Rollands Schwester) geschickt, die ihn freundlicherweise ins Französische übersetzen ließ und später denjenigen, die nicht Englisch konnten, vorlas. Das Publikum reagierte mit spontaner Herzlichkeit auf meine Ausführungen und Lieder, und der Vortrag wurde einige Monate später in Kalkutta in der bekannten Vierteljahreszeitschrift *Rupam* veröffentlicht.

In Lugano lernte ich Georges Duhamel kennen, über den mir Rolland bereits begeistert berichtet hatte. Während des Ersten Weltkrieges hatte der berühmte Arzt und Schriftsteller beim Roten Kreuz gearbeitet. Seitdem ließen ihn die Schreckensbilder vermeidbaren menschlichen Elends und des moralischen Verfalls der Menschheit nicht mehr los. Wenn ich ihn bat, mir von seinen bitteren Erfahrungen zu erzählen, entgegnete er oft genug aufseufzend: »Es ist Wahnsinn, Monsieur, schierer Wahnsinn. Der Krieg entstammt der hartnäckigen Weigerung des Ego, das Licht der göttlichen Gnade einzulassen.«

Von Anfang an war ich bezaubert von seinem eleganten Französisch, seiner erlesenen Höflichkeit und vor allem davon, wie stark er auf die faszinierende Persönlichkeit Mahatma Gandhis reagierte, über den er gut unterrichtet war. So war es eine reine Freude für mich, mit ihm über Menschen und Dinge zu reden und ihm unsere Ragas vorzusingen. Unsere schönen Tonarten und Improvisationen erweckten spontane Begeisterung in ihm und er äußerte sich voller Anerkennung über die indische Musik. Unter anderem schrieb er, dass unsere Ragas (ich hatte 1927 abermals Gelegenheit, sie ihm in Paris vorzusingen) »in ihrem leidenschaftlichen Appell und ihrer Tiefgründigkeit so weit gehen wie nur menschenmöglich«.

In Lugano lernte ich außerdem Rollands Freund Hermann Hesse kennen, den späteren Nobelpreisträger, dessen Buch *Siddharta* in Europa Aufsehen erregt hatte. Rolland war ebenfalls anwesend, spielte allerdings keine aktive Rolle. Die größte Erschütterung verdankte ich jedoch Bertrand Russell. Er hielt drei Vorträge über China, von wo er gerade zurückgekehrt war – glänzende Vorträge, denen wir alle atemlos lauschten. Da ich bereits über meine langen Gespräche mit ihm geschrieben habe[11], brauche ich hier nur hinzuzufügen, wie tiefgreifend er mich auch weiterhin durch seinen ungeheuren Mut, seine Aufrichtigkeit und natürlich durch seine funkelnde Intelligenz beeinflusst hat. Faktisch erwies sich mein begieriges Studium seiner Bücher als Hindernis für mein spirituelles Streben, da Russell die Bereitschaft zum Zweifel bestärkte, und zwar auf Kosten der spirituellen Einsicht, die allein der wahre Prüfstein im Yoga ist. Doch da ich mich mit diesem sich lange hinziehenden Kampf in *Among the Great, Kumbha* und anderen Büchern beschäftigt habe, will ich dieses Kapitel mit einem Brief beschließen, den mir mein Guru Sri Aurobindo zu diesem Thema schrieb, um mich von der übermäßigen Bewunderung, die ich Russells Eintreten für Zweifel und »Entlarvung« der Spiritualität entgegenbrachte, zu kurieren:

> Dilip,
> ich habe Russell nicht vergessen, ich habe ihm aber keine Beachtung geschenkt, erstens aus Mangel an Zeit; zweitens, weil ich im Augenblick Deinen Brief verlegt habe; drittens aus Mangel an Verständnis meinerseits. Was ist die Bedeutung von diesem »interessiert sein an äußerlichen Dingen um ihrer selbst willen«? Und was ist ein »Introvertierter«?[12] Beide Probleme kommen mir verworren vor.
>
> Das Wort »Introvertierter« ist erst jüngst ins Dasein getreten und klingt wie ein Gefährte des »Pervertierten«. Wörtlich bedeutet es einen Menschen, der nach innen gekehrt ist. Die Upanishad spricht von den Türen der Sinne, die nach außen aufgehen und den Menschen in äußerlichen Dingen aufzehren (»um ihrer selbst willen«, vermute ich?), und von dem einen Menschen unter Millionen, der sein Schauen nach innen kehrt und das Selbst sieht. Ist dieser Mensch ein Introvertierter? Und ist Russells idealer Mensch, »der an den äußerlichen Dingen um ihrer selbst willen interessiert ist« – zum Beispiel der Küchenchef Ramaswami oder Joseph, der Chauffeur – *homo externalis Russelius* –, ein Extrovertierter? Oder ist ein Introvertierter ein Mensch, der ein inneres Leben besitzt, das stärker ist als sein äußerliches, der Dich-

---

11 in *Among the Great;* ferner nach seinem Tode in *Bhavan's Journal*

12 Ich hatte aus Russells Buch *Eroberung des Glücks* unter anderem folgenden Abschnitt zitiert: »Wir alle sind empfänglich für die Krankheit des Introvertierten, der sich von dem vielfältigen Schauspiel der vor ihm ausgebreiteten Welt abkehrt und in die Leere in seinem Inneren starrt.«

ter, der Musiker, der Künstler? War Beethoven, der in seiner Taubheit Musik aus seinem Inneren hervorbrachte, ein Introvertierter? Oder ist das jemand, der äußerliche Dinge mit einem innerlichen Maßstab misst und an ihnen nicht interessiert ist »um ihrer selbst willen«, sondern wegen ihres Werts für die Entfaltung seines Selbst, wegen ihres psychischen, religiösen, ethischen oder sonstigen Wertes? Sind Tolstoi und Gandhi Beispiele von Introvertierten? Oder auf einem anderen Gebiet Goethe? Oder steht es für jemanden, der sich um äußere Dinge nur insofern kümmert, als sie sein Ego betreffen? Das würde aber vermutlich 999.999 aus jeder Million Menschen umfassen.

Was sind »äußerliche Dinge«? Russell ist Mathematiker. Sind mathematische Formeln äußerliche Dinge, obwohl sie hier nur im Welt-Mental und im Mental des Menschen existieren? Wenn nicht, ist Russell als Mathematiker ein Introvertierter? Ferner sagt Yajnavalkya, dass man die Frau nicht um ihres Weibseins willen liebt, sondern um seiner selbst willen, und ebenso auch bei anderen Gegenständen des Interesses oder Begehrens – einerlei, ob das Selbst das innere Selbst oder das Ich ist. Im Yoga missbilligt man die Bewertung äußerer Dinge in Begriffen des Ego-Begehrens, ihr einziger Wert ist ihr Wert in der Manifestation des Göttlichen Wesens. Wer bewertet aber nun äußere Dinge »allein um ihrer selbst willen« und nicht wegen irgendeines Wertes für sein bewusstes Wesen? Selbst Cheloo, der Taglöhner, ist an einem Zwei-Anna-Stück nicht nur um dieses Geldstücks willen interessiert, sondern wegen irgendeiner vitalen Befriedigung, die es ihm einbringen kann. Das ist sogar bei dem Geizhals dasselbe, wenn er seine Schätze hortet – er befriedigt damit seines vitalen Wesens Leidenschaft für Besitz.

Was ist also mit Russells »um ihrer selbst willen« gemeint? Wenn du mich über diesen Punkt aufklärst, würde ich mir Mühe geben, noch eine Bemerkung zu seinem *Mahavakya* (profundem Ausspruch) zu machen. Wichtiger ist sein schöner Satz über »die Leere im Innern«. Darüber mindestens hoffe ich, irgendwann eine Bemerkung zu machen.

Sri Aurobindo

8
Rabindranath Tagore

Nach etwa dreijährigem Aufenthalt in Europa kehrte ich im November 1922 nach Hause zurück. In Cambridge hatte ich weder einen akademischen Grad noch ein Diplom erworben und somit nur drei Leistungen zu meinen Gunsten aufzuweisen: Ich hatte fließend Französisch gelernt, Deutsch weniger fließend und Italienisch noch weniger. Ich hatte sehr viele Freunde gewonnen und Weltberühmtheiten kennengelernt. Und nicht zuletzt hatte ich dank der italienischen Stimmbildungsmethode meine Stimme erheblich verbessert. Doch keine dieser Fertigkeiten besaß irgendeinen Marktwert. Nur wenige meiner alten Freunde wie Subhash, Satyen Bose oder Dhurjati Mukherji ermutigten mich.

Zwar konnte ich jetzt ein Publikum dadurch fesseln, dass ich Lieder in Bengali, Hindi, Sanskrit, Deutsch, Französisch und Italienisch sang, aber Musik war, wie meine Schutzpatrone argumentiert hatten, bestenfalls ein hübscher Schmuck. Zum einträglichen Beruf konnte sie nicht dienen, noch weniger als achtbare Beschäftigung. Die Virtuosen, die sich damals kümmerlich mit Musik durchschlugen, wurden eingeladen, bei festlichen Anlässen zu singen – manchmal sogar für ihre Virtuosität mit Beifall bedacht – sich jedoch mit ihnen anzufreunden fiel den anderen nicht einmal im Traum ein. Ein *Ustad* – das heißt ein Berufsmusiker – wurde eben dafür bezahlt, dass er sein Publikum unterhielt, aber niemals als geachtetes Mitglied der Gesellschaft begrüßt.

Zum Glück musste ich meinen Lebensunterhalt nicht als professioneller Künstler verdienen. Denn obwohl mein Großvater vor meiner Heimkehr gestorben war, wohnte ich immer noch in der Theatre Road 34, wo jetzt mein Onkel Khagan mein Beschützer und Ratgeber war. Aber ich war insofern unter einem Glücksstern geboren, als meine Stimme und mein Gesangsstil allen Musikliebhabern gefielen, insbesondere in Bengalen, dem Land der Musik. Der Musikwissenschaftler Fox Strongways schreibt in seinem bekannten Buch über indische Musik, die wohlklin-

Sri Rabindranath Tagore
»Der Dichter und Mystiker, der uns alle in seine Aura exquisiter Schönheit und kraftvoller Vitalität hineinzog.«

gende bengalische Sprache sei so geeignet für Musik, dass sie sehr wohl den gleichen Rang wie das Italienische in Europa beanspruchen könne.

Aber obwohl ich in Bengalen bald als Sänger populär wurde, war ich überaus ehrgeizig. Daher engagierte ich mehrere erstklassige Musiker, um mich gründlich in der Kunst der hindustanischen Musik auszubilden. Außerdem begann ich kreuz und quer durch Indien zu reisen auf der Suche nach bedeutenden Musikern, von denen ich viel lernen sollte, einschließlich der religiösen Lieder, die später zum Hauptgegenstand meines musikalischen Lebens wurden. Ich schrieb ein sorgfältig recherchiertes Buch mit dem Titel *The Diary of a Roving Minstrel*, das mir den lustigen Beinamen eines »musikalischen Vagabunden« – *Bhramyaman* – eintrug.

Zu den größten Geschenken, die mir ein freundliches Geschick bescherte, gehörte die liebevolle Begrüßung durch Rabindranath Tagore bei meiner Rückkehr. Er forderte mich auf, seine Studenten in Shantiniketan (das inzwischen zur Universität ausgebaut wurde) in Musik zu unterrichten. Seine herzliche Einladung freute mich zwar, trotzdem beschloss ich, mehr über die Technik unserer Musik zu lernen – insbesondere der klassischen. Als ich ihm das mitteilte, war er ein wenig enttäuscht, gab aber dennoch meinem Streben seinen Segen.

Seine faszinierende Persönlichkeit besaß eine solche Anziehungskraft auf mich, dass ich jedes Mal überglücklich war, wenn er mich als Gast in sein Landhaus in Bolpur, Shantiniketan, einlud. Ich erinnere mich, wie ich ihn bei einer solchen Gelegenheit – genau gesagt im Januar 1927 – fragte, ob er an das Schicksal glaube. Ich hatte Hamlets Ausspruch zitiert:

> Dass eine Gottheit unsre Zwecke formt,
> wie wir sie auch entwerfen.

Er überlegte eine Weile und sagte dann: »Ich glaube, wir sind innerhalb gewisser Grenzen frei, und dennoch gibt es eine unsichtbare Hand, einen Schutzengel, der uns irgendwie gleich einer Schiffsschraube unter Wasser vorwärtstreibt.«

»Könnten Sie das bitte ein wenig genauer erklären?«, fragte ich.

Der König der Gleichnisse gab ein sehr schönes.

»Nehmen wir an«, begann er, »es gibt einen meisterhaften Flötenspieler, der etliche Flöten geschnitzt hat. Natürlich hat jede von ihnen eine andere Klangfarbe. Aber du stellst fest, dass manche Flöten die anderen übertreffen und aus irgendeinem Grunde volltönender und reiner klingen. Der Flötist spielt fraglos auf allen seinen Instrumenten, am liebsten jedoch auf diesen außergewöhnlichen. Dasselbe gilt für Menschen. Der höchste Bildner von Persönlichkeiten hat sie in verschiedene Formen gegossen und jede mit anderen Erfahrungen, Empfindungen und Fähigkeiten ausgestattet. Dennoch werden einige stets die anderen überragen. Wenn du diese genau untersuchst, werden sie dir wahrscheinlich Einblick in einen besonderen Entwurf des Schöpfers gewähren.«

Es war, als wolle er sich gewissermaßen entschuldigen, weil er damit zu behaupten schien, er sei seinen Mitmenschen überlegen. Doch wer ihm einmal begegnet ist, könnte das unmöglich missverstehen – noch weniger einen Giganten wie ihn tadeln, dass er sich seines Genies bewusst war. Denn – um sein eigenes Gleichnis zu benutzen – der göttliche Flötenspieler, der ihn zu diesem erlesenen Instrument geformt hat, muss dies getan haben, weil er durch ihn einige seiner Melodien mit größerem Nutzen erklingen lassen konnte als durch die anderen. In dem schönen Gedicht *Jivan Devata*, das er vor über sechzig Jahren schrieb, wandte er sich an den »Herrn seines Lebens«.

> Du, Herr, hießest mich willkommen,
> ich weiß nicht, zu welchem Zweck.
> Lächeltest Du von einsamer Höhe
> über meine Tage und Nächte,
> meine Spiele, mein Streben,
> du, Herr und Freund meines Lebens?

Dass es seine Mission war, von dem zu singen, was er geschaut hatte, bildete das durchgängige Leitmotiv seiner Selbsterforschung, über das er bis zum Ende seiner Tage improvisierte. Und die wunderbaren Entdeckungen, auf die er immer wieder stieß, entzückten ihn stets aufs Neue, sodass er weiter von dem sang, was er in der Natur, im Menschen, in der Liebe, im Glauben erblickt hatte, in der Welt, wie sie ist, und schließlich, wie sie hätte sein können, wären wir nur bereit gewesen, willige Flöten in den Händen des göttlichen Flötenspielers zu sein. Denn dann, so sang er, würde jeder von uns sofort den gesegneten Zustand eines Schöpfers erlangen und auf seine Weise an der einen unermesslichen schöpferischen Freude teilhaben.

Er war in der Tat ein geborener Verehrer all dessen, was seine geliebte

Mutter Erde von Tag zu Tag in immer neuem, nie endendem schwelgerischen Entzücken vor seinen Augen ausbreitete. Ihr großartiger Reichtum an blühender Schönheit, geheimnisvollem Raunen und zauberischen Wohlgerüchen konnten sein Herz, seinen Geist und seine Sinne niemals übersättigen. Je mehr er von ihren verschwenderischen Liebkosungen empfing, desto leidenschaftlicher sang er von ihrer erhabenen Schönheit.

> Deine Gaben an uns Sterbliche
> erfüllen alles, was wir nur bedürfen,
> und fließen unvermindert doch zu Dir zurück.
> Der Fluss hat seines Tages Werk zu tun
> und hastet durch die Felder und durch Dörfer;
> jedoch sein ungehemmtes Strömen windet sich
> zum Waschen deiner Füße.
> Die Blume füllt durch ihren Duft
> die Luft mit Süße;
> Jedoch es ist ihr letzter Dienst,
> sich selbst zur Opfergabe für Dich anzubieten.
> Dich anzubeten macht die Welt nicht ärmer.
> Leg in die Worte Deiner Dichter
> den Sinn, der Dir gefällt,
> jedoch ihr tiefster Sinn zeigt nur auf Dich.[13]

Über diesen »tiefsten Sinn« hatte er in einem früheren, von einer Offenbarung inspirierten Gedicht *(Nirjharer Swapnabhanga)* gesprochen und sagt dazu in seinen *Erinnerungen*:

> Als ich mich eines Tages auf meiner Veranda umschaute ... schien sich ein Schleier von meinen Augen zu lüften und ich gewahrte, wie sich die Welt in der Aureole einer unbeschreiblichen Herrlichkeit in alle Richtungen auf den Gipfeln von Wonne und Schönheit ausdehnte ... und ich schrieb:
>
> Wie mein Herz sich plötzlich öffnete, oh Seligkeit!
> Wo mich die Welt besucht, zu küssen und umarmen.

---

13 *Gitanjali 75*, dt. Übersetzung von G. M. Muncker und A. Haas, 1958

Es handelte sich hierbei um eine zweifache Erfahrung, in der er – um es mit seinen eigenen Worten zu sagen – »wie mit seinem ganzen Bewusstsein sah ..., dass tief unten im bodenlosen Schoß des Universums ein unerschöpflicher Quell vollkommener Freude nach allen Seiten ein spontanes Lachen versprühte.«

Seine absolute Zustimmung zu der Welt aus Lachen und Tränen, aus Gesang und Schweigen, aus Licht und Schatten – einer Welt, die selbst inmitten unergründlichen Schmerzes vibrierend vor Schönheit aufleuchtet – ließ ihn Zeugnis ablegen für die Gaben göttlicher Gnade. Das Verlangen danach war niemals zu stillen, wenn er sie auch bei jedem Schritt vom Herrn seines Geschicks empfangen hatte. Und ebenso war es diese Zustimmung, die ihn Sri Aurobindo im Geist so nahebrachte, der die Welt nicht nur als *Lila*, das kosmische Spiel des Göttlichen ansah, sondern unter dem noch bedeutsameren Aspekt der fortschreitenden Offenbarung des Göttlichen durch den höchsten Akt der Evolution zur Selbstfindung. Mit anderen Worten:

> Des Menschen Leben soll erhöhet werden
> durch eine himmlischere Leidenschaft,
> sein Geist beteiligt sein am unsagbaren Glanz;
> sein Herz wird fühlen die Ekstase und das Feuer.
> Der Sterblichkeit Sklaven werden ihre Bande lockern,
> der Erde Leiber einer Seele sein bewusst,
> der bloße Mensch zum spirituellen Wesen werden,
> das auferweckt die stumme Gottheit sieht.[14]

Man weiß, wie bewegt Rabindranath war, als uns Sri Aurobindo vor nahezu siebzig Jahren erstmals mit seinen mahnenden Artikeln aufrüttelte und dabei alles für die Unabhängigkeit unseres Mutterlandes aufs Spiel setzte. Nachdem er 1908 unter der Anklage der Aufwiegelung ins Gefängnis kam, schrieb Rabindranath eines seiner schönsten Gedichte, in dem er Aurobindo als einen vom Himmel entsandten Befreier pries:

> Vor dir, oh Aurobindo, neigt Rabindranath sich tief!
> Oh Freund, Freund meiner Heimat, aus dem Indiens Seele rief,
> in dir verkörpert und befreit. Dein Los ist nicht gekrönt

---

14 *Savitri*, »Das Buch vom immerwährenden Tag«

von trägem Ruhm. Bequemlichkeit und Lohn hast du verpönt,
kleinmütigen Reichtum und Almosen abgelehnt, die Schale
des Bettlers nie emporgehalten. Wach in deiner Seele
hast für Vollendung schrankenlos du stets dich eingesetzt,
nach welcher Gott im Menschen Tag und Nacht auf Erden letzt
und hart sich müht; die von den Dichtern feierlich besungen
mit Donnerstimmen; nach der freudvoll jubelnd hat gerungen
das mut'ge Herz auf dornenreichen Pfaden aufwärts steigend;
vor deren Flamme die Nachlässigkeit beschämt sich neigend,
das Haupt dem Strahlenglanze niederbeugt, und wo der Tod
die Furcht vergisst ...

Ich entsinne mich, dass ich Rabindranath dieses herrliche Gedicht einmal vortrug und ihm erzählte, wie ich mich beim Lesen für Sri Aurobindo begeistert hatte. Zu meinem Erstaunen lächelte der Dichter nur kommentarlos. Nach meinem ersten Gespräch mit Sri Aurobindo besuchte ich ihn abermals. Ich berichtete alles, was mir Sri Aurobindo gesagt hatte und wie tief ich von seiner strahlenden Persönlichkeit beeindruckt gewesen sei. Rabindranath war erfreut, äußerte aber nach einer Pause, er hege in letzter Zeit einige Befürchtungen wegen Sri Aurobindos weitgehender Zurückgezogenheit.

»In jenen unvergesslichen Zeiten riss uns Sri Aurobindo mit sich fort, Dilip«, seufzte er. »Seine Artikel und Ermahnungen, seine Visionen und Bestrebungen, seine flammenden Reden und sein verwegener Mut haben Bengalen elektrisiert. Aber leider erscheint er, seitdem er sich mystisch in seinen Elfenbeinturm zurückgezogen hat, so fern, abseits und ... soll ich sagen: verschwommen, unklar? ... Ich weiß nicht, Dilip, aber ich frage mich ...« Und so fuhr er fort, Sri Aurobindos Unnahbarkeit zu beklagen.

Ich verteidigte meine Meinung: »Aber ich habe ihn mit meinen eigenen Augen gesehen. Ich versichere Ihnen, er wirkt wie das verkörperte Licht. Warum besuchen Sie ihn nicht und sehen selbst?«

Dann zitierte ich aus dem Gedächtnis einen Abschnitt aus Sri Aurobindos *Synthese des Yoga:*

Eine individuelle Erlösung in jenseitigen Himmeln, ohne dass man sich um die Erde bekümmert, ist nicht unser höchstes Ziel: Die Befreiung und Selbst-Erfüllung der anderen Menschen ist ebenso sehr unsere eigene Sorge – wir möchten fast sagen, unser göttliches Selbst-Interesse – wie unsere eigene Befreiung.

Ich hatte dies zitiert, um Rabindranaths Vorwurf den »Elfenbeinturm« betreffend zu widerlegen. Er wirkte sichtlich bewegt von meinem enthusiastischen Einsatz und sagte: »Nun gut, ich werde versuchen, ihn zu sehen, wenn sich mir die Gelegenheit bietet.«

Er hielt sein Wort: 1928 besuchte er Sri Aurobindo in Pondicherry und schrieb über seine gewandelte innere Einstellung zu ihm in der *Modern Review.* Ich gebe davon einen kurzen Auszug wieder:

> Schon auf den ersten Blick konnte ich erkennen, dass er nach der Seele gesucht, sie gefunden und durch diesen langen Prozess der Erkenntnis eine schweigende Kraft an Inspiration in seinem Innern angesammelt hatte. Aus seinem Gesicht strahlte ein inneres Licht, und die ruhige Heiterkeit seiner Gegenwart machte mir deutlich, dass seine Seele nicht durch die Grundsätze einer tyrannischen Doktrin, die sich ein Vergnügen daraus macht, dem Leben Wunden zu schlagen, verkrüppelt oder verkrampft war.
>
> Ich fühlte, aus ihm sprach der altindische *Rishi* und zeugte von jenem Gleichmut, welcher der menschlichen Seele ihre Freiheit gibt, ins All einzugehen. Ich sagte zu ihm: »Sie besitzen das Wort, und wir warten darauf, es von Ihnen anzunehmen. Indien wird durch Ihre Stimme zur Welt sprechen: Hört auf mich …«
>
> Vor Jahren sah ich Aurobindo in der Atmosphäre seiner heroischen Jugend und ich sang ihm zu: »Aurobindo, nimm den Salut Rabindranaths entgegen.« Heute sah ich ihn in einer tiefgründigeren Atmosphäre stillen Reichtums an Weisheit und sang ihm abermals schweigend zu: »Aurobindo, nimm den Salut Rabindranaths entgegen.«

Als ich seine beredte Huldigung an den großen Weisen las, pries ich im Innern die Erhabenheit beider. Was mich am meisten beeindruckte, war die tiefe Demut des Dichters, mit der er sich so bereitwillig vor einem verneigte, dem zu seinen Lebzeiten bitteres Missverstehen zuteil geworden war. Aber freilich kann nur ein ganz Großer den anderen wahrhaft verstehen. Übrigens ist dies der Grund, aus dem Sri Aurobindo ebenfalls seine Wahlverwandtschaft mit Rabindranath erkannte, den er in einem Brief an mich einmal »einen Wanderer, der auf seine eigene Weise dem gleichen Ziel wie wir zustrebt« nannte.

In seinem prophetischen Buch *The Future Poetry* fügte er hinzu:

> Auf der erhabensten Höhe über allem, was schon erreicht wurde, steht, oder besser gesagt, schwebt und verströmt sich in einem hohen Zwischenbereich die Poesie von Tagore ... in einem psychospirituellen Himmel zarter und feinsinniger Seelen-Erfahrung, sie wandelt die irdischen Tönungen durch die Berührung mit ihrer Strahlkraft um. Der weite Erfolg und Anklang seiner Poesie ist gewiss eines der bedeutungsvollsten Zeichen für die Tendenz des Denkens und Empfindens unserer Zeit.[15]

---

15 Sri Aurobindo, *The Future Poetry*, Kapitel 32, Seite 400

Sri Dilip Kumar Roy
»Es geschah zu dieser Zeit, dass ich zwei großen Menschen begegnete, die meinem spirituellen Streben Aufschwung gaben: Mahatma Gandhi und Yogi Krishnaprem.«

9
Mahatma Gandhi

Ich fürchte, ich bin etwas abgeschweift, verlockt von der persönlichen Strahlkraft Rabindranaths, des Dichters und Mystikers, der uns alle in seine Aura erlesener Schönheit und unerschöpflicher Vitalität zog. Da ich jedoch zur Feder gegriffen habe, um mein spirituelles Streben in großen Zügen nachzuzeichnen, muss ich mich nach besten Kräften bemühen, nicht zu meinem Thema gehörende Dinge beiseitezuschieben.

Nach meiner Heimkehr stellte ich fest, dass mein spirituelles Streben im Überschwang meiner jugendlichen Begeisterung für das Leben mit der Musik und vielfältige andere Erfahrungen leider Tag für Tag nachließ. Daher begab ich mich, um meine schwindende Gottesliebe wieder zu beleben, ab und zu nach Dakshineswar und meditierte in Sri Ramakrishnas Wohnraum. Sobald ich ihn betrat, erwachte meine schlummernde *Bhakti* jedes Mal jäh und ich betete unter Tränen zu ihm, dass ich seine denkwürdige Botschaft nie vergessen möge: Das letzte Ziel eines Pilgers zu den Sternen ist das Sternenland göttlicher Liebe, Seligkeit und göttlichen Lichtes.

Aber wie unsere heilige Schrift sagt, muss jedes *Karma* oder Tun seine Folgen nach sich ziehen, eine Lehre, die ich bei den seltsamen Höhen und Tiefen meines Lebens unwiderlegbar bestätigt gefunden habe. Doch habe ich dank des barmherzigen Gottes entdeckt, dass die unerwünschten Folgen teilweise, wenn nicht gänzlich verhütet werden können, sofern das Streben des Herzens aufrichtig und stark ist.

Doch inmitten des lauten Beifalls, der mich zunehmend umrauschte, konnte ich trotz aller Bemühungen mein Streben, dem göttlichen Ruf treu zu bleiben, nicht aufrechterhalten. Von Zeit zu Zeit versuchte ich es, aber das war ein sporadisches Ausbrechen des Geistes, der hartnäckig erklärte: »Ich gehöre Ihm, auch wenn ich in der Welt leben und meine Bindungen akzeptieren muss, wie es Rabindranath getan hat.« Doch das nützte nichts, denn die Bindungen wurden mit der Zeit nur fester, bis sie mich auf Schritt und Tritt schwer behinderten. Dank meiner Virtuosität und der Fähigkeit, Lieder in verschiedenen Sprachen zu singen, insbesondere in Hindi, war ich überall gefragt, auf Festen, Konferenzen, Versammlungen und Gesellschaften, was zur Folge hatte, dass ich mich an Anerkennung und allgemeinem Beifall gewöhnte. Ich spürte selbst, wie das meinen spirituellen Frieden beeinträchtigte.

Es geschah zu dieser Zeit, dass ich zwei großen Menschen begegnete, die meinem spirituellen Streben Aufschwung gaben: Mahatma Gandhi und Yogi Krishnaprem. Obwohl ich über beide an anderer Stelle ausführlich geschrieben habe, muss ich einige Worte über ihre Bedeutung sagen und wie ich sie sah.

Mahatma Gandhi wird von vielen als Phänomen betrachtet. Jeder Schritt des zerbrechlichen, kleinen Mannes legte Zeugnis dafür ab, dass die Wahrheit des Geistes gegen eine scheinbar unbezwingliche Übermacht Wunder vollbringt. Denn es war wirklich ein Wunder, was er mit dem einzigen Rüstzeug, das er besaß und an das er glaubte, nämlich mit Seelenstärke, bewirkte.

Seine Philosophie war höchst einfach: Gott ist Wahrheit, und so betet derjenige, der die Wahrheit verehrt, in Wirklichkeit Gott an, die Gesamtheit all dessen, was ist oder jemals sein wird. Und was ist Wahrheit? Die Antwort war gleichermaßen einfach: Was im Licht des Strebens unserer Seele wahrgenommen wird und was uns, wenn wir uns ihm aufrichtig überantworten, unter seinen Schutz nimmt und uns unverwundbar macht. Und das war bei der Betonung, die er auf *Brahmacharya* (Keuschheit), freiwillige Armut, wie von Tolstoi vertreten, und nicht zuletzt auf *Ahimsa* oder Gewaltlosigkeit im Widerstand legte, keine rein intellektuelle Spekulation. Ich könnte endlos weiterschreiben – über das, was ihn ausmachte, wie er rastlos jahraus, jahrein strikte Selbstdisziplin übte, über das Warum und Weshalb seiner seltsamen Intuitionen, seiner plötzlichen Entschlüsse, seiner zielgerichteten Fastenaktionen und so weiter. Ich brauche nur ein Gedicht von Rabindranath in Erinnerung rufen, das den Punkt genau trifft:

> Du, hochverehrter Herr, bist größer als alles, was du errangst.
> So lässt dein reiches Leben immer wieder
> all deine großen Taten hinter sich zurück.

Unmittelbar nachdem ich 1924 von Pondicherry nach Bombay zurückkehrte, wurde Mahatma Gandhi ohne Auflagen aus dem Gefängnis ent-

Mahatma Gandhi
»Ich behaupte, Askese ist die größte aller Künste. Was ist denn Kunst anderes als Schönheit in der Einfachheit, und was ist Askese anderes als die höchste Manifestation einfacher Schönheit im täglichen Leben?«

lassen, in dem er als politischer Häftling eingesessen hatte. Während der Rekonvaleszenz nach einer Blinddarmoperation befand er sich in einem Krankenhaus in Poona, etwa hundertsechzig Kilometer von Bombay entfernt. Daher fuhr ich, nachdem ich einige musikalische Verpflichtungen absolviert hatte, direkt nach Poona, nicht nur um dem Mahatma meine Ehrerbietung zu erweisen, sondern auch um ihm die brüderlichen Grüße Romain Rollands zu überbringen. Ich bezeugte ihm meinen Respekt mit dem *Pranam* und sagte, ich sei nur seinetwegen nach Poona gekommen.

»Oh, das ist wirklich nett von Ihnen!«, entgegnete Mahatmaji mit seinem gewinnenden Lächeln. Dankbarkeit ließ sein Gesicht weich erscheinen, ein weiterer wohlbekannter Zug seines wunderbaren Wesens.

Er forderte mich auf, neben seinem Feldbett Platz zu nehmen, und erkundigte sich nach meinem Namen. Ich stellte mich vor.

»Oh«, rief eine der Besucherinnen, die Tochter einer beliebten Dichterin, »Sie sind doch der Musiker, der in Europa Musik studiert hat, nicht wahr? Es heißt, Sie wollen westliche Harmonie in die indischen Melodien einführen?«

»Es stimmt, ich habe ein wenig europäische Musik in England und in Deutschland studiert«, erwiderte ich. »Aber der finsteren Absichten, die Sie mir so spaßhaft unterstellen, habe ich mich nie schuldig gemacht.«

»Trotzdem sind Sie doch Musiker, nicht wahr?«, warf der Mahatma mit seinem versöhnlichen Lächeln ein. »Weshalb also Worte statt Liedern? Möchten Sie nicht für einen armen Rekonvaleszenten singen?«

»Mit Vergnügen, Mahatmaji«, sagte ich dankbar, nachdem wir einen Termin am Nachmittag bestimmt hatten, zu dem ich mit einem Instrument wiederkommen würde. »Doch sagen Sie mir eines – machen Sie sich wirklich etwas aus Musik?«

»Was für eine Frage!«, antwortete er. »Seit meiner Kindheit liebe ich Musik, besonders religiöse Lieder. Natürlich kann ich nicht behaupten, irgendwelche fachliche oder analytische Kenntnis, was die Technik angeht, zu besitzen, da muss ich Sie vorwarnen. Aber ich kann nicht sagen, dass ich das sehr bedauere, zumal ich sehe, dass mich gute Musik immer wirklich bewegt. Darauf kommt es doch letzten Endes an, oder?«

Das Gespräch ging noch eine Weile weiter, und dann verließ ich ihn. Gegen fünf Uhr kehrte ich mit meinem Instrument, der Tambura, zurück. Zuerst sang ich einen *Bhajan*, ein religiöses Lied von Mirabai.

Lass mich Dir dienen, Herr,
selbstlos und hingegeben.

Deine Magd lass mich sein,
einen Kranz Dir zu winden.
Die Blüte Deiner Schönheit
wird dann mein Herz erheben.

Dann weckt mich Dein Blick
aus tiefschwarzer Nacht.
Mein Atem singt Deinen Namen,
wenn Du Dich verlobst mit mir.

Ich will Dein treuer Schatten sein,
der nimmer Dich verlässt,
empfange gern, was Du auch gibst,
Dich, Dich zu gewinnen allein.

Ich will in Deiner Macht ganz stehn,
mein Herz lege ich nieder vor Dir,
Von Deiner Gnade sing ich dann
in jeder Straße und Stadt.

Manche beten verzweifelt zu Dir,
erhoffen Deine Gaben sofort.
Manche dürsten nach Erkenntnis,
andere sind für Askese entflammt.

Mira, Deine Magd, erklärt:
Dein reines Mitgefühl nur rettet uns.
Zu Deinem Sonnenaufgang ruft sie
im Liebeslied-Gebet.

Trunken-selig träumt sie von Dir,
dem göttlichen Flötenspieler,
Mit Pfauenfedern und Blüten gekrönt,
Durchstrahlt von glühendem Gold.

Wenn Du in meinem Herzen wohnst,
wonach sehnen sich meine Augen?
Aus Leid und Wirrsal führe mich
zum Ufer des Flusses der Liebe.

Seine sanften Augen glänzten, als er mir sein strahlendes Lächeln schenkte. Ich war gerührt von seiner Reaktion.

»Miras Lieder sind immer schön«, meinte er.

»Ich vermute, Sie hören sie oft – in Gujarat?«, fragte ich.

»Nun, ich kenne eine ganze Menge von ihnen. Ich habe es gern, wenn mir die Mitglieder meines Ashrams ihre schönen Lieder vorsingen, die in ihrer Aufrichtigkeit und poetischen Wirkung so ergreifend sind.«

Ich war entzückt, da Mirabai, Tulsidas und Kabir unter den mystischen Dichtern meine Lieblinge waren.

»Sie sind so echt«, fügte Mahatmaji hinzu, »und das macht sie so bewegend. Mira sang, weil sie nicht anders konnte. Ihre Lieder sprudeln direkt aus dem Herzen hervor – wie Gischt. Ruhm oder Beifall der Menge hat Mira nicht zum Dichten und Singen verlockt, wie es bei einigen anderen Dichtern der Fall ist. Darin liegt das Geheimnis ihrer fortdauernden Wirkung.«

»Meiner Meinung nach wurde unsere schöne Musik in unseren Schulen und Hochschulen bedauerlich vernachlässigt«, sagte ich ermutigt.

»Das stimmt ... leider«, pflichtete er mir bei. »Und es ist höchste Zeit, dass wir uns das klarmachen. Denn es wäre wirklich ein Trauerspiel, wenn unsere schöne Musik aus schierer allgemeiner Vernachlässigung und Gleichgültigkeit sterben sollte. Das habe ich immer gesagt.«

Mahadeo Desai bestätigte das.

»Ich bin sehr froh, das zu hören, Mahatmaji«, erklärte ich. »Denn ich stand, ehrlich gesagt, unter dem Eindruck, Kunst habe in den Grundsätzen Ihres strengen Lebens keinen Platz. Tatsächlich stellte ich Sie mir oft als Ehrfurcht einflößenden Heiligen vor, der eindeutig gegen Musik ist.«

»Gegen Musik ... ich!«, rief Mahatmaji anscheinend gekränkt, was mich verblüffte. »Nun, ich weiß, ich weiß«, fügte er resigniert hinzu. »Es ist nicht Ihre Schuld, wenn Sie sich ein solches Bild von mir gemacht haben. Es sind so viele unsinnige Vorstellungen über mich im Umlauf, dass es mittlerweile fast unmöglich geworden ist, diejenigen zu ertappen und mundtot zu machen, die sie allerorten verbreitet haben. Daher reagieren meine Freunde so gut wie immer nur mit einem Lächeln, wenn ich behaupte, ich sei selbst ein Künstler. Sie nehmen das tatsächlich als hervorragenden Witz.« Er brach in Lachen aus wie ein Kind.

»Ich fühle mich so erleichtert, Mahatmaji«, sagte ich ebenfalls lachend, von seiner Fröhlichkeit angesteckt, »aber kann nicht Ihre Askese teilweise verantwortlich sein für derartige weitverbreitete Missverständnisse? Denn fraglos würden Sie es den Menschen nicht zu sehr verübeln, wenn sie es ziemlich schwierig finden, Askese mit Kunst in Einklang zu bringen?«

»Aber ich bleibe dabei, Askese ist die größte aller Künste. Was ist denn Kunst anderes als Schönheit in der Einfachheit, und was ist Askese anderes als die höchste Manifestation einfacher Schönheit im täglichen Leben, frei von Künstlichkeit und Schein? Deshalb sage ich immer, dass ein wahrer Asket nicht nur Kunst ausübt, sondern sie lebt.«

So war der große Gandhi. Wenn ich zurückdenke an seine auf ein einziges Ziel gerichtete Askese, die dennoch voller Liebe war, und wie sie viele Millionen Inder im Herzen und im Geist einte, um eines der mächtigsten Reiche dieser Erde zu entwaffnen, ertappe ich mich heute noch bei der Frage: Hat eine derart unglaubliche Manifestation tatsächlich in unserer düsteren Welt voll Hass und Streit, voll Neid und Habgier, voll Schikane und Opportunismus stattgefunden? Ist ein solches Wesen wirklich erschienen, um unsere Erde zu segnen – ein Großer, der die Menschen und Gott liebte, der mit uns die dornigsten Pfade des Lebens ging und dabei sang:

> Oh Herr, Du bist die Wahrheit! Möge Deine reine Gnade
> mir Augen geben, Dein Antlitz durch Wahrheit zu sehen.

Nach diesem kurzen Bericht über unsere erste Begegnung 1924 in Poona will ich mit unserer letzten enden, bei der ich am 29. Oktober 1947 in Neu-Delhi vor ihm sang. Das geschah auf einer seiner Gebetsversammlungen unter freiem Himmel, wobei sich Mahatmaji nach dem Gesang religiöser Lieder zu Tagesfragen äußerte.[16] Ich sang ein Lied von Kabir:

> Kein Feuer verbrennt, kein Sturm fegt weg,
> kein Räuber verletzt deinen Verehrer,
> der in des Herrn beharrlicher Gnade
> auf immer geborgen ist.

16 Diese Ansprachen wurden veröffentlicht im *Delhi Diary*, Ahmedebad 1948.

Nach diesem großen Lohne strebten immer
die Heiligen und Weisen, die Sein Licht erlangten:
Gesegnet sind auf Erden, die erreichen
Seine Mitternachtssonne jenseits der Nacht.

Erwäge, oh König, die Ironie:
Dein ist der Karneval eitlen Ruhms,
doch Kabirs ist die unsterbliche Seligkeit,
mit dem Herrscher des Alls zu wandern.

Nachdem ich geendet hatte, sagte Mahatmaji: »Ihr habt ein wunderschönes Lied gehört. Aber ihr solltet auch etwas über den Sänger wissen. Sein Name ist Dilip Kumar Roy. Ich lernte ihn vor Jahren im Sassoon Hospital in Poona kennen, wo ich mich von einer Blinddarmoperation erholte. Damals sang er zwei *Bhajans* und begleitete sich auf einer Tambura. Heute Morgen sang er mir außerdem zwei berühmte Lieder unserer nationalen Bewegung vor: *Vande Mataram* und *Hindustan Hamara*, von ihm selbst vertont. Mir gefielen sie sehr, vor allem das Erste, dessen Melodie meiner Meinung nach sehr gut zu dem Geist der Hymne passte. Wie es heißt, hat er sich vom weltlichen Leben zurückgezogen, um zu Füßen seines großen Gurus, Rishi Aurobindo, Yoga zu praktizieren. Die Angehörigen seines Ashrams haben alles, was sie besaßen, hingegeben, um der Lehre ihres Gurus zu folgen. Ihr solltet wissen, dass es in Sri Aurobindos Ashram keinen Unterschied von Kaste oder Glauben, von Rasse oder Religion gibt. Ich hörte dies von den Lippen keines Geringeren als des verstorbenen Sir Akbar Hydari, der mir erzählte, dass er alljährlich wie zu einer Wallfahrt dorthin reise. Natürlich ist Dilip Kumar aus dem gleichen Holz geschnitzt und hat keine Vorurteile, weder religiöse noch sektiererische. Und obwohl ich kein Musikkenner bin, darf ich mir wohl die Behauptung erlauben, dass sehr wenige Menschen in Indien – oder vielmehr auf der Welt – eine Stimme wie er haben, so volltönend, so lieblich und kräftig. Heute kam es mir vor, als sei sie noch reicher und voller geworden. Doch jetzt möchte ich eure Aufmerksamkeit auf die Botschaft dieses Liedes lenken. Ihr tätet gut daran, eingehend darüber nachzudenken. Denn hier wird betont, dass der Begüterte alles auf Erden besitzen mag – Reichtum, Ruhm, Prunk und Besitz aller Art – und dennoch innerlich ärmer bleibt als der Arme, der alles hat, weil er Gott besitzt, den wir nur bei verschiedenen Namen nennen, um fanatisch miteinander zu streiten. Wenn ihr euch alle aus diesem Buch höchster Weisheit eine Seite abschreibt, werdet ihr imstande sein, Brüderlichkeit zu üben und damit alle Vorurteile abzulegen, welche die Harmonie des Friedens und des Glücks der Welt zunichtemachen müssen.«

Danach ging er ziemlich ausführlich auf den Bruderkrieg ein, der in Kaschmir geführt wurde, und schloss mit den Worten: »Lasst uns alle in unseren Herzen den Refrain des *Bhajans* singen, das eben erklang: Dass wir alle von einem Gott stammen, der in uns wohnt und uns lenkt, gleichgültig unter welchem Namen wir ihn anbeten mögen.«

Am letzten Abend, dem 1. November, sang ich ihm ein Sufi-Lied vor, das er liebte.

Das Land, das unsere Heimat ist,
ist eins der Blüten ohne Dornen:
ohne die dunklen Wälder der Angst,
ohne des Kummers bittere Ernte.

Dem Quell der Liebe entspringen blaue Wellen,
die Schöpfung ist beseligende Freude,
himmlische Schau besänftigt unsre Erde
und ewige Ströme freuen unsren Blick.

Dort erfüllt sich das Gebet von selbst,
dort schachert keiner, wenn er gibt,
dort gießt sich Leben in die Form der Wahrheit,
befreit vom Spiel der Illusion.

Geächtet ist selbstsüchtiges Gezeter,
verbannt Gedanken über »dein« und »mein«,
es herrscht kein Eigentümer, dient kein Sklave,
kein schwarzer Qualm verhüllt das ewige Licht.

Es ist kein Märchen eines Dichters,
die Welt des süßen Liebesrauschs,
sie ist daheim in jedem Herzen
und wartet, dass die Seele sie erkennt.

Nachdem die letzte Zeile verklungen war, erläuterte er mit glänzenden Augen die Botschaft des Liedes:

»Sri Dilip Kumar Roy sang den *Bhajan,* dessen erste Zeile besagt, dass die Gottliebenden dem gelobten Land angehörten, in dem es weder Not noch Leid gab. Meiner Meinung nach hat das doppelte Bedeutung. Einmal, dass sie in einem Land lebten, nämlich in Indien, wo weder Not noch Leid existierten. Aber ich weiß von keiner Zeit, in der sich Indien in einem solch vollkommen glücklichen Zustand befand. Daher betrachte ich die erste Bedeutung im großen Ganzen nur als Ausdruck einer Sehnsucht des Dichters.

Die zweite Bedeutung bezieht sich auf die Seele und den Körper. Der Dichter singt, dass der Körper als Tempel der Seele unmöglich den düsteren Schauplatz für die vergänglichen Leidenschaften und bösen Triebe des Menschen bilden könne. Zuletzt versichert er uns – gesegnet sei er – wenn der Körper zum Spielplatz der Seele wird, gelangen wir zur Seligkeit, zum Frieden und zur Harmonie Gottes. Und dann wird der Traum des Dichters von Indien wahr, *Om Shantih, Shantih, Shantih* (Om Frieden, Frieden, Frieden).«[17]

Die Doktoranden der Universität von Kalkutta luden mich unter der Schirmherrschaft des geschäftsführenden Rektors zu einem Vortrag mit Gesangsdemonstration ein. Das Thema lautete »Berührungspunkte zwischen indischen und westlichen Melodien«, und als Datum war der 30. Januar 1948 festgesetzt. Ich hatte gerade ein deutsches Wiegenlied gesungen und begonnen darzulegen, wie geistesverwandt diese Melodie der wehmütigen, transzendentalen Stimmung ist, welche die indische Seele so liebt, als wie ein Blitz aus heiterem Himmel die Schreckensnachricht kam: Gandhiji war soeben von einem Hindu in Delhi erschossen worden. Die Veranstaltung löste sich auf, ein Student schrie hysterisch und fiel in Ohnmacht. Düsternis senkte sich auf uns alle herab.

Auf meinem Heimweg fiel mir mit Bestürzung ein, dass das Lied, das ich komponiert hatte und singen wollte, bevor die Nachricht von Gandhis Ermordung kam, ein mystisches Zwiegespräch zwischen Mutter und Kind war. Mitten in der Nacht hörte ich mich im Traum immer wieder die letzte schwermütige Strophe dieses Liedes singen.

17 Mahatma Gandhis Kommentare zu meinen Liedern wurden ungekürzt im *Delhi Diary,* Seiten 118, 122, 124 und 125 abgedruckt.

10
Krishnaprem

Es war, glaube ich, im Jahre 1923, als ich Ronald Nixon, einem Professor an der Universität Lucknow, zum ersten Mal begegnete. Er war nach Indien gekommen, um in Yoga eingeweiht zu werden, da er den Glauben an die europäische Heilsbotschaft einer materialistischen Wissenschaft verloren hatte. Später erhielt er von seinem Guru Yashoda Ma, der Frau des damaligen geschäftsführenden Rektors der Universität, den Namen Krishnaprem.

Da ich ihm bereits in zwei Büchern[18] meine dankbare Ehrerbietung gezollt habe, fällt es mir ein wenig schwer, über ihn zu schreiben, ohne mich zu wiederholen. Da es sich hier jedoch um unsere (Indiras und meine) Erinnerungen handelt, sehe ich es als meine Pflicht, seinem leuchtenden Andenken, das durch die verstreichende Zeit niemals verdunkelt werden kann, zumindest ein kurzes Kapitel zu widmen. Zudem war er es, der mich in Sri Aurobindos mystische Ideologie einführte. »Lies seine *Essays über die Gita«,* sagte er. »Jeder Inder, der die Gita liebt, sollte das Buch lesen. Denn sein Kommentar erschließt neue Bereiche und ist inspirierender als jeder andere, dank seines glänzenden Intellekts und seiner Intuition als Yogi.«

Bevor ich Krishnaprem kennenlernte, hatte ich einige von Sri Aurobindos Reden und Artikeln gelesen, vorwiegend politische und patriotische. Ich fand sie zwar ausgezeichnet, doch mein Herz wurde davon nicht in der Tiefe berührt, da ich *spirituelle,* nicht intellektuelle Nahrung suchte.

Im September 1923 lud mich Sri J. N. Chakravarti, damals geschäftsführender Rektor der Universität Lucknow, ein, einige Wochen bei ihm zu verbringen. Er bewohnte eine prächtige Villa mit einem Anbau, der als Gästehaus diente, und war außerordentlich gastfreundlich. Ronald Nixon, der beliebteste Professor der Universität, hatte sich bei ihm und

---

18 *Yogi Sri Krishnaprem* in Englisch und *Chhayapather Pathik* in Bengali, Letzteres in Romanform

seiner Frau Monika Devi einquartiert, die damals in der Gesellschaft eine große Rolle spielte und von vielen als »Salondame« tituliert wurde. Ich nahm Sri Chakravartis Einladung gern an, umso mehr als Nixon dort mein Nachbar war.

Mein Schlafraum lag neben seinem Wohnzimmer. Jeden Morgen frühstückten wir zusammen, danach wurde ich meistens gebeten, meinen Gastgebern etwa eine Stunde lang in ihrem schönen Salon vorzusingen. Krishnaprem war stets dabei, denn auch er liebte meinen Gesang, vor allem meine Hymnen an Krishna und Radha. Am Nachmittag bat er dann oft seine Kollegen und andere Freunde zum Tee in sein großes Wohnzimmer, in dem überall Bücher kunterbunt verstreut lagen. Seine Freunde nannten seine Teegesellschaften *Conversaziones*, wenn auch nur, um sich selbst damit ein Gefühl der Bedeutung zu verleihen. Mitunter besuchten auch Außenseiter diese Diskussionsnachmittage, da er hervorragende Argumente und schlagfertige Antworten nur so versprühte.

Er hatte zwei nahe Freunde in Lucknow: Dr. Joygopal Mukherji (der später auch ein guter Freund von mir wurde) und den gefürchteten Professor Dhurjati Prasad Mukherji, Skeptiker, Rationalist und Bilderstürmer in einem und ein alter Freund von mir.

Während wir eines Tages miteinander Tee tranken, begann sich Dhurjati plötzlich über »göttliche Wunder« zu ereifern. Er behauptete, was er mit großer rhetorischer Geste untermauerte, sie hätten gänzlich aufgehört, seitdem die Wissenschaft sie zu »entlarven« begonnen habe … Krishnaprem lachte herzlich und nahm den Fehdehandschuh auf.

»Die Wissenschaft wurde erst gestern geboren«, sagte er, »während Wunder uralt sind. Ein Säugling aber dürfte kaum imstande sein, einen Greis zu ›entlarven‹, der sich zudem seit Urzeiten zu altern weigert.« Und dann berichtete er von einer persönlichen Erfahrung, von der er mir später noch oft erzählte.

»Ich war, wie ihr wisst, im Ersten Weltkrieg Pilot und musste daher Bomben über feindlichem Gebiet abwerfen. Bei einem Aufklärungsflug wollte ich eines Tages gerade nach rechts abdrehen, wo ein halbes Dutzend Kampfflugzeuge schwirrten und surrten, da ich annahm, sie gehörten zu uns – das heißt zur Royal Air Force. Genau in diesem Augenblick bemächtigte sich eine Kraft einfach meines Handgelenks und ließ mich scharf nach links abdrehen. Das verwirrte mich erheblich, zumal diese Kraft zu stark und real war, um an ihr zu zweifeln. In

Monika Devi (oben rechts) als berühmte Salondame in der Universität Lucknow.
Monika Devi, nachdem sie Sannyas genommen und den Namen Yashoda Ma
empfangen hatte.

wenigen Minuten kehrte ich zu unserer Basis zurück und man sagte mir, ich hätte gut daran getan, so prompt abzudrehen, da eben eine Anzahl feindlicher Flugzeuge eingegriffen habe. Das versetzte mir einen Schock und ich erkannte voll dankbarer Freude, dass ich durch ein Wunder davongekommen war. Ob du es glaubst oder nicht, mein lieber Dhurjati, ich bin so sicher, wie man nur sein kann, dass dieses Wunder durch eine Macht bewirkt wurde, die über unser Fassungsvermögen geht. Die Schwierigkeit dabei ist nur, dass man zwar glaubt, was man sieht, nicht aber das, was man hört – vor allem wenn sich der Zuhörer darin gefällt, über alles die Nase zu rümpfen, was er nicht mit den schwachen Möglichkeiten seines kleinen Geistes ausloten kann.«

Da Monika Devi meine Lieder liebte, bat sie mich manchmal, für sie privat zu singen, wobei nur Krishnaprem zugegen war. Allmählich begann ich an meiner Gastgeberin etwas wahrzunehmen, das mir recht bemerkenswert erschien und das ich näher erklären möchte.

Ich habe Monika Devi als »Salondame« bezeichnet, denn so hatte sie tatsächlich auf uns alle gewirkt – das heißt als gebildete aristokratische Dame mit einem angeborenen persönlichen Charme als Gastgeberin. Doch allmählich dämmerte es mir, dass sie *nicht* war, was sie schien. Sie hatte vielmehr Züge einer Mystikerin, die man zwar nicht auf den ersten Blick erkannte, die aber für jeden, der unter die Oberfläche zu blicken vermochte, bald sichtbar wurde. In erster Linie wurde mir das klar, weil sie auf religiöse Lieder, insbesondere bengalische *Kirtans* und *Bhajans* in Hindi, mit erstaunlicher Wärme reagierte, sodass ihr Tränen über die Wangen liefen, wenn ich von Krishnas Zauberflöte und Seinem kosmischen Spiel – der *Lila* – sang. Als Nächstes bemerkte ich, wie ehrerbietig Krishnaprem sie anblickte und sich jedes Mal tief vor ihr verneigte, wenn sie ihn als ihren Herzensschatz *Gopal* begrüßte, (der Name, mit dem Krishnas Mutter, Yashoda Rani, ihren kleinen Sohn rief). Nicht weniger beeindruckte mich die Beobachtung, dass sich der löwengleiche Intellektuelle in ihrer Gegenwart sekundenschnell in ein sanftes Lamm verwandelte! Zu der Zeit ahnte ich jedoch nicht, dass er sie bereits als seinen Guru angenommen hatte. Das erfuhr ich erst ein Jahr später.

Eines Tages sprach ich nach dem *Bhajan* mit Krishnaprem darüber, dass sie aus zwei grundverschiedenen Persönlichkeiten bestehe, und fuhr fort: »Wenn ich sie in geselliger Stimmung sehe, lachend, rauchend, Witze reißend – ein natürlicher Mittelpunkt, der alle Blicke auf sich zieht –, bewundere ich ihre geistsprühenden, schlagfertigen Antworten und ihr angeborenes Talent, eine Party zum Erfolg zu machen, aufrichtig. Aber sobald ich ihr dann ein Lied über Krishna vorsinge, sieht sie dann mit ihren seligen Tränen nicht vollständig verklärt aus? Ich weiß nicht, Krishnaprem, aber in solchen Augenblicken kann ich mich des Gefühls nicht erwehren, dass sie in der Unendlichkeit von Zeit und Raum, gewissermaßen in einer ganz anderen Welt beheimatet ist.«

»Ich freue mich«, entgegnete er und klopfte mir liebevoll auf den Rücken, »dass du die Weisheit erlernt hast, nicht nach dem Äußeren zu urteilen. Denn viele schätzen sie, wie du weißt, lediglich als geistreiche Dame der Gesellschaft ein und nicht mehr. Aber sie ist kein Mensch, der leicht auszuloten oder zu enträtseln ist. Sie ist eine einzigartige Persönlichkeit, falls du weißt, was ich damit meine.«

Etwa ein Jahr war vergangen, als mir Dhurjati aus Lucknow schrieb, Krishnaprem sei von Monika Devi in den Vishnu-Kult eingeweiht worden, habe seine englische Kleidung mit der ockerfarbenen Ordenstracht vertauscht und sich zu einem eindrucksvollen indischen Sadhu entwickelt. Einige Tage später schrieb Joygopal, dass Monika Devi *Sannyas*[19] genommen, ihren Namen geändert und sich den Kopf nach dem Beispiel ihres Gurus, des ehrwürdigen Priesters eines Tempels in Brindaban, kahlgeschoren habe. Das erstaunte mich natürlich und bewegte mich zugleich zutiefst. Es war wirklich unglaublich! Denn war sie nicht im Überfluss geboren und aufgewachsen, durch und durch aristokratisch und progressiv, eine Ultramoderne, die alle zwei Jahre nach England fuhr, in ihrem Kreis modisch tonangebend und vor allem eine liebende Ehefrau und Mutter? Ja, ich musste zugeben, dass sie wirklich eine einzigartige Frau war! (Einige Jahre später vertraute mir Krishnaprem in der Waldeinsamkeit von Almora, wo sie lebten, an, dass er sie als seinen Guru angenommen habe, weil sie von Krishna und den Göttern und Göttinnen aus intimer persönlicher Erfahrung sprechen konnte.)

Einige Monate nachdem sich Krishnaprem unter die Obhut seines Gurus (jetzt bekannt als Yashoda Ma) zurückgezogen hatte, lud ich ihn ein, ein paar Tage bei mir in Kalkutta in der luxuriösen Villa meines Großvaters in der Theatre Road zu verbringen. Er war sofort einverstanden und wir verbrachten eine herrliche Zeit zusammen. Ich hing förm-

19 Die mönchische Lebensweise, zu der Armut, Enthaltsamkeit und das Streben nach dem Göttlichen als Hauptziel gehören.

lich an seinen Lippen, zumal er ein echter Jünger Krishnas geworden war, und begann einige seiner Aussprüche aufzuzeichnen, um sie zur Selbstverteidigung vor Ungläubigen zu zitieren.

Manchmal scheute er keine Mühen und stichelte gegen meine anglisierten Freunde. Er behauptete, Indien sei das einzige Land Asiens, das von der materialistischen Zivilisation des Westens nicht erobert wurde, weil die heilige Aura seiner Sadhus es immer noch wie eine Rüstung schütze. Manchmal, wenn Lästerzungen die Sadhus als Parasiten der Gesellschaft verspotteten, entgegnete er lächelnd, dass der nächste Weltkrieg verhütet werden könnte, hätte Europa eine solche Armee von Parasiten. Und dann fügte er provozierend hinzu: »Denjenigen, die Sie Parasiten nennen, würde ich lieber den Beinamen ›Salz der Erde‹ geben.«

Mitunter gingen sie geschlossen auf ihn los und verteidigten die Sache des Intellekts, der das beste Gegenmittel gegen blinden Glauben sei. Worauf er gelassen entgegnete: »Probieren geht über Studieren, meine Freunde! Wenn uns blinder Glaube mit dem *Shivanetra* (dem Dritten Auge) beschenken könnte, wäre ich mit Freuden blind gegenüber dem trostlosen Schreckensbild, das diese Welt bietet.« Und so wehrte er sich unerschrocken weiter gegen ihren gemeinsamen Angriff, ein wahrer »Abhimanyu, von sieben Wagenlenkern umringt«[20], wie er sich häufig lachend beschrieb. Doch selbst seine Gegner mussten zugeben, dass er über eine beachtliche Kenntnis unserer Epen und Schriften verfügte. Trotzdem forderte ihn eines Tages jemand heraus: »Aber Mr. Nixon, wie können Sie nur diese gefährlichen abergläubischen Vorstellungen billigen, an die kein gescheiter Mensch glauben sollte?« Prompt kam die Antwort: »Mein lieber kluger Freund, wenn Sie Ihre Gescheitheit abgelegt haben, wird es Ihnen dämmern, dass es weit gefährlicher für Sie ist, nicht zu glauben, was Sie in Bezug auf die Seele glauben sollten, als das zu glauben, woran man nicht glauben sollte. Denn Letzteres mag Sie zwar tatsächlich in einer Fallgrube landen lassen, die Sie aber trotzdem als solche erkennen und daher herausklettern können, um Ihre Reise wieder aufzunehmen. Doch wenn Sie nicht glauben, was Sie glauben sollten, stürzen Sie in einen Abgrund und brechen sich entweder den Hals oder die Gliedmaßen oder beides.«

---

20 Abhimanyu, legendärer Held im Epos *Mahabharata*, war nur durch eine große Übermacht, die zudem höchst unfaire Mittel anwandte, zu besiegen.

Yogi Sri Krishnaprem (Ronald Nixon)
Vor seiner Einweihung durch Yashoda Ma war Yogi Sri Krishnaprem (Ronald Nixon) Professor an der Universität Lucknow.

Ein paar Worte muss ich noch dazu sagen, wie mir Krishnaprem bei meinen wiederholten Krisen in Pondicherry ständig Ermutigung und freundschaftlichen Rat zuteilwerden ließ. Denn ich glaube nicht, dass ich über meine selbst geschaffenen Schwierigkeiten hinweggekommen wäre, wenn seine Erleuchtung durch Yoga nicht ansteckend auf mich gewirkt und mir in meinen Stunden dunkler Verzweiflung Hoffnung eingeflößt hätte.

Am meisten half ihm natürlich seine fundamentale Aufrichtigkeit, gepaart mit einer erstaunlichen Zielstrebigkeit, die ihn über manche Krise bei seinem lebenslangen Streben nach dem Ziel des *Nitya Vrindavan* – der unvergänglichen Stadt der Liebe, wo Krishna in einem überirdischen Garten der Schönheit seiner Flöte ewige Klänge entlockt – hinwegbrachte. Seine Hingabe an Krishna war nicht nur erstaunlich, sie grenzte schon ans Unglaubliche. Auf meinen Reisen durch vier Kontinente bin ich einer Reihe von bemerkenswerten Strebenden begegnet, doch ich habe unter Ausländern niemals einen so aufrichtigen Verehrer Krishnas kennengelernt, der mit derart leidenschaftlicher Inbrunst danach trachtete, zu Seinen Füßen zu gelangen. Das beharrliche Streben, Gott von Angesicht zu Angesicht zu begegnen, ist bei der Pilgerfahrt des Geistes der wichtigste Wegbereiter. Krishnaprems Streben, unerschütterlich und glühend zugleich, stattete ihn mit mystischer Vision aus. Er liebte nicht nur, sondern wusste auch, *wie* man liebt. Einmal schrieb er mir: »Wer sagt, er wisse, aber liebe nicht, der weiß nicht, und wer sagt, er liebe, aber wisse nicht, der liebt nicht.« Deshalb nannte ihn Ramana Maharshi einen seltenen *Sadhaka,* einen Strebenden, der nicht nur bei jeder Biegung wusste, wie man den dornenreichen Wald durchmisst, sondern auch, wie man Krishnas Licht erfleht, um den Weg zu erhellen und die verborgenen Spalten und Fallgruben sichtbar zu machen. So kamen ihm Wunder der Gnade Gottes bei jeder Gelegenheit zu Hilfe, leisteten ihm Beistand beim Durchqueren der weglosen Wüste, um von Gottes liebender Begrüßung gestärkt die Oase zu erreichen.

Ich weiß nicht, wie ich überzeugend davon schreiben soll, was für meinen schwankenden Geist so überzeugend war – nämlich von Krishnas Gnade, die meinen nachlassenden Glauben immer wieder aufleben ließ. Oder war es sein leuchtendes Gesicht, das mich inspirierte und die Einbrüche gottfeindlicher Dunkelheit vertrieb? Oder seine unerschöpfliche Liebe zu einem unwürdigen Strebenden wie Dilip – eine Liebe, die sich wie ein Schleusentor plötzlich öffnete, um in einem Augenblick den Schlamm von Jahrhunderten wegzuwaschen? Ich kann es nicht sagen. Wer im Dunkeln tappt, weiß kaum, wie das Licht die Schreie seines Herzens beantwortet oder warum. Das Einzige, was er weiß und immer wieder erfährt, weil er es leider immer wieder vergisst, ist, dass jeder Strebende im Grunde nur eins ist, wie es Tennyson in einem Gedicht ausgedrückt hat:

> Ein Kind, das schreit bei Nacht,
> ein Kind, das schreit nach Licht,
> das keine Sprache hat, nur einen Schrei.

Krishnaprem sagte mir oft, dass diese »Sprache« nie verfehlen kann, Gottes Herz zu rühren, sofern man nur für den Alles-in-Allem den vollen Einsatz bringt. Diese seine Versicherung befähigte mich immer wieder, die Fallen auf dem scheinbar endlosen Weg zu umgehen, der sich wie ein Bergpfad nach oben wand, um Goethes Vergleich anzuführen.

Und dann seine erstaunliche *Gurubhakti* – die Treue zum Guru! Wie das Beispielhafte beschreiben? Man musste es sehen, um es zu glauben. Denn solche *Bhakti* ist nicht durch noch so harte Entbehrungen zu erlangen. Sie kann nur kommen, wenn man darum unter Tränen mit Leib und Seele betet – ein Gottesgeschenk, das wie wohltätiger Regen herabfällt, wenn die ausgedörrte Erde danach schreit. Ein Sanskritgedicht sagt:

> Wahre Gottesliebe erlangt man in Millionen Leben nicht
> durch bloße strenge Askese.
> Doch wer wie ein verirrtes Kind aus tiefem Herzen weint,
> dem wird sie gegeben.

Sein endgültiger Verzicht auf das weltliche Leben war es, der mich schließlich dazu veranlasste, Zuflucht zu Füßen meines künftigen Gurus Sri Aurobindo zu suchen – doch darüber werde ich später mehr zu sagen haben. Dieses Kapitel möchte ich mit vier Briefen Krishnaprems beschließen, die für sich selbst sprechen.

In mehr als vier Jahrzehnten, von 1924 bis zu seinem Tode Ende 1965, schrieb er mir zahlreiche Briefe. Einige der frühen habe ich leider verloren, doch zum Glück begann ich in Pondicherry, sie alle ordentlich abzutippen und aufzubewahren. Der erste Brief bezieht sich auf meinen zweiten Besuch in Europa, den ich auf dem Weg nach Amerika plante. Er schrieb ihn aus Lucknow am 22. Januar 1927, meinem dreißigsten Geburtstag.

Mein lieber Dilip,
du fährst also wieder nach Europa. Nun, ich wünsche dir alles Glück ... Ich gestehe, dass ich mir über das Wesen des göttlichen Befehls durchaus nicht im Klaren bin, von dem Sri Ramakrishna spricht. Ich bin mir keineswegs sicher, ob das größte Werk nicht unbewusst getan wird und aus keinem anderen Grund als dem, dass der Handelnde dies heftig wünscht. Natürlich kann man sagen, dieses starke Verlangen selbst sei *der göttliche Auftrag*, aber wird dann die Diskussion nicht einigermaßen sinnlos? Zahlreiche Dichter haben zweifellos empfunden, dass ihnen eine Art ausdrücklicher Befehl erteilt wurde, zum Beispiel Shelley, Blake, Wordsworth und andere, aber es gibt viele, bei denen man das bezweifelt, wie Shakespeare, Scott, Byron, Chaucer. In einem Sinne halte ich die Doktrin für gefährlich (in welchem Bereich auch immer sie angewendet wird), da sie zur Steigerung des Egoismus führt und zu der Vorstellung »Ich werde etwas Großes leisten«. Empfinden wir nicht »den Mann mit einer Mission« als einen der penetrantesten Vertreter der Menschheit und hat unser Instinkt in dem Fall nicht vermutlich recht? Natürlich könnte man erwidern, dass der Mann mit einer Mission, von dem ich rede, ein Mann mit einer Pseudomission ist, aber das ist ein schwieriger Punkt ... Dann gibt es freilich noch eine weitere Frage: Galten Sri Ramakrishnas Äußerungen nicht einem Menschen, der »anderen zu helfen« oder andere zu beeinflussen oder anderen zu dienen sucht, und was dergleichen Schlagworte mehr sind? Beschäftigt sich der große Künstler überhaupt mit »anderen«? Gestaltet er nicht, um sich von dem zu befreien, was er in sich trägt? Ich pflichte dir bei: Heutzutage neigen wir dazu, die Macht der Kunst zu überschätzen, und sind der Ansicht, Kunst sei *Sadhana* oder spirituelle Einweihung. Doch ist sie das? Selbstverständlich kann große Kunst den Menschen bis zu einem gewissen Grade sich selbst vergessen lassen und ihn (allerdings vielleicht nur auf gelinde und metaphorische Weise) unabhängig von Zeit, Raum und Verhältnissen machen. Das können jedoch viele andere Genüsse auch, wenn man ihnen leidenschaftlich genug nachgeht. Zweifellos können *alle* Tätigkeiten Teil eines *Sadhana* werden, sofern man sie entsprechend betreibt. Aber letzten Endes bleibt die Tatsache bestehen, dass es einen Unterschied gibt zwischen Yoga als *Sadhana* und Kunst

als *Sadhana*. Künstler, wirst du sagen, oder zumindest manche unter ihnen beharren darauf, Kunst könne als *Sadhana* dienen. Aber auf diese Plattitüde ist die einzige Antwort eine Gegenplattitüde: dass nämlich alles als *Sadhana* genommen werden könnte (zum Beispiel die Schlacht von Kurukshetra). Darauf werden die Kunstbegeisterten in gekränktem Ton erwidern, dass Kunst unser spirituelles Leben bereichere. Das frage ich mich allerdings. Ich bilde mir ein, es wäre nicht schwierig, die These zu verfechten, dass Kunst ein Ersatz ist – ein Surrogat für spirituelles Leben; mit Bacons Worten: »Die Zurschaustellungen der Dinge sind den Wünschen des Geistes unterworfen.« Shelley hat Poesie definiert als »die Aufzeichnung der besten und glücklichsten Augenblicke der glücklichsten und besten Geister«. Keine schlechte Definition und weit besser als viele hochtrabendere. Aber lässt sich ernstlich daran festhalten, das Bewahren einer solchen Aufzeichnung laufe auf *Sadhana* hinaus? Ist das nicht ebenso vage wie Rollands farbloser Internationalismus? Früher glaubte ich an solche verschwommenen Tröstungen, aber jetzt habe ich meine Zweifel, ob dies alles so befriedigend ist, wie behauptet wird. Ich kann zwar allen Ländern gegenüber tolerant sein, aber für mich gibt es nur eines, und das ist seltsamerweise nicht England, sondern Indien. Meiner Meinung nach ist der Reichtum an Tradition, der eine Nation ausmacht, zu wertvoll, um zu einem allgemeinen, von London bis Yokohama gleichen Mischmasch verschmolzen zu werden. Beschränken wir uns auf Europa (zumindest Westeuropa), so liegt der Fall etwas anders, da es sich hier um mehr oder minder gemeinsame Traditionen handelt; aber können etwa England und Indien so philanthropisch vermengt werden, ohne beiden entscheidenden Schaden zuzufügen? Sterben die Traditionen einer Nation, dann ist diese Nation tot, und selbst wenn sie als Großmacht in der Welt fortbesteht, ist sie dennoch nichts als eine Ansammlung von bedeutungslosen Individuen, die entschlossen ihre verächtlichen Ziele verfolgen … Geschichte ist ein Symbol und dieses Symbol bedeutet etwas unendlich Kostbareres als ein bloßes nichtiges Festhalten an einer Abfolge sogenannter »Tatsachen«. Es gibt überall nur eine Grundtatsache und das ist der ewige Gott. Was immer dazu beiträgt, ihn zu offenbaren, ist eine Tatsache, und was immer ihn zu verbergen trachtet, ist eine Lüge.

Nun zu Russells köstlich vagem und sicherem Allheilmittel. Er hat einen klaren Geist, das gestehe ich dir zu, aber welchen Wert hat dieses ganze Gerede über Erziehung und Atheismus für dich oder mich? Selbst ein mittelmäßiger Wahrheitssucher, der wirklich glaubt, scheint mir der Wahrheit näher und auch ein echterer Mensch zu sein als alle aufgeklärten, freidenkerischen, kosmopolitischen »humanistischen« Skeptiker Russells.

Herzlichst dein Ronald

Der zweite Brief datiert viele Jahre später, nachdem ich zu Füßen meines Gurus, Sri Aurobindo, Zuflucht genommen hatte. Der Zusammenhang ist folgender: Ich fühlte mich sehr unglücklich, weil mich einige meiner *Gurubhais* (Bruderschüler) vor der Verehrung Krishnas warnten, da dies auf Treulosigkeit gegenüber meinem Guru hinauslaufen würde. Daher schrieb ich an Krishnaprem, obwohl Sri Aurobindo mich beruhigt habe, sein Integraler Yoga sei nicht unvereinbar mit der Verehrung Krishnas, könne ich nicht umhin, ein tiefes Unbehagen darüber zu empfinden, dass ich gegen den Strom schwamm. Aber was in aller Welt sollte ich tun? Meinen Guru aufgeben? Unmöglich! Krishna aufgeben? Undenkbar. Und so fuhr ich in meinem Klagelied fort und bat ihn, mir eine erhellende Spur in diesem von Dämmerlicht erfüllten Labyrinth von Unentschlossenheit zu weisen. Er antwortete mit der Klarheit und dem Verständnis, die für ihn charakteristisch waren:

Almora, 17. Januar 1942

Mein lieber Dilip,
ich habe mich sehr gefreut, deinen Brief und die Gedichte zu erhalten. Ich glaube, ich verstehe die besonderen Schwierigkeiten, unter denen du arbeitest, und wenn ich nie auf sie angespielt habe, so geschah es eher aus Angst vor dem Anschein, in irgendeiner Weise Kritik zu üben, als dass ich ihr Vorhandensein nicht erkannt hätte. Da du mich jedoch bittest, so offen wie möglich zu schreiben, werde ich das tun.

Nach meinem Verständnis kommt es für dich überhaupt nicht in Frage, »es aufzugeben, dich nach Krishna zu sehnen und seinen Namen anzuwenden.« Dabei kann keine Rede von Treulosigkeit gegenüber deinem Guru sein, und ich bin froh, dass Sri Aurobindos Brief dich in diesem Punkt beruhigt hat. Die traditionellen Namen und Taten jener großen Gestalten aus der Vergangenheit sind jeweils für sich Fenster, durch die das Wirkliche mühelos entwickelt wird …

Es gibt nur einen vollständigen Yoga; alle sogenannten verschiedenen Yoga-Arten sind Teilaspekte, die nur die partiellen Bestrebungen bestimmter Menschen darstellen. Wer den ganzen Weg gehen will, muss den ganzen Yoga finden, ob er bei den *Upanishaden* beginnt, bei Patanjalis *Ashtanga-*

Yoga, beim Vaishnavismus oder irgendwo anders. *Krishnat param kimapi tattwam aham na jane* (Ich weiß nicht, welche Wahrheit es jenseits von Krishna geben kann) – das sind nicht meine Worte, sondern die des großen Vedanta-Gelehrten Madhusudhan Saraswati. Doch Krishna kann auf viele Arten und unter vielen Teilaspekten gesehen werden. Aber es steht fest, dass Er niemals jemanden im Stich lassen oder ihn enttäuschen wird, indem Er sagt: »Bis hierher und nicht weiter mit mir.« Begriffe von Yoga können unterschiedlich sein; unzulängliche mögen zu kritisieren sein; man muss vielleicht neue Worte finden, um jene zu ersetzen, die mit der Zeit zu Stereotypen geworden sind; Yoga aber ist eins und ewig. Als der Mensch zum ersten Mal auf dieser Erde erschien, kam er die Leiter des Yoga herab. Wenn der letzte Mensch diese Erde verlässt, wird er dieselbe Leiter emporsteigen. Es gibt nur *diese eine* und keine andere. Mittel und Wege können von Mensch zu Mensch unterschiedlich sein und sind es auch, wobei jeder seine besonderen Schwierigkeiten hat, aber die Leiter selbst ist eine. Ich spreche, wenngleich unzulänglich, über das, wovon ich weiß, dass es die Wahrheit ist. Dazu kannst du Ja oder Nein sagen.

Ich fühle mit dir, was den fehlenden persönlichen Kontakt zu deinem Guru angeht, und kann gut verstehen, wie schwer das die Dinge machen muss. Allerdings ist das eine Angelegenheit, die zu ändern nicht in deiner Macht liegt. Ich persönlich würde es sehr schwierig finden, aber – wie die Gita sagt – »Darum solltest du über Unvermeidliches nicht klagen«.

Wenn du es jetzt nicht haben kannst, dann geht es eben nicht, und es bleibt nichts übrig, als die Zähne zusammenzubeißen und weiterzumachen.

Als ich Ma deinen Brief vorlas, sagte sie: »Schreibe ihm, er soll Krishna im Innern suchen und nicht draußen, und dass er Ihn sehen wird, wenn ihm nichts als Er etwas bedeutet.«

Was mich angeht, gab es allerdings eine Zeit, als es mich ärgerte, wenn die Menschen zu viel vom »Inneren« sprachen. Ich fühlte, dass ich Ihn draußen sehen wollte, aber seither habe ich begriffen, dass man Ihn zuerst im Innern sehen muss, und dann erst ist Er überall sichtbar. Im Übrigen stimmt es durchaus, dass das Herz voll von Verlangen nach Ihm sein muss. Es steht mir kaum zu, das zu sagen, aber da du mich darum gebeten hast, möchte ich meinen, dass es neben Ihm immer noch zu viele Dinge gibt, die dir etwas bedeuten. Zum Beispiel Musik und Dichtung als solche und die Bewunderung, die sie dir eintragen. Als Ausdruck deiner Gefühle für Ihn sind sie bewundernswert. Sie können für manche Menschen sogar bewundernswerte Dinge an sich sein, aber nicht für dich. Du hast Fortschritte in Musik und Dichtkunst gemacht und alle deine Freunde sind entzückt? Doch was wird es dir nützen, wenn dabei dein Egoismus zugenommen haben sollte? Ich predige nicht *von oben herab,* sondern ich spreche von meinen eigenen Schwierigkeiten. Außer in Bezug auf dein Ziel sind alle diese Dinge – Musik, Poesie, Philosophie und so weiter – leer, in höchstem Maße leer. Lies die Stelle in Tennysons *Heiliger Gral,* in der Parzival das Ödland beschreibt, wo alles zu Staub wird, und die Brücke, die weit hinaus ins Meer führt. Wir sollten nicht wie Parzival, von dem Ödland erschreckt, unsere Zeit vergeuden oder sie auch nur damit verbringen, dass wir Gedichte aus der Vergänglichkeit herauspressen, sondern wie Galahad auf die Brücke zusprengen. Sage mir nicht, dass in deinem Yoga diese Welt nicht das Ödland ist, sondern das Gewand Gottes. Als der Gral erlangt wurde und die Wunden seines Hüters geheilt waren, dann und erst dann flossen die Wasser wieder über das Ödland und machten es dabei fruchtbar.

»Alles ist nicht Schein«, sagst du in deinem Gedicht. Ich aber sage dir, alles ist Schein, wenn Er nicht gesehen wird, der einzig Wirkliche. Erblicke Ihn, und alles ist Sein Gewand; erblicke Ihn nicht, und alles ist der reinste Schein. Was ist *Maya?,* fragst du. Irgendetwas außer ihm zu sehen, das ist Täuschung – die Quelle des Leides. Es gibt keine »Emanationen«, keine »Schöpfungen« – überhaupt keine Dinge außer Ihm. All dies sind so viele Worte, die irreführende Wege des Sehens beschreiben. Sieh sie und du siehst Ihn nicht. Sieh Ihn und du siehst, dass alles Er ist – nichts ist verschwunden, nichts verloren, nichts zurückgewiesen. Indem du Ihn siehst, siehst du, dass alles Er und dass Er alles ist. Was wir die Schönheit des Himmels nennen, das Leben spendende Strömen des Wassers, die strahlende Kraft des Feuers – sie alle sind Er. Sieh sie als getrennt an und du befindest dich in der unfruchtbaren Wüste wissenschaftlichen Unsinns. Sieh Ihn und sie werden als die unsterblichen Götter erscheinen, die seine Glieder bilden, ewig, so wie Er ewig ist.

Du sagst, du findest es schwer, weiterzugehen. Das ist ein gutes Zeichen. Dieser Weg ist der schwerste der Welt und solange wir ihn als leicht empfinden, können wir sicher sein, dass wir nicht sehr weit kommen, sondern nur mühelos im Freilauf auf einer ebenen Straße fahren. Oh ja, wir können eine Zeit lang glücklich und friedvoll sein, doch dieses Glück oder dieser Frieden sind trügerisch: Etwas kann sie stören und wir erreichen nichts. *Sein* Frieden ist etwas ganz anderes, etwas, dessen Wesen im tiefsten Kern gewaltiger Winde liegt – Winde, die uns zu Atomen zertrümmern würden. Erst wenn sich die Anspannung auf uns auszuwirken beginnt, wenn der Atem kurz wird, können wir wissen, dass wir wirklich emporsteigen. Bis dahin besteht alles, was wir im besten Fall getan haben, darin, schnell das Gebiet zu durchmessen, das wir in einem früheren Leben beschritten haben. Dieses Leben beginnt, wenn die Anstrengung einsetzt – kaum vorher. Gott ist erst zu erreichen, wenn die Eierschale des Selbst geborsten ist. Warum also sollten wir uns beklagen, wenn sich die Spannung zum Äußersten steigert? Wir sind mit körperlichen wie geistigen Schmerzen geboren, aber es ist das innere Leben, das wir suchen, und nicht die selbstversunkene Seligkeit uteriner Existenz.

Lass dich von Krishna durchdringen, beschäftige deine Gedanken mit Ihm und lass alle deine Taten für Ihn geschehen. Mit Sicherheit wirst du Ihn finden. Glaube nicht, dass dies gegenüber irgendjemandem treulos ist, denn das ist die »Hingabe«, von der du schreibst, und der, der dich lehrt, wird dir das nahebringen.

Warum dir Gedanken machen über das, was die anderen in deiner Umgebung sagen oder tun? Jeder von uns hat seine eigene Eierschale, die birst. Bei manchen geschieht das auf diese, bei anderen auf jene Weise, doch am Ende brechen sie alle auf. Was die »persönliche Unabhängigkeit« angeht, von der du schreibst – das ist ein Traum. Du kannst sie nie bekommen, und selbst wenn es dir gelänge, wäre das die Hölle, denn es bedeutet Isoliertheit.

Was jene betrifft, die sagen, die Suche nach Krishna habe keinen Anteil an ihrem Yoga – das ist das dumme Geschwätz von Leuten, die nicht wissen, wer Krishna ist, und sich mit ihrer Unkenntnis von »all dem alten Kram« brüsten. Pariser Moden beim Yoga!

Sieh Krishna, denke an Krishna, handle für Krishna und glaub mir, du wirst Ihn mit größter Sicherheit finden, sollte auch die Erde bersten und sich unter deinen Füßen öffnen. Dies ist die Wahrheit. Alles andere außer Ihm ist nichts, absolut nichts.

Herzliche Grüße und Segnungen von Ma. Auch Moti schickt Grüße und *Pranams.*

Herzlichst wie immer,
dein dich liebender
Krishnaprem

Im April 1965 erhielt ich einen Brief von seinem Schüler Ashish, Krishnaprem sei an einer schrecklichen Darminfektion schwer erkrankt. Ich antwortete sofort und schlug vor, er solle nach Poona kommen und sich hier von den besten Ärzten behandeln lassen. Wenn nötig, würde ich jemanden schicken, der ihn via Delhi und Bombay im Flugzeug abholt. Darauf erwiderte er:

Almora, 26. April 1965

Lieber Dilip,
ich bin sehr gerührt von der Liebe und Sorge, die du und Indira in euren gestern eingetroffenen Briefen äußert, sowie von der Einladung, nach Poona zu kommen, um dort gepflegt und versorgt zu werden. Was kann ich weiter sagen, als dass ich weiß, wie tief euch das alles aus dem Herzen kommt.

Aber habt keine Angst. Die Hände, die mich so weit gebracht haben, halten immer noch das Steuer meines Lebens. Ich glaube, seine Bahn ist noch nicht durchmessen, die Reise noch nicht beendet. Jedenfalls, mein Lieber, *lass uns Ihm vertrauen – wir haben keinen anderen, zu Anfang, zu Ende oder in der Mitte.*

Meine herzlichsten Grüße euch beiden und möge sein Segen mit uns allen sein.

Von Herzen immer euer
Krishnaprem

Seinen letzten Brief schrieb er vier Wochen vor seinem Hinscheiden:

Almora, 17. Oktober 1965

Lieber Dilip,
zuerst meine liebende Umarmung für dich zum *Vijaya Dashami*[21] und alle liebevollen Segnungen für Indira.

Wir kehrten vor einigen Tagen hierher zurück und führen die Behandlung weiter, die der Arzt – ein sehr erfahrener Mann und alter Freund – verordnet hat. Dein Angebot, meine Behandlung, Untersuchung und so weiter in Poona oder Lucknow zu bezahlen und mir und Ashish die Flugkarten von hier zu eurem Gästehaus zu schicken, ist genau das, was von deinem fürsorglichen Herzen zu erwarten war, und rührte mich sehr. Ich wäre liebend gern gekommen, und sei es nur, um dich zu sehen, aber ich bin wirklich

---

21 Fest am 10. Tag der mondhellen Hälfte des Monats Ashwin (meist in die 2. Oktoberhälfte fallend), wenn an den Sieg des göttlichen Helden Sri Rama über den Dämonen Ravana erinnert wird.

nicht der Meinung, dass ich eine lange Reise unternehmen könnte. Was die Behandlung betrifft, so habe ich mich, wie du siehst, nicht geweigert, zum Arzt zu gehen, vermag jedoch keinen inneren Grund zu entdecken, mich weiter weg zu begeben. Wenn Ashish schrieb, dass ich nicht erwarte, mich wieder »wohl zu fühlen«, so meinte er, dass ich nicht damit rechne, mich einfach »zu erholen« und meine frühere robuste Gesundheit zurückzuerlangen. Der Hakenwurm hat die Sache lediglich zum Ausbruch gebracht; der eigentliche Ursprung der Krankheit – chronische Ileitis – liegt fünfundzwanzig Jahre oder mehr zurück. Etwas Derartiges mit den daraus resultierenden organischen Veränderungen klärt sich nicht einfach auf und vergeht wie ein Gewittersturm am Sommerhimmel, wenn man auch sicherlich auf Besserung und einen gewissen Kräfteaufbau hoffen kann. Jedenfalls liegt alles in den Händen unseres göttlichen Freundes und alles ist gut.

In jenem äußeren Konflikt hält Gott seine Hand ebenfalls über allem und *satyam eva jayate, nanritam*[22] – das, was auf reinen Propagandalügen beruht, muss abbröckeln. Zweifellos müssen wir für die Fehler bezahlen, die wir oder unsere gewählten Vertreter in der Vergangenheit gemacht haben, doch vertraue ich persönlich auf ein gutes Ergebnis. Ich meine, es ist unser aller Pflicht, die wir erkannt haben, dass Gott unser Leben ist, unseren Geist auf dem rechten Kurs zu halten, damit Er eine feste Plattform bildet, von der aus Er kämpfen kann. *Jai Chakradhari.*

Was soll ich mehr sagen, außer wieder einmal wie immer

herzliche Grüße, dein dich liebender
Krishnaprem

---

22 *Satyam eva jayate, nanritam* ist ein Zitat aus der *Mundaka Upanishad,* 3:1–6. Es bedeutet: Wahrheit allein gelangt zum Sieg, nicht Falschheit. Krishnaprem bezog sich auf eine Äußerung meines Briefes über die beachtliche Leistung unserer Soldaten bei der Abwehr der pakistanischen Aggression. Ich schrieb weiter, dass ich mich oft dabei ertappt hätte, wie ich in unserem Tempel vor Krishna und Radharani für sie betete, nicht weil ich im Herzen ein Patriot bin, sondern weil ich aufrichtig mit dem übereinstimme, was Swami Vivekananda in seiner berühmten historischen Rede zu Colombo vom 1. Januar 1897 sagte: »Früher meinte ich wie jeder Hindu, dass dies *Punya Bhumi,* das Land des *Dharma,* sei. Heute stehe ich hier und sage mit der Überzeugung der Wahrheit, dass es wirklich so ist. Von hier sind die Religionsgründer seit Urzeiten ausgegangen und haben die Erde immer wieder mit den reinen, ewigen Wassern geistiger Wahrheit überflutet. Von hier sind die Flutwellen der Philosophie ausgegangen, welche die Erde bedeckt haben – Ost oder West, Nord oder Süd –, und von hier muss abermals die Woge ihren Ausgang nehmen, welche die materielle Zivilisation der Welt vergeistigen wird. Glaubt mir, meine Freunde, das wird geschehen …«

Ich hegte eine letzte Hoffnung, aber vergebens, denn er verließ dieses irdische Jammertal am 14. November 1965. Seine letzten Worte waren: »Mein Schiff ist endlich ausgelaufen.« Dieser Satz, so schön er in seiner Erkenntnis und so treffend schmerzlich er unter den gegebenen Umständen war, kam mir immer wieder in den Sinn, als ich unter Tränen schrieb:

Söhne einer intellektuellen Ära, wir durchleuchten
und wägen des Herzens Erkenntnis mit kaltem Verstand,
ohne zu wissen, dass der Kopf nicht einmal ahnt,
welche Schätze in der Seele sind verborgen.

Je tiefer wir bohren, desto weiter führt das Denken ab vom Ziel,
bis selbst der Sinn von unsres Geistes Geburt
begraben ist im Lärm von Worten, die plädieren
für die Herrschaft trivialer Fakten von zeitbegrenztem Wert.

Du diagnostiziertest die fatale Krankheit
mit Einsicht, die aus Treue zur Liebe geboren,
und wiesest des Verstandes Ausschweifung zurück,
deren Missklang nie dein Herz bejahen konnte.

Oh Auserwählter der Vernunft, Bürger von stellaren Räumen,
die kein Verstand je betreten hat:
Wer dein strahlendes Gesicht erblickte, konnte nie mehr zweifeln
an des Glaubens tiefer Macht, uns heim zu Gott zu führen.

11
Meine erste Begegnung mit Sri Aurobindo

Der Kontakt mit Krishnaprem hatte meinem spirituellen Streben Ansporn gegeben. Doch zu meiner Verzweiflung stellte ich fest, dass sich meine irdischen Neigungen und Begierden dem stets aufs Neue widersetzten, ganz zu schweigen von dem Rat wohlmeinender Freunde wie Rabindranath, der für das Eheleben war und mich zu heiraten drängte. Folglich wuchsen meine inneren Konflikte rasch an, bis sie nahezu überall wucherten, wohin ich auch blickte. Nach der Lektüre von Sri Aurobindos *Essays über die Gita* suchte ich weitere Führung in seiner *Synthese des Yoga* und anderen Büchern, die alle dazu beitrugen, die Kluft zwischen mir und meinen intellektuellen Freunden noch mehr zu vertiefen. Schließlich schrieb ich, ermutigt durch meine verzweifelte Sehnsucht nach dem Hafen, den ich flüchtig wahrgenommen hatte, direkt an Sri Aurobindo und erflehte seinen Rat, was das spirituelle Streben sowie dessen Vereinbarkeit mit dem Eheleben betrifft. Er antwortete oder vielmehr brachte einer seiner Schüler, Suresh Chakravarti, das zu Papier, was der große Weise diktiert hatte. Da es ein langer Brief war, gebe ich hier nur einen kurzen Auszug wieder:

> In deinem eigenen Fall hängt alles von deinem Ideal ab. Besteht es darin, das gewöhnliche Leben vitaler und physischer Genüsse zu führen, kannst du dir deine Gattin überall wählen, wo du willst. Hast du ein edleres Ideal wie Kunst, Musik oder Dienst an deinem Land, darf das Suchen nach der Lebensgefährtin nicht vom Begehren bestimmt sein, sondern von etwas Höherem, und die Frau soll etwas in sich besitzen, was mit der seelischen Seite deines Wesens in Einklang steht. Ist dein Ideal spirituelles Leben, musst du es fünfzigmal überdenken, bevor du heiratest … Hier erhältst du nur allgemeine Grundsätze. Aufgrund ihrer Kompliziertheit kannst du dir leicht vorstellen, wie schwer es ist, eine klar umrissene Antwort zu geben. Im Blick auf diese Gegebenheiten musst du für dich selbst entscheiden.

Zu jener Zeit dürstete ich nach Licht, insbesondere nach Klarheit über seinen Yoga. Damals befand ich mich auf einer Rundreise, bei der ich in verschiedenen Provinzen Material über unsere vielfältigen Musikstile sammelte. Obwohl mich die Arbeit nach wie vor interessierte, konnte ich nicht umhin, mir einzugestehen, dass mein alter Eifer fehlte. So wanderten meine Gedanken immer wieder zu Sri Aurobindo, mit dem Ergebnis, dass es mich drängte, ihm von Angesicht zu Angesicht zu begegnen.

Wenn es mich auch zum Yoga zog, so machten mich dennoch meine wirklichkeitsfernen Vorstellungen über *Sadhana* nicht wenig ängstlich. Zum Beispiel bildete ich mir ein, ein solches Dasein verlaufe in ernster, feierlicher Einsamkeit, in entbehrungsreicher Strenge und in trostloser Disziplin, was alles dem Leben, wie ich es verstand, in höchstem Maße Hohn sprach. Allmählich aber spürte ich, wie mich Sri Aurobindos Analyse unserer Welt und seine Auffassung der Evolution aus spiritueller Sicht immer mehr überzeugten. In seinem Meisterwerk *Das Göttliche Leben* schrieb er:

> Das Universum und das Individuum sind die beiden wesentlichen Erscheinungen, in die das Unerkennbare herniederkommt und durch die man sich ihm nahen muss. Denn die anderen Kollektive zwischen diesen beiden entstehen nur aus ihrem Zusammenwirken. Dieses Herabkommen der höchsten Wirklichkeit ist seiner Natur nach Selbst-Verhüllung. Bei dem Herabkommen entstehen aufeinanderfolgende Ebenen, bei der Verhüllung immer weitere Schleier. Notwendigerweise nimmt die Enthüllung die Form eines Aufstiegs an, und ebenso müssen Aufstieg und Enthüllung beide progressiv sein. Denn jede der aufeinanderfolgenden Ebenen des Herniederkommens des Göttlichen Wesens wird für den Menschen zur Stufe eines Aufstiegs. Jede Hülle, die den unbekannten Gott verbirgt, wird für den Gott-Liebenden und Gott-Suchenden zum Anlass, Ihn zu enthüllen. Um sich aus dem rhythmischen Schlummer der materiellen Natur zu befreien, die der Seele und Idee noch unbewusst ist, die jedoch den geordneten Wirkungsablauf ihrer Energie in ihrer dumpfen, mächtigen materiellen Trance aufrechterhalten, ringt sich so die Welt empor in einen rascheren, unterschiedlicheren, aber auch ungeordneteren Rhythmus des Lebens, das sich bis zu den Grenzgebieten des Selbst-Bewusstseins müht. Aus dem Leben kämpft sich die Welt weiter hinauf bis zum Mental, in dem das Einzelwesen zu sich selbst und seiner Welt gegenüber zum Bewusstsein erwacht. Durch dieses Erwachen

Sri Aurobindo

gewinnt das Universum den erforderlichen Hebel für sein höchstes Werk. Es gewinnt die ihrer selbst bewusste Individualität. Das Mental nimmt dieses Werk jedoch nur auf, um es fortzusetzen, nicht um es zu vollenden. Es ist ein Arbeiter mit scharfer aber begrenzter Intelligenz, der das Durcheinander von Materialien aufgreift, das ihm vom Leben angeboten wird. Wenn er diese nach seinen Kräften verarbeitet, angepasst, abgeändert und eingestuft hat, reicht er sie weiter an den erhabensten Künstler unseres göttlichen Menschseins. Dieser Künstler hat seinen Sitz im Supramental, denn *supermind is superman*, das Supramental ist der Obermensch. Deshalb muss unsere Welt noch über das Mental emporkommen zu einem noch höheren Prinzip, zu einem höheren Zustand und einer höheren Kraftentfaltung, in der Universum und Individuum das erkennen und in Besitz nehmen, was beide eigentlich schon sind. Darum stehen sich beide nun in vollem gegenseitigen Verstehen gegenüber, in Harmonie und geeint.

Der Aufstieg zum Göttlichen Leben ist die menschliche Reise, das Werk der Werke, das annehmbare Opfer. Das allein ist des Menschen wirkliche Aufgabe in der Welt und die Rechtfertigung seiner Existenz; ohne das wäre er nur ein Insekt unter anderen Eintagsfliegen, die auf einem Fleck der Erdoberfläche aus Schlamm und Wasser herumkriechen, der sich zufällig mitten in den schrecklichen Unermesslichkeiten des physischen Universums bilden konnte.[23]

Im Januar 1924 sah ich Sri Aurobindo zum ersten Mal. Ich genoss am 24. Januar das seltene Privileg eines langen Gesprächs mit ihm. Am folgenden Tag verlief unsere Unterhaltung kürzer. Ich hielt alles, was sich ereignet hatte, sorgfältig fest und schickte ihm diesen Bericht später zur Durchsicht. Er war im Wesentlichen damit einverstanden und machte nur ein paar geringfügige Korrekturen:

Es war gegen acht Uhr morgens. Sri Aurobindo lebte damals in dem Haus, das am Haupteingang zum Ashram steht. Er saß in einem Sessel auf der vorderen Veranda. Ich entbot ihm meinen *Pranam* und zog mir ebenfalls einen Sessel nach vorne. Ein länglicher Tisch stand zwischen uns.

Eine strahlende Persönlichkeit! Die Luft, die ihn umgab, sang das förmlich. Eine tiefe Aura des Friedens war um ihn, ein unbeschreiblicher und dennoch konkreter Friede, der jeden beinahe sofort in seinen

---

23 *Das göttliche Leben*, Kapitel 6: *Der Mensch im Universum*

Bann zog. Doch was mich am meisten faszinierte, waren seine Augen – sie strahlten wie Leuchtfeuer. Über den nackten Oberkörper hatte er nur einen Schal geworfen.

Eine Aura tiefen Friedens war um ihn, ein unbeschreiblicher und dennoch konkreter Friede, der jeden beinahe sofort in seinen Bann zog.

Der größte lebende Yogi Indiens! Mein Herz schlug schnell. Bisher hatte ich nur einige Sadhus und *Sannyasis* gesehen, hier aber war ein wirklicher Yogi, der seit Jahren zurückgezogen lebte und dennoch Anteil an meinem Tun und Lassen nahm.

Er taxierte mich mit seinem besänftigenden und doch durchdringenden Blick. Es wäre unmöglich, meine Reaktionen angemessen zu schildern. Nach einer Weile riss ich mich mit einiger Anstrengung zusammen.

»Ich bin gekommen«, stammelte ich, »um zu erfahren ... oder vielmehr festzustellen ..., ob ich die Einweihung erhalten kann ... Ich meine, um es vorwegzunehmen, dass ich, wenn möglich, Ihren Yoga ausüben möchte.«

Er antwortete schlicht: »Sie müssen mir deutlich sagen, was genau Sie suchen und warum Sie *meinen* Yoga ausüben wollen.«

Ich war verloren! Warum? Kannte ich mich selbst? Wie dann das alles deutlich und überzeugend formulieren? Ich bemühte mich, in meiner Verwirrung etwas Licht zu finden.

Endlich raffte ich mich zu einer Antwort auf. »Nehmen wir an, ich schlage vor oder erlaube mir vielmehr die Frage, ob Sie mir helfen könnten, das Ziel des Lebens zu erreichen – oder sollen wir sagen zu entdecken?«

»Das ist keine leicht zu beantwortende Frage«, meinte er, »denn mir ist kein Desiderat bekannt, das gleichermaßen von allen geschätzt wird, ebenso wenig, wie ich von einem Ziel des Lebens weiß, das allen teuer ist. Der Sinn oder das Ziel des Lebens kann bei verschiedenen Menschen nur unterschiedlich sein und auch Suchende gehen an Yoga mit vielfältigen Zielen heran. Manche möchten Yoga ausüben, um dem Leben zu entkommen, wie die *Mayavadi* (Anhänger der Illusionslehre): Sie wollen dem Leben gänzlich entsagen, da diese Erscheinungswelt, wie sie behaupten, ein Trugbild, eine Täuschung ist, die *Maya,* welche die letzte Wahrheit verbirgt. Es gibt andere, die nach höchster Liebe oder Seligkeit streben. Wieder andere wollen von Yoga Kraft oder Wissen oder eine den Erschütterungen des Lebens gegenüber gefeite ruhige

Einstellung. Daher müssen Sie sich vor allen Dingen klar darüber sein, was genau Sie in Yoga suchen.«

»Ich möchte wissen«, stieß ich hervor, »ob Yoga letztlich zu einer Lösung für die Irrungen und Wirrungen des Lebens mit all seinen Leiden und Demütigungen führen kann.«

»Sie meinen transzendentes Wissen?«

»Wenn Sie so wollen – aber andererseits, nein – denn ich möchte als Krönung dieser Weisheit auch Glückseligkeit.«

»Beides können Sie zweifellos von Yoga erhalten.«

»Kann ich dann auf eine Einweihung durch Sie hoffen?«

»Das können Sie, vorausgesetzt Sie sind mit den Bedingungen einverstanden und es handelt sich bei Ihnen um eine starke Berufung.«

»Würden Sie mir eine Vorstellung davon geben, wie diese Bedingungen beschaffen sind? Und die Berufung, von der Sie sprechen – darf ich fragen, was genau Sie damit meinen? Aus Ihrer Broschüre *Yogic Sadhana* entnahm ich«, fuhr ich fort, ehe er auf meine Frage antworten konnte, »dass Sie sich als *Tantriker* bezeichnen, der an die *Lila* (das Spiel als letzte Ursache der Entfaltung des Kosmos) glaubt, und nicht als Anhänger von Shankara, der an *Maya* glaubt. Sie haben zum Beispiel geschrieben: ›Gott im Leben zu vollenden, ist des Menschen Menschsein.‹ Und wenn mich mein Gedächtnis nicht trügt, sagten Sie in *Das göttliche Leben:* ›Wir müssen die Vielfalt der Erscheinungsformen akzeptieren, auch wenn wir die innere Einheit des Erschaffenen postulieren.‹«

»Es stimmt, ich glaube an die *Lila«,* nickte er. »Aber weshalb genau weisen Sie darauf hin?«

»Ich wollte mich vergewissern, ob Sie das, was Sie in Ihrem *Yogic Sadhana* schrieben, wirklich meinten. Zudem hoffe ich, dass Ihr Yoga niemandem auferlegt, wie ein Höhlenbewohner zu leben, der mit dem vielstimmigen, aktiven Leben nichts zu tun haben will, oder sollen wir sagen wie ein passiver Ruheständler, dessen Zeit vorbei ist? Diese Hoffnung wurde glücklicherweise dadurch genährt, dass Sie *Mayavada* ablehnen.«

»Ich verstehe, was Sie meinen«, sagte er und bedachte mich mit einem nachsichtigen Lächeln. »Nun denn, ich bin kein *Mayavadi,* zu Ihrem Glück ebenso wie zu meinem. Ich bin aber auch nicht der Autor des Buches *Yogic Sadhana.«*

»Wie meinen Sie das?«

»Haben Sie noch nichts von automatischem Schreiben gehört?«

»Planchette?«

»Nicht genau. Ich hielt nur die Feder, während ein körperloses Wesen niederschrieb, was es wollte, und dazu meine Hand und Feder benutzte.«

»Darf ich fragen, weshalb Sie sich dazu hergaben?«

»Damals versuchte ich herauszufinden, wie viel Wahrheit und wie viel unterschwellige Suggestion aus dem Unterbewusstsein in derartigen Phänomenen liegen kann. Doch lassen wir das beiseite und kehren wir zu unserem Hauptproblem zurück. Sie fragten nach dem aktiven Leben. Nun, Sie sind nicht verpflichtet, alles aufzugeben, was Sie in Ihrem aktiven Leben schätzen. Worauf zu verzichten Sie bereit sein müssen, ist das Anhaften an *allem* auf dieser Ebene, ob Sie innerhalb oder außerhalb des Räderwerks des *Karmas* (aktives Handeln) leben. Denn wenn Sie diese Anhaftungen festhalten, wird das Licht von oben nicht ungehindert zu wirken vermögen, um die grundlegende Transformation Ihres Wesens zu erreichen.«

»Schließt das ein, dass ich auf, sagen wir, alles menschliche Mitgefühl und wahre Freundschaft, auf jede Lebensfreude und jedes Zusammengehörigkeitsgefühl verzichten muss?«

»Nein. Nichtvorhandensein von Liebe und Zusammengehörigkeitsgefühl ist für die Nähe zum Göttlichen nicht erforderlich; im Gegenteil, ein Gefühl der Vertrautheit und Harmonie mit anderen ist Teil des Göttlichen Bewusstseins, in das der *Sadhaka* durch Nähe zum Göttlichen und das Sicheinsfühlen damit eintritt. Eine gänzliche Ablehnung aller Bindungen ist in der Tat das Endziel des *Mayavadi,* und im asketischen Yoga würde ein totaler Verlust aller Beziehungen von Freundschaft und Zuneigung und Bindung an die Welt und ihre Lebewesen als verheißungsvolles Anzeichen dafür betrachtet werden, dass *Moksha* (Befreiung) nahe ist. Doch selbst da bin ich der Meinung, dass ein Gefühl der Harmonie und der ungebundenen spirituellen Sympathie für alles zumindest ein vorletztes Stadium ist, wie das Mitgefühl des Buddhisten, bevor er sich der Befreiung oder dem *Nirwana* zuwendet.«

Danach sprachen wir wieder von meiner großen Leidenschaft, der Musik. Um es in wenigen Worten zusammenzufassen – ich empfand, dass ich bereit wäre, alles für Yoga aufzugeben, *außer* meiner Musik. Er entgegnete lächelnd, in seinem Yoga müsse die Hingabe bedingungslos sein – mit anderen Worten, wenn er mich bäte, die Musik aufzugeben, müsse ich bereit sein, sie sofort über Bord zu werfen. Er fügte hinzu: »Die Wahrheit hierbei ist folgende: Solange die Freuden, die zu den niedrigeren Ebenen gehören, in zu starkem Maße real und begehrt bleiben, werden Sie nur allzu leicht Gründe zur Hand haben, weshalb Sie nicht auf sie verzichten sollten. Sie können sie nur aufgeben, wenn Sie den Ruf der höheren Freuden vernommen haben, wenn die niedrigeren zu verblassen und hohl zu klingen beginnen. Das Gelobte Land des Geistes fängt an der Grenze weltlicher Freuden an.«

»Aber weshalb kann man dann nicht wenigstens einen Blick auf dieses Land erhalten? Wegen der dicken Mauern unserer weltlichen Wünsche?«, fragte ich nach einer Pause.

»Ihre Prämisse ist nicht ganz richtig«, wandte er ein. »Denn wenn wir auch in der Welt dieser Wünsche leben, so kommt doch der erste Einblick, der Ruf durch Risse und Spalten von Unzufriedenheit und Übersättigung zu uns. Das hält nur nicht so lange an, bis man ein wenig geläutert ist, denn erst dann beginnt man sich wirklich dafür zu öffnen. Nach dem Licht kehrt immer wieder Dunkelheit ein, da es geraume Zeit braucht, unser ganzes Wesen dem Licht zu öffnen. Deshalb drängt uns Yoga in Höhen hinauf, wo dem Licht der Zutritt nicht mehr durch Wolken verwehrt werden kann. Und gerade weil Yoga ein solches Aufsteigen des Bewusstseins ist, muss jede Bindung an oder jedes Verlangen nach Verlockungen und Lorbeeren auf den niedrigeren Ebenen, materiell, intellektuell oder ästhetisch, sich schließlich als Fessel erweisen.«

»Weshalb schreiben Sie dann so anerkennend über den Materialismus wie auch über die intellektuellen und ästhetischen Genüsse? Und warum sind Ihre eigenen Werke in intellektueller Hinsicht so erhellend? Warum haben Sie die Kunst gepriesen? Weshalb geschrieben ›Das höchste Ziel des ästhetischen Seins besteht darin, das Göttliche durch Schönheit zu finden‹?«

»Warum nicht? Intellekt, Kunst, Dichtung, Kenntnis der Materie und so fort – sie alle können wesentlich zu unserem Fortschritt beitragen, vorausgesetzt man steuert sie richtig. Es ist im Grunde eine Evolution. Daher schrieb ich einmal: ›Verstand war der Helfer, Verstand ist das Hindernis‹; was einfach bedeutet, dass der Intellekt bei unserer Evolution nur auf einem Teil des Weges eine Hilfe sein kann. Doch wenn er sich zu beurteilen erdreistet, was jenseits seines Bereiches liegt, muss er in seine Schranken verwiesen werden. Zudem sind verschiedene Empfänger für verschiedene Disziplinen unterschiedlich geeignet – sie suchen verschiedenartige Vollendung, wobei sich jeder der Wahrheit gemäß seiner eigenen Natur nähert. Mit anderen Worten: Diejenigen, welche die besten Empfänger für das Licht des Intellekts sind, befinden sich *mental* auf einer höheren Evolutionsstufe als die intellektuell weniger Begabten. Doch das heißt nicht, dass es keine höheren Realisationen als die mentalen gibt. Sicherlich gibt es sie, wie wir konkret nachprüfen können, wenn wir uns den Realisationen des Geistes öffnen, wenn wir mentale Freuden unzulänglich und ästhetische nicht mehr befriedigend finden. Indem wir uns öffnen, erblicken wir höhere Welten als jene, an die wir gewöhnt waren. Können Sie mir folgen?«

»Sie meinen, dass Yoga unser Bewusstsein immer mehr erweitert?«

»Das ist meine Sicht von Evolution«, nickte er, »diese stufenweise Entfaltung des Bewusstseins, das in seine höheren Ebenen aufsteigt. Yoga wird in der nächsten Stufe der Evolution menschlichen Bewusstseins weiteres Licht und weitere Kraft herabbringen.«

Ich kam auf mein Problem zurück. »Und wie steht es mit meinem Zugang zum Yoga?«

»Jeder kann den einen oder anderen Yoga praktizieren, ganz seiner Natur entsprechend«, entgegnete er unverbindlich.

»Aber meine Frage bezog sich auf Ihren Integralen Yoga des Sich-Überantwortens.«

»Aha!«, sagte er bedächtig, als wäge er seine Worte. »Darüber kann ich hier und jetzt kein Urteil abgeben.«

»Warum denn nicht?«

»Weil der Yoga, dem ich in letzter Zeit gefolgt bin und dessen Ziel darin besteht, Beschaffenheit und Struktur unseres Bewusstseins und Wesens einschließlich unserer physischen Natur gänzlich und grundlegend zu verwandeln, sehr schwer und bei jedem Schritt voll ernster Gefahren ist. Faktisch sind diese Gefahren so groß, dass ich niemandem raten würde, sie einzugehen, wenn ihn nicht ein Ruf so sehr dazu drängt, dass er bereit ist, dafür alles aufs Spiel zu setzen. Mit anderen Worten, ich kann nur diejenigen annehmen, für die Yoga eine solche Notwendigkeit geworden ist, dass nichts anderes der Mühe wert erscheint. In Ihrem Fall ist es noch nicht so dringend geworden. Ihr Suchen richtet sich auf eine Art teilweiser Aufhellung der Geheimnisse des Lebens. Dies ist bestenfalls eine intellektuelle Suche – kein dringendes Bedürfnis aus dem innersten Wesen.«

»Erlauben Sie mir eine etwas nähere Erläuterung«, sagte ich von heftiger Enttäuschung befallen, »denn ich fürchte, Sie haben nicht ganz erkannt, wo der Schuh drückt. Ich kann Ihnen versichern, dass es sich bei mir nicht bloß um geistige Neugier handelt.«

»Ich sagte *Suche,* nicht *Neugier«,* verbesserte er. »Und ich bezog mich dabei nur auf die Gegenwart. Ich meinte nicht, dass sich das nicht später zu einem echten Bedürfnis Ihres Wesenskerns entwickeln könnte.«

»Lassen Sie es mich trotzdem verdeutlichen«, beharrte ich. Dann stellte ich ihm meine Sorgen und Zweifel ziemlich ausführlich dar, zuerst in persönlicher Hinsicht, dann aber mit dem weitverbreiteten Elend und den Ängsten der Menschheit endend.

»Ich sehe Ihre Schwierigkeit durchaus«, sagte er sanft. »Auch ich wollte früher das Gesicht der Welt durch meinen Yoga verwandeln. Mein Ziel war es, die fundamentale Natur und die Bestrebungen der Menschheit zu verändern, alle Übel, von denen die hilflosen Sterblichen gepeinigt werden, zu vertreiben.«

Dass ein Mensch wie er so vertraulich zu einem Fremden sprach! Dankbarkeit wallte in mir auf und ich hing an seinen Lippen, um begierig den Wohllaut seiner Stimme in mich aufzunehmen.

»Mit diesem Streben wandte ich mich anfangs dem Yoga zu«, fuhr er fort, »und ich kam nach Pondicherry, weil ich von der Stimme geheißen wurde, meinem Yoga hier zu folgen.«

»Ich las in den berühmten Briefen, die Sie Ihrer Frau schrieben, dass Sie sich dem Yoga zugewandt haben, um unser Land zu retten.«

»Das stimmt. Als ich einwilligte, Leles[24] Weisungen zu befolgen, erklärte ich ihm, ich würde seinen Yoga nur unter der Bedingung ausüben, dass er mein Dichten und den Dienst am Vaterland nicht beeinträchtigt.«

»Und dann?«

»Lele war einverstanden und gab mir die Einweihung. Doch bald darauf ging er fort und gebot mir, mich vollständig der Führung aus dem eigenen Innern anzuvertrauen. Seitdem«, fuhr er fort, »bin ich nur dieser inneren Stimme gefolgt, die mich dazu geführt hat, das zu entwickeln, was ich den Integralen Yoga nannte. Damals änderte sich mit dem Wissen aus meinem neuen Yoga-Bewusstsein meine Auffassung. Ich stellte zu meiner größten Enttäuschung fest, dass nur meine Unwissenheit mich zu glauben veranlasst hatte, das Unmögliche sei hier und jetzt durchführbar.«

---

24 Der Yogi Vishnu Bhaskar Lele vermittelte Sri Aurobindo 1907 erste Erfahrungen des Yoga.

»Unwissenheit?«

Er nickte. »Weil ich damals nicht erkannte, dass es, um der Menschheit aus der Not zu helfen, nicht genügt, wenn ein Einzelner, wie groß er auch sein mag, individuell zu einer endgültigen Lösung gelangt: die Menschheit muss auch dafür reif sein. Denn die entscheidende Schwierigkeit liegt darin, dass das Licht, selbst wenn es zur Herabkunft bereit ist, nicht bleiben kann, sofern nicht die niedrigere Ebene ebenfalls bereit ist, den Druck der Herabkunft zu ertragen.«

Ich wurde an das erinnert, was er in seinen *Essays über die Gita* geschrieben hatte:

> Es kann erst dann einen wirklichen Frieden geben, wenn das Herz des Menschen Frieden verdient; das Gesetz von Vishnu kann nicht obsiegen, ehe nicht die Schuld an Rudra bezahlt ist ... Lehrer über das Land der Liebe und des Einsseins muss es geben, denn auf diesem Weg muss die endgültige Erlösung kommen; aber nicht eher, als bis der Zeitgeist im Menschen dafür bereit ist, kann die innere und höchste Wirklichkeit über die äußere, unmittelbare Wirklichkeit siegen. Christus und Buddha sind gekommen und gegangen, aber es ist Rudra, der immer noch die Welt in seiner hohlen Hand hält.

»Folglich«, fuhr er fort, »ist das Äußerste, was Sie hier und jetzt tun können, dass Sie das Licht Ihrer Realisation nur teilweise mitteilen, und zwar in dem Maße, wie die Menschen dafür empfänglich sind. Selbst das ist nicht sehr einfach, denken Sie daran; denn die Tatsache, dass Sie etwas erhalten haben, berechtigt Sie nicht unbedingt dazu, es anderen unentgeltlich zu schenken. Die Fähigkeit zu empfangen ist eine besondere Gabe, die Fähigkeit zu geben eine ganz andere.

Tatsächlich ist die Letztere eine sehr spezielle Begabung. Manche können nur aufnehmen, aber nicht mitteilen, weil zum einen nicht jeder das, was Sie mitteilen, begreifen kann, selbst wenn er es ernstlich möchte. Um zusammenzufassen: Die Zahl derer, die zum Geben wie zum Nehmen befähigt sind, ist sehr begrenzt. Sie werden daher verstehen, dass es sich keineswegs um ein einfaches Problem handelt. Was soll man tun? Nicht jeder möchte Glückseligkeit oder Erleuchtung: Die Menschen sind in verschiedenen Entwicklungsstadien und das macht jedes universelle Allheilmittel für die Übel des Lebens zur Unmöglichkeit, wie die Geschichte menschlicher Erfahrung immer wieder bewiesen hat.«

»Aber wie steht es mit dem weitverbreiteten Elend, mit der Angst und mit dem Leiden?«, fragte ich nach einer Pause.

»Wie können Sie das ändern, solange die Menschen es nun einmal vorziehen, an der Unwissenheit festzuhalten, welche die Wurzel allen Leidens ist? Wie können sie zu sehen erwarten, solange ihnen die Dunkelheit der Anhaftung lieber ist als das Licht der Befreiung und des Wissens? Wie würden Sie sich dem unerbittlichen Gesetz des *Karma* entziehen?«

»Wonach streben Sie dann durch Ihren Yoga?«, fragte ich. »Nach Ihrer eigenen Befreiung und Vollendung?«

»Nein, das hätte nicht so lange gedauert. Aber«, fügte er hinzu, »es ist unmöglich, Ihnen im Augenblick überzeugender zu antworten, denn wollte ich Ihnen sagen, warum ich Yoga übe, würden Sie es entweder nicht verstehen oder missverstehen. Es sei nur so viel gesagt, dass ich hier auf der Erde das Licht einer höheren Welt einführen, eine neue Kraft manifestieren möchte, die als neuer Einfluss weiterexistieren und eine direkte Offenbarung des Göttlichen in unserem gesamten Wesen und täglichen Leben sein wird.«

»Ist es dies, was Sie das Supramentale Göttliche genannt haben?«

»Das ist richtig, obwohl der Name unwichtig ist. Vielmehr sollte man bedenken, dass es aus einer Vielzahl von Gründen noch nie zu einer direkten Einwirkung des Supramentals auf unsere Erdennatur und auf unser Bewusstsein gekommen ist.«

»Weil die Zeit für eine solche Herabkunft nicht günstig war?«

»Zum Teil. Doch es gab auch noch andere Gründe, auf die ich nicht eingehen kann, da sie nicht durch mentale Sprache mitzuteilen sind und daher, falls ich es versuchte, nur zu neuer Verwirrung führen können.«

»Aber sagen Sie mir wenigstens, ob die Yogis von ehedem von dieser Kraft wussten?«

»Manche, ja. Aber … wie soll ich die Wahrheit für Sie formulieren? Es geschah Folgendes: Sie stiegen individuell in diese Ebene auf und verharrten dort in der Vereinigung; sie brachten sie nicht herab, damit sie auf unser irdisches Bewusstsein einwirkte. Vielleicht versuchten sie das nicht einmal. Doch ich möchte Ihnen dazu lieber nicht mehr sagen, da das Mental, wie ich schon erklärte, die Supramentale Wahrheit nicht einmal flüchtig zu erblicken, geschweige denn zu begreifen vermag.«

»Aber auf wen und auf was wird dieses Supramental einwirken?«

»Nun, natürlich auf unsere Lebenssubstanz – bis hinunter zur Materie und zum Physischen.«

»Damals dürstete ich nach Licht. Doch meine wirklichkeitsfremden Vorstellungen über Sadhana ängstigten mich nicht wenig.«

»Haben das die alten Yogis nicht ebenfalls versucht?«

»Nicht mit den Supramentalen Instrumenten. Ihre Beschäftigung galt nicht so sehr unserem Materiell-Physischen, da es die schwierigste aller Leistungen ist, es mit der spirituellen Kraft zu verwandeln. Doch aus eben diesem Grund muss es erreicht werden.«

»Aber wünscht das Göttliche ernstlich, dass etwas derart Großes erreicht wird?«

»Ich glaube, das liegt in seiner Absicht. Ich weiß mit absoluter Sicherheit, dass das Supramental eine Wahrheit ist und dass sein Kommen in der Natur der unvermeidlichen Dinge liegt. Die Frage ist: wann und wie. Auch das ist von irgendwo oben beschlossen und vorherbestimmt; aber es wird hier unter einem ziemlich erbitterten Zusammenprall gegensätzlicher Kräfte ausgefochten.«

»Verzeihen Sie, ich kann dem nicht ganz folgen.«

»Ich weiß«, begütigte er, »es ist einigermaßen schwer verständlich. Es verhält sich wie folgt: In der irdischen Welt liegt das vorherbestimmte Ergebnis verborgen und was wir sehen, ist ein Wirbel von Möglichkeiten und Kräften, die etwas zu erreichen versuchen, wobei menschlichen Augen das Schicksal des Ganzen verhüllt ist. Dies ist jedoch gewiss: dass nämlich eine Anzahl von Menschen entsandt wurden, die dafür sorgen sollen, dass es jetzt erreicht wird. So ist die Lage.«

»Äußern Sie sich bitte ein wenig deutlicher.«

»Mehr zu sagen würde bedeuten, die Grenze zu überschreiten.«

»Aber verraten Sie mir wenigstens, wann das Wunder geschehen wird.«

»Sie wollen doch nicht, dass ich zu prophezeien beginne. Als Rationalist dürfen Sie das nicht.«

»Aber sagen Sie mir eins«, bat ich, plötzlich abschwenkend. »Hat einer Ihrer Vorgänger diesen Versuch unternommen – ich meine, was Sie als integrale Transformation des physischen Bewusstseins bezeichnen?«

»Der Versuch mag unternommen worden sein, das ist nicht sicher. Sicher ist dagegen, dass auf der physischen Ebene nichts Entscheidendes erreicht wurde.«

»Woraus schließen Sie das?«

»Weil alles einmal Errungene Spuren hinterlässt, die die Nachwelt verfolgen kann. Eine einmal vollständig erreichte spirituelle Realisation könnte danach niemals gänzlich ausgelöscht werden.«

»Sie müssen es also zuerst selbst realisieren?«

»Offensichtlich. Sei es eine neue Verwirklichung oder ein Licht oder eine Idee: Zuerst muss es in einen Menschen herabkommen, von dem aus es in sich erweiternden Kreisen auf andere ausstrahlt. Sagt nicht auch die Gita, dass die Wege der besten Menschen als Vorbilder für die übrigen wirken? Im Integralen Yoga beginnt jedoch die Arbeit *nach* der Verwirklichung, während sie bei den meisten anderen Yogas mit der Realisation endet. Der Grund dafür ist, dass ich in erster Linie nach Manifestation strebe, wofür ich offensichtlich das Supramental selbst erreichen muss, bevor ich es auf unser Erd-Bewusstsein einwirken lassen kann. Deswegen muss Aufstieg die erste Stufe sein, Herabkunft ist die nächste.«

»Wie wird die Herabkunft vor sich gehen?«

»Wenn das Supramental unser Wesen berührt, wird unser Bewusstsein sein halbdunkles mentales Stadium, in dem die göttliche Wahrheit entstellt ist, überschreiten und höhere Ebenen erreichen, wo das Licht freies Spiel hat, das heißt, wo es keine solchen Entstellungen gibt. Das wird seinerseits die Transformation von Geist, Leben und Körper zuwege bringen, da dies generell eine der Funktionen der Kraft bei Eintritt in die Welt der Materie sein wird – um danach die neue Ära im Leben des Menschen einzuleiten. Sie dürfen mich nicht missverstehen. Was ich erreichen möchte, ist das Herabbringen des Supramentals, damit es auf dieses unser Wesen einwirkt, sodass es auf eine höhere Ebene als das Mental aufsteigt und von dort das Agieren von Geist, Leben und Körper verwandelt und sublimiert. Doch das soll nicht besagen, dass die Supramentalisierung über Nacht verwirklicht und damit alles vollständig transformiert wird. Das ist kaum erreichbar.«

»Weil wir nicht reif sind für eine solche Transformation?«

»Nicht nur das – da sind andere hartnäckige Behinderungen und feindliche Kräfte, mit denen gerechnet werden muss. Diese Welt der Materie ist seit Urzeiten das Bollwerk des Dunkels gewesen, die furchtbarste Zitadelle der Falschheit, in der bislang Trägheit die Oberherrschaft hatte. Dorthin die Botschaft der Wahrheit zu tragen, sie empfänglich zu machen für den Schock des Lichtes, ist alles andere als einfach. Trotzdem kann sich die Supramentale Kraft ihren Weg bahnen, wenn sie einmal dorthin herabzusteigen vermag; das heißt, wenn das Erd-Bewusstsein zunächst einmal imstande ist, sie zu ertragen.«

»Angenommen, das ist der Fall, auf wen wird die Kraft anfangs einwirken?«

»Auf diejenigen, die die Macht erworben haben, ihr Medium oder

Vermittler zu sein. Jeder von diesen wird als Indikator für das dienen, was die Menschheit potenziell zu werden vermag, sobald sie transformiert ist. Können Sie mir folgen?«

»Vermutlich nur halb«, entgegnete ich. »Doch sagen Sie mir bitte, ob diese Macht oder dieser Einfluss vielen oder nur hier und da vereinzelten Individuen nützen wird.«

»Sicherlich vielen. Mein Integraler Yoga wäre von geringem Nutzen, wenn er für ein oder zwei Einzelpersonen bestimmt wäre. Sie dürfen ja nicht vergessen, dass mein Ziel nicht darin besteht, das physisch-materielle Leben sich selbst zu überlassen, sondern in seiner fundamentalen Transformation durch die Kraft dieses höheren Lichtes und Sehens.«

»Ich hoffe doch, Ihre Anhänger und Nachfolger müssen es Ihnen nicht gleichtun in Ihrem übermenschlichen *Sadhana,* wenn sie dorthin gelangen wollen?«

»Nein.« Sri Aurobindo lächelte. »Und das war es, was ich wirklich meinte, als ich vor einer Weile sagte, mein Yoga sei für die Menschheit bestimmt. Der Erste, der einen Pfad in einem unwegsamen Dschungel aushaut, handelt notwendigerweise als Pionier, der den Weg für seine Anhänger rodet. Er nimmt viel auf sich, um es seinen Nachfolgern leichter zu machen.«

Das erinnerte mich an einen Ausspruch des großen Yogi Sri Ramakrishna: »Der Mensch, der ein Feuer entfacht, hat eine Menge Schwierigkeiten auf sich zu nehmen, doch wenn es einmal entzündet ist, können sich alle, die in seine Nähe kommen, gefahrlos der Wärme erfreuen.« Als ich über die Bedeutung dieses Gleichnisses nachdachte, erfüllte mich ein tiefes Gefühl der Verehrung. Ich fragte mich, wie viele unter uns auch nur ahnten, dass ein solcher Mann in unserer Mitte lebte! Aber ist es freilich nicht immer so gewesen seit unvordenklichen Zeiten? Wie viele haben die Größe von Sri Ramakrishna zu seinen Lebzeiten wirklich gewürdigt? Plötzlich verspürte ich einen starken Impuls, mich nochmals vor Sri Aurobindo zu verneigen. Ich hielt mich mit Mühe zurück.

Sein Blick ruhte unverwandt auf mir. Plötzlich überkam mich eine merkwürdige Aufwallung von Skepsis, die so gar nicht mit meiner wachsenden Bewunderung in Einklang stand.

»Sind Sie überzeugt, dass es möglich sein wird – wirklich durchführbar?«, fragte ich.

»Dass es für ein einzelnes Individuum möglich ist, habe ich *gesehen«,* betonte er. »Denn ich habe das Werk dieser gewaltigen siegreichen Kraft gesehen, wie sie mit einem Schlag die Kräfte des Dunkels und der Trägheit vernichtet hat, die zusammenwirken, um den Geist in der Versklavung durch Materie und Fleisch zu halten. Um ein konkretes Beispiel zu geben: Ein Yogi könnte hier und jetzt völlige Immunität gegen die Kräfte der Krankheit erreichen, wenn er sich vollständig von seiner Umgebung zu isolieren vermöchte.«

»Aber warum scheitert er, wenn er in die Welt zurückkehrt?«

»An der allgemeinen Suggestion von Krankheit, wenn er aus seiner Zurückgezogenheit herauskommt.«

Meine Skepsis ließ mich noch einen anderen Gesichtspunkt hervorbringen. »Aber halten Sie das nach allem für eine so große Leistung, wenn man bedenkt, dass sogar der große Buddha dem physischen Aspekt unseres Leidens so wenig Bedeutung beimaß?«

»Sie vergessen, dass Buddha eine andere Lebensanschauung hatte, ein anderes Ziel. Er wollte durch das *Nirwana* einen letzten Ausstieg aus dieser Erscheinungswelt der Sinne. Es mag sein, dass der Mensch in jenem Stadium unserer Evolution für eine größere Verwirklichung nicht reif genug war. Aber welches auch der Grund war, Sie können nicht von der Tatsache absehen, dass Buddha Vollendung erstrebte durch Abkehr von jedem Spiel des Ausdrucks, in dem die Selbstoffenbarung des Lebens besteht, während ich dessen Transformation möchte, eine vollständige Transformation. Mein Ziel ist nicht, das Leben zu verleugnen, sondern es durch die Alchemie des geistigen Lichtes zu verwandeln.«

Eine Zeit lang wusste ich nicht, was ich als Nächstes sagen sollte. Dann gewann eine Art Neugier – oder soll ich sagen Ungeduld – trotz meiner Zweifel in mir die Oberhand.

»Aber was ist nun mit meinem Yoga?«, fragte ich unvermittelt. Im nächsten Augenblick befiel mich eine merkwürdige Unsicherheit: Verlangte ich wirklich nach einer Antwort? Ich konnte das nicht ganz entscheiden.

Sein Blick bohrte sich in mich wie ein Messer. »Ihre Suche ist immer noch mental«, sagte er. »Für meinen Yoga ist etwas mehr erforderlich. Warum nicht abwarten, bis die Zeit kommt?«

»Darf ich auf Ihre Hilfe rechnen, wenn sie gekommen ist?«, erkundigte ich mich besorgt.

Er nickte bestätigend und lächelte.

12
Madame Calvé und Paul Richard

So ergab es sich, dass Sri Aurobindo meine Bitte ablehnte, weil ich noch nicht das drängende Verlangen spürte, alles für das Eine-in-Allem aufs Spiel zu setzen. Es mag paradox klingen, doch ich empfand tagelang eine heftige Erleichterung, dass er mich nicht als seinen Schüler angenommen hatte. Ich sagte mir, da meine Stunde noch nicht geschlagen habe, könne ich mich nach Herzenslust weithin in anderen Gefilden verlustieren. Als ich das Krishnaprem erzählte, überlegte er ein wenig und meinte dann, seiner Ansicht nach würde der Ruf von Krishnas Flöte eher kommen, als ich erwartete, und mich ein für alle Mal aus meiner Versklavung lösen.

Ich beließ es dabei und reiste weiter umher, sang, lernte, hielt Vorträge und gab Wohltätigkeitskonzerte, um den Benachteiligten, den politischen Häftlingen und Künstlern zu helfen, die den Ozean überqueren wollten, um sich im Ausland weiterzubilden.

Doch das Gefühl der Leere blieb, bis im Januar 1927 eine Einladung aus Amerika kam, in New York Schallplattenaufnahmen zu machen.

Subhash, der etwas von meiner wachsenden Sehnsucht nach dem Unerreichbaren ahnte und befürchtete, ich könnte geradewegs auf Pondicherry zusteuern, begrüßte die Einladung begeistert. Er drängte mich, sie anzunehmen, und veranstaltete im Universitätsinstitut eine großartige Abschiedskundgebung für mich. Der bedeutende Romancier Saratchandra Chatterji – ebenfalls ein Gegner von Yoga in klösterlicher Zurückgezogenheit – erklärte sich bereit, den Vorsitz zu übernehmen, und Rabindranath erschien persönlich, um mich öffentlich zu segnen.

Ich ging in Marseille an Land, da ich beschlossen hatte, Nizza, Paris und England wieder einmal zu besuchen. Lord Russell hatte mir geschrieben, dass er sich freuen würde, mich in England zu treffen. Ich wollte ihn fragen, welchen Platz und welche Aufgabe der Verstand im Leben habe, denn in meinem Innern nagten Zweifel an dessen Anspruch, der Wegbereiter bei unserem Streben nach Wahrheit zu sein.

Im März 1927 kam ich in Nizza an und fand die Côte d'Azur lieblich und beruhigend. Die meiste Zeit verbrachte ich mit der Lektüre der Bücher von Russell und Sri Aurobindo; morgens und abends schlenderte ich nachdenklich die Promenade am blauen Mittelmeer entlang. Blau war von jeher meine Lieblingsfarbe, weil Kṛishnas Aura blau ist, wie von allen großen Weisen bezeugt wurde, die ihn erschaut haben. So rief das Azur in mir eine heftige, süße Sehnsucht nach Krishna wach; aber da musste ich Einhalt gebieten, denn 1927 wollte ich noch nicht den vollen Einsatz wagen. Das Schwanken war, gelinde gesagt, unerfreulich. Häufig ertappte ich mich bei der Überlegung, ob ich überhaupt nach Amerika reisen solle. Rabindranath Tagore hatte mir erzählt, er habe sich in New York nicht glücklich gefühlt, eine entmutigende Feststellung, die mir immer wieder einfiel.

In Nizza lernte ich eine gastfreundliche schwedische Gräfin kennen, die mich einlud, in ihrem schönen Salon zu singen. Ich willigte ein und sprach nach meinem Vortrag auf Französisch über unsere indische Musik. Doch zu meinem Leidwesen fand ich sehr wenig Vergnügen daran, Beifall zu bekommen. Der Applaus erregte mich angenehm, aber nur für den Moment. Danach gewann wieder die Sehnsucht die Oberhand. Es war eine echte Sackgasse.

Im Salon der Gräfin lernte ich einen unvergesslichen Menschen kennen: Madame Emma Calvé, die schöne und berühmte Primadonna, die in Indien als Anhängerin von Swami Vivekananda bekannt war.

Sie berichtete mir, wie sie Swamiji begegnet war. Kurz gesagt, sie hatte eine emotionale Krise durchgemacht, als ihr jemand erzählte, ein indischer Heiliger, ein bemerkenswerter Gelehrter und spiritueller Heiler sei nach Amerika gekommen. Madame Calvé war skeptisch; trotzdem hatte sie ihn aus Neugier aufgesucht.

Als sie Swamijis Zimmer betrat, war er noch in Meditation versunken und schien ihre Gegenwart nicht zu bemerken. Eine neuartige Erfahrung für die Primadonna, sodass sie, von ihren alten Zweifeln geplagt, sofort ablehnender wurde. Als sie aufsprang, sagte er zu ihr: »Bitte, gehen Sie nicht, Mutter, ich stehe Ihnen bald zur Verfügung.« Madame Calvé war so verblüfft über dieses Verhalten, dass sie sich schweigend wieder hinsetzte und den Mann nachdenklich zu betrachten begann, dessen wunderbare Persönlichkeitsausstrahlung sie jetzt empfand. Seine Gegenwart war wie ein Wunder und bewirkte, dass ihr Leben über Nacht eine vollständig andere Richtung nahm.

Ihre Augen glänzten jedes Mal, wenn sie von ihm sprach. »Er war wirklich ein Zauberer, Monsieur Roy«, sagte sie, »ein göttlicher Magier, wie er selten in unsere Welt aus Staub und Lärm, aus Streit und Hass kommt. Stellen Sie sich vor, er sagte mir sofort alles, was mich bedrückt hatte, höchst persönliche Dinge, die ein anderer unmöglich hätte wissen können.«

Und dann schwärmte sie ekstatisch davon, wie er in seinen Zuhörern das schlummernde Göttliche zu erwecken pflegte. »Ja, er war ein wahrer Erleuchteter«, versicherte sie. »Kein Wunder, dass er die mystische Macht besaß, in meinem Herzen das Licht zu entzünden, sodass ich meinen Weg erkennen und der Spur folgen konnte, die mich von meinem tiefen Kummer befreite ... Wenn er von den letzten Wirklichkeiten sprach, die den Illusionen unserer Scheinwelt entgegenstehen, hingen wir an jedem seiner Worte. Gab es ein Thema, über das er nicht trefflich reden konnte? Die alten Kulturen und ihr Beitrag; der periodische Verfall und das Wiederaufleben des Glaubens; die Macht der Weisen, die Inbrunst der Hingabe zu erzeugen; die Offenbarung des Unendlichen, die sich jederzeit durch Wunder manifestiert – und vor allem die Größe seines göttlichen Meisters, des Gurus aller Gurus, Sri Ramakrishna. Swamiji betonte immer wieder, dass sein Guru die verkörperte Wahrheit, Liebe und Reinheit war und ohne Einladung zu uns kam, um uns den Weg zur Gottesliebe zu zeigen ...«

Ihre Stimme schwankte, wenn sie von »Swamijis tiefem Gefühl für den sündlosen Heiligen der Heiligen« sprach, »dessen Kult der Wahrheit im Tempel der Liebe zu ewiger Seligkeit führte«. Ich habe alles in meinen eigenen Worten und Formulierungen wiedergegeben, was sie in ihrem wunderschönen Französisch, das meinen Ohren wie Musik klang, in einem förmlichen Rausch an Erinnerungen vor mir erstehen ließ. Und ich darf aufrichtig bekennen, dass die stetige Flamme, die Swamiji in ihrem Herzen entzündet hatte, mich einen neuen Aspekt seiner Größe erkennen ließ, der mir vorher entgangen war.

Als sie einmal in dieser ekstatischen Stimmung von Swamiji sprach, bewegte mich ihr kindlicher Drang, ihn als *Vibhuti* oder ausstrahlende Kraft des Göttlichen zu verehren, zutiefst.

»Ich war überaus erleichtert durch diesen Antrieb, Monsieur Roy«, sagte sie, »weil ich ihn aus Angst vor dem Gekicher meiner modernen Freunde, die ihn als Personenkult bezeichneten, verdrängt hatte. Deshalb gingen sie so weit, ihn als Blasphemie, wenn nicht gar als Verbre-

Poster für Emma Calvé in Massenet's Sapho, Opéra-Comique, Paris, 27. November 1897
(© Adam Cuerden)

chen gegen die Menschheit zu brandmarken. Können Sie sich das vorstellen?«

Ich bemerkte lächelnd: »Aber, Madame, sehr wenige Menschen begreifen die tiefe Wahrheit, die solche Verehrung beseelt, wirklich. Daher hat Swamiji einmal seine Schülerin Nivedita belehrt: ›Sie verstehen Indien noch nicht! Wir Inder sind im Grunde Menschen-Anbeter! Unser Gott ist der Mensch ... Sie können immer sagen, das Abbild ist Gott; der Irrtum, den Sie vermeiden müssen, ist zu denken, Gott sei das Abbild.‹«

Unwissentlich verstärkte Madame Calvé mein tiefsitzendes Bedauern darüber, dass ich vom Pfad dieser wahren Verehrung abkam. Ich wurde immer teilnahmsloser, als mich ein merkwürdiges Zusammentreffen bis ins Mark erregte:

Ich war draußen auf der Seepromenade und dachte an Vladimir Vanek, einen guten Freund, den ich seit meiner vorigen Europareise nicht gesehen hatte. Vladja, wie er mich gebeten hatte, ihn zu nennen, war ein Idealist und mystischer Sucher, wenngleich nach außen hin stark mit weltlichen Aufgaben befasst. Als ich zuletzt Kontakt mit ihm hatte lebte er in Paris, wo er als Vizekonsul der Tschechoslowakei amtierte.

Ich fragte mich, ob Vladja und seine Frau noch immer in Frankreich wären und ob ich versuchen sollte, sie für ein paar Tage zu sehen, bevor ich nach England flog. Gerade hatte ich beschlossen, ihm ein Telegramm zu schicken, als mich Vladjas vertraute Stimme verblüffte: »Meine Güte! Das ist ja unser Dilip!«

Im nächsten Augenblick schloss er mich herzlich in die Arme. Dann sagte er vorwurfsvoll: »Warum hast du uns nicht wissen lassen, dass du hier bist? Wenn wir dich nun nicht zufällig getroffen hätten, wären wir uns vielleicht nie in Nizza begegnet!«

Dieser Zufall belebte meine mystische Neigung für Wunder. Denn Vladja war mir vor allem durch seinen slawischen Mystizismus, der von der Weltanschauung indischer Mystiker nicht weit entfernt ist, lieb geworden. Jahre später las ich in Sri Aurobindos *Savitri* (VI, II):

> Die Welt wurde nicht erbaut aus Zufallsziegeln,
> des Schicksals Architekt ist nicht ein blinder Gott;
> den Lebensplan hat eine bewusste Kraft gezeichnet,
> Bedeutung liegt in jeder Kurve, jeder Linie.

»Ich sagte mir, da meine Stunde noch nicht geschlagen habe,
könne ich mich nach Herzenslust weithin in anderen Gefilden verlustieren.«

Wenn ich auf meinen zweiten Besuch in Europa zurückblicke, kann ich mir beinahe meine auf Weltabkehr und Entsagung gestimmte Gemütslage *(Vairagya)* vergegenwärtigen, die sich durch alles, was mir begegnete, ständig vertiefte: meinen Besuch in Nizza, wo Friede und Schönheit herrschten, mein dauerndes Reden über religiöse Musik (die Lieder, die ich mit Hilfe von Vladja und Marthe ins Französische übersetzte), unsere Diskussionen über die indische Lebensanschauung und nicht zuletzt den überraschenden Besuch von Paul Richard. Vladja und Marthe schlugen vor, ich solle in ihrem Hotel logieren und ihre Suite mitbenutzen. Es war ein ziemlich teures Hotel, aber ich willigte ein, weil ich die ganze Zeit mit ihnen zusammen sein wollte. Es war wirklich herrlich und wir redeten unermüdlich von früh bis spät. Ich war begeistert, doch wurde ich, so widersinnig es klingen mag, zugleich teilnahmsloser, da unsere Diskussionen ständig um unsere beliebte Frage kreisten: Wie gelangt man auf kürzestem Weg zum Erwachen der Seele? Kein einziges Mal besuchten wir die zahlreichen Kinos, Kasinos oder Tanzlokale Nizzas. Unser Leben verlief wirklich karg, womit gemeint ist, dass Sinnenfreuden unsere schmerzliche Sehnsucht kaum milderten.

»Aber warum gehst du dann nach Amerika, Dilip?«, fragte Vladja.

»Nun ... ähem«, stotterte ich, »ich weiß es nicht.« Dann mit einem Grinsen: »Wenn ich nun sage, es ist Schicksal?«

Marthe fuhr auf. »Nein, Dilip, solchem Aberglauben sollte man nicht einmal im Scherz Vorschub leisten. Fatalismus ist die Verteidigung der Schwächlinge und Schwächlinge sind nicht inspirierend. Du jedenfalls gehörst nicht zu dieser Kategorie, sondern zu den Auserwählten, den Starken, den Robusten – zu denen, die an Weltbejahung und nicht an Weltverneinung glauben.« Und so wetterte sie liebevoll weiter.

Es war einigermaßen befremdend, dass Marthe in diesem Stadium ihrer Evolution viel von ihrem ehedem weiblichen Charme eingebüßt hatte. Sie bekannte sich jetzt meist zu Dantons männlicher Kühnheit. Aber was blieb uns anderes, als zu stottern, wenn sie uns zusetzte? Denn auch Vladja hatte ebenso wie ich eine heimliche Sympathie für diejenigen, die an Schicksal glaubten – nicht uneingeschränkt, sondern mit Vorbehalten. Doch ich konnte nicht umhin, mir häufig die Frage zu stellen, weshalb in aller Welt ich von einer Anschauung angezogen wurde, die keinerlei Verwandtschaft mit der rationalistischen Philosophie aufwies, die ich liebte. Warum wurde ich bei jeder Aufforderung, entschieden Farbe zu bekennen, schwankend? Und wodurch werden Menschen ständig bewogen, sich um eine andere Fahne zu scharen als die, unter der sie geboren sind und der sie Treue schulden? Wir rühmen uns, zur rechten wie zur unrechten Zeit, frei geboren zu sein. Aber sind wir selbst in unseren Gedanken wirklich frei, geschweige denn in unserem Handeln? Beeinflussen uns nicht bei jeder Gelegenheit unsichtbare Kräfte und treiben uns über Pfade, die wir niemals betreten möchten? Hier fand ich Unterstützung bei Vladja, nicht jedoch bei Marthe. Sie gratulierte mir zu meinem kühnen Entschluss, den Ozean zu überqueren. Aber weshalb im Namen des gesunden Menschenverstandes zögerte und schwankte ich trotzdem immer noch? Lächelnd zitierte ich Shelley zu meiner Verteidigung: »Wir blicken vorwärts und zurück und sehnen uns nach dem, was nicht ist.«

»Schon wieder!«, unterbrach sie mich stirnrunzelnd. »Das darfst du nicht. Verzettele deine fabelhafte Energie nicht mit Zurückblicken, mit Sehnen und Seufzen. Ein begabter Musiker und entschiedener Idealist wie du muss stets vorwärtsblicken. Sieh beim Bergsteigen nicht nach unten. Davon wird dir nur schwindlig und das ist gefährlich.« Und so ging es weiter mit Ermahnungen, wodurch sie uns zum Schweigen brachte.

Zu dieser Zeit besuchte uns der große Paul Richard in unserem Hotel. Als gefeierter Autor und Dozent hatte Richard 1920 sein erstes Buch – ein englisches Werk – geschrieben. Dessen letztes Kapitel enthielt eine Übersetzung seines Vortrages über Sri Aurobindo, den er an der Waseda-Universität in Tokio gehalten hatte. Darin hatte er gesagt, dass die Zukunft nicht von Nietzsches Übermenschen beherrscht würde, der mit seinem titanischen Ego regierte, sondern durch den Gottesmann Indiens, der eine neue Ära einleiten und eine neue Welt schaffen würde. Er schloss seine Prophezeiung mit den Worten: »Ich habe jahrelang überall in der Welt nach diesem Geschlecht gesucht, bis ich in Sri Aurobindo seinem strahlenden Herold und gekrönten Herrscher begegnet bin. Seine Botschaft wird die Welt verwandeln, dessen bin ich gewiss, denn er ist *entsandt* worden als Lehrer der Welt, um die Menschheit zu ihrer vorherbestimmten Vollendung zu führen.« Jahre später las ich in Sri Aurobindos *Savitri* (XI, I):

> Eine mächtigere Rasse wird die Welt der Sterblichen bewohnen.
> Auf den leuchtenden Höhen der Natur, auf des Geistes Fundament,
> soll der Übermensch als König des Lebens regieren,

die Erde beinahe zur Gemahlin und Ebenbürtigen des Himmels machen
und des Menschen unwissendes Herz zu Gott und Wahrheit führen
und sein Sterbliches gen Göttlichkeit erheben.

Ähnlich hatte Paul Richard in seinem Buch *Die Götter* geschrieben:

> Wenn das Reich von Land, Wasser und Luft das gemeinsame Erbe von Mensch und Tier ist, so ist der Mensch allein der Pate der Flammen, der Herr des Feuers.

Paul Richard war als junger Mann, in dessen Augen der Traum von einer neuen Welt leuchtete, in Japan zufällig mit Rabindranath Tagore zusammengetroffen. Seine Persönlichkeit und seine prophetische Sicht beeindruckten Rabindranath so stark, dass er ihn in beredten Worten pries:

> Als ich Monsieur Richard in Japan begegnete, beruhigte ich mich innerlich mehr, was die höhere Ära der Zivilisation angeht, als wenn ich von den großen Plänen las, die Politiker formulieren, um damit das Zeitalter des Weltfriedens einzuleiten ... während gigantische Kräfte der Zerstörung Orgien des Fanatismus feierten, sah ich diesen einsamen, unbekannten jungen Franzosen ... auf seinem Gesicht lag das strahlende Licht des Sonnenaufgangs einer neuen Zeit und seine Stimme bebte, als sie die Botschaft eines neuen Lebens verkündete. Ich war sicher, dass dieses große Morgen bereits gekommen war, wenn auch im Kalender der Staatsmänner nicht verzeichnet.

Der tiefe Eindruck, den Paul Richard auf Menschen machte, beruhte nicht nur darauf, dass er ein glänzender Intellektueller war, sondern auch, wie er es auszudrücken pflegte, »ein Träumer realer Träume«. Über solche schöpferischen Träume schrieb Sri Aurobindo später in *Savitri (II,II)*:

> (...) und wären sie nur Träume oder erhaschte Bilder,
> würde des Traumes Wahrheit der Erde eitle Wirklichkeiten Lügen strafen.

Wie üblich hielten wir fest, was Paul Richard sagte. Marthe ergänzte meine Notizen oft durch die ihren. Doch ich werde hier nur einige Beispiele seiner geistreichen Konversation geben; sie dürften alle interessieren, die an Träumer und Idealisten glauben.

Marthe servierte ihm Kaffee in unserem Wohnzimmer.

»Kannten Sie Rabindranath gut?«, fragte ich.

Er nickte. »Ich hatte lange Gespräche mit ihm, zuerst in Japan und dann in seinem Landhaus in Shantiniketan, wo ich sein Gast war.«

Marthe: »Darf ich erfahren, welchen Eindruck Sie von ihm hatten?«

Richard: »Er ist ein großer Dichter – durch und durch.« Und er fügte hinzu: »Herabgestiegen aus der Welt der Schönheit und Harmonie der *Gandharvas*, der vollkommenen Engel. Aber – nun ja, er ist mit dem Unschönen, Hässlichen nicht in Berührung gekommen, ich meine in enge Berührung.«

Dilip: »Umso besser.«

Richard (kopfschüttelnd): »Da bin ich anderer Meinung als Sie, Dilip. Denn man kann erst an Stärke zunehmen, wenn man intime Kenntnis des Schrecklichen und des Bösen besitzt. Deshalb ist Rabindranath so schwach in der Welt des Tuns und der Bewegung.«

Dilip: »Darf ich fragen, was Sie genau unter ›an Stärke zunehmen‹ verstehen? Oder, präziser, wer sind diejenigen, die Sie für ›stark‹ halten?«

Richard: »Nun, Gandhi, Aurobindo. Stark wie Marmorfelsen.«

Vladja: »Sagen Sie uns ein wenig mehr darüber, wie Sie Mahatma Gandhi beurteilen.«

Richard: »Als ich in Ahmedabad sein Gast war, hatten wir oft heftige Meinungsverschiedenheiten. Aber je mehr ich ihn kennenlernte, desto weniger war ich mir in meinem Urteil über ihn sicher. Ich kann mich erinnern, wie ich mich dann und wann fragte: ›Ist dieser zerbrechliche, liebenswerte Mann wirklich der König und Königsmacher Indiens?‹« (Nach einer Pause): »Er besitzt zwar große Stärke, aber es fehlt ihm an Fantasie. Dort setzt die Kritik des Dichters ein. Gandhi ist zu eigensinnig – er kann nichts dafür, weil er einen eingleisigen Verstand hat.«

Vladja: »Sprechen Sie weiter, Monsieur.«

Richard: »Es ist nicht leicht, das alles in Worte zu fassen, aber ich werde es versuchen. Sehen Sie, die Welt der Spiritualität hat mit der der Politik wenig gemein. Wenn Sie einen Nagel in die Wand schlagen wollen, wird Ihnen der Hammer den besten Dienst leisten, oder? Ich meine, Sie müssten ein Tor sein, wenn Sie Ihre spirituelle Kraft benutzen wollten, um einen Nagel einzuschlagen. Wollen Sie sich einen intelligenten Menschen zunutze machen, liegt der Fall genauso: Sie könnten die raschesten Ergebnisse dadurch erzielen, dass Sie an seine Intelligenz appellieren – Zwang würde sich nicht lohnen. Deshalb sagte ich immer zu Gandhi, dass der gnädige Shiva nicht die einzige Gottheit sei: Da ist Rudra, der Herr des Todes, der ebenfalls auf seine Stunde wartet. In der Politik sollte man sich so weit als möglich von Religion fernhalten, denn in der politischen Arena gibt letzten Endes der Weitblick des Staatsmanns den Ausschlag.«

Dilip: »Sie implizieren also, dass sich Seelenstärke im Bereich der Politik nicht bewähren kann?«

Richard: »Aber wozu in aller Welt müssen Sie Seelenstärke einführen, wo eine geringere Kraft prompter wirken und besseren Ertrag liefern wird? Denken Sie an meinen Vergleich von Hammer und Nagel. Weshalb müssen Sie die gewaltige Energie der Seelenkraft vergeuden, um ein Ergebnis zu erzielen, das schneller durch eine einfachere erreicht werden könnte? Sagte Krishna nicht ausdrücklich, dass Yoga Geschick im Handeln ist? Sagte nicht Christus ebenfalls, dass wir Gott geben müssen, was Gottes ist, und dem Kaiser, was des Kaisers ist? Wenn Märtyrer ihr Leben opfern, tun sie das sicherlich zur Förderung ihrer Ideale. Sie erkennen mit anderen Worten, dass ihr Opfer ein göttliches Eingreifen schneller und wirkungsvoller herbeiführen würde, als es ihre Taten und Worte vermöchten, wenn sie am Leben blieben. Dass sich eine Kraft, die sich im Leben äußert, mitunter posthum besser artikulieren kann, ist eine Tatsache, welche die Geschichte immer wieder bezeugt.«

Dilip (nach einer Pause): »Darf ich Ihnen eine offene Frage stellen?«

Richard (lächelt): »Sie sind der geborene Frager, nicht wahr? Nur zu. Ich halte es für ein gutes Zeichen – dieses Verlangen zu fragen. War das nicht der Grund, aus dem Krishna den sterblichen Arjuna ermutigte, seine göttliche Weisheit immer wieder herauszufordern?«

Dilip (lächelnd): »Aber meine Frage ist viel einfacher. Ich möchte von Ihnen offen Ihre Ansicht über Sri Aurobindo hören.«

Richard (nach einer Pause): »Seinesgleichen habe ich in der ganzen Welt nicht angetroffen. Für mich ist er die Verkörperung des Gottes Shiva.«

Marthe: »Bitte, sprechen Sie weiter, Monsieur.«

Richard: »Ich kann Ihnen versichern, Madame, wenn Aurobindo heute aus seiner Zurückgezogenheit heraustträte, würde er alle anderen als König der Könige überragen. Doch er hat es vorgezogen, die Aufforderung seines Landes, er solle die Führung wieder übernehmen, auszuschlagen – ein Verzicht, den ich als den überzeugendsten Beweis seiner spirituellen Größe betrachte.«

Marthe: »Aber gibt es nicht auch viele andere Yogis, die allem entsagt haben?«

Richard: »Zugegeben. Nur macht bei ihnen dieses ›alles‹ kaum viel aus. Angenommen sie wären in der Welt geblieben und hätten nach irdischen Lorbeeren gestrebt, was hätten sie am Ende erreicht? Sie waren bestenfalls dazu ausersehen, mit ihren bescheidenen Fähigkeiten oder persönlichen Talenten einen kleinen Erfolg zu erzielen. Sri Aurobindo jedoch wäre in jedem Lebensbereich zur Spitze aufgestiegen – als Philosoph, als Dichter, als Staatsmann oder als führender Denker. Aber er wies diese Verlockungen von sich – warum? Nur weil es seine Berufung war, ein Werkzeug Gottes zu sein mit der Mission, eine menschliche Bestimmung zu erfüllen, die kein anderer Baumeister hätte vollbringen können. Es ist nicht die schwierigste Sache in dieser Welt, Madame, spektakulären Erfolg in diesem oder jenem Lebensbereich zu erringen. Das größte Meisterstück besteht vielmehr darin, das *ganze* Streben durch einen einzigen Kanal zu leiten – absolut konzentriert ausschließlich einem Ideal hingegeben zu sein, verstehen Sie?«

Marthe: »Ja. Aber welches ist genau sein Ideal?«

Richard: »Dass sich der Mensch nicht mit seinem Menschsein zufriedengeben darf, sei es noch so glänzend oder hochstehend. Er muss sich durchkämpfen zu einer neuen Sicht und ihr folgen, um einen Gipfel zu erreichen, den seine Vorgänger niemals zu stürmen wagten. Nietzsche hat in der Tat den Ruf vernommen – den Ruf, die Menschheit über sich selbst hinauszuheben. Deshalb hat er gesagt: ›Der Mensch ist etwas, das überwunden werden soll‹, das heißt, der Mensch muss über sich selbst hinausgehen, indem er sein Menschsein, auf das er so lange stolz war, von sich weist. Aber wie Aurobindo dargelegt hat, beging er den Fehler, dass derjenige, der das Menschsein vollenden will, nicht der Übermensch der Macht, sondern der Übermensch der Liebe ist, der seine Liebe durch Macht äußert. Liebe ist notwendig, denn wenn sie fehlt, wird der Mensch kein Gott, sondern ein Titan. Aber Macht ist ebenfalls erforderlich, denn ohne ihre Unterstützung muss er unweigerlich dabei scheitern, sein Ideal der Liebe in der Wildnis des Lebens zu wahrhaft blühender Vollendung umzusetzen. Das ist der Ruf, den Aurobindo vernommen hat – ein Ruf, der, einmal gehört, nicht mehr unbeachtet bleiben kann. Doch man kann einen solch schicksalhaften Appell nicht hören, wenn man nicht von dem Einen dort oben erwählt wurde, der uns weiterführt. Er ist es, der Aurobindo zu Seinem Verkünder gekrönt hat. So muss er vorwärtsschreiten, denn das Lauschen auf Seinen Ruf hat ihn in den verwandelt, der er heute ist – ein Herold der Macht, die niemals zur Erde herabkam, obwohl es ihr bestimmt war.«

Vladja: »Weshalb kam sie nicht herab, wenn es doch vorherbestimmt war?«

Richard: »Weil derjenige, der sie herabrufen sollte, erst geschaffen und vervollkommnet werden musste, ehe er als ihr Vorbote entsandt werden konnte. Gott handelt nicht im Leeren, sondern durch seine Mittler, die wie aus Fels gemeißelt sein müssen. Ein Abgesandter wie Sri Aurobindo wächst nicht auf jedem Strauch, mein Freund. Er muss im Licht Gottes durch tausend Geburten eine Evolution durchmachen. Nicht jeder Kelch kann den Wein der Gottesliebe enthalten, die uns den Rang von Übermenschen verleiht. So musste Sri Aurobindo als Verkünder der Macht, die niemals auf die Erde herabkam, erwartet werden – oder soll ich sagen als Beschwörer der Opferflamme, die das Wunder bewirkt.«

Wir luden Paul Richard zu einem vegetarischen Dinner ein, da er Vegetarier war. Wir ließen uns das Essen in unserem Wohnzimmer servieren, damit wir uns ungestörter unterhalten konnten.

Marthe: »Wurden Sie Vegetarier, um Yoga zu praktizieren?«

Richard: »Nein. Ich habe Fisch und Fleisch aufgegeben, weil ich Shaw nur zustimmen konnte, dass es schändlich sei, Tierkadaver zu essen.«

Dilip: »Aber haben nicht die Wissenschaftler mittlerweile nachgewiesen, dass Gemüse ebenfalls Leben enthält?«

Richard: »Wir zitieren solche Beweise, Dilip, um unsere Gier nach nichtvegetarischer Kost zu verteidigen. Wir müssen leben, und um zu leben, müssen wir töten – nicht nur bewusst, sondern auch unbewusst. Wir töten bei jedem Atemzug Mikroben; wir erklären bei jeder Gelegenheit Bakterien mit Medikamenten den Krieg; wir zertreten bei jedem Schritt Millionen von winzigen Lebewesen. Aber ist das eine stichhaltige Verteidigung, eine vernünftige Rechtfertigung, Tiere zu töten? Sich mit armen Vögeln und hässlichem Mastvieh vollstopfen – grässlich!«

Marthe (lächelnd): »Implizieren Sie damit, dass es weniger verabscheuungswürdig wäre, sich mit Menschenfleisch vollzustopfen?«

Richard: »Gewiss. Überlegen Sie doch nur einmal, Madame! Sie lieben einen Menschen. Sie küssen ihn, liebkosen ihn und erschauern bei seiner Berührung. Wenn Sie ein solches Wesen nach seinem Tode verzehrten, wäre das zumindest verständlich. Aber ein Tier, vor dem Sie sich ekeln, dessen Name zum Schimpfwort und Fluch geworden ist – Schwein –, eine solche Kreatur liebkosen Sie nicht nur mit Ihrer Zunge, sondern befördern Sie in sich hinein, damit sie in Ihren ganzen Organismus aufgenommen wird – was in aller Welt könnte abstoßender sein, frage ich Sie?« (Mit einem Lächeln): »Aus diesem Grund, Madame, ziehe ich jedes Mal, wenn ich an einem Fleischerladen vorbeikomme, ehrerbietig den Hut, um dieses schwere Verbrechen der Menschheit gegen die Tiere zu sühnen.«

13
Konflikte und Entschlüsse

Dass die göttliche Weisheit die Dinge Jahre im Voraus plant, ist eine Wahrheit, die seit den Anfängen menschlichen Strebens von den Mystikern verkündet wurde. Was der Mensch Schicksal, Zufall oder Zusammentreffen nennt, ist nur ein Wortgeklingel, das seine betrübliche Unkenntnis vom Plan der Dinge übertönen soll. Oft genug plant er voraus, um ein bestimmtes Ergebnis zu erzielen, und scheitert nur ungeheuerlich, weil die Pläne missglücken. Andererseits kann er nichts dazugetan haben, Gottes Gnade oder die Liebe eines Heiligen zu verdienen, erfährt aber trotzdem deren Unterstützung, sodass sich seine Seele zur Vollendung entfalten kann. Sri Aurobindo hatte zu einem seiner Schüler (A. B. Purani, der es mir Jahre später weitererzählte) geäußert, ich würde sicher zur rechten Zeit auf den Pfad des Yoga gelangen.

In einigen Büchern über Yoga hatte ich auch gelesen, dass Yogis häufig unsichtbar aus weiter Ferne wirken und uns geheimnisvoll mit ihren okkulten Kräften beeinflussen. Doch leider hatte ich weder Vertrauen zu mir selbst, noch wusste ich, wie zu psychischen Gewissheiten zu gelangen. Nur eins war mir klar: Alles, was mir fortlaufend geschah, war störend, wenn nicht beunruhigend, und es zog mich die ganze Zeit in Richtung Yoga. Da waren zum Beispiel die drei »Zufälle«, die sich in rascher Folge in Nizza ereigneten: Madame Calvés vertrauliche Mitteilungen über Swami Vivekananda, das Erscheinen von Vladja und Marthe und vor allem der gewaltige Eindruck von Paul Richards strahlender Persönlichkeit. Zudem wäre ich, ohne dass Vladja und Marthe plötzlich sozusagen aus dem Nichts auftauchten, nicht in Nizza geblieben. Denn ich war nach Barcelona und Madrid eingeladen, um dort Vorträge über Musik zu halten, und wollte annehmen und dann von Madrid aus nach Paris fliegen. In der Tat wollte ich gerade meinen Gastgebern in Spanien telegrafieren, als Vladja und Marthe beinahe wie durch ein Wunder meinen Weg kreuzten und mich ins Schlepptau nahmen. Ich war so hocherfreut, sie zu treffen, dass ich beschloss, meinen

Besuch in Spanien abzusagen – ein glücklicher Entschluss insofern, als ich sonst Paul Richard und seine enthusiastischen Darlegungen über Sri Aurobindo und dessen große Botschaft versäumt hätte.

Doch obwohl der starke Impuls, den ich durch Paul Richard empfing, mich zu Sri Aurobindo trieb, rief mein Streben abermals eine Gegenreaktion hervor – eine Angst, die sich manchmal zu namenlosem Grauen steigerte. Das war der Augenblick, in dem ich mich an Bertrand Russell wandte. Bezüglich einer Angelegenheit von solcher Tragweite dürfe ich keine übereilte Entscheidung treffen, sagte ich mir. War es nicht übrigens Lord Russells geistreicher Witz sowie seine kraftvolle, auf Vernunft, Naturwissenschaft und menschlichem Mitgefühl gegründete Philosophie, die mich so oft voller Freude sagen ließ: »Auch dies ist ein großes Ideal!«

Ich traf Lord Russell in Cornwall und führte drei Tage lang Gespräche mit ihm, die ich mit seiner ausdrücklichen Genehmigung in *Among the Great* wiedergegeben habe. Deshalb kann ich mich hier auf den Hinweis beschränken, dass ich zwar seine Anschauung über Ritualismus und Formalreligion bejahen konnte, es mir aber unmöglich war, seiner scharfen Kritik am mystischen Bewusstsein und an spiritueller Erfahrung beizupflichten. Hatte nicht Sri Aurobindo selbst eine so klare Unterscheidung zwischen beiden getroffen, als er in *The Renaissance in India* schrieb:

> Religion ist immer das zentrale Hauptanliegen des indischen Geistes gewesen; manche haben uns gesagt, zu viel Religion habe Indien ruiniert; gerade weil wir das ganze Leben zur Religion oder Religion zum ganzen Leben machten, hätten wir im Leben versagt und seien untergegangen ... Es ist möglich, dass wir einerseits zu sehr in eine übertriebene Religiosität abirrten, das heißt in eine übertriebene Veräußerlichung von Zeremonie, Regeln, Routine, mechanischem Gottesdienst, andererseits in ein die Welt zu sehr verachtendes Asketentum, das die Besten aus der Welt zurückzog, die nun der Gesellschaft verloren gingen, statt dass sie ihr, wie die Rishis des Altertums, als spirituelle Helfer und erleuchtende Leben-Spender beistanden. Die Wurzel des Übels war aber das Dahinschwinden des spirituellen Impulses in seiner Allgemeinheit und Breite, der Verfall der intellektuellen Aktivität und Freiheit, das Schwinden hoher Ideale, der Verlust an Lebensintensität.
>
> Vielleicht gab es in einem gewissen Sinn zu viel Religion; das englische Wort Religion schmeckt zu sehr nach äußerlichen Dingen wie Dogmen,

> Riten, einer veräußerlichten Frömmigkeit; es gibt dafür kein indisches Äquivalent. Wenn wir aber dem Begriff Religion eher die Bedeutung geben, dass man dem spirituellen Impuls in seiner ganzen Fülle folgt, und wenn wir Spiritualität als den Versuch definieren, das Höchste Selbst, das Göttliche, die allumfassende Einheit zu erkennen und darin zu leben sowie das Leben in allen seinen Bereichen zu den höchstmöglichen göttlichen Werten emporzuheben, gab es offenkundig nicht zu viel, sondern eher zu wenig Religion – und diese war tendenziell zu einseitig und darum nicht umfassend genug. Die richtige Abhilfe ist nicht, das uralte Ideal Indiens noch weiter herabzusetzen, sondern zu seiner alten Fülle zurückzukehren, ihm einen noch größeren Spielraum zu geben und in vollem Ernst alles Leben der Nation zu einer Religion in diesem hohen spirituellen Sinn zu machen.

Nach einer Zeit quälender Unentschiedenheit beschloss ich, meine Buchung für das Schiff, auf dem Lord Russell eine Kabine nach Amerika belegt hatte, zu stornieren. Da ich meiner Meinung nach eine Galgenfrist brauchte, besuchte ich Englands herrlichen Lake District, wo die Natur im Sommer ein Fest der Schönheit ist. Danach hielt ich in London und Edinburgh ein paar Vorträge über Musik, freilich ohne innere Beteiligung. Vladja pflegte zu sagen: »Wozu soll das gut sein?« Das Gleiche fragte ich mich und fand, es sei alles ein sinnloser Aufwand an kostbarer Lebensenergie, Lorbeeren zu ernten, die keinen tiefen Durst der Seele stillen.

Schließlich verschreckten mich die Ovationen meines Publikums und versetzten mich in eine neue Bewusstseinslage. Mir war zumute, als beschwatzten mich unsichtbare Mächte, in dieser Welt geisterhaften Beifalls von geisterhaften Enthusiasten zu verharren. Ich malte mir aus, wie ich in Amerika in überfüllten, von einem Impresario gemieteten Häusern Vorträge hielt, nach denen es vor Beendigung des gesamten Programms kein Entkommen geben würde. Wahrscheinlich würde ich einen beträchtlichen Anteil der Kasseneinnahmen erhalten, und wenn dann mein Glücksstern im Steigen war, von Professoren, Musikwissenschaftlern und Damen der Gesellschaft als Held des Tages gefeiert und herumgereicht werden. Die ganze überhitzte Lobhudelei würde mir zu Kopf steigen und mich »den letzten Bus, der die Grenze überquert, verpassen lassen«, um einen Lieblingsvergleich von Krishnaprem zu gebrauchen.

Meine unverhoffte Rückkehr enttäuschte meine Freunde, vor allem

Subhash, der mich wegen meiner Sentimentalität schalt. »Ich weiß, Dilip«, sagte er seufzend, »dass viele von uns Indern geborene Mystiker sind. Ich selbst habe einst mein Heim verlassen, um mich mit den Sadhus anzufreunden. Aber Swami Brahmananda selbst schickte mich nach Hause zurück. ›Du musst dich auf dem Weg der Werke zum Karmayogi entwickeln‹, sagte er, was auch ich nach meiner Heimkehr erkannte. Unser Land liegt in Ketten, die nicht abfallen werden – *wir* müssen sie zerbrechen und unser Mutterland befreien.« Und so ging es endlos weiter. Diesmal stritt ich nicht mit ihm, da ich nicht wie ein Papagei dieselben Worte zu meiner Verteidigung wiederholen wollte. Aber mir war traurig zumute, weil mich jetzt nicht einmal die Musik berauschen konnte. Ich wurde unruhig und begann abermals entschlossen auf der Suche nach Musikern umherzustreifen, nur mit einem Unterschied: Diesmal lernte ich vorwiegend religiöse Lieder von berühmten Mystikern wie Mirabai, Tulsidas, Kabir, Surdas und anderen.

Der einzige Freund, der mir mit seinem Rat hätte helfen können, war Krishnaprem, aber zu meinem Pech hatte er den entscheidenden Schritt gewagt und in Almora den Punkt erreicht, von dem es kein Zurück mehr gibt. Ich war deprimiert, weil ich es ihm nicht gleichtun konnte. Und eine seltsame Furcht ergriff mich: Wie konnte ich ein klösterliches Leben in Pondicherry führen, wo es weder Musik noch Lachen gab? Das Sonderbare daran war vielleicht, dass ich zwar sang und lachte und die Menschen entzückte, aber an ihrer Gesellschaft keine Freude hatte! Ich sprach zu niemandem von meinen inneren Konflikten: Wie mein Streben, mich dem Yoga zu widmen, durch mein Zögern und diese unbeschreibliche Furcht ganz und gar blockiert wurde. Wie könnte ich auf meine Bewegungsfreiheit verzichten und in ein Kloster eintreten, das sechzehnhundert Kilometer von Bengalen entfernt lag? Weder kannte ich jemanden dort, noch hatte ich irgendeine Vorstellung von Sri Aurobindos »Supramentalem Yoga«, wie ihn manche Anhänger nannten … und so ging das Gerangel mit meinem bedrückten Selbst endlos weiter.

In dieser verzweifelten Stimmung fuhr ich nach Lucknow, wo ich Krishnaprems Freund Joygopal traf. Er erzählte mir alles über Krishnaprem, obgleich es nicht viel zu berichten gab, da dieser damals niemandem über seinen Yoga schrieb. So erhielt ich von Joygopal nur bruchstückhafte Information über ihn, was zusammengenommen meinen Trübsinn nur noch verstärkte. Am meisten erschreckte mich, dass Krishnaprem tatsächlich in den Straßen um Almosen bettelte und auf einer einfachen Decke in den kalten Höhen des Himalaya schlief, mehr als zweitausend Meter über dem Meeresspiegel. Mir sank jedes Mal der Mut, wenn mich Joygopal mit seinen Meisterleistungen an Mut und Ausdauer konfrontierte, und ich fragte mich immer wieder verzagt, ob jeder, der verzweifelt nach Geborgenheit zu Füßen seines Gurus verlangte, all diese heroischen Kasteiungen auf sich nehmen müsse. Doch ich fand keine Antwort, und so musste ich im leeren Raum leben, da ich keinen Geschmack mehr an den Fleischtöpfen der Welt hatte und sogar die Musik, meine große Leidenschaft, ihren Reiz zu verlieren begann.

Daher vertraute ich eines Abends meinem Freund meine schweren Zweifel an und erzählte ihm, dass ich mich zwar elend fühlte, aber trotzdem schwankte, weil ich einfach die klösterliche Askese fürchtete. Aber das war nicht die ganze Geschichte, wie er rasch erriet. Scharfsinnig traf er den Nagel auf den Kopf, als er mit spöttischem Lächeln offen erklärte: »Drück dich nicht, Dilip. Ich schlage vor, du kaufst dir morgen früh als Erstes eine Fahrkarte und gehst geradewegs in den Yoga-Ashram nach Pondicherry zu deinem Guru, wo du hingehörst. Gib alles auf, was du besitzt, und überantworte dich ihm.«

»Heilmittel zu verordnen ist ja gut und schön«, wandte ich trübselig ein. »Aber bist du dir über die Diagnose sicher?«

Als Arzt lächelte mein Freund und Gastgeber verständnisvoll. »Wo liegt die Schwierigkeit?«, fragte er.

»Ich wünschte, ich wüsste es«, antwortete ich bitter. »Ich weiß nur, dass ich in einem Labyrinth herumtappe. Es geht um Folgendes: Mein Guru hat mir – im Gegensatz zu dem Krishnaprems – bisher nichts Greifbares gegeben. Sicherlich erwartest du nicht von mir, dass ich alles für nichts aufgebe?«

Seine Stirn umwölkte sich. »Nun gut, Dilip«, seufzte er. »Du hast mich enttäuscht! Ich habe dich geschätzt, weil ich dich für einen geborenen Yogi hielt, wie Krishnaprem. Jetzt sehe ich, dass ich mich geirrt habe. Denn was du sagst, läuft darauf hinaus, dass du dich nicht überwinden kannst, einen Guru zu akzeptieren, wenn er nicht einen Vertrag mit dir unterschreibt und dir einige köstliche Erfahrungen im Voraus gibt – etwas, das man juristisch als ›Gegenleistung‹ bezeichnet, eine *quid pro quo*-Klausel! Wenn das deine Einstellung ist – das heißt, wenn du mit Gott zu handeln beginnst, dann wirst du es nie schaffen.«

Der Pfeil traf genau ins Schwarze. Die ganze Nacht konnte ich nicht schlafen. Ich *feilschte* mit Gott, während Krishnaprem den entscheiden-

Sri Dilip Kumar Roy und *Sri Krishnaprem*
verband eine lebenslange spirituelle Freundschaft.

den Schritt gewagt und den ganzen Einsatz bei nur einmaligem Würfeln riskiert hatte … Wie kann ich danach noch Anspruch auf seine Freundschaft erheben? Ein Durcheinander aus Selbstmitleid und Unentschiedenheit, aus Streben und Furcht, aus Sehnsucht und Scheu raubte mir alle Kraft, bis ich unter Tränen zu beten begann. Und da geschah das Wunder.

Es ist bei Gott wahr, dass ich aufstand und innerhalb von zwanzig Minuten den nächsten Zug nach Bombay bestieg, auf dem Weg nach Pondicherry. Vor der Abfahrt telegrafierte ich an Sri Aurobindo: »Ich überantworte Ihnen bedingungslos alles, was ich habe und bin. Sie müssen mich annehmen. Drahten Sie ›Ja‹ an meinen Freund Richter K. C. Sen, Bombay.«

Was folgte, war eine unvergessliche Erfahrung: Die ganze Landschaft schien sich im Nu verwandelt zu haben. In London hatte ich einmal über zwei Szenen auf der Bühne gestaunt. Die erste zeigte nichts als trockene Sanddünen ohne eine Spur von Vegetation. Plötzlich gingen die Scheinwerfer aus, die Bühne drehte sich und ich sah begeistert und verwundert ein herrliches Gartenhaus mit Rosen, Palmen und einem Springbrunnen. Mein Erlebnis im Jahre 1928 war freilich bei Weitem geheimnisvoller: Unmittelbar nach meinen angstvollen Konflikten und düsteren Zweifeln erfüllten mich plötzlich eine köstliche Gewissheit, eine unaussprechliche Euphorie, ein Zugehörigkeitsgefühl. Ich hatte weder eine Ahnung, wohin ich unterwegs war, noch wie lange ich zu einem weit entfernten Ziel zu wandern hatte und unter welchen Bedingungen. Ich wusste nur, dass alle meine Befürchtungen zerstreut, meine Zweifel beseitigt, meine Fragen verstummt waren. Trotzdem hatte sich äußerlich nichts geändert! Die ermüdende Bahnfahrt, der Lärm der drängelnden Menschenmenge, die gellenden Pfiffe, die Gepäckträger, mit denen man es zu tun hatte – die ganze langweilige Alltagsszene verwandelte sich im Nu in eine Rhapsodie, in eine Antwort auf den Ruf von Krishnas Flöte! Wie kann ich danach sagen, das Zeitalter der Wunder sei vorbei? Am meisten aber verwirrte mich das Wunder, dass mein Schicksal sich ein für alle Mal entschieden hatte, und das in genau zwanzig Minuten durch eine Macht, die über meinen Horizont ging. Ich sah mich fortgetragen auf den Wellen eines Lichtes, das zwar vom Auge nicht wahrgenommen wurde, aber meine Seele berauschte.

All dies ist keine übertriebene Beschreibung dessen, was mich aus meinem angestammten künstlerischen und geselligen Milieu herausriss und in einen exotischen Garten zu Füßen meines strahlenden, gnadenreichen Gurus, in Stellvertretung meines Traumgottes Krishna, verpflanzte. In Bombay, im Hause meines Freundes Richter K. C. Sen, erhielt ich Sri Aurobindos Telegramm aus Pondicherry. Am 22. November 1928 überantwortete ich mich ihm voller Eifer und Freude wie ein verirrter Vogel, der plötzlich sein Nest im Himmel süßer Ruhe, Seligkeit und Sicherheit gefunden hat.

14
Zu Füßen des Gurus

Ich kann hier nicht einmal eine kurze Zusammenfassung des endlosen Wechsels von spirituellen Konflikten und psychischer Glückseligkeit geben. Meine Euphorie kündigte nur an – so erklärte mir mein Guru –, was mir mit hundertfältiger Intensität der Verzückung bevorstand. Dennoch musste ich dank meines hartnäckigen Eigenwillens durch vieles hindurchgehen, das schmerzlich und deprimierend war. Mitunter war mir danach zumute, »die Flinte ins Korn zu werfen«, wie ich meinem Guru drohend schrieb, Narr, der ich war! Aber seine unerschütterliche Liebe trug mich mit triumphaler Leichtigkeit über die Krisen hinweg. In einem seiner Briefe schrieb er mir, irdische Freunde mögen zwar versagen, die göttliche Gnade aber könne niemals eine Niederlage zulassen und die Liebe, die er mir anbiete, sei von derselben Art wie göttliche Liebe. Und in einem seiner bewegendsten Briefe hieß es:

> Ich wusste von dir schon, bevor ich dich zum ersten Male traf, und fühlte die Verbindung zu einem Menschen, mit dem ich jene Beziehung hatte, die sich ständig durch viele Lebensabläufe geltend macht; darum verfolgte ich deine Karriere mit warmer Teilnahme und mit Interesse. Das ist ein Gefühl, das sich nie irrt und den Eindruck bewirkt, als stehe der andere einem nicht nur nahe, sondern sei ein Teil der eigenen Existenz ... Die so angedeutete Beziehung stellt sich immer heraus als eine von Menschen, die in der Vergangenheit zusammen gewesen und denen des vorherbestimmt ist, sich wieder zu treffen (wenn auch die vergangenen Umstände nicht bekannt sein mögen) und die durch alte Bande zueinandergezogen werden. Es war eben diese Erkenntnis, die dich – abgesehen von der tiefen spirituellen Verbindung – hierher gebracht hat. Wenn das vordergründige Bewusstsein dies nicht völlig erkennen kann, so deshalb, weil es die durch eine neue physische Geburt immer geschaffene Kruste verhindert. Die Seele weiß es aber allezeit.

Insgesamt war ich glücklich im Yoga-Ashram von Pondicherry, doch das, was man als Glück preist, ist in der Regel nicht Seligkeit; diese kann nur eintreten, wenn sich die Seele der göttlichen Gnade öffnet. In Sri Aurobindos Ashram erfuhr ich dieses »Sich-Öffnen der Seelenblüte« so manches Mal, am häufigsten jedoch durch seine Liebe verströmenden Briefe. Immer wieder erschien es mir, als enthielten sie eine Zauberkraft, die mit ihrer Liebe die versengende Glut in meinem Herzen linderte. Von Freunden wie von Weltberühmtheiten hatte ich zahllose Briefe voller Zuneigung bekommen, doch die Sri Aurobindos waren von ganz anderer Art. Zu meinen größten Freuden gehörte es, sie Tag um Tag zu empfangen. Ich blieb etwas mehr als zwei Jahrzehnte in seinem Ashram und schrieb beharrlich bis ganz zum Schluss Briefe an ihn.[25] Er ließ mich nie im Stich, besonders wenn ich von Zweifeln geplagt war oder mich enttäuscht fühlte. Es lässt sich nicht beschreiben, wie er unablässig Liebe aus seinem freigebigen Herzen verströmte. Zuweilen erschien es mir, als sei diese Schatzkammer nahezu unerschöpflich. Und nicht nur seine Liebe – sondern auch seine unglaubliche Geduld und sein Verständnis, insbesondere wenn wir unseren verstockten Eigenwillen gegen seinen erhabenen, die Sterne überstrahlenden Liebeswillen ausspielten. Ich schrieb ihm einmal im Scherz, ich hätte entdeckt, weshalb ich zu ihm kommen musste: um seine Geduld aufs Äußerste zu erproben und dadurch bezeugen zu können, dass ich sein erleuchtetes Verständnis und seine mitfühlende Langmut übermenschlich fand. Er stimmte zu und schrieb, die Liebe, die er mir biete, entstamme einer Quelle, die das menschliche Bewusstsein nicht für wirklich zu halten vermöge. Ich habe sehr viele seiner Briefe – von denen manche mehr als zwölf Seiten umfassten – in einigen meiner Bücher zitiert. Zudem ist eine Anzahl seiner persönlichen Briefe an mich in einem halben Dutzend Sammelbänden veröffentlicht worden. Daher will ich hier nur zwei anführen, um zu zeigen, wie er meinen Weg erleuchtete mit seiner Liebe, die »über jeden Begriff ging«.[26]

Einmal kam ich zu dem Entschluss, ich müsse lernen, auf eigenen Füßen zu stehen. Wozu musste ich mich auf einen Guru verlassen, wenn ich Krishna direkt anrufen konnte? Also schrieb ich ihm einiger-

25 Insgesamt muss ich ihm über zweitausend Briefe geschrieben haben und er mir zumindest eintausend. Manchmal bekam ich sogar zwei Briefe an einem Tag.

26 Eine Gesamtausgabe der Briefe Sri Aurobindos an D. K. Roy erschien unter dem Titel *Sri Aurobindo to Dilip*, 4 Bände, Pune (2003 – 2011), Hari Krishna Mandir.

maßen herausfordernd, dass ich beabsichtige, zumindest zehn Stunden täglich in völliger Zurückgezogenheit zu meditieren. Ich beschwerte mich bei ihm, ich hätte genug von kurzen Schauern, um damit meine strapazierten Nerven und meinen dürstenden Geist zu beschwichtigen, und müsse um jeden Preis einen Platzregen haben. Er antwortete sehr sanft und versuchte mich davon abzubringen; er sagte voraus, dass es meinen Durst nur steigern würde, anstatt einen Platzregen herbeizuführen, wenn ich den harten Weg wählte, in Zurückgezogenheit zu meditieren. Ich schrieb zurück, er müsse mir die lange Leine zugestehen und mir erlauben, Krishnas Licht direkt anzurufen. In seinem Antwortbrief bemühte er sich, mich aufzuheitern, und betonte, dass *Bhakti* (liebevolle Hingabe) und *Karma* (Handeln) die beiden Hauptantriebe meiner Natur seien. Daher würde ich die besten und raschesten Ergebnisse erhalten, wenn ich frohgemut mit meinen Gedichten und meiner Musik weitermachte. Doch ich war entschlossen, »meinem eigenen Licht zu folgen«, und wiederholte, man müsse mir eine lange Leine zugestehen. Darin musste er wohl oder übel einwilligen.

Und so zog ich mich mit dem festen Willen, heroisch zu sein, auf der Stelle von all meinen gesellschaftlichen Aktivitäten zurück, hörte auf zu singen und begab mich in eine asketische Abgeschiedenheit, widmete Tag für Tag mehr fruchtlose Stunden der Meditation und dem Gebet, wobei ich sogar auf Lesen und Schreiben verzichtete. Dies war das schwierigste aller Bravourstücke, aber je schwieriger ich es fand, desto weniger wollte ich das Projekt bremsen; und je mehr Gurudev mir zuredete, den »sonnenbeschienenen Pfad des Psychischen« einzuschlagen, desto öfter wiederholte ich mir einen berühmten Vers aus dem *Yogavashista,* der besagte, man solle sich auf die eigene Kraft verlassen und mit zusammengebissenen Zähnen durch heroische Taten dem Tyrannen Schicksal trotzen.

Doch leider »bewertet dich Krishna nach deiner Einstellung, nicht nach deinen Taten«, wie die Rishis sagen. Und Gott lässt sich auch nicht täuschen. Je mehr ich mich einschloss und gelobte, kraft meiner herkulischen Meditationen die Sterne vom Himmel zu holen, desto mehr verlor ich alle Lebensfreude und Begeisterung für *Sadhana* (spirituelles Üben), bis ich sozusagen in einer wahren Katakombe umhertappte. Das Leben erschien unerträglich trostlos, und ich wusste nicht, wohin ich mich jetzt wenden sollte, da ich die Hilfe des Gurus als bloßes Gerede ausgeschlossen hatte. Es war nicht einmal die Düsterkeit,

»Ich blieb etwas mehr als zwei Jahrzehnte in seinem Ashram
und schrieb beharrlich bis ganz zum Schluss Briefe an ihn.«

die mich am meisten demütigte, sondern dass sie in Zusammenhang mit meiner Inbrunst und meinem Streben gänzlich irrelevant war. Ich konnte weder begreifen, weshalb mein heroischer Versuch zum Höhenflug durch gestutzte Schwingen belohnt wurde, noch erklären, wieso ich zwar nach Osten gegangen, aber nach Westen zurückgedrängt worden war, wo der letzte Hoffnungsschimmer unterging. Jetzt blieb nichts weiter übrig, als noch heftiger die Zähne zusammenzubeißen. Und dennoch – je beharrlicher ich war, desto weniger gelang es mir, das Geheimnis meiner tödlichen Qual zu ergründen, die sich nur noch steigerte – bis sich das große Wunder ereignete. Der Briefwechsel zwischen Sri Aurobindo und mir gibt darüber Aufschluss.

»Oh Guru«, schrieb ich, nachdem ich ihm einen ausführlichen Bericht über all das gegeben hatte, was ich im Verlauf meiner Torheit durchgemacht hatte, »ich wollte alles ausschließlich durch eigene Anstrengung erreichen, und so meditierte ich und konzentrierte mich wie nie zuvor, Tage um Tage. Doch je mehr ich damit fortfuhr, desto tiefer wurden die Düsterkeit und die mentale Pein, bis ich am vergangenen Abend, da ich mich, von jedem Licht ausgeschlossen, wie ein gänzlich Gestrandeter fühlte, unter Tränen auf meiner einsamen Terrasse betete. ›Oh Krishna‹, sagte ich, ›du weißt, ich habe mein ganzes Leben lang nur dich ersehnt oder zumindest danach gestrebt, nichts als deine Gnade zu wollen. Du weißt auch, dass ich kürzlich beschlossen habe, durch *Tapasya*[27] ans Ziel zu gelangen, weil man mir sagte, dass du einen aufrichtig Betenden niemals unbeachtet lässt. Und dennoch – wie kommt es, dass du dich, je dringender ich dich anflehe, desto mehr meinem ungeduldigen Zugriff wie eine Schattengestalt entziehst? Ich verstehe deine *Lila* nicht, Herr, aber hab Erbarmen mit einem, der nicht mehr weiter weiß! Ich gestehe endlich ein, dass meine viel gerühmte Intelligenz das Rätsel nicht zu lösen vermag. Ich habe nur eines gelernt: Es ist keine Schande, das Ganze nicht zu begreifen, und wahres Verstehen kann erst dann kommen, wenn man erkennt, dass man von sich aus völlig unfähig dazu ist. Auf jeden Fall bitte ich dich in dieser schweren, ausweglosen Situation, mir zu antworten – gib mir ein Zeichen, dass du keine Schimäre bist.«

Oh Guru, sobald dieses Gebet meinem demütigen Herzen entstieg, erfuhr ich eine samtene Sanftheit im Innern und ein Gefühl unbe-

---

27 strenge Selbstdisziplin; Leben der Meditation und Konzentration

schreiblicher Formbarkeit, die schnell so konkret wurde, dass mir beinahe war, als könne ich sie mit meinen Fingern *berühren*! Aber selbst das war noch nicht alles. Sobald sich mein Stolz geschlagen gab, wich die ganze Düsternis aus Verzweiflung und Enttäuschung, die sich in mir angesammelt hatte, wie durch Zauber: Meine Unrast wurde durch Frieden und meine Unwissenheit durch einen strahlenden Glanz abgelöst, der zu unglaublich erschien, um wahr zu sein, und dennoch zu stark, um ihn als Wunschdenken abzutun. Und für mich war er so absolut überzeugend, weil er wie eine Lawine von nirgendwo herabzukommen schien – um mich umzuwerfen, als ich es am wenigsten erwartete. Kanai beglückwünscht mich und besteht darauf, ich hätte eine echte, bedeutende *psychische Erfahrung* gehabt, ohne es zu wissen. Was hast du dazu zu sagen, Guru? Mir vorzustellen, dass selbst ich eine Erfahrung und noch dazu eine psychische gehabt haben sollte!«

Seine Antwort kam pünktlich am nächsten Morgen:

> Gewiss war es eine Erfahrung und, wie es Kanai sehr genau beschrieb, eine Erfahrung von großem Wert: eine psychische Erfahrung par excellence. Ein Gefühl von »samtener Sanftheit« und eine unaussprechliche Formbarkeit im Inneren ist eine psychische Erfahrung und kann nichts anderes sein. Es bedeutet eine Umgestaltung der Substanz des Bewusstseins, besonders im vital-emotionalen Teil, und wenn eine solche Umwandlung lange dauert und wiederholt wird, bis sie stetig wird, würde das einen großen Schritt vorwärts hin zu dem bedeuten, was ich die psychische Transformation des Wesens nenne. Gerade diese Modifizierungen der inneren Substanz machen die Transformation möglich. Ferner war es eine Umwandlung, die den Beginn von Wissen ermöglicht – denn unter Wissen verstehen wir im Yoga nicht nur ein Denken oder Ideen über spirituelle Dinge, sondern ein psychisches Verstehen von innen und eine spirituelle Erleuchtung von oben her. Darum war das erste Ergebnis dein Gefühl, *dass es keine Schande war, dies alles nicht zu verstehen, und dass das wahre Verstehen erst kommen kann, wenn man realisiert, dass man von sich aus völlig unfähig dazu war.* Das war an sich schon der Anfang zu einem wahren Verstehen: zu einem psychischen Verstehen – zu etwas, das im Inneren gefühlt wird, das ein Licht ausstrahlt oder das eine spirituelle Wahrheit hervorbringt, die reines Denken niemals gegeben hätte, und auch eine Wahrheit, die Wirkungen hervorruft, die dir die Erleuchtung und die Tröstung brachte, die du beide brauchtest; denn was

das psychische Wesen mit sich bringt, ist immer Licht und Glück, ein inneres Verstehen und Hilfe und Trost.

Ein anderer vielversprechender Aspekt dieser Erfahrung ist, dass sie als unmittelbare Antwort auf deinen Appell an das Göttliche gekommen ist. Du hast um das Verstehen und um den Ausweg gebeten und sofort zeigte Krishna dir beides: Der Ausweg war der Bewusstseinswandel im Innern, die Formbarkeit, die das Wissen ermöglicht, und auch dein Verstehen der Voraussetzung in Mental und Vital, in der das wahre Wissen oder die Macht des Wissens eintreten konnten. Denn das innere Wissen kommt von innen und oben her (entweder aus dem Göttlichen im Herzen oder vom Selbst über dir), und damit es kommen kann, müssen der Stolz des Mentals und Vitals auf die vordergründigen mentalen Ideen und das Festhalten an ihnen weichen. *Man muss erkennen, dass man unwissend ist, bevor man beginnen kann, zu wissen.* Das zeigt, dass es nicht falsch von mir ist, wenn ich auf das psychische Öffnen als den einzigen Ausweg dränge. Denn sobald sich das Psychische öffnet, werden solche Antworten und viele weitere auch allgemein werden, und auch die innere Umwandlung schreitet voran, wodurch diese Antworten möglich werden.

Darauf schrieb ich ihm noch einmal und fragte, ob ein »Gefühl« als »Erfahrung« bezeichnet werden könne. War nicht ein bloßes Gefühl etwas zu Zufälliges und Subjektives, um für den Status einer »Erfahrung« qualifiziert zu sein? Wiederum antwortete er prompt:

Ich bezweifle, ob ich deine Frage beantworten kann oder ob ich sie ganz verstehe. Es gibt kein Gesetz, dass ein Gefühl keine Erfahrung sein kann. Erfahrungen gibt es aller Art und sie nehmen im Bewusstsein alle möglichen Formen an. Wenn das Bewusstsein irgendetwas Spirituelles, Psychisches oder auch Okkultes erlebt, sieht oder fühlt, ist das eine Erfahrung (im technischen Yoga-Sinn), denn es gibt selbstverständlich auch alle Arten von Erfahrungen, die nicht diesen Charakter haben. Die Gefühle selbst sind von vielerlei Art. Das Wort »fühlen« wird oft verwendet für eine Emotion, und es kann psychische und spirituelle Emotionen geben, die unter Yoga-Erfahrung gerechnet werden, etwa eine Welle reiner *Bhakti* oder das Aufwallen von Liebe zum Göttlichen. Ein Fühlen bedeutet auch eine Wahrnehmung von etwas Gefühltem – eine Wahrnehmung im Vitalen oder Psychischen oder in der wesenhaften Substanz des Bewusstseins. Ich stelle auch häufig fest, dass man eine mentale Wahrnehmung, wenn sie sehr lebhaft ist, als ein Fühlen beschreibt. Würdest du alle diese und verwandte Gefühle ausschließen und sagen, sie sind Gefühle und keine Erfahrungen, dann lässt du sehr wenig Raum für Erfahrungen übrig.

Fühlen und Schauung sind die Hauptformen spiritueller Erfahrung. Man schaut und fühlt das Brahman überall; man fühlt, wie eine Kraft zu einem kommt oder von einem ausgeht; man fühlt oder schaut das Herabkommen von Licht; man fühlt, wie Friede oder *Ananda* herniederströmt. Wirf das alles aus dem Grund heraus, dass es nur ein Fühlen und keine Erfahrung ist (was zum Kuckuck *ist* dann eine Erfahrung), und du machst reinen Tisch mit den meisten Dingen, die wir Erfahrung nennen. Weiter fühlen wir eine Veränderung in der Substanz oder im Zustand des Bewusstseins. Wir fühlen, wie wir uns selbst in die Weite ausdehnen (man kann das auch sehen). Wir fühlen, wie das Herz-Bewusstsein weit wird statt eng, sanft statt hart, erleuchtet statt dunkel; ebenso auch das Bewusstsein im Haupt, im Vitalen, sogar im Psychischen, wir fühlen tausend Dinge aller Art, und warum sollten wir sie nicht Erfahrung nennen? Natürlich ist das ein inneres Schauen, ein inneres Fühlen, kein materielles, wie wir kalten Wind oder einen Stein fühlen; in dem Maß, wie sich das innere Bewusstsein vertieft, ist das nicht weniger lebendig oder konkret, sondern sogar noch mehr.

In deinem Fall war das, was du fühltest, keine Emotion – obwohl etwas Emotionales dazukam –, du fühltest eine Beschaffenheit in der eigentlichen Bewusstseins-Substanz – eine Zartheit, eine Formbarkeit, sogar *eine samtene Weichheit, eine unaussprechliche Formbarkeit.* Jeder irgendwie im Yoga Erfahrene würde sofort sagen: Was für eine schöne Erfahrung – eine sehr klare, spirituelle, psychische Erfahrung!

Ich habe den folgenden Brief ausgewählt, weil er darin mit seiner bestechenden Klarheit erläuterte, wie sich Zweifel raubtiergleich den meisten Pilgern zu den Sternen in den Weg stellen und weshalb man sich vor der Dunkelheit, die sie unweigerlich nach sich ziehen, hüten sollte. In meinem Fall war ich am meisten behindert durch:

Erstens: Meine Ungeduld. Ich wollte rasche Ergebnisse. Sri Aurobindo schrieb mir einmal, ich sei »ein von Gunst und Glück verwöhntes Kind« und wolle als solches *Siddhi,* Verwirklichung, ohne strengen *Sadhana,* Selbstdisziplin.

Zweitens: Meinen Zweifel. Ich argumentierte, wie Rabindranath gesagt habe, seien er und ich Künstler und nicht Yogis; folglich hätte ich meine Berufung verfehlt. Dieser Gedanke ließ mich endlose Strecken qualvoller Düsterkeit durchleiden. Sri Aurobindo stellte meine Prämisse, ich sei untauglich für Yoga, in Frage und behauptete, er kenne mein wahres Selbst und *Swadharma* (angeborene Eignung) besser als irgendjemand sonst. In einem seiner schönsten Briefe schrieb er, dass ich es schaffen und zum Ziel gelangen müsse, wenn ich nur meiner Berufung treu bliebe und das *Mantra* weitersänge: »Ihn haben muss ich und Ihn haben werde ich.« Ich habe über meine erste Schwierigkeit, die Ungeduld, geschrieben, und so werde ich hier seinen wunderbaren, erleuchtenden Brief über den Zweifel wiedergeben – einen Brief, für den mir mancher Strebende von Herzen gedankt hat.

Dilip,
ich habe begonnen, über Zweifel zu schreiben, aber gerade während ich das tue, werde ich vom »Zweifel« befallen, ob auch der größte Aufwand an Schreiben oder an irgendetwas anderem je den ewigen Zweifel im Menschen überzeugen kann, der die Strafe für seine angeborene Unwissenheit ist. Erstens würde das, um angemessen zu schreiben, eine Menge von 60 bis 600 Seiten erfordern, aber auch 6000 überzeugende Seiten würden den Zweifel nicht überzeugen. Denn Zweifel existiert um seiner selbst willen; seine eigentliche Funktion ist, immer zu zweifeln und, selbst wenn er überzeugt ist, immer noch weiter zu zweifeln; damit will er nur den, der ihn hegt, überreden, ihm noch weiter Nahrung und Unterkunft zu geben, indem er sich so stellt, als ob er ein ehrlicher Wahrheitssuchender wäre. Das ist eine Lehre, die ich aus der Erfahrung sowohl mit meinem eigenen Mental als auch mit dem anderer Menschen gelernt habe; der einzige Weg, den Zweifel loszuwerden, besteht darin, dass wir die unterscheidende Urteilskraft als unsere Entdeckerin von Wahrem und Falschem nutzen und unter ihrem Schutz die Tür frei und mutig für die Erfahrung öffnen.

Trotzdem habe ich zu schreiben angefangen, will aber nicht mit dem Zweifel beginnen, sondern mit dem Verlangen nach dem Göttlichen als einer konkreten Gewissheit, die genauso konkret ist wie jedes von den Sinnen wahrgenommene physische Phänomen. Nun muss sicherlich das Göttliche solch eine Gewissheit sein, nicht nur ebenso konkret, sondern noch konkreter als irgendetwas, das man mit Ohr, Auge oder Tastsinn in der Welt der Materie empfindet; das ist aber keine Gewissheit des mentalen Denkens, sondern wesenhafte Erfahrung. Wenn sich der Friede Gottes auf dich herniedersenkt, wenn die Göttliche Gegenwart hier in deinem Innern ist, wenn dich *Ananda* überströmt wie ein Meer, wenn du vom Atem der Göttlichen Kraft wie ein Blatt vor dem Wind dahingetrieben wirst, wenn Liebe aus dir heraus zu allen Geschöpfen aufblüht, wenn dich Göttliches Wissen wie mit einem Licht durchflutet, das in einem einzigen Augenblick alles, was vorher dunkel, leidvoll und finster war, erleuchtet und umwandelt, wenn alles, was ist, zu einem Teil der Einen Wirklichkeit wird, wenn du es überall um dich herum sofort fühlst durch den spirituellen Kontakt, durch das innere Schauen, durch das erleuchtete und schauende Denken, durch das vitale Empfinden und sogar durch die physischen Sinne, wenn du überall nur das Göttliche siehst, hörst, berührst – dann kannst du das viel weniger bezweifeln oder bestreiten, als du Tageslicht oder Luft oder die Sonne am Himmel bestreiten oder bezweifeln kannst – denn bei diesen physischen Dingen kannst du nicht gewiss sein, ob sie das sind, was deine Sinne als ihr Wesen darstellen, aber bei den konkreten Erfahrungen des Göttlichen ist Zweifel unmöglich.

Was die Dauer angeht, so kannst du bei den anfänglichen spirituellen Erfahrungen noch keine Dauer erwarten – nur wenige haben das, und selbst bei ihnen ist die hohe Intensität nicht immer vorhanden; meistens kommt die Erfahrung und zieht sich dann hinter den Vorhang zurück; sie wartet darauf, dass der Mensch seinerseits bereit dazu wird, weitere und dann dauerhafte Erfahrungen ertragen und festhalten zu können. Aber aus diesem Grund an ihr zu zweifeln, wäre äußerst irrational. Man zweifelt auch nicht an der Existenz der Luft, weil nicht immer ein starker Wind weht, oder am Sonnenlicht, weil die Nacht zwischen Abend- und Morgendämmerung eintritt. Die Schwierigkeit liegt im normalen menschlichen Bewusstsein, zu dem die spirituelle Erfahrung als etwas Anormales kommt und tatsächlich etwas Übernormales ist. Die schwache, begrenzte Normalität findet es am Anfang sogar schwierig, irgendeine Berührung durch diese größere und intensivere übernormale Erfahrung auszuhalten, oder sie verdünnt sie in ihren eigenen dumpferen Stoff mentaler oder vitaler Erfahrung; wenn die spirituelle Erfahrung dann wirklich in ihrer eigenen überwältigenden Macht kommt, kann unser normales Bewusstsein sie sehr oft nicht aushalten oder es kann, wenn es sie aushält, sie nicht festhalten. Wenn aber einmal eine entscheidende Bresche in die vom Mental gegen das Unendliche errichteten Mauern geschlagen ist, weitet sich die Bruchstelle aus, manchmal langsam, manchmal rasch, bis es keine Mauer mehr gibt; dann ist die Erfahrung dauerhaft.

Diese entscheidenden Erfahrungen können aber nicht eingebracht und die Dauerhaftigkeit des Bewusstseinszustands, in dem sie normal sind, kann nicht gesichert sein, wenn das Mental seine eigenen Vorbehalte, Vorurteile, unwissenden Formeln immer dazwischenwirft oder wenn es darauf besteht, so zur Göttlichen Gewissheit zu gelangen, wie es durch logischen Schluss, Zweifel, Forschen und das ganze andere Zubehör der Unwissenheit, die nach Wissen tastet und tappt, zur ganz relativen Wahrheit seiner mentalen Schlussfolgerungen kommt. Diese größeren Dinge können nur durch das fortschreitende Öffnen eines Bewusstseins zustande kommen, das ganz still geworden und stetig hingewendet ist zur spirituellen Erfahrung. Wenn du fragst, warum Gott diesen so höchst unzureichenden Grundlagen diese hohen Bewusstseins-Erfahrungen auferlegt hat, so ist das eine sinnlose Frage – denn es ist nichts anderes als eine psychologische Notwendigkeit, die den Dingen durch ihre eigentliche Natur auferlegt ist. Das ist so, weil diese Erfahrungen des Göttlichen keine mentalen Konstruktionen, keine vitalen Regungen, sondern wesenhafte Dinge, nicht nur Ausgedachtes, sondern Wirklichkeiten sind, nicht mental empfunden, sondern in der eigentlichen zugrunde liegenden Substanz und Essenz empfunden. Kein Zweifel, das Mental ist immer da und kann eingreifen; es kann sich auf seine Weise mental dem Göttlichen nähern (und es tut das auch), es kann Gedanken, Meinungen, Emotionen, mentale Reflexionen über die spirituelle Wahrheit haben, sogar eine Art mentaler Realisation, die, so weit als möglich, eine Art Abbild der höheren Wahrheit wiedergibt. Und das alles ist nicht ohne Wert, aber es ist nicht konkret, nicht innerlich echt und nicht unanzweifelbar. Das Mental als solches ist unfähig zur höchsten Gewissheit; alles, was es für wahr hält, kann es bezweifeln; was es behauptet, kann es auch bestreiten; was es ergriffen hat, kann es wieder fahren lassen (und tut das auch). Wenn du willst, ist das seine Freiheit, ein edles Vorrecht – ein Privileg; aber das wäre dann auch alles, was du zu seinem Lob sagen kannst; niemals darfst du hoffen, durch mentale Methoden irgendetwas zu erlangen, was du letzte Gewissheit nennen kannst (außer vielleicht im Bereich der physischen Phänomene, und selbst dort kaum). Aus diesem zwingenden Grund kann uns das mentale Forschen nach dem Göttlichen aus seiner eigenen Machtvollkommenheit nicht zu Gott bringen. Wenn das Bewusstsein immer mit den kleinen mentalen Regungen beschäftigt ist – besonders wenn sie, wie gewöhnlich, von einem Heer vitaler Bewegungen, Begierden, Vorlieben und allem anderen begleitet sind, das menschliches Denken verunstaltet (ganz abgesehen von den angeborenen Unzulänglichkeiten der Vernunft) – wie viel Raum kann da noch bleiben für eine neue Ordnung von Wissen, für fundamentale Erfahrungen oder für jene tiefen und überwältigenden Aufwallungen oder die Herabkünfte des Göttlichen Geistes? Es ist sicherlich möglich, dass das Mental mitten in seinen Betätigungen plötzlich überrascht, überwältigt, beiseitegeschoben wird, während alles von einem plötzlichen Einbruch spiritueller Erfahrung überflutet wird. Wenn das Mental dann aber wieder anfängt, alles in Frage zu stellen, zu bezweifeln, zu theoretisieren, Vermutungen anzustellen, ob dieses wirklich sei und ob es wahr ist oder nicht – was kann die Macht des Geistes dann tun, als sich zurückzuziehen und zu warten, bis diese aufsteigenden Schaumblasen des Mentals aufhören?

Ich möchte nur eine einfache Frage an die richten, die das intellektuelle Denken zur Norm und zum Richter über die spirituelle Erfahrung machen wollen: Ist das Göttliche Wesen etwas Geringeres als das Mental oder ist es etwas Erhabeneres? Ist das mentale Bewusstsein mit seinem tastenden Forschen, endlosen Argumentieren, seinen unstillbaren Zweifeln, seiner steifen, unelastischen Logik etwas Überlegenes oder auch nur etwas Gleichwertiges mit dem Göttlichen Bewusstsein oder ist es in seinem Wirken und seinem Status etwas Niedrigeres? Wenn es größer ist, gibt es keinen Grund, nach dem Göttlichen Wesen zu suchen. Ist es gleichwertig, dann ist eine spirituelle Erfahrung ganz überflüssig. Wenn es aber niedriger ist, wie kann es dann das Göttliche Wesen herausfordern, über es richten, es wie einen Angeklagten oder Zeugen vor sein Tribunal stellen, es vorladen, wie ein Kandidat vor einer Prüfungskommission zu erscheinen, oder es wie ein Insekt mit einer Nadel unter seinem Forschungs-Mikroskop aufspießen? Kann etwa das vitale Tier den Maßstab seiner vitalen Instinkte, Assoziationen und Impulse als unfehlbar erklären, um dadurch das Mental des Menschen zu beurteilen, zu interpretieren und seine Tiefe zu ergründen? Das kann es nicht, weil das Mental des Menschen eine größere Macht ist, die auf eine umfassendere, komplexere Art wirkt, der das vitale Bewusstsein des Tieres nicht folgen kann. Ist es so schwierig, in ähnlicher Weise einzusehen, dass das Göttliche Bewusstsein etwas unendlich Umfassenderes, Komplexeres sein muss als das menschliche Denken, mit größeren Kräften und Lichtern erfüllt, in einer Weise wirkend, die unser Mental mit dem Maßstab seines fehlbaren Verstandes und seines begrenzten Halbwissens nicht beurteilen, interpretieren und ergründen kann? Die einfache Tatsache besteht darin, dass Geist und Mental nicht dasselbe sind und dass der Yogi in die spirituelle Dimension gelangen muss (bei alledem spreche ich noch keineswegs vom Supramental), wenn er in dauerndem Kontakt oder in Einheit mit dem Göttlichen bleiben will. Es ist also keine Laune vonseiten des Göttlichen oder eine Tyrannei von ihm, wenn es darauf besteht, dass das Mental seine Grenzen erkennt, sich still macht, seine Forderungen aufgibt, sich öffnet und sich völlig an ein Licht hingibt, das größer ist, als es auf seiner eigenen dunkleren Ebene finden kann.

Das bedeutet nicht, dass das Mental überhaupt keinen Platz im spirituellen Leben habe; gewiss bedeutet es aber, dass es nicht einmal das Hauptinstrument, geschweige denn die Autorität sein kann, dessen Urteil sich alles, einschließlich des Göttlichen, unterwerfen muss. Das Mental muss von dem höheren Bewusstsein, dem es sich naht, lernen und darf diesem nicht seine eigenen Maßstäbe auferlegen; es soll Erleuchtung empfangen, sich einer höheren Wahrheit öffnen, eine stärkere Macht anerkennen, die nicht nach mentalen Gesetzen wirkt, es soll sich völlig überantworten und zulassen, dass sein Halb-Licht und Halb-Dunkel von oben her überflutet wird, bis es dort, wo es blind war, sehen, wo es taub war, hören, wo es unempfindlich war, fühlen und wo es verwirrt, unsicher, fragend, enttäuscht war, Freude haben und Erfüllung, Gewissheit und Frieden finden kann.

Das ist die Position des Yoga, eine auf ständige Erfahrung gegründete Position, seitdem die Menschen begannen, nach dem Göttlichen zu suchen. Wenn dies nicht wahr ist, gibt es keine Wahrheit im Yoga und keine Notwendigkeit für Yoga. Wenn es wahr ist, dann können wir auf dieser Grundlage, vom Standpunkt der Notwendigkeit eines höheren Bewusstseins aus, erkennen, ob Zweifel für das spirituelle Leben von irgendeinem Nutzen ist. Gewiss wird vom spirituellen Suchenden nicht verlangt, dass er alles und jedes für wahr halten muss; eine solche wahllose und schwachsinnige Gläubigkeit wäre nicht nur unintellektuell, sondern im höchsten Grad unspirituell. In jedem Augenblick des spirituellen Lebens muss man, bis man völlig in das Höhere Licht gelangt ist, auf der Hut und fähig sein, spirituelle Wahrheit von ihren pseudo-spirituellen Nachahmungen oder von ihrem vom Mental oder vom vitalen Begehren dafür untergeschobenen Ersatz zu unterscheiden. Die Macht, zwischen den Wahrheiten des Göttlichen und den Lügen des Asura (dämonische Mächte) zu unterscheiden, ist eine entscheidende Notwendigkeit für den Yoga. Die Frage ist, ob das am besten durch die negative und destruktive Methode des Zweifels getan werden kann, der oft die Falschheit vernichtet, aber mit demselben ungezielten Hieb auch die Wahrheit zurückschlägt, oder ob eine positivere, hilfreichere, erleuchteter suchende Macht gefunden werden kann, die nicht durch die ihr eingeborene Unwissenheit gezwungen ist, der Wahrheit und der Lüge in gleicher Weise mit dem Dolch des Zweifels und dem Knüppel der Ablehnung entgegenzutreten.

Eine wahllose Urteilslosigkeit mentalen Fürwahrhaltens wird weder von einer Spiritualität noch vom Yoga gelehrt; der Glaube, von dem er spricht, ist kein grobes mentales Fürwahrhalten, sondern das Vertrauen der Seele auf das lenkende Licht im Innern, ein Vertrauen, das bleiben muss, bis das Licht es hinüberführt in das Wissen.

Sri Aurobindo

15
Ramana Maharshi

In Sri Aurobindos Ashram hatte ich häufig Erfahrungen der Herabkunft von Energie (worüber ich im Folgenden mehr zu sagen haben werde); recht häufig folgte darauf jedoch eine Art Apathie. Da sich keine Anzeichen dafür zeigten, dass sich dieser Zustand milderte, sagte ich mir schließlich: »Die Gita tritt für Gleichmut[28] ein, daher muss ich ihn hier und jetzt um jeden Preis bekommen.«

So geschah es, dass ich mich nach einigen Jahren abermals in einer Krise befand, deren grelle Disharmonie mich äußerst unglücklich machte. Ich kämpfte unaufhörlich weiter, da ich dringend Frieden ersehnte, echten Yoga-Frieden, doch was ich auch tun mochte, ich konnte ihn nirgendwo am Horizont entdecken!

Nun kam ich gerade um diese Zeit an ein Buch des bekannten mystischen Schriftstellers Paul Brunton (den ich später kennenlernen sollte). Er lebte damals im Ashram von Ramana Maharshi. In dem Buch sang er ein hohes Loblied auf den Weisen vom Arunachala als den vom Himmel gesandten Gnadenspender, der durch seine bloße Nähe Frieden zu vermitteln vermochte.

Ich war überglücklich, denn der Maharshi lebte in Tiruvannamalai, einem unweit von Pondicherry gelegenen Städtchen. Und so wollte ich mich mit Sri Aurobindos Genehmigung zu einer Pilgerfahrt zu ihm aufmachen, um nach Möglichkeit Frieden zu erlangen.

Einer meiner alten Kollegen im Ashram war jedoch entsetzt und riet mir, unter keinen Umständen einem »illoyalen Impuls« nachzugeben. »Das tut man nicht«, erklärte er nachdrücklich. Ich fühlte mich unglücklich, aber da ich danach verlangte, den Maharshi zu sehen, hielt ich intensiv Zwiesprache mit meinem Gewissen und beschloss danach, meine Skrupel überwindend, mir selbst ein Bild zu machen. »Wenn zudem Sri Aurobindo persönlich mir die Erlaubnis gegeben hat«, argu-

28 »Yoga bedeutet Gleichmut.« (*Bhagavad Gita* 2:48)

mentierte ich, »kann ich doch unmöglich den falschen Weg einschlagen. Schließlich gehe ich ja nicht zu einem Filmstar, sondern zu einem großen Sadhu, oder etwa nicht?«

Trotzdem empfand ich, als ich bei dem kleinen Haus anlangte, in dem der Maharshi wohnte, ein tiefes Unbehagen. Wie konnte ich hoffen, von ihm Frieden und Erleuchtung zu empfangen, wenn ich sie zu Füßen meines Gurus nicht bekam, der gewiss nicht weniger bedeutend war? So argumentierte ich, tadelte mich wegen meiner Unbedachtheit, aber jetzt war es zu spät für eine Umkehr. Zudem reizte der Rebell in mir mich auf: Weshalb sollte ich den Ansichten meiner Kollegen irgendwelche Bedeutung beimessen? Was hatte ich zu bereuen, wenn ich nichts Unrechtes getan habe? War ich nicht überzeugt, dass ich richtig gehandelt hatte herzukommen und Erleuchtung bei dem großen Yogi zu suchen, der von spirituellen Strebenden jeder Kategorie verehrt wurde? Gleichzeitig fragte ich mich, ob dies die geeignete Verfassung sei, die Gnade des Friedens von einem so bedeutenden Spender zu empfangen.

Am Nachmittag betrat ich den Wohnraum des großen Weisen; er war leer bis auf die zementierte längliche Estrade, auf der er ruhte. Eine Handvoll Verehrer saßen auf dem Fußboden. Einige meditierten in steifer, aufrechter Haltung, während andere sehnsüchtig auf den Weisen blickten, der reglos dasaß und vor sich hin ins Nichts starrte, wie es seine Gewohnheit war. Er redete nie, außer wenn ihn jemand ansprach oder ihm eine Frage stellte. Fünf lange Jahrzehnte hatte er auf diesem Hügel gelebt und nie einen Impuls verspürt, ihn auch nur einmal zu verlassen. Im Anfangsstadium seines Yoga hatte er etwa acht Jahre lang in einer Höhle gehaust, durch ein Gelübde an vollständiges Schweigen, *Mounam,* gebunden. Danach hatten ihm einige Anhänger den Ashram gebaut, wo er in den letzten vierzig Jahren sein außergewöhnliches Leben verbrachte, alles und alle segnete, aber zu nichts und niemandem gehörte, an allem interessiert war, aber an nichts hing, Fragen beantwortete, aber niemals welche stellte. Er vermittelte den Eindruck eines Shiva, des großen Gottes des Mitgefühls, der da war, um zu geben, doch nicht von irgendjemandem irgendetwas zu erbitten. Ich hatte gelesen, was Paul Brunton über ihn schrieb, und von meinem Freund Duraswami, der ihn seit Jahren kannte, eine Menge über seine liebenswerte Art gehört. Seitdem der Maharshi dem weltlichen Leben entsagt hatte, lebte er, wie Duraswami mir erzählte, im Zustand des

Sahaj Samadhi, das heißt in einem *Samadhi,* der zugleich mit normalem Wachbewusstsein einherging. Doch was ich persönlich in seinem Ashram sah, beeindruckte mich sogar noch tiefer, wenngleich es mir durchaus nicht einfach erscheint, das Gesehene oder vielmehr Erfahrene genau zu schildern. Hier war ein Mann, der wie ein Gott lebte, im höchsten Grade gleichgültig gegenüber allem, wonach wir Weltkinder die ganze Zeit verlangten. Mit einem dürftigen *Kaupin* bekleidet (noch spärlicher als ein Lendenschurz) saß er dennoch lässig da in erhabenem Frieden und egofreier Verzückung. Damit gewährte er uns einen Blick auf eine andere Lebensform, die wir bestenfalls bestaunen, doch niemals würdigen konnten. Könige waren zu ihm gekommen mit allen möglichen reichen Angeboten, aber vergebens: Er hatte sie gesegnet, jedoch niemals irgendwelche Geschenke angenommen. Eines Tages wies er auf einen goldüberzogenen Tempel, den seine Anhänger erbauten, um ihn zu ehren, und bemerkte mit ironischem Lächeln zu Duraswami: »Stell dir bloß vor, sie bestehen darauf, ihn für mich zu errichten, wo ich doch weiter nichts brauche als den Schatten eines Baumes, unter dem ich sitzen und *sein* kann.«

Der moderne Mensch mag ihn wegen seines Mangels an Initiative kritisieren und argumentieren, die Menschheit habe wenig Verwendung für jemanden, der so abseits und isoliert lebt. Doch war er isoliert – er, der einen Frieden ausstrahlte, den Hunderte von Besuchern erfahren haben, indem sie einfach schweigend bei ihm saßen? Vermittelten nicht seine heiteren Gesichtszüge, sein wunderbares Lächeln, sein ruhiger Blick allen eine Botschaft der Befreiung – *Jivanmukti?* Blühte er nicht wie eine Blume, die zwar der Erde entstammt, jedoch allem Irdischen fremd ist? Setzte seine zerbrechliche Gestalt nicht eine übermenschliche Kraft frei, zeugte nicht sein Leben von einem unsichtbaren festen Halt, der ihn in höchstem Maße sicher machte und frei von dem letzten Rest von Furcht? Wie der Maharshi mir später erzählte, legte er auf zwei Dinge größten Wert, nämlich gegen Furcht und Schmeichelei, seien sie noch so subtil, gefeit zu sein. Einmal glitt eine Schlange über seinen Körper, als er nachts in der dunklen Höhle lag. Sein Freund und Gefährte (ein Arzt, der mir dies berichtete) sprang auf, als sie sich über seine Brust schlängelte. »Was ist denn los?«, fragte ihn der Maharshi.

»Eine Schlange!«, keuchte er.

»Ich weiß«, beruhigte ihn der Weise. »Sie ist auch über meinen Körper geglitten.«

Sri Ramana Maharshi

»Mit einem dürftigen Kaupin bekleidet (noch spärlicher als ein Lendenschurz), saß er dennoch lässig da in erhabenem Frieden und egofreier Verzückung. Damit gewährte er uns einen Blick auf eine andere Lebensform, die wir bestenfalls bestaunen, doch niemals würdigen konnten.«

»Tatsächlich?«, fragte der Arzt. »Und wie fühltest du dich?«

»Kühl!«, kam die Antwort.

Zum Thema der Schmeichelei erzählte er mir folgende Geschichte. »Ein Suchender mag sehr weit gehen, doch erst wenn er außer Reichweite jeder Schmeichelei gelangt ist, kann man von ihm sagen, er sei angekommen. Hör zu: Es war einmal ein reicher Mann, der sich nach Gott sehnte. Er gab seine Familie, sein Heim, seinen Komfort auf und zog sich in einen Wald zurück, wo er jahrelang unsagbare Entbehrungen auf sich nahm, bis er am goldenen Tor anlangte. Doch die Pforten öffneten sich auf sein wiederholtes Klopfen nicht – er wusste nicht, warum! Eines Tages traf ihn ein alter Freund im Wald, während er meditierte.

Als er die Augen öffnete, fiel ihm der Freund von Bewunderung hingerissen zu Füßen. ›Oh Gesegneter! Wie groß du bist – wie erhaben deine Entbehrungen und dein Opfer! Nimm meine Huldigung an.‹ Der heilige Mann hatte wirklich all die Entbehrungen praktiziert und all die Opfer gebracht, die ihm zugeschrieben wurden. Trotzdem war er erfreut, als ihm der andere Ehrerbietung zollte. Und das war der Grund, weshalb sich das goldene Tor am Ende auf sein Klopfen hin nicht geöffnet hatte.«

Ich hörte von vielen anderen Zügen seiner überaus liebenswerten Persönlichkeit, zu denen sein Sinn für Humor und seine Freude am Lachen zu zählen sind. Als ich eines Tages bei ihm saß und einige Besucher nacheinander Fragen stellten, wollte ein muslimischer Freund von ihm wissen: »Sag mir, Bhagavan, wie kommt es, dass Gott mein Gebet nicht erhört, obwohl ich Ihn doch um keine irdische Gabe bitte? Ich bete nur zu Ihm, er möge mich demütig, rein und selbstlos machen, damit ich Ihm so dienen kann, wie ich sollte. Doch Er hört einfach nicht. Warum nicht?«

»Vermutlich weil Er befürchtet, wenn Er es täte, würdest du nicht mehr beten«, antwortete der Weise prompt und zwinkerte vergnügt.

Wir alle lachten im Chor.

Oft bat man ihn und forderte ihn sogar heraus, er solle beweisen, was er gesehen hatte.

»Ich werde diese Frage beantworten, wenn ihr zuerst die meine beantwortet«, entgegnete er dann gelassen. »Wer ist es, der diese Frage stellt?«

»Wer? Natürlich ich – Soundso.«

»Ich weiß. Aber wer bist du?«

»Ich? Ich … ich … ich …«

Der Maharshi lachte. »Da siehst du es, du kennst nicht einmal deine eigene Identität, aber du erdreistest dich, andere und ihre Erfahrungen anzuzweifeln. Ich schlage vor, du stellst zuerst fest, *wer* dieser Herausforderer ist, und dann werden dir die Wahrheiten, die du verlangst, offenbart werden.«

Getreu unserer großen indischen Tradition fand der Maharshi keinen Geschmack daran, rein intellektuelle Fragen zu beantworten, oder die von Neugierigen, die sich mit bloßen Worten zufriedengaben. Immer wieder betonte er, Information sei nicht gleichbedeutend mit Wissen und jedes wahre Wissen stamme vor allem aus Selbsterkenntnis. So wich er gelegentlichen Fragen nach den jenseitigen Welten oder dem künftigen Leben einfach aus: »Weshalb verlangt ihr etwas über die anderen Welten zu wissen? Kennt ihr auch nur die entscheidenden, grundlegenden Tatsachen über *diese?* Und wenn nicht, warum wartet ihr dann nicht so lange, bis ihr sie kennt, bevor ihr in der nächsten zu forschen beginnt? Weshalb wollt ihr wissen, was nach dem Tode geschieht? Wisst ihr wirklich, was direkt vor eurer Nase geschieht? Wozu zum Astrologen gehen, um sich erzählen zu lassen, was ihr in zwanzig Jahren sein werdet? Wisst ihr denn wirklich, was ihr heute seid – in diesem Augenblick?«

Einmal kam es zu einer köstlichen Szene. Einer seiner Schüler brachte zahlreiche Angehörige des Ashrams in Verwirrung. Er lebte in vollkommener Glückseligkeit in einem winzigen Raum, saß den ganzen Tag auf einer kahlen Matte, unterzog sich kaum der Mühe zu essen, falls ihm nicht jemand etwas brachte. Spekulationen grassierten: Manche meinten, er habe den Verstand verloren; andere, er sei weit gekommen; wieder andere raunten sich zu, er lebe in jenem überbewussten Zustand, den die Gita als *Brahmi Sthiti* beschreibt. Schließlich begab sich eine Abordnung zu dem Weisen, der sie zunächst mit seiner gewohnten Geduld anhörte und dann den Sprecher mit einem hintergründigen Lächeln bedachte.

»Du möchtest den Zustand seines Innern kennen, nicht wahr?«, fragte er geradeheraus.

Der Mann wurde unter seinem forschenden Blick nervös. »Nun … ja … ich …«

»Einen Augenblick«, unterbrach der Maharshi. »Sag mir zuerst, ob du deinen eigenen Zustand kennst?«

»N-nein«, stammelte der andere verunsichert.

»Richtig«, entgegnete der Maharshi erfreut. »Stelle zuerst fest, in welchem Zustand du dich befindest, und dann wirst du auch den seinen kennen.«

Der ganze Ashram genoss diese Szene – außer natürlich dem Sprecher.

Aus Platzgründen kann ich nicht ausführlich auf den tiefen Einfluss eingehen, den dieser außerordentliche Yogi auf Tausende von spirituellen Suchern in der ganzen Welt ausgeübt hat, obwohl er kaum etwas Spektakuläres getan hat, das öffentliche Aufmerksamkeit erregen könnte.

Der innere Ruf, der ihn zum Yoga führte, erfolgte 1896. Plötzlich zog es den gerade Sechzehnjährigen zum heiligen Tempel Shivas am Berg Arunachala und er verließ mit nur fünf Rupien in der Tasche sein Heim und seine Eltern und alles, was ihm lieb war. Er kannte den Weg zu dem Tempel nicht, vertraute aber völlig auf die Güte Shivas, des Herrn seines Herzens, und gelangte irgendwie ans Ziel. Im Tempel ging er geradewegs zum Kultbild des Gottes und sagte, während ihm Tränen über die Wangen liefen: »Ich bin endlich gekommen, Herr!« Darauf sank er unverzüglich in *Samadhi.*

Danach lebte er von Almosen, aß nur einmal täglich und verbrachte die meiste Zeit in der Seligkeit des *Samadhi.* Mein Freund Duraswami, der jahrelang bei ihm als einer seiner Vertrauten gelebt hatte, erzählte mir dies: Einmal äußerte er seine Bewunderung für die Kraft, mit der sich der Weise Tag und Nacht auf seinen *Sadhana* konzentrierte. Der Maharshi unterbrach ihn lächelnd: *»Sadhana?* Wer übte *Sadhana?* Was wusste ich von *Sadhana?* Ich kam einfach und ließ mich im Tempel oder anderswo am Arunachala nieder und verlor dann jedes Zeitgefühl.« Zu mir sagte er das Gleiche in etwas anderer Form mit der für ihn charakteristischen Ironie: »Die Menschen nennen Ihn bei verschiedenen Namen, aber Er kam zu mir ohne Namen oder Einführung, daher weiß ich nicht, wie ich Ihn bezeichnen soll. Was geschah, war, dass meine Wünsche und mein Ego von mir abfielen – wie und weshalb, das vermag ich nicht zu sagen – und dass ich fortan in der Weite zeitlosen Friedens lebte. Manchmal«, fügte er lächelnd hinzu, »verharrte ich mit geschlossenen Augen, und wenn ich sie öffnete, sagten die Leute, ich sei aus meiner gesegneten Meditation gekommen. Doch ich kannte keinen Unterschied zwischen Nichtmeditation und Meditation, ob gesegnet oder nicht. Ich lebte einfach als ruhiger Zeuge all dessen, was um mich geschah, fühlte mich jedoch niemals aufgerufen, aktiv einzugreifen. Nie konnte ich einen Drang empfinden, irgendetwas zu *tun* – außer zu sein – einfach zu *sein.* Ich sah, dass alles stets von Ihm und Ihm allein getan worden war, obwohl wir, arme Puppen der *Maya* (Täuschung, Trugbild), uns als diejenigen, die alles tun, als Urheber und Reformer wichtig nehmen! Es ist das unausrottbare Ego, die Ichhaftigkeit in jedem von uns, die für die Fortdauer dieser *Maya* mit allen ihren nachfolgenden Leiden und Ernüchterungen verantwortlich sind.«

»Welches ist dann das Heilmittel?«, fragte ich.

»Einfach sein«, antwortete er. »Versenke dich in Das, was allein *ist,* denn dann wirst du finden – du bist *Das* – es gibt und kann nichts anderes geben als *Das.* Wenn du dies erkennst, fallen alle Hüllen von *Maya* und falschem Schein wie eine Schlangenhaut ab. So ist alles, was du zu *tun* hast, zu diesem *Ich* zu gelangen, dem wahren *Ich* hinter deinem scheinbaren *Ich,* denn nur dann bist du für immer frei von der trügerischen *Ichhaftigkeit* und alles ist erreicht, da du von da an eins bleibst mit Dem, welches das unwandelbare du ist. Das ist alles.«

»Und wir selbst haben dazu nichts zu tun?«

»Oh doch! Du wirst die größte Leistung vollbracht haben – das Einzige, das es wert ist, getan zu werden – danach kannst du gewiss sein, dass alles, was zu tun ist, durch dich getan wird. Das Wichtigste ist«, fügte er hinzu, »dir nicht den Kopf darüber zu zerbrechen, Dinge zu *tun. Sei* einfach, dann hast du alles getan, was von dir erwartet wird.«

»Das ist alles gut und schön, Bhagavan«, wandte ich ein. »Aber wer soll uns zeigen, wie man dies bewerkstelligt – einfach zu *sein,* um deine Worte zu gebrauchen? Ist nicht ein geistiger Führer, ein Guru erforderlich? Oder bist du gegen *Guruvad?«*

»Wieso sollte ich gegen *Guruvad* sein?« Er lächelte. »Manche Menschen brauchen offenbar einen Guru, lass sie ihm folgen. Ich bin gegen nichts außer *Ego-vad,* die Ichhaftigkeit, welche die Wurzel allen Übels ist. Zerreiße diese Illusion und du landest prompt im Schoße der Einen Ewigen Wirklichkeit: *Das* – die einzige Lösung all unserer Fragen und Leiden.«

»Aber weshalb trittst du dann nicht hervor, um diese große Botschaft zu verkünden?«, fragte ich. »Denn die meisten Menschen wissen nicht einmal, wie du zugeben wirst, dass es diese Ichhaftigkeit gibt, von der man frei werden muss.«

Er bedachte mich wiederum mit jenem rätselhaften mit der für ihn typischen Ironie gefärbten Lächeln und fragte: »Hast du von dem Ausspruch Vivekanandas gehört, wenn man nur einen edlen, selbstlosen Gedanken denkt, und sei es in einer Höhle, löst er Schwingungen überall in der Welt aus und vollbringt, was getan werden muss – was getan werden *kann*?«

»Verzeih mir, wenn ich mir nur die eine Frage erlaube: Wird es in einer *greifbaren* Weise getan?«

Er schenkte mir jetzt ein gütiges Lächeln. »Hör zu. Ein geistig Suchender wohnte gewissenhaft den Vorträgen eines großen Kanzelredners bei, und all das, was er von Tag zu Tag hörte, erregte ihn. Doch nach einigen Jahren entdeckte er zu seinem Leidwesen, dass er auf der Stelle trat, genau da, wo er zu Anfang gewesen war – kein einziger Impuls hatte sich geändert. Darauf begegnete er zufällig in einer Hütte einem Yogi, der kein Wort sagte; dennoch fühlte er sich zu etwas in ihm, das er nicht definieren konnte, hingezogen und meditierte daher weiter mit ihm. Nach einer Weile stellte er zu seiner großen Freude und Überraschung fest, dass Dinge, die ihn zuvor bedrückt hatten, ihn immer weniger berührten, bis er einen tiefen Frieden und ein Gefühl der Befreiung empfand, die er sich nicht erklären konnte. Und dieser Friede vertiefte sich im Laufe der Zeit, bis er schließlich ein vollständig anderer Mensch wurde. Nun sage mir: Welchen von den beiden würdest du als Vollbringer von etwas ›Greifbarem‹ bezeichnen?«

Und das stimmte. Nachdem ich nur kurze Zeit in seiner Nähe geweilt hatte, schwand meine Düsterkeit dahin wie Nebel bei Sonnenaufgang. Und ich konnte mir auch nicht »erklären«, weshalb und wie das geschehen war. Ich wusste lediglich – und zwar sehr deutlich –, *dass* es geschehen war. Nie werde ich jene Nacht vergessen, in der ich, nachdem ich zu seinen Füßen meditiert hatte, eine plötzliche Befreiung von dem empfand, was mich wochenlang erstickt hatte. Es war eine solch unglaubliche Erfahrung, dass mir nicht danach zumute war, zu Bett zu gehen. Ich zog einen Sessel heraus und lehnte mich einfach darin zurück, völlig entspannt und sorglos, über mir die Sterne. Alles um mich schien Frieden und Harmonie zu verströmen: die leichte Brise, die rauschenden Bäume, der Schrei einer Eule, ein bellender Hund, die sirrenden Insekten ... alles bereicherte mein köstliches Gefühl sorgenfreier Fülle. Aus überströmendem Herzen schrieb ich ein Gedicht:

Sri Ramana Maharshi
»Nachdem ich eine kurze Weile in seiner Nähe war, verflüchtigte sich mein hartnäckiger Trübsinn wie Nebel bei Sonnenaufgang.«

Du kamst im Gewand eines Bettlers und bliebst,
die Welt zu lehren, was nur der Erleuchtete darlegen kann.

Du schlossest ein Königreich auf, unerreichbar für uns
mit all unsrer Wissenschaft, Philosophie und Kunst.

Einst wird ein Licht aufgehen, dann wissen wir,
was du uns zu geben kamst als König inkognito!

Der Maharshi verließ seine sterbliche Hülle im Mai 1950, nachdem er zwei lange Jahre hindurch unerträgliche körperliche Qualen gelitten hatte. Einer seiner Arme war von Krebs befallen. Die Ärzte taten ihr Bestes, doch nichts half. Er starb mit dem nämlichen mystischen Lächeln auf den Lippen. Einmal, bei einem erforderlichen operativen Eingriff, war der Chirurg fassungslos. Der Maharshi lehnte jedes Narkotikum ab und streckte den Arm hin. Sein Gesicht blieb ruhig und heiter – kein einziges Stöhnen kam von seinen Lippen! Duraswami, der dabei war, konnte den Anblick des heftig blutenden Armes nicht ertragen und ging weg, um seinen Tränen freien Lauf zu lassen. Der Maharshi lächelte und sprach zu einem Schüler, der vor ihm stand: »Duraswami weint, weil er meint, ich leide starke Schmerzen. Es stimmt, mein Körper leidet. Aber wann wird er begreifen, dass ich nicht dieser Körper bin?«

So war er. Kein Wunder, dass man ihn Bhagavan (göttlicher) Ramana Maharshi nannte.

In jener Nacht schrieb ich unter Tränen der Dankbarkeit dafür, dass er mich mit einer Berührung seines göttlichen Friedens geheilt hatte:

Du singst, oh Weiser: »Die Wahrheit siegt
durch eisern entschlossenes Streben.
Des Lebens Lärm geht auf in Seelen-Symphonie
durch eine Zucht, die selten sich verträgt
mit des Verstandes schwachem Ja oder Nein
oder den Flüsterungen bürgerlicher Klugheit.
Nur fester Glaube kann zur Ruhe bringen
des sturmumtosten Kopfes Fantasien.«

Vom Leben angeschwindelt zittern wir
vor deinem festen Mut, uns zu ermahnen:
Die Seele kommt zu höchster Harmonie,
wenn sie Gelüste aufgibt für Glückseligkeit.
Doch diese wahre Seligkeit ersehnen wir,
wenn Dunkel unsre Welt der Ketten umfängt.
Dann bittet unsre Düsternis um deinen Funken,
der Wolken fortjagt und enthüllt die Sterne.

16
Erfahrungen durch Yoga

Sri Ramakrishna sagte einmal, was er über Yoga gehört habe, stimme nicht mit dem überein, was er tatsächlich erfuhr, als er ihn zu praktizieren begann. Diese klare Aussage des Heiligen par excellence beeindruckte mich sehr, weil es bei mir das Gleiche war, als ich meine ersten Erfahrungen im Yoga hatte. Zum Beispiel war ich der Ansicht gewesen, ich würde anfangs göttliche Lichter und göttliche Wesen sehen und zuweilen, wenn nicht gar häufig, mit einem Frieden beschenkt werden, der jedes Begriffsvermögen überstieg, und so fort. Doch die Antwort auf mein Streben fiel ganz anders aus. Ich will kurz zu erklären versuchen, was ich damit meine.

Oft verspürte ich eine Art Druck auf dem Kopf, während ich meditierte; dieser Druck ging stets in Konzentration über, bei der sich meine mentale Rastlosigkeit und Disharmonie in eine sehr angenehme Stille verwandelten, die ich nie erwartet hatte. Auch Friede stellte sich manchmal ein, wenngleich nicht immer, aber diese Stille, die sich in mir vertiefte, war insofern ein großer Gewinn, als sie mich meinem normalen mentalen Bewusstsein entriss, in dem diverse Gedanken wie Pilze sprossen. Manchmal fühlte ich eine Erhebung in meinem Herzen – oder soll ich sagen ein Emporsteigen meines Ich-Gefühls, bis das Ich nur noch selten und schwach hervortrat. Sri Aurobindo schrieb mir am 13. Oktober 1930:

> Das ist eine fundamentale Erfahrung des Yoga – es ist der freie Aufschwung des Bewusstseins zu seiner Vereinigung mit dem Göttlichen. Wenn es von seiner gewöhnlichen Identifikation mit dem Körper befreit ist, erhebt es sich nach oben, um Erfahrungen auf den höheren Ebenen zu machen, sich mit dem psychischen oder wahren Wesen zu verbinden oder mit dem Göttlichen Bewusstsein zu vereinen; da gibt es dann diese Erfahrung, dass man sich emporschwingt, den Raum durcheilt oder aus ihm entflieht. Die Freude, die du empfindest, ist ein Zeichen für diese Bewegung – für das Empordrin-

gen hin zur Vereinigung mit dem Göttlichen; das Ergebnis ist die Passivität und Erwartung eines Herabkommens, Zeichen dafür, dass du für das Göttliche offen bist; bei diesem Offensein gibt es auch das Empfinden, dass das Bewusstsein leer ist von seinen gewöhnlichen Inhalten, ferner dass es sich ausweitet und nicht mehr durch das enge Gefängnis der physischen Persönlichkeit begrenzt ist. Gewöhnlich, oder sehr oft, stellt sich auch eine massive Unbeweglichkeit des Körpers ein, entsprechend der Stille, die über das Mental kommt, wenn es von sich selbst befreit ist – die Stille, welche die Grundlage spiritueller Erfahrung ist. Was du gefühlt hast (die früheren Erfahrungen waren wahrscheinlich vorbereitende Kontakte), ist sicherlich der Beginn dieser neuen Grundlegung in dir – ein Bewusstsein, frei, weit, durch eigenen Willen von seinen Inhalten zu entleeren, fähig zum Aufschwung in die supraphysischen Ebenen, offen für das Herabkommen von allem, was die Mutter in es eingießen will.

Meine nächste unvergessliche Erfahrung beim Meditieren war, dass ich mühelos in eine vollkommene Stille versank, in der Frieden herrschte; dabei schlief ich zwar scheinbar, war aber bei vollem Bewusstsein. Sri Aurobindo erläuterte dazu am 2. Juni 1931:

Das war kein Halb-Schlaf oder Viertel-Schlaf oder auch nur ein Sechzehntel-Schlaf, den du hattest; vielmehr hat sich das Bewusstsein nach innen gewendet, es bleibt in diesem Zustand bewusst, aber für äußere Dinge verschlossen und nur für die innere Erfahrung geöffnet. Du musst klar zwischen diesen zwei ganz verschiedenen Zuständen unterscheiden, einer ist *Nidra* (Schlaf), der andere zumindest der Anfang von *Samadhi* (natürlich nicht *Nirvikalpa).* Dass man sich so nach innen zurückzieht, ist nötig, weil das aktive Mental des menschlichen Wesens zuerst zu sehr den äußeren Dingen zugewendet ist; es muss ganz und gar nach innen gehen, um im inneren Wesen zu leben (im inneren Mentalen, inneren Vitalen, inneren Physischen und im Psychischen). Durch Training kann man äußerlich bewusst bleiben, im inneren Wesen verharren und gewollt die nach innen zurückgezogene oder die sich nach außen verströmende Erfahrung haben; du wirst dann dieselbe Erfahrung der göttlichen Unbeweglichkeit haben und erleben, dass sich ein größeres und reineres Bewusstsein in den Wachzustand ergießt als in das, was du irrtümlich Schlaf nennst.

Von jetzt an hatte ich manche lebhafte, überzeugende Traumerfahrung, wenn ich beim Beten oder Meditieren in Schlaf versank. Einmal drang dabei eine leuchtende Schlange von außen in mich ein. Ich war nicht im mindesten ängstlich, als sie sich näherte und mich ins Schädeldach biss. Ich fühlte mich wie elektrisiert und Schauer des Entzückens durchliefen mich vom Scheitel bis zur Zehe. Danach verweilte ich lange Zeit in einem ruhigen Ozean der Seligkeit. Erstaunlich fand ich jedoch, dass ich halb bei Bewusstsein war, selbst als mein Körper schlafend dalag. Ich schrieb Sri Aurobindo ausführlich darüber und fragte ihn, weshalb ich eine solche Erfahrung in einem Niemandsland zwischen Traum und Schlaf hatte. Darauf antwortete er am 1. November 1932:

> Deine Träume waren sehr schön und symbolisch sehr wahr. Lass mich übrigens wiederholen, es waren nicht wirklich Träume; der Zustand zwischen Schlafen und Wachen ist weder Schlaf noch Wachen und auch kein Dösen, sondern eine innere Sammlung des Bewusstseins; es ist dabei ebenso wach wie das wache Mental, aber wach auf einer anderen Erfahrungsebene.
>
> Dein Kobra-Traum könnte als eine Antwort auf deine Beschwerde aufgefasst werden, das Göttliche sei grimmig und feierlich, es weigere sich zu spielen, und auf deine Bemerkung, es wäre dir leichter ums Herz, wenn du glauben könntest, deine Schwierigkeiten seien ein Teil des Göttlichen Plans und würden dich durch sie hindurch zum Göttlichen führen. Die Antwort in dieser symbolischen Erfahrung war: Das Göttliche kann spielen, wenn du auf das Spiel eingehst – und es aushalten kannst; die Kobra und der Biss zeigen dir, dass das, was dir im Vitalen schmerzvoll und gefährlich zu sein scheint, gerade das Mittel sein könnte, dir die Ekstase der Göttlichen Gegenwart zu bringen.
>
> Weniger allgemein: Die Kobras sind die Kräfte der Evolution, der Evolution hin zum Göttlichen. Dass sie den Platz der Beine einnehmen, bedeutet, dass ihre Aktion hier im physischen oder äußerlichen Bewusstsein stattfindet als eine Evolution des äußerlichen Mentals, des Vitals und des Physischen hin zur Erfahrung des Göttlichen und der Göttlichen Natur. Der Biss der Kobra (Shivas Kobra) tötet nicht, oder er tötet nur den »Alten Adam« in dir – ihr Biss bringt die Ekstase der Gegenwart des Göttlichen – das, was du als Wellen von Trance auf dein Haupt herabkommen fühltest. Diese Trance-Ekstase ist jedes Mal auf dich herabgekommen, wenn du nach innen gegangen bist oder gerade davor warst, in der Meditation nach innen zu gehen … Es ist die universale Erfahrung eines jeden *Sadhaka*, dass Kraft oder Bewusstsein oder *Ananda* auf diese Weise zuerst von oben her – oder aus der Umgebung –

»Doch für mich war es eine überwältigende Erfahrung von Seligkeit und Frieden, die unsere eintönige Welt der Wirklichkeit durchdrangen, eine Erfüllung, die ein tiefes Gefühl der Befreiung von unseren menschlichen Grenzen mit sich brachte.«

kommt und auf das Haupt Druck ausübt oder es umfasst; dann durchbohrt es sozusagen den Schädel, erfüllt zuerst Gehirn und Stirn, dann das ganze Haupt und steigt hinab, wobei es jedes Zentrum okkupiert, bis das ganze System damit erfüllt und durchtränkt ist. (Natürlich gibt es – oder kann es geben – vorläufige Einströmungen, die eine Zeit lang den ganzen Körper oder jenen Teil des Systems einnehmen, der für den Einfluss am meisten geöffnet ist und ihm den geringsten Widerstand entgegensetzt.)

Ich wiederhole, was ich schon früher sagte (obwohl es dein physisches Mental noch nicht glauben mag): Diese Erfahrungen zeigen sofort, dass du im Innersten ein Yogi bist, zu Trance, Ekstase, intensivster *Bhakti* befähigt, völlig gewahr des Yoga und des Yoga-Bewusstseins, und dass sich das im selben Augenblick zeigt, da du in dein Inneres gehst, auch wenn der äußere Mensch ein völlig andersartiger ist, modern, nach außen gerichtet, äußerlich kraftvoll vital (denn der Yogi ist innerlich vital und psychisch) und nichts weiß von Yoga oder der Welt innerer Erfahrung. Als ich dich sah, konnte ich sofort erkennen, dass dieser innere Yogi da war, und deine früheren Erfahrungen hier waren völlig überzeugend für jeden, der überhaupt etwas über diese Dinge weiß. Wenn man diesen inneren Yogi in sich hat, ist es sicher, dass der Mensch auf den Pfad des Yoga kommt; selbst das maximal veräußerlichte Vordergrund-Bewusstsein kann den endgültigen Erfolg im Yoga nicht verhindern (nicht einmal ein echter *homo Russellius* nach außen hin, das bist du aber gar nicht, sondern nur ein wenig *Russellicatus* an deiner Außenseite).

Am 4. September 1931 schrieb er einen langen Brief (den ich gekürzt habe) zu einer anderen Erfahrung, über die ich mich nicht auszulassen brauche, da aus seinem Kommentar klar hervorgeht, worin sie bestand:

Ich habe schon gesagt, deine Erfahrung bestand im Wesentlichen darin, dass der Vorhang zwischen dem äußeren Bewusstsein und dem inneren Wesen zerrissen wurde. Das ist eine der entscheidenden Bewegungen im Yoga. Denn Yoga bedeutet Einung mit dem Göttlichen, er bedeutet aber auch das Erwachen zuerst zu deinem inneren Selbst und dann zu deinem höheren Selbst – eine Bewegung nach innen und eine Bewegung nach oben. Tatsächlich kannst du nur dadurch, dass das innere Wesen erwacht und in den Vordergrund tritt, in die Einung mit dem Göttlichen gelangen. Der äußere physische Mensch ist nur eine instrumentale Persönlichkeit; er kann aus eigener Kraft nicht zu dieser Einung gelangen – er kann nur gelegentlich vom Göttlichen angerührt werden, religiöse Gefühle und unvollkommene Ahnungen haben. Und selbst diese kommen nicht aus dem äußeren Bewusstsein, sondern aus dem, was im Inneren ist.

In deinen früheren Erfahrungen ist das innere Wesen nach außen hervorgetreten und hat zunächst seine ihm eigenen normalen Regungen dem äußeren Bewusstsein aufgeprägt, für das sie ungewöhnlich und anormal sind. In dieser Meditation hast du dich aber (zum ersten Mal, glaube ich) aus dem äußeren Bewusstsein zurückgezogen, um in die inneren Bereiche zu gehen, die Welt deines inneren Selbst zu betreten und in den verborgenen Bereichen deines Wesens zu erwachen. Was du da warst, war nicht dieser äußere Mensch, sondern der innere Dilip, der Yogi, der *Bhakta.* Wenn dieser Absprung einmal gemacht ist, trägst du das Kennzeichen des Yoga-Lebens, des spirituellen Lebens und nichts kann das Siegel, das dir aufgeprägt ist, austilgen.

In deiner Beschreibung dieser komplexen Erfahrung ist alles vorhanden, da sie alle Zeichen dieses ersten Absprungs kombiniert. Zuerst ist da das Empfinden, dass du etwas tiefer hinabgehst, das war dein Gefühl einer Bewegung hin zu den inneren Tiefen; das Nächste war die Stille, die wohltuende Benommenheit und die Steifheit der Glieder. Das war das Zeichen dafür, dass sich das Bewusstsein unter dem Druck einer Kraft von oben her nach innen zurückzog – und dieser Druck machte den Körper so stabil, dass er unbeweglich das innere Leben in einer Art von starkem und doch spontanem *Asana* unterstützen konnte. Danach kam das Gefühl von aufsteigenden Wellen, die bis zum Haupt empordrangen und dich *beinahe,* wie du sagst, bewusstlos machten. Das war das Empordringen des niederen Bewusstseins im Gefäß deines Körpers, um mit dem höheren Bewusstsein dort oben zusammenzutreffen. Die Bewegung ist jener analog, auf die im *tantrischen* Yoga-Prozess[29] so viel Nachdruck gelegt wird, das Erwachen der *Kundalini,* der Energie, die im Körper zusammengerollt und latent ist, die durch die Wirbelsäule und die Zentren *(Chakras)* und durch das *Brahmarandhra* (die »Öffnung Brahmas« am Scheitelpunkt des Schädels) emporsteigt, um mit dem Göttlichen oberhalb des Körpers zusammenzutreffen.

Mahatma Gandhi pflegte zu sagen, Gott sei Wahrheit. Sicherlich. Nur sollte man hinzufügen, dass Er auch Schönheit, Kraft, Licht und Liebe

29 Tantriker sind Yogis, die das Leben in seiner Gesamtheit bejahen, einschließlich des Körpers, den sie den »Tempel Gottes« nennen. Sie versuchen den Körper mithilfe komplizierter Rituale zu reinigen, wodurch schließlich die Begierden des Körpers transformiert werden.

ist. In der Materie entfaltet Er sich als Schönheit oder Harmonie, im Vitalen als Kraft oder Energie, im Mental als Erkenntnis und Licht, im Geist als Liebe oder Hingabe. Sri Ramakrishna betonte unablässig, noch niemand habe Gott auszuloten vermocht, noch werde das je geschehen. Trotzdem begegnet Er uns in unseren größeren Augenblicken der Einsicht in verschiedenen Melodien und Rhythmen. In manchen erweckt Seine Berührung Liebe, *Bhakti,* wie es bei Indira immer wieder der Fall war, und zwar am beglückendsten, wenn sie Ihn in ihrem ekstatischen *Samadhi* erschaute. In manchen regt Er sich als das Licht der Erkenntnis, so bei Krishnaprem. Bei mir trat Er manchmal als *Vairagya* zutage, eine tiefe, durch Weltabkehr verstärkte Sehnsucht nach der wahren Heimat, häufiger jedoch als Herabkunft unzügelbarer Energie, *Shakti,* die entweder ins Komponieren von Liedern und Melodien oder das Verfassen mystischer Prosa und Lyrik strömte. Einmal, im Jahre 1943, schrieb ich in Pondicherry einen Roman von hundert Seiten in vierundzwanzig Stunden. Als ich Sri Aurobindo von dieser Meisterleistung berichtete und dabei übermütig Balzac als mein Vorbild nannte, entgegnete er im gleichen Ton: »Ein Roman in vierundzwanzig Stunden! Ein Roman von hundert Seiten! Mein Gott, ich glaube, du bist der Rennfahrer Sir Malcolm Campbell der Romangeschwindigkeit! Gratuliere!«

Auch wenn das Tempo etwas langsamer war, blieb meine Schaffenskraft unvermindert. An meinem spirituellen Roman *The Upward Spiral* arbeitete ich neun bis zehn Stunden am Tag, und sieben bis acht Stunden textete und vertonte ich Lieder. Das war keinerlei Anstrengung, ich konnte einfach nicht aufhören zu schreiben oder zu komponieren, sobald diese Energie in mich einfloss, was am häufigsten geschah, nachdem ich eine oder zwei Stunden meditiert hatte oder die Perlen meiner Gebetskette durch die Finger gleiten ließ. Doch wenn ich anfangs mein ausdauerndes Arbeiten freudig begrüßte, so kam es mitunter auch vor, dass ich verstimmt war, nachdem sich die Energie restlos verausgabt hatte. Dann bedauerte ich, mit Meditieren aufgehört zu haben; wegen dieser Gereiztheit musste mich Sri Aurobindo immer wieder ins Gebet nehmen, wie ich im vorhergehenden Kapitel berichtet habe.

Kurz gesagt, ich verlangte nach dem Unendlichen, *Bhuma,* das allein Glückseligkeit gewähren kann, »wo das inselhafte Ego auf das Festland trifft«, wie es in *Savitri* heißt. Alle spirituell Suchenden haben nach dieser Zuflucht gestrebt, die selbst bei flüchtigem Kontakt für das monotone Schauspiel, das unsere gewöhnlichen Empfindungen bieten, zu entschädigen vermag. Wenn dieser Kontakt natürlich *nur* flüchtig ist, so kann er die letzte Erfüllung nicht gewähren; doch die strahlende Wirkung der Herabkunft ist derart, dass die Seele, die einmal den Frieden und die Seligkeit einer solchen Berührung gekostet hat, nicht mehr ohne sie leben kann. Ich werde versuchen durch ein persönliches Beispiel zu erläutern, was ich meine.

Zum ersten Mal sah ich Sri Aurobindo und die Mutter[30] am 24. November 1928 zusammen. Doch trotz der großen Freude, die ich empfand, wurde mir kein Blick in eine höhere Welt zuteil. Ich war ein wenig enttäuscht, da ich eine mystische Erfahrung erwartet hatte. Beim zweiten Mal jedoch empfing mich, sobald sie mir die Handflächen auf den Kopf gelegt hatten, nichts Geringeres als die Welt der Glückseligkeit – eine Offenbarung! Es war jene plötzliche, unsagbare Herabkunft, wie sie Sri Aurobindo so anschaulich in seinem *Savitri* (XI, I) geschildert hat:

> Plötzliche Wonne wird durch alle Glieder fließen,
> Mächtigere Gegenwart erfüllen die Natur ...

Savitri erschien 1949. Daher wusste ich nicht, zumindest nicht vor dieser Erfahrung, dass dergleichen tatsächlich für uns Sterbliche möglich war. Denn Götterblut war es, das durch meine Adern zu fließen schien. Selbst die Landschaft war verwandelt und schimmerte in einem magischen Licht von Schönheit, das ich mir sonst nicht einmal hätte vorstellen können. Ich erinnerte mich an eine Zeile im *Rig Veda,* wo es heißt, dass für denjenigen, der vom Göttlichen berührt wurde, der Lufthauch unsagbar süß wird und die Wellen des Ozeans wie Honig schmecken.

Und dennoch, wäre mir nicht selbst diese Seligkeit zuteil geworden, was hätte ich aus solch einer Beschreibung schließen können? Nur dass sich ihr Verfasser an etwas erfreute, das er köstlich fand, aber mit Worten nicht schildern konnte. Doch für mich war es eine überwältigende Erfahrung von Seligkeit und Frieden, die unsere eintönige Welt der Wirklichkeit durchdrangen, eine Erfüllung, die ein tiefes Gefühl der

---

30 Mira Richard, die Frau des französischen Gelehrten Paul Richard. Die Richards kamen einige Monate vor Ausbruch des Ersten Weltkriegs nach Pondicherry und riefen eine philosophische Monatszeitschrift, *Arya,* ins Leben, in der später Sri Aurobindos Meisterwerk *Das göttliche Leben* und andere Bücher über Yoga bekannt gemacht wurden. Ich bin mir der Daten nicht sicher, glaube aber, Paul und Mira gingen für ein oder zwei Jahre nach Frankreich, worauf sie nach Indien zurückkehrten. Danach verließ er Pondicherry und Mira Richard blieb als »Mutter« von Sri Aurobindos Ashram zurück.

Befreiung von unseren menschlichen Grenzen mit sich brachte. Ich war eins mit dem Himmel, dem Baum, den Sträuchern, dem weißen Sand. Da ich keine Gesellschaft ertragen konnte, ging ich allein an einen abgelegenen Strand, wohin abends niemand kommt. Dort saß ich, von Seligkeit gleichsam überwältigt und von einer Gegenwart durchdrungen, die allerdings zu wenig fassbar war, um berührt oder erschaut zu werden. Aber es war nicht notwendig, den Immer-sich-Entziehenden, der Krishna für mich war, zu berühren. Ich saß einfach da in einer ekstatischen Halbtrance, sogar außerstande zu singen oder mich auf andere Weise diesem schweigenden Glück zu entziehen, das jeder Beschreibung spottete.

Nach einer Weile gewann mein analytischer Verstand die Oberhand und eine Stimme aus meinem Innern fragte: »Angenommen, ein Freund erkundigte sich – wie würdest du das schildern, was du eben erlebt hast?«

Sogleich antwortete eine andere Stimme in meinem Innern: »Ich werde es dir sagen. Was lieben wir am meisten auf der Welt?«

Die erste Stimme sagte: »Ich vermute, das Licht und die Luft.«

»Ja«, meinte die zweite Stimme erfreut. »Und daher würde ich meinem Freund sagen, selbst wenn ich für den Rest meiner Tage in einem dunklen Verlies eingeschlossen wäre, ohne Licht und Luft, ist meine Seligkeit so groß, dass es mir an nichts fehlen würde.«

Aus verschiedenen Gründen hatte ich nicht beabsichtigt, im vorliegenden Buch auf Ereignisse der jüngsten Vergangenheit einzugehen. Doch da sich unser lieber Freund Prashanta nicht ohne wenigstens einige neuere Berichte zufriedengeben wollte, entschloss ich mich, drei meiner bedeutenderen Erfahrungen anzufügen, die der Leser, so hoffe ich, inspirierend finden wird, zumal jede für sich einen Markstein in der Entwicklung meiner eigenen Seele darstellt.

Es steht geschrieben, dass uns der Herr oft in der mitternächtlichen Finsternis der Verzweiflung besucht. Zu mir kam er jedenfalls einmal um Mitternacht, und zwar am 31. Januar 1969, als ich gerade beklagte, dass Er mich nicht zu Seinem Eigen gemacht hatte. Natürlich wusste ich, dass er mir zahlreiche unverdiente Gnadenerweise gewährt hatte. Doch in Indien betrachten wir es als die höchste aller Gnaden, »zu Seinen Lotusfüßen Zuflucht zu erhalten«. Krishnaprem hatte eine Vision Seiner Füße gehabt, doch mir war dieser Segen nicht zuteil geworden! Daher betete ich immer weiter, bis mir, dem Herrn sei Dank, die Sehnsucht meines Herzens erfüllt wurde: Die göttliche Vision wurde mir gewährt und ich ließ mich zu Seinen Lotosfüßen nieder. Da ich keine Worte finden kann, das große Wunder in Prosa zu beschreiben, habe ich es in Gedichtform festgehalten. Ich will nur hinzufügen, dass der Kontrast zwischen der ›Trompete des Unheils‹ und dem Aufleuchten seiner Zuflucht gewährenden Füße mich umso mehr ergriff.

Am Himmel schallt des Untergangs Trompete:
Ein Kindermärchen ist die Sage deines Krishna.
Oh blinder Bittender, von wem erbettelst du Almosen
und singst gerührt vom bunten Glanze diese Nichts?

Bei der Fahrt auf Mayas Riesenrad lobpreist du
den grandiosen Thron des Einen, der nicht existiert.
Ich, der allmächtige Tod, frohlocke: Wie sich die Narren
in Legenden flüchten! Meine Wahrheit halten sie nicht aus.

Wisset, ihr Toren: Ich erschuf das Universum
aus einer Laune – um es dann zu sprengen.
Es wage keiner, meine Herrschaft zu verneinen,
die alles zur Unkenntlichkeit verbrennt.

Lächelnd wiederhole ich nur Krishnas Namen;
das mächtige Getöse treibt Süße nur in mein Gebet:
Ich fürchte nicht sofortigen Tod, wenn Er
mir Zuflucht gibt zu Seinen Lotosfüßen.

Der wütende Titan, er lässt den Donner grollen,
bis alles zittert, Erde, Ozean und Luft.
Doch ohne Sorge bete ich weiter,
wenn des Dunkels Horden grimmig stürmen.

Sein Blitz geschleudert, Myriaden Flammen züngeln
entfesselt wie bellende Höllenhunde!
Doch wer nimmt mich in seine rosenzarten Arme,
wenn Indira singt: »Kein Sturm löscht aus Sein Licht«?

Wer spaltet die Armeen der Dämonen?
Wer leuchtet sonnenhell bei Mitternacht,
bis ich erblicke Deine teuren Füße,
den höchsten Himmel aller, die nach Dir sich sehnen?

Die heil'gen Füße, über die ich meditierte,
seit Kindheit – meines Traums und Singens letztes Ziel,
als ewiges Heim von weisen Sehern hoch gepriesen:
die Füße, die selbst Götter sich ersehnen!

Sind's diese heiligen Füße oder träume ich?
Ich weiß nicht, ob Du mir durch ihre Fühlung
der Liebe äußerste Befreiung schenkst und mein
verlorenes Anrecht: Deinen Frieden, Deine Harmonie.

Die Antwort kommt herab in einer Flut von Seligkeit,
zerstreut mein ewig-altes Fragen.
Ich fand das Obdach, das die Götter selbst begehren,
wo Schönheit herrscht und Liebe König ist:

Beseligende Füße, deren Fühlung unsre Dornen
in Rosen wandelt, Deine Füße, welche (wenn wir küssen)
uns Deiner Gnade Rüstung schenken. Oh wer schaudert
noch vor dem Donner, wenn er Deine Seligkeit gekannt?

Doch wo ist nun mein Körper? Wollte des Todes finstre Explosion
denn alles ganz vernichten? Wie konnt' ich ihn nun
sehen, gelöst in grenzenlosen puren Geist,
rein, nackt, in Göttlichkeit geheiligt?

Nur Deine morgenroten Füße haben überlebt
und meine liebe Tochter-Schülerin; sonst seh' ich nichts!
Sind alle Welten denn in Deinen Füßen aufgegangen?
Zur Antwort tönen Deine Flöte, Deine Glöckchen.

Sri Dilip Kumar Roy als Vorsänger beim Bhajan-Singen (1972)

Glauben gewann als Kind mir Deiner Güte Segen:
Ein Sonnenstrahl, der Zweifelswolken schnell vertrieb.
Heute, im Untergang der Welt, bist Du gekommen,
den Strahl neu zu entzünden mit dem Zauber Deiner Gnade.

Am 5. Mai 1972 hatte ich eine bedeutsame Erfahrung in Madras, wohin ich mit Indira gefahren war, um Srimati Subbalakshmi, die Primadonna Südindiens, einige bengalische Lieder und Mira-*Bhajans* – von Indira verfasste religiöse Gesänge – zu lehren. Es war nach Mitternacht.

Ich war von völliger Dunkelheit umhüllt. Ganz plötzlich gab es einen großen Aufruhr über meinem Kopf. In der Finsternis konnte ich nichts sehen, hörte aber eine Stimme deutlich sagen: »Direkter Schlag, direkter Schlag, direkter Schlag!« Doch gleichzeitig, als sich der Tumult zu regelrechtem Gebrüll steigerte, vernahm ich dreimal den Namen unseres Gottes Vishnu, des Archetyps von Krishna. Daher wartete ich ruhig und sorglos mit dem gesegneten Namen Gottes auf den Lippen, bis der Schlag fiel; er verursachte eine furchtbare Explosion, die meinen Körper auflöste. Aber es war eine köstliche Auflösung, in der ich spürte, dass mein Ich-Gefühl – die Ichhaftigkeit, *Ahamta* – vollständig verschwunden war und ein Bewusstsein reiner, von aller Furcht befreiter Seligkeit hinterlassen hatte. Wer sollte es schon wagen, jemanden zu schädigen, der im Bewusstsein von Vishnus Namen aufgehoben in einer von Seinem unverletzlichen Frieden erfüllten Leere schwebte?

Als ich Indira weckte und ihr ausführlich von meiner ergreifenden Erfahrung berichtete, rief sie Mira an, die erklärte, dies habe die Auflösung der Ichhaftigkeit in reines, eigenschaftsloses Bewusstsein zur Folge. Es sei die Erfahrung des *Shunyam,* der Leere, betonte sie, der schöpferischen Leere des Schweigens und der Seligkeit, die seit alters von den Mystikern überall in der Welt verherrlicht wurde. Diese stehen fest dazu, dass es sich hier insofern um eine der wesentlichen Erfahrungen handle, als sie eine totale Aufhebung der Oberflächenpersönlichkeit durch eine Explosion des Göttlichen Namens verkündet, den mein Verstand mit einem »direkten Schlag« gleichgesetzt hatte.

Ich schließe mit der dritten Erfahrung, einer einzigartigen, da sie über einen Monat dauerte – dem Frieden, der jedes Verstehen übersteigt.

Nach unserer Rückkehr von der Weltreise im Jahr 1953 waren wir für ca. vier Monate in Madras bei Indiras Schwester Kanta und deren Ehemann, Diwan Narottam Lal Nanda, zu Gast. Ich konnte nicht umhin, mich bisweilen zu fragen, was das Schicksal mit uns vorhatte, denn wir wussten nicht, wo wir uns niederlassen und wovon wir leben sollten. Da geschah plötzlich etwas Seltsames: Am 28. Februar 1954 senkte sich ein tiefer spiritueller Frieden auf mich, der sich anschließend in ungebrochener Kontinuität erhielt. Ich will erklären, was genau ich damit meine. (Ich konnte nicht anders, als es für ein Zeichen dafür zu nehmen, dass der Herr bei meiner Pilgerfahrt ins Unbekannte bei mir war.)

Nandas Haus war klein, deshalb meditierte ich gewöhnlich draußen auf der Terrasse auf einer Strohmatte. An diesem denkwürdigen Abend lief, sobald ich mich zur Meditation hingesetzt hatte, ein tiefer Friede von meinem Scheitel, dem *Sahasrara-Chakra* ausgehend, durch alle meine Adern bis ans untere Ende meiner Wirbelsäule, zum *Muladhara-Chakra*! Diese wunderbare Erfahrung von Frieden hatte ich bereits einige Male zuvor gehabt, aber sie hatte nie länger als vierundzwanzig Stunden angehalten. Diesmal blieb sie mir segensreicherweise mehr als einen Monat und schien sich fortwährend aus einer gütigen Quelle oberhalb meines Kopfes neu aufzuladen – ein Frieden, der in angenehmen kühlen Wellen durch meine Adern floss, der die Gluthitze des Lebens jedes Mal heilte, wenn ich mich nach Sonnenuntergang auf der Terrasse zur Meditation niederließ. Wenn ich dann am Abend zum Essen herunterkam, fühlte ich mich wie ein Mensch in glückseliger Halb-Trance. Ich erzählte Indira und unserem freundlichen Gastgeber von der wunderbaren Herabkunft. Oft bemerkte ich gegenüber Nanda (der sich bis heute daran erinnert), wenn mir dieser Frieden dauerhaft erhalten bliebe, dann wüsste ich nicht, worum ich Krishna noch bitten könnte – so durch und durch erfüllend war die Erfahrung. Deshalb genoss ich das Wunder Tag für Tag weiter, denn der göttliche Besucher, der mir in Form segensreichen Friedens Erhebung schenkte, verließ mich die ganze Nacht über nicht. Am Tag schwächte er sich ein wenig ab, aber nur, um am Abend erneut anzuwachsen, während mein Herz von einem Gefühl tiefer Dankbarkeit benommen war. Später schrieb ich in dankbarer Erinnerung an die Gnade, die mich in der Entscheidungsstunde meines Lebens stützte:

> Wie das Erlebnis gütigen Lichts besingen,
> das niedersteigt, um seine Treue zu geloben?

17
Sri Aurobindo – Seher und Dichter

Um mich der Größe Sri Aurobindos mit nachprüfbaren Fakten zu versichern, habe ich mich in letzter Zeit des Öfteren eindringlich gefragt: »Was war der Sturmwind, der dich von deinem heimatlichen Boden der Poesie und Musik, des Lachens und der Popularität fortriss und dich vor mehr als vier Jahrzehnten im Eifer der Selbsthingabe zu seinen Füßen niederwarf?« Diese Frage ist nicht leicht zu beantworten, weil nach Nivedita unsere tiefsten Überzeugungen oft aus Quellen stammen, die niemanden als uns selbst überzeugen können. Ich kann nur sagen, dass ich mich in seiner Gegenwart von einem stillen Staunen ergriffen fühlte, einem intensiven Verlangen, ihm mein ganzes Selbst zu Füßen zu legen und in seiner unergründlichen Gnade gebettet zu liegen. Warum ich ein solches Verlangen empfand, möchte ich in aller Bescheidenheit mit einem Vergleich erläutern: Ein Planet kann sich nicht selbst erfüllen, indem er seinen ruhelosen Sternenstaub direkt mit der Sonne verschmelzen lässt, weshalb er unermüdlich um sein Muttergestirn kreist und auf die Stunde der endgültigen Erlösung wartet. Für mich, so sagte ich es mir oft, *war* Sri Aurobindo die Sonne, um die meine Seele kreiste, wenn auch auf ihrer eigenen, von ihrer separaten Persönlichkeit gezeichneten Umlaufbahn. Dies ist keine bloße Metapher aus den Herzensergießungen eines hingebungsvollen Verehrers, denn das Licht in Sri Aurobindo war nicht nur so blendend wie das der Sonne, deren Feuer den Funken in mir zu sich rief, da war auch die magnetische Anziehungskraft der Liebe, die mich unwiderruflich meinen geringeren Lieben entfremdete. Man kann einwenden, dass dies alles wenig mehr ist als sentimentale Begeisterung oder eine Flut, die sich an den Ufern nüchterner Bewertung bricht.

Dieser Einwand mag berechtigt sein. Ich kann mich nur damit rechtfertigen, dass ich, nachdem ich Sri Aurobindo einmal gesehen hatte, beim bestem Willen nicht mehr fähig war, mit kritischer Distanz über ihn zu schreiben, nicht nur weil mich die gewaltige Höhe seiner seelischen Errungenschaften verblüffte, sondern auch, weil es eine solche Beglückung war, das Ausblühen seiner intellektuellen und mystischen Persönlichkeit zu bestaunen, dass alle meine Fragen verstummten. Doch genug der Schwärmerei! Ich will mich nun bemühen, ihn so objektiv zu porträtieren, wie es mit meinen begrenzten Mitteln möglich ist.

Weshalb beeindruckt Sri Aurobindo uns moderne Menschen? Nachdem ich diese Frage mit so manchem Freund im Ashram (mit Besuchern ebenso wie mit Schülern) erörtert hatte, stellte ich fest, dass seine wunderbare Fähigkeit, für eine unbegrenzte Zahl von Jahren einsam in der Abgeschiedenheit eines Elfenbeinturms zu leben, die meisten tief berührte und sogar mit Ehrfurcht erfüllte. Aber ich habe ihm vielmals geschrieben, dass mir seine Begabung, sich in den vier Wänden eines Raumes zu begraben, eher als Einschränkung erschien, die überwunden werden müsse, denn als zu verherrlichende Meisterleistung. Die meisten meiner ernsthaften Freunde waren entrüstet, nicht aber Sri Aurobindo, der unendlich verständnisvoll war und die Dinge vom Gesichtspunkt des Betrachters aus zu sehen vermochte. Dieser Zug seines Charakters machte ihn mir überaus lieb – ein Zug, der beinahe auf eine geniale Begabung für Toleranz und imaginative Einsicht hinauslief. Ich persönlich bin stets von Natur aus etwas geradeheraus und ungeduldig gewesen, ohne, wie ich hoffe, dogmatisch und intolerant zu sein, sodass ich seine Nachsicht und Geduld umso mehr bewunderte. Als ich einmal einen Freund tadelte, der sich gelegentlich betrank, war ich gerührt, wie Sri Aurobindo in seinem Antwortbrief meine Kritik zurechtrückte. »Menschen sind viel weniger bedacht und für ihre Handlungen verantwortlich«, schrieb er, »als die Moralisten, Romanciers und Dramatiker sie machen. Ich trachte eher danach zu erkennen, welche Kräfte ihn getrieben haben, als danach, was der Mensch selbst anscheinend beabsichtigt oder bezweckt haben mag. Unsere Schlussfolgerungen sind häufig falsch, und selbst wenn sie richtig sind, berühren sie nur die Oberfläche.«

Ja, das war typisch Sri Aurobindo. Nur er mit seiner empirischen Kenntnis kosmischer und außerkosmischer Kräfte (offenkundig und okkult) konnte die Gesamtsumme seines Wissens um die Vorgänge hinter der »Oberfläche« zur Geltung bringen, um jenseits des Anscheins zur *echten* Wahrheit zu gelangen. Mit anderen Worten lag es daran, dass er die landläufig akzeptierten Beurteilungskriterien hinter sich gelassen hatte und kraft dessen den gewöhnlichen Richter bitten konnte, innezuhalten und seine eigenen spezifisch menschlichen Grenzen zu erkennen:

> Undurchdringlich, ein tiefgründiges Mysterium
> ist jener weite Plan, an welchem wir beteiligt,
> mit seinen Harmonien, die für unser Ohr
> Missklänge sind, weil jede Kenntnis uns entgeht
> der großen Themen, deren Zwecke sie erfüllen.
>
> *(Savitri II, V)*

Er verdiente Bewunderung, weil er angesichts scheinbar unüberwindlicher Hindernisse ausharren konnte, bis er den Schlüssel zu den göttlichen Harmonien fand, und auch weil sein stetig liebendes Herz erkannte:

> Was wir getan, ist alles immer noch zu tun:
> Alles zerbricht und neuert sich und bleibt dasselbe.
>
> *(Savitri III, IV)*

Vor allem aber, weil sein unbeugsamer Geist es wagte (wie er mir einmal schrieb):

> ... ein Prinzip von innerer Wahrheit, von Licht, Harmonie, Frieden in das Erden-Bewusstsein herabzubringen. Ich sehe es über mir und weiß, was es ist – ich fühle, wie es von oben her auf mein Bewusstsein niederstrahlt, und ich versuche, es ihm möglich zu machen, das ganze Wesen in seine ihm eigene ursprüngliche Macht emporzuheben, statt dass die Natur des Menschen immer weiter im Halb-Licht und Halb-Dunkel verbleibt. Ich glaube, dass das Herabkommen dieser Wahrheit, die den Weg zur Entfaltung eines göttlichen Bewusstseins hier öffnet, Endzweck der Erden-Evolution ist ... Es ist eine Frage zwischen dem Göttlichen und mir selbst – ist es der Göttliche Wille oder nicht? Bin ich gesandt, dieses herabzubringen oder den Weg für sein Herabkommen zu öffnen oder zumindest dessen Möglichkeit zu verstärken oder nicht? Mögen mich alle Menschen verhöhnen, wenn sie wollen; mag die ganze Hölle wegen meiner Anmaßung über mich herfallen – ich gehe weiter, bis ich siege oder untergehe. Das ist der Geist, in dem ich das Supramental suche, kein Jagen nach Größe für mich selbst oder für andere.

Die bedeutendsten Seher überall in der Welt haben einstimmig erklärt,

»Mein bescheidener Beitrag zu seiner übermenschlichen Größe anlässlich seines
100. Geburtsjubiläums 1972:
Wer einmal dein Gesicht erblickte, weiß, oh Freund:
Es ist die Wahrheit, Lieb' und Licht sind eins.«

auf der höchsten Bewusstseinsebene werde offenbar, dass Erkenntnis nicht von Liebe zu unterscheiden ist. Trotzdem ist nicht zu bestreiten, dass sich Erkenntnis und Liebe auf den niedrigeren Bewusstseinsebenen in deutlich unterschiedlichen Melodien und Rhythmen offenbaren. Daher wären wir besser beraten, »die Urteilsverkündung aufzuschieben«, bis wir – um das Motto von Sri Krishnaprem zu paraphrasieren – dahin gelangen, Erkenntnis mehr zu lieben und mehr von Liebe zu erkennen. Denn dann, so sagt uns das Herz, werden wir imstande sein, die große Vision zu erlangen, die Sri Aurobindo befähigte, Gott nicht nur als Liebe zu erkennen, sondern – wie es auch das *Bhagavata Purana* formuliert hat – als einen »Diener der Liebe«:

> Du, der Du oben thronst und doch durchdringst
> alle Welten hienieden,
> Meister aller, die wirken und herrschen und wissen,
> Diener der Liebe.

Und die Schau, die ihn Gott als gewaltigen Schöpfer erkennen ließ, der sich demütig noch in der niedrigsten Kreatur manifestiert, ist ebenso bewegend wie überzeugend:

> Du, der Du weder im Erdkloß noch im Gewürm
> Verächtliches siehst,
> lässt durch diese Demut uns erkennen,
> dass Gott Du bist.

Bevor ich Sri Aurobindo kennenlernte, hatte ich ihn als großen Weisen bewundert, konnte mich jedoch nie von dem unbezähmbaren Bedauern freimachen, dass er zu entrückt sei, um praktische Führung oder Hilfe bei ihm zu suchen, außer vielleicht auf die Weise, wie man es bei einem Wegweiser tut – den man eher konsultiert als liebt oder von ihm wiedergeliebt wird. Seine Wirkung auf meinesgleichen war mehr die eines Leuchtturms als eines Schiffes. Doch als ich ihn besser kennenlernte, stellte ich ihn mir als liebenden Lotsen vor, der selbst mich als »Freund und Sohn« anreden und dem persönlich daran gelegen sein konnte, dass ich Erfüllung und Heil finde. Ja, Erkenntnis ist gut und schön, aber das Herz hungert vor allem nach Liebe und verständnisvollem Mitgefühl.

Doch dann wurde mir langsam noch etwas klar. Ich sah, ihn besser zu kennen bedeutete, ihn mehr zu lieben. Deshalb dürstete ich danach, ihn besser kennenzulernen, wie ich auch Sri Ramana Maharshi besser kennenlernen wollte. Ich kann mich erinnern, mit welch ungeheurer Erleichterung ich dessen Antwort auf meine gezielte Frage aufnahm, ob er Liebe ebenso hoch einschätze wie Erkenntnis: »Wie könnte ich das eine gegen das andere ausspielen, da doch die Liebe die Mutter der Erkenntnis ist?« Seine genauen Worte waren: *»Bhakti Jnanamata.«* Ich verneigte mich vor Bhagavan Ramana Maharshi, weil er der Liebe seine Hochachtung bezeigt hatte, genau wie ich mich vor Sri Aurobindo verneigte, weil er uns Gott als »Diener der Liebe« nahebrachte.

In den Veden las ich vor langer Zeit: *»Brahmavit Brahmaiva Bhavati* – Wer Gott erkennt, wird Gott.« Ich gestehe offen, dass ich nicht genau weiß, was das bedeutet. Denn wenn es besagt, dass er allmächtig oder allwissend wie Gott wird und über Nacht seine menschlichen Grenzen überschreitet (wie einige Fanatiker behaupten), dann ist es offensichtlich unannehmbar für Menschen wie uns, die Fanatismus nicht mit wahrem Glauben und Weisheit gleichsetzen können. Bedeutet es aber, dass ein solcher Mensch aus einem höheren Bewusstsein heraus handelt, das uns mit einer unbeschreiblichen Süße erfüllt, unseren Weg in der Dunkelheit erleuchtet und uns dazu antreibt, in einer Richtung zu suchen und den Gott der Wahrheit und Liebe selbstlos zu lieben, dann kann es nur wenig Einwände geben. Können wir doch aus persönlicher Erfahrung bezeugen, dass dies uns zu Gott bringt, der uns zuwinkt, genau wie Flügel uns den reineren Höhen entgegentragen. Doch Schwingen und Himmel sind nicht gleichrangig – ebenso wenig wie die Weisen und Gott. Denn wenn Gott unbedingt ist, muss Er unfehlbar und von endlichen Grenzen befreit sein, und kein Weiser von wie großem Format auch immer kann behaupten, er sei gänzlich jenseits von Irrtum oder menschlichen Grenzen. Das heißt nicht, dass er nicht verehrt werden sollte. Im Gegenteil, kein Weiser kann wirklich als das, was er ist, gewürdigt werden, ehe wir ihm die Huldigung unserer Herzen dargeboten haben. Denn nur dann kann er uns in vollem Umfang mit seinem Licht helfen und bewirken, dass wir an Erkenntnis, Toleranz und Liebe wachsen, bis wir realisieren, was uns zu realisieren aufgetragen ist. Deutlicher gesagt müssen wir zwar seiner unentbehrlichen Führung treu folgen, dürfen dies jedoch nicht blindlings tun, wenn wir uns selbst treu bleiben wollen, und auch nicht alles nachsprechen, was er sagen mag. Wir können – und sollten dies allerdings auch oft – unseren Urteilsspruch aufschieben, wenn unser Herz nicht alles, was er sagt, vollständig hinzunehmen vermag, aber wir sollten uns aus diesem Grunde nicht verpflichtet fühlen, das gutzuheißen, was wir unannehmbar finden, ehe wir es empirisch überprüft haben. Hierzu sagte Guru Nanak etwas Treffendes: »Du kannst freilich erklären, dass du *glaubst*, die und die Feststellung sei wahr, weil dein Guru es sagt, aber du hast kein Recht zu behaupten, dass sie wahr ist, bevor du sie nicht als wahr erkannt hast.« Auf diese Weise habe ich jedenfalls Gurus schätzen gelernt, nämlich als zuverlässige Wegweiser auf der Pilgerfahrt des Lebens zur Wahrheit, die sehend zu verehren, aber nicht fanatisch zu vergöttern sind. Und unter solch heroischen Geistern, die uns zeitweilig von oben gesandt werden, um unsere weltweite Düsterkeit zu mindern, nimmt Sri Aurobindo fraglos einen Rang für sich ein, und das nicht nur wegen seiner profunden Kenntnis der menschlichen Natur und seines umfassenden Verständnisses für die Kulturen der Völker, sondern auch wegen seiner wunderbaren Ausdruckskraft in Prosa wie in Versen. Wenn ich diese drei Seiten seiner Persönlichkeit hervorhebe, bin ich mir vollauf bewusst, dass sie an sich einen Menschen noch nicht als spirituelle Persönlichkeit kennzeichnen. Doch was seine spirituelle Bedeutung angeht, so brauche ich wohl dem Tribut, den ich ihm bereits in anderen Büchern ziemlich erschöpfend gezollt habe, kaum noch etwas hinzuzufügen. So will ich nur sagen, dass er für diejenigen, die ihn persönlich ein wenig kannten, stets als eines der hellsten Leuchtfeuer in den dunklen, stürmischen Wassern des Lebens strahlte, ein Leuchtturm, der Glauben erweckte, wenn rationale Hoffnung scheiterte. Aus diesem Glauben heraus schrieb er mir einmal: »Für mich ist der entscheidende Wert eines Menschen nicht daran zu messen, was er sagt, auch nicht daran, was er tut, sondern daran, was er *wird*.«

Und er *wurde in der Tat* ein Seher par excellence, begeistert von dem, was er *geschaut* hatte, und das machte ihn zu dem, was er wurde: ein Prophet der unglaublichen Zukunft, die den Menschen in der nächsten Phase seiner Evolution erwartet:

Die Nacht soll wach sein für den Klang der Sternenhymne,
die Tage werden Schritte früher Pilgerschaft...
Einige werden sehn, was keiner noch verstanden;
Gott wird wachsen, während die Weisen reden und schlafen;

bis ihre Stunde ist gekommen, wird der Mensch
die göttliche Herabkunft nicht erkennen,
und bis das Werk vollbracht ist, wird kein Glaube sein.

(Savitri I, IV)

Selbst diejenigen, die ihn nur einmal sahen, haben etwas, und sei es nur einen Bruchteil der beseligten Offenbarung erfahren, die ihn zu schreiben drängte:

Wir sind nicht nur ein Kleinmut, der am Tode haftet:
Unsterblich harren unsere vergess'nen Weiten
ihrer Entdeckung auf den Gipfeln unseres Selbst.

(Savitri I, IV)

Doch sogar jenen, die ihn nie gesehen oder gekannt haben, wurde das Vermächtnis seiner gewaltigen Vision und Botschaft hinterlassen, die letzte Frucht einer *spirituellen Selbstdisziplin,* die keine Folgen bedachte und keinen Preis scheute, um zu erlangen, worüber wenige auch nur nachzudenken wagten:

Der Übergeist wird für das Licht die Welt gewinnen
und mit der Liebe Gottes das entbrannte Herz
erbeben lassen und des höchsten Lichtes Krone
dem hochgehob'nen Haupte der Natur aufsetzen,
auf ihrem unerschütterlichen Felsengrund
das Königreich des höchsten Lichtes gründen ...
So soll die Erde offen werden für die Gottheit
und die gewöhnlichen Naturen sollen fühlen
den Strom, der sie erhebt, und ihr gewohntes Wirken
soll von dem Geistesstrahl erleuchtet werden,
bis in gewöhnlichen Dingen sie die Gottheit treffen.

(Savitri XI, I)

Selbst auf die Gefahr hin, in einer Antiklimax zu enden, muss ich hier unterbrechen, um ein wenig darüber zu spekulieren, wie die Nachwelt Sri Aurobindo voraussichtlich beurteilen wird. Meiner Meinung nach wird er sie nicht nur als großer Dichter und großer Yogi beeindrucken, sondern auch als Paradox, nämlich als Erdenbürger, der dennoch die niederziehenden Fesseln der Erde überwand, während er sie zugleich liebte und pries, wie kein welttrunkener Dichter sie je geliebt und gepriesen hat. Denn in ihm war das Paradox gelöst – so werden es die Menschen empfinden – und zwar eben deshalb, weil er absolut an die sich ständig vertiefende Bedeutung des Erdendaseins glaubte sowie an das, was es in sich schließt. Dies erklärte er mir in einem kurzen, aber überaus gehaltvollen Brief, mit dem er meinen »realistischen Zweifel« an der Möglichkeit, ob etwas derart Unrühmliches, Disharmonisches und Kreatürliches wie unser irdisches Wesen über Nacht durch eine herrliche supramentale Offenbarung erlöst werden könne, beantwortete:

> Alle nicht-evolutionären Welten sind Welten, die auf ihre eigene Harmonie begrenzt sind, wie die Lebens-Himmel[31]. Andererseits ist die Erde eine evolutionäre Welt – selbst als materielle Welt ganz und gar nicht herrlich oder harmonisch (außer in bestimmten Erscheinungen), sondern eher sehr leidvoll, disharmonisch, unvollkommen.
>
> Doch lebt in dieser Unvollkommenheit der Drang empor zu einer höheren und vielseitigen Vollkommenheit. Die Erde umschließt das niedrigste Endliche, das sich aber nach dem Höchsten Unendlichen sehnt; es findet keine Befriedigung an den Sinnen-Freuden, eben weil es in den Verhältnissen der Erde ihre Begrenzungen sehen kann. Gott steckt im Schlamm fest – Schlamm ist nichts Herrliches, darum gibt es hier auch keinen Anspruch auf Herrlichkeit und Schönheit – aber gerade diese Tatsache macht es notwendig, durch dieses Gefängnis zu einem Bewusstsein durchzubrechen, das sich immer weiter emporschwingt.

Mit anderen Worten ist in Sri Aurobindos Sicht die letzte Unvereinbarkeit in Einklang gebracht, der unüberbrückbare Widerspruch zwischen Materie und Geist ineinander verschmolzen. Nicht dass den alten Sehern der Hinweis darauf entgangen wäre: Mit ihrer tiefen Intuition hatten sie ebenfalls die irreführende *Maya* der Erscheinungswirklichkeit verlacht und postuliert: »*Yadeveha tadamutra* – Was immer dort ist, ist hier ebenso.« Die Schwierigkeit liegt jedoch darin, dass die Diktatur des physisch-rationalen Mentals heutzutage weltweit vergöttert wird,

31 Sri Aurobindo benutzt den Begriff in der Bedeutung der höheren Welten von Göttern und Lichtwesen, die Seite an Seite mit unserer Welt existieren.

dass der Zeitgeist eine derart mystische Vision, die über seinen Horizont geht, verspottet als zu rätselhaft, um ernst genommen zu werden, oder als zu schön, um wahr zu sein. Aus diesem Grunde wird die Nachwelt Sri Aurobindo vermutlich als den neuen Messias dieses nachwissenschaftlichen Zeitalters betrachten – als einen wahren Messias, weil er, auch wenn er der Herausforderung der Vernunft mit Vernunft begegnete, mit der Autorität seiner Schau, die sich keiner mentalen Vernunft unterwarf, beteuern konnte:

> Die Welt wurd' nicht erbaut aus Zufallsziegeln,
> des Schicksals Architekt ist nicht ein blinder Gott;
> den Lebensplan hat eine bewusste Kraft gezeichnet,
> Bedeutung liegt in jeder Kurve, jeder Linie.
>
> *(Savitri VI, II)*

Diese Bedeutung gewährleistet notwendigerweise, dass selbst der Tod nicht die Tragödie ist, als die er erscheint, denn:

> Vom tragischen Niedergang des Lebens auferstanden
> und auferstanden von des Körpers Qual und Tod,
> erhebt gestählt durch Niederlagen sich der höchste Geist.
> Gottähnlich weitet er mit jedem Sturz die Schwingen,
> großartige Misserfolge mehren sich zum Sieg.

Wenn wir die Welt von unten betrachten – von unserer Ebene des Mentals und der Sinne –, mögen wir zu bezweifeln geneigt sein, dass unsere menschlichen Fehler und Schwächen in göttlichem Sieg gipfeln. Sri Aurobindo jedoch blickte von oben auf die kosmische Evolution und sah daher etwas Atemberaubendes. Denn er erschaute Gott selbst, der in die Welt herabgestiegen war und in wunderbarer Offenbarung seiner göttlichen Macht Hindernisse – »durch die Widersprüche der Natur«[32] – langsam, aber siegreich überwand. Er beschrieb das, was er erschaut hatte, in Versen, die wie eine Kaskade glänzenden Goldes herabströmten:

32 »In doppeldeutiger Sprache steht geschrieben unseres Schicksals Lauf. Wir nähern Gott uns durch die Widersprüche der Natur.« *(Savitri VI, I)*

Nach der Vollendung strebt in uns das Unvollkomm'ne,
im Körper hat verpuppt sich eine Seele:
In ihren Armen fasst Unendlichkeit das Endliche,
zur sichtbar gewordenen Ewigkeit schreitet voran die Zeit ...
In allem fühlen wir die Gegenwart und Macht.
Ein herrlicher Feuerglanz seines Königtums ist die Sonne
und eine Herrlichkeit des goldenen Mondes Schimmer
und eine Herrlichkeit der Traum seines purpurnen Himmels.
Der Sterne Kreisen ist seiner Erhabenheit Vorwärtsschreiten.
In grünen Bäumen kommt das Lachen seiner Schönheit
zu vollem Ausbruch; seiner Schönheit Augenblicke
feiern in einer Blume den Triumph;
des blauen Meeres Sang, des Bächleins wandernde Stimme
sind von des Ew'gen Harfe fallendes Gemurmel.
Die Welt ist Gott, der sich vervollständigt nach außen.
Vernunft und Sinn betört er uns durch seine Wege;
mit blinden, rohen Regungen einer unwissenden Kraft,
auf Wegen, die gering wir schätzen als kleinlich und finster,
mit einer Größe, die auf kleinen Dingen gründet,
hat er die Welt im wissenlosen Nichts erbaut.
Aus des unendlich Kleinen Staub hat er geballt
die Formen seiner Schöpfung; seine Wunderwerke
hat er gebaut aus Dingen, die belanglos sind.
Wenn unser Geist verkrüppelt ist und unser Leben
untauglich und verroht, wenn böse Taten
es gibt und Masken des Erbarmungslosen,
so sind es Nebensächlichkeiten seines weiten
und vielverzweigten Plans, notwendige Schritte
in seinem großen, voll Gefahren lauernden Drama.

(Savitri X, III)

Und das siegreiche Ende wird kommen, da der allmächtige Lenker menschlichen Geschicks uns unermüdlich vorangetrieben hat, der Vollendung des Menschen entgegen, gekrönt vom supramentalen Bewusstsein auf Höhen, wo:

Der höchste Geist wird blicken aus der Stofflichkeit,
der Stoff des höchsten Geistes Antlitz offenbaren.

Zum Abschluss mein bescheidener Tribut an seine übermenschliche Größe anlässlich der Feiern zu seinem hundertsten Geburtstag 1972:

Wer einmal dich gekannt, kennt der nicht auch die Wahrheit,
wie fragmentarisch immer? Zwar mögen wir bis jetzt
nicht sehen deine Morgendämmerung, die unsre
durstigen Augen mit Gottes unbeflecktem Tag besänftigen kann,
doch lässt du unsre halberhellte Seele
mittönen deine feurig-freudetrunkne Melodie,
wird ihre Seligkeit uns dann nicht zu Ihm führen
und unsre Dissonanz in deiner Harmonie auflösen?
Wenn wir im Labyrinth des Schicksals
nach einem Lichtstrahl tasten, ist es deiner Liebe Segen,
die Dämmerdunkel heilt mit ihrem Mondgesang,
den unsre finsternisverliebten Stimmungen leugnen.
Erhoben über unser lärmig-buchgelehrtes Streben
schwebst du im Blau, kein Drache macht dir Angst.
Du hast erreicht, was nur der Auserwählte kann gewinnen:
den Blick vom Gipfel, den kein Wolkenschleier hemmt.
Du hast erreicht am Ende deiner langen Reise
das Sonnenelixir, das bezwingt die finsteren Dämonen.
Wer einmal dein Gesicht erblickte, weiß, oh Freund:
Es ist die Wahrheit, Lieb' und Licht sind eins.

Dilip

Zweiter Teil

von Indira Devi

Sri Dilip Kumar Roy und Indira Devi
»Die ihm angeborene Kraft der Wahrheit und Aufrichtigkeit zog Indira Devi zu ihrem Guru.«

18
Jai Guru

Es ist nicht leicht für eine spirituell Strebende, eine Autobiografie zu schreiben. Denn im Grunde muss jedes Hindernis sie scheu machen. Wird sie imstande sein, sich über diese Widersprüche hinwegzusetzen? Kann nicht der Wunsch, besser zu erscheinen, als sie ist, über den Drang, absolut aufrichtig zu sein, die Oberhand gewinnen? Wie kann man eine Autobiografie schreiben, ohne sich ständig in den Vordergrund zu schieben? Und dann gibt es das weit ernstere Problem, dass man die innersten Regungen des eigenen Herzens offenbaren muss.

Spirituelles Leben und spirituelle Erfahrung – das ist für Indira kein rein akademisches Thema. Es ist vielmehr der kostbarste, persönlichste und realste Teil ihres Lebens und er ist ihr heilig. Es ist das, was ihr Leben lebenswert macht. Es *ist* ihr Leben. Ihre Liebe zu dem Geliebten ist ihr eigentliches Dasein. Ihre Suche nach Ihm ist ebenso unentbehrlich für sie wie die Luft, die sie atmet. Ob und wo sie ankommen wird, weiß sie nicht. Und es erscheint auch nicht sonderlich wichtig, da sie nur ihren Geliebten, der ihr Ziel ist, zu lieben und zu suchen braucht. Ihn suchen in Freude, in Schmerz, in Dunkelheit, im Licht. Diese Suche ist ihre Erfüllung. Was sie am Ende der Reise werden wird, weiß sie nicht; da ist kein Drang, etwas zu *werden,* das Herz sehnt sich nur danach, Ihm zu gehören – nur zu suchen und vor allem zu lieben. Diese Liebe zu dem wenig bekannten Geliebten ist die einzige Leidenschaft ihres Lebens.

Die ihm angeborene Kraft der Wahrheit und Aufrichtigkeit zog Indira zu ihrem Guru. Er ist ihr Führer und Meister, das weiß sie so sicher, wie sie überzeugt ist, dass Gott existiert.

Was ist Indiras Lebensaufgabe? Diese Frage wird sehr oft gestellt. Ihre Aufgabe ist es, zu suchen und vor allem zu lieben, lieben, lieben. Ihr ist nicht die Kraft verliehen worden, die Welt zu verbessern, wohl aber die Kraft, diejenigen, die zu Indira kommen, zu lieben. Und die Kraft, sich ihrem Geliebten zu geben – wenngleich nicht sie die Gebende ist. Diese Liebe ist es, die sie aus ihren Verankerungen herausgerissen und dem Sturm ihrer Leidenschaft ausgeliefert hat. Sie begleitete sie durch ihr ganzes Leben. Die leisen Schritte, die sie hörte, als sie den Pfad der Erinnerung ging, kamen mit der Zeit näher, bis sie spürte, wie sie an ihr Herz rührten, und ehe sie es merkte, war sie eingefangen.

19
Frühe Zeichen

Eine Zauberhand balancierte die goldene Sonnenscheibe auf der smaragdgrünen Oberfläche des Sees, ließ sie mehrmals auf die Wellen prallen und entriss sie dann dem Blick, um sie in den dunklen Falten der Robe des Zauberers zu bergen. Mit denselben geschickten Bewegungen warf sie einige Sterne hinauf in den Himmel und dort hingen sie wie kleine Lampen, ohne jeden Halt.

In dem Dörfchen Ziarat in Belutschistan war die Nacht angebrochen. Auf halber Höhe des Fußweges, der sich den Hügel hinaufwand, blickten zwei alterslose Augen, in denen Weisheit leuchtete, freundlich in die verwirrten eines Kindes. Die Kleine hatte impulsiv den heruntergefallenen Stock eines *Fakirs* (eines muslimischen Heiligen) aufgehoben und gab ihn ihm zurück.

»Hab Dank für deine Hilfe, mein Kind! Diese Augen sind nur auf das innere Licht angewiesen – das äußere Sehvermögen ist verschwommen. Der Stock ist eine große Hilfe. Dies ist nicht unsere erste Begegnung und es wird auch nicht die letzte sein. Wenn du ihn am meisten brauchst, wird dieser *Fakir* da sein, Gott segne dich!«

Das Kind verstand sehr wenig von dem Gesagten und hüpfte davon, um weiter mit seinem kleinen Bruder zu spielen.

Es war im Jahr 1927 und das Mädchen war gerade sieben. Die Familie war zu einem Picknick aus Quetta gekommen, um den Geburtstag ihres kleinen Bruders zu feiern. Indira, das kleine Mädchen, verbrachte die Ferien bei ihren Großeltern mütterlicherseits. Da ihre Großmutter meinte, sie sei zu ungezogen und eigensinnig, hatte man sie mit fünf Jahren in eine exklusive Internatsschule geschickt. Ungezogen war sie fraglos; ständig geriet sie in irgendeine Klemme und wurde von ihrer geliebten Granny zurechtgewiesen, die bei aller zärtlichen Liebe zu ihrer Enkelin oft nicht anders konnte, als sie zu bestrafen.

Erst kürzlich hatte Indira das Kalb eines Nachbarn losgebunden, damit es genügend Muttermilch trinken konnte. Doch die Frau des Nachbarn war zu ihrer Granny gelaufen und hatte sich beschwert.

»*Rani Ma,* deine Tochter ist eine *Devi* (eine Göttin), wie ist es möglich, dass sie diesen kleinen Teufel geboren hat? Immer ist sie zu Dummheiten aufgelegt. Was sollen wir heute tun, um Milch zu bekommen?«

»Nimm meinen Anteil Milch, Tante«, mischte sich Indira ein. »Ich mag keine Milch und noch weniger mag ich es, wenn das Kälbchen so einen verhungerten, gierigen Blick in den Augen hat. Schließlich war doch die Kuhmilch dafür gedacht, das Kälbchen zu ernähren, und nicht uns.«

Indiras Eltern lebten in Fort Sandeman, einer Stadt an der Grenze zu Afghanistan. Sie waren ein glückliches, zufriedenes Paar – sehr wohlhabend, fromm und äußerst großzügig.

Die einzige klare Erinnerung, die Indira an ihre wunderschöne Mutter hatte, betrifft deren letzte Augenblicke auf Erden. Sie war gerade siebenundzwanzig und hatte nach einem Unfall Blutvergiftung bekommen. Indira erinnert sich, wie sie in den frühen Morgenstunden von ihrer Kinderfrau geweckt und an das Bett ihrer Mutter geführt wurde.

Das schöne Gesicht sah bleich und abgezehrt aus, doch ein feines Lächeln bebte auf ihren Lippen. Sie rief ihre beiden Töchter, Indira und Kanta, näher heran, nahm Indiras Hand in die ihre und sagte: »Du bist mir Tochter und Sohn in einem. Vergiss nie, dass du mein Kind bist. Ich werde *immer* über dich wachen.«

Sie fragte, wie spät es sei, und als man ihr sagte, es sei vier Minuten vor fünf, bat sie ihren Bruder, ein bestimmtes Kapitel aus der *Bhagavad Gita* vorzulesen. Jeder, bis auf die Sterbende, wirkte nervös und rastlos. Die Bediensteten wurden gerufen und sie sprach freundlich zu ihnen, bat sie, ihr alle harten Worte zu verzeihen, die sie ihnen gegeben haben mochte. Keine Spur von Schmerz oder Trauer lag auf ihrem Gesicht.

Indiras Vater trat zu ihr, nahm seine sterbende Frau in die Arme und weinte: »Bitte, sag etwas zu mir.«

»Mach keine Versprechungen, die du nicht halten kannst. Ich habe in Freuden mit dir gelebt und ich gehe jetzt in Freuden. Lass mich bitte los, damit ich mich ganz auf Gott konzentrieren kann.«

Ihr Mann drückte sie fester an sich. Danach wandte sie das Gesicht ab, sprach zwei Worte: *»Hari Om – Hari Om – Hari Om«*[33], und verschied.

Ein glückseliges Lächeln spielte immer noch auf ihren Lippen. Das machte einen solch tiefen Eindruck auf Indira, dass sie nie wieder zu

33 Ganz allgemein lässt sich das mit »Herr, oh Herr« wiedergeben. Eine genaue Übersetzung würde eine ganze Abhandlung erfordern.

denken vermochte, der Tod sei etwas Schreckliches und Abstoßendes. Für sie symbolisierte er etwas Schönes und Unvermeidliches, dem mit Würde und Harmonie entgegenzutreten war. Natürlich wusste sie nicht, wie sie selbst empfinden würde, wenn ihre Zeit für den Abschied nahe rückte. Sie betete, dass auch sie wie ihre Mutter dahingehen möge.

Es gibt Ereignisse, die, obwohl an sich trivial, unserem Leben einen unauslöschlichen Stempel aufprägen. Immer wenn Indira auf dem Pfad der Erinnerung zurückwandert, fallen einige Dinge, die vor langer Zeit geschahen, ins Auge wie kleine Laternen in einer dunklen Gasse.

Indira strebte immer danach, Nonne zu werden, in ein Kloster einzutreten und alle Schwestern dort zum Lachen zu bringen, da sie ihr so rein, aber zu ernsthaft vorkamen. Gott spielte in ihrer Kindheit keine vorherrschende Rolle, wenn sie auch niemals an Seiner Existenz zweifelte. Es war ein starkes, beständiges Gefühl, das sie für Ihn empfand. So weit sie zurückdenken kann, war es da und ist heute noch ebenso stark, wenn nicht stärker: das Gefühl tiefer Dankbarkeit. Kein einziges Mal in ihren zweiundfünfzig Lebensjahren hat sie gedacht, Gott sei ungerecht oder sie bekomme nicht das ihr Gebührende. In jedem Unglück, bei jedem Rückschlag, ob geistig oder körperlich, ist diese Überzeugung da: »Er weiß es am besten. Wäre es nur nach meinem *Karma* gegangen, wäre es schlimmer geworden. Allein die göttliche Gnade hat es erträglich gemacht.« Dieses Gefühl der Dankbarkeit ist da, wenn die Dinge richtig laufen, und mehr noch, wenn sie schiefgehen. Sie weiß, dass sie bei Gott und beim Guru stets die Nehmende war; so vieles hatte sie unverdient und unverlangt erhalten, dass es sehr kleinlich wäre, wollte sie diese Schulden nicht anerkennen.

Im Mai 1935 wurde ihr ein besonderes Zeichen göttlichen Mitgefühls offenbart. Sie wollte die Sommerferien in Quetta verbringen und war an jenem Abend gerade aus Lahore eingetroffen. Ihre Schwester war zu den Eltern gefahren, dem Vater und der freundlichen, liebevollen Stiefmutter, die in Murree (einem im Bergland gelegenen Erholungsort in der Nähe von Rawalpindi – heute in Pakistan) weilten. In Quetta, fünfzehnhundert Meter über dem Meeresspiegel, ist es selbst im Sommer kühl. Die Familie war zu Bett gegangen. Indiras Großvater hatte eine Anzahl armer Verwandter bei sich aufgenommen, sodass der Haushalt groß war. Die Jungen lernten in der Schule oder auf dem College und die Frauen blieben zu Hause, wo sie bei den täglichen Arbeiten halfen oder die heiligen Schriften lasen.

Gegen drei Uhr morgens sah Indira im Traum, dass sie ein Kartenhaus baute, als ein tiefes, grollendes Poltern ertönte und das Kartenhaus einstürzte; aber, seltsam genug, es waren keine Karten, sondern Ziegel und Mörtel, die da zusammenfielen. Sie hörte eine weibliche Stimme deutlich rufen: »Steh auf und geh sofort hinaus.« Das wurde so lange wiederholt, bis sie sich genötigt sah, ihr Bett zu verlassen und auf die Veranda hinauszulaufen. Von dort aus sah sie, wie sich eine ihrer Tanten über die Wiege ihres kleinen Sohnes beugte. Bei Indiras Anblick rief sie: »Geh zurück ins Bett! Was für einen Unfug hast du jetzt im Sinn?«

Indira schrie zurück: »Komm heraus, Tante! Du musst. Es wird etwas Furchtbares geschehen.«

Sie wartete die Antwort ihrer Tante nicht ab und rannte hinaus durch den Mandelhain auf den Tennisplatz. Kaum hatte sie den Rasen betreten, als ein schreckliches Poltern ertönte und das ganze Haus in weniger als einer Minute vor ihren entsetzten Blicken zusammenstürzte. Inmitten der Staubwolke, der Schreie und des Wimmerns ringsum fiel ihr eins deutlich ins Auge: In dem ganzen Trümmerhaufen und Schutt blieb ein einziger Schrank mit dem gesamten belgischen facettierten Glas unbeschädigt.

Dreißig Menschen waren allein in dem einen Haus umgekommen. Indiras Großvater wurde sitzend aufgefunden. Der Tod hatte ihn beim Morgengebet ereilt.

Wieder standen die Sommerferien vor der Tür. Diesmal verbrachte Indira sie bei ihren Eltern, da von ihres Großvaters Familie in Quetta niemand überlebt hatte bis auf einen Onkel, der in Rawalpindi stationiert war, und eine verwitwete Tante, die sich zur Zeit des großen Erdbebens nicht in Quetta aufhielt.

Indira liebte Tiere, insbesondere Hunde, aber diese Liebe hatte sie in ein Dilemma geraten lassen. Der Hund eines Nachbarn hatte sie ins Handgelenk gebissen; obwohl bekannt war, dass er zwei Tage darauf einging, fürchtete sich Indira so vor den Spritzen gegen Tollwut, dass sie niemandem etwas davon erzählte.

Einen Monat später trat am ganzen Körper ein qualvolles Gefühl der Lähmung auf. Sie verlor das Bewusstsein, als sich die schrecklichen Symptome der Tollwut zeigten. Jede erdenkliche ärztliche Hilfe wurde aufgeboten, jedoch vergebens. Sie werde sterben, erklärten die Ärzte, die ihr Morphiumspritzen gaben, um ihr das Ende zu erleichtern.

Wie es im Punjab der Brauch war, wenn jemand im Sterben liegt, war Indiras älterer Bruder Jogindar in die Bettlersiedlung gegangen, um Almosen zu verteilen. Ein muslimischer *Fakir* sprach ihn an und erkundigte sich, weshalb er weine.

»Meine Schwester ist tot, *Baba*«[34], entgegnete Jogindar.

»Ist sie tot oder liegt sie im Sterben?«, fragte der andere eindringlich.

»Sie muss inzwischen tot sein, *Baba*«, seufzte Jogindar. »Als ich das Haus verließ, hatte das Todesröcheln bereits eingesetzt und der Schluckauf war furchtbar.«

»Bring mich zu ihr, mein Sohn, ich stehe in ihrer Schuld und versprach zu kommen, wenn sie mich am meisten brauchen würde.«

Zögernd fuhr ihn Jogindar nach Hause und erzählte ihm unterwegs: »Die besten Ärzte aus ganz Indien sind gerufen worden. Aber sie alle haben aufgegeben. Was also kannst *du* tun, *Baba?*«

Als sie ankamen, wartete das Ärztekonsilium ratlos im Wohnzimmer. Der Baba wurde unbemerkt hereingeführt. Er bat alle, das sterbende Mädchen allein zu lassen. Einige Leute, die von draußen ins Zimmer spähten, sahen, wie er etwas in ihren Mund spie. Dann nahm er einen Baumwolllappen, tauchte ihn in Wasser und befeuchtete ihre Zunge. Nachdem er das ein paarmal wiederholt hatte, flößte er ihr einen Teelöffel voll Wasser tropfenweise ein. Sie schluckte es. Der an Tollwut erkrankte Patient kann kein Wasser zu sich nehmen, daher hatten ihr die Ärzte Traubenzuckerinfusionen gegeben, um dem Flüssigkeitsentzug entgegenzuwirken.

Das Ganze verursachte große Aufregung. Die erstaunten Ärzte wollten unbedingt den *Baba* sehen, der das Mädchen aus dem Rachen des Todes zurückgeholt hatte. Aber er war nirgends zu finden und wurde nie wieder erblickt.

Jahre später sah Indira in Pondicherry in ihrer Meditation eine nahe einem Bergbach gelegene Höhle. In der Höhle war Licht, obwohl drinnen weder Lampe noch Kerze brannte. Derselbe *Fakir* saß da, eine Hand ruhte auf einer hölzernen Stütze. Er schien durch Indira hindurchzuschauen, seine Augen strahlten wie Scheinwerfer. Er lächelte mitfühlend und verschwand dann.

Indira kannte diese hügelige Gegend. Und so schrieb ihr Guru seinem Freund, dem Gouverneur dieser Provinz, und bat ihn, in Nainital Nachforschungen anzustellen. Die Antwort kam zwei Wochen später.

---

34 Ein Heiliger wird oft als *Baba* angeredet, was Vater bedeutet.

Es gab dort einen muslimischen Heiligen, der in einer Hütte am Ufer des Bergflusses Kosi lebte. Er kam nur nach Einbruch der Dunkelheit heraus, und Schäfer versorgten ihn mit etwas Milch und Brot. Wenn die Kosi alljährlich in der Monsunzeit Verwüstungen anrichtete und sämtliche Dörfer wegen des Hochwassers geräumt wurden, blieb die Hütte dieses muslimischen Heiligen angeblich unbeschädigt, und er verließ seinen Unterschlupf niemals. Sein Name war Rajib Sain. Indira hatte manchmal in ihrer Meditation Kontakt mit ihm. Er zeigte stets das gleiche freundliche Lächeln und saß in der gleichen aufrechten Haltung da.

20
Erwachen

Indira war fünfzehn, als der Kosi-*Baba* sie aus dem Rachen des Todes rettete.

Sie war stolz und überempfindlich. Vielfach wurde sie missverstanden; erst als sie ihrem Guru begegnete, erkannte sie, dass Leid durch Unwissenheit und durch ihre Anhaftungen entstand. Zu ihrer großen Enttäuschung entdeckte sie, dass sie sich nicht einmal selbst verstand, wie also konnten andere sie verstehen?

Was Sex anging, war Indira in hohem Maße anormal. Zwar liebte sie ihre Freunde innig, empfand jedoch tiefen Abscheu vor Sex. Bei dem Gedanken, von irgendjemandem berührt zu werden, schauderte sie. Obwohl sie ihren Mann zärtlich liebte, konnte sie es bald nach ihrer Hochzeit nicht ertragen, mit ihm in ehelicher Intimität zu leben. Neben ihrem Mann hatte sie einen Freund sehr gern, da er der Einzige war, der ihr Problem unbewusst verstand und sie unter *ihren* Bedingungen und nicht unter den seinen liebte.

Diese Aversion verursachte erhebliche Disharmonie und trug ihr viel Kummer ein. Die Menschen in ihrer Umgebung konnten nicht begreifen, wieso jemand, der die Gesellschaft von Männern gern hatte, der mit ihnen lachte und scherzte, auf halbem Weg die Grenze ziehen und sagen konnte: »Bis hierher und nicht weiter.« Sie hielt sich weder für besser noch für schlechter als andere, sondern wusste nur, dass sie eben *anders* war.

1945, sieben Jahre nach Indiras Heirat und fünf nach der Geburt ihres Sohnes Anil, begannen sich die Dinge zu ereignen, die den ganzen Lauf ihres Lebens veränderten. Dazu gehörte die in ihren Augen unwichtigste Tatsache, dass sie die Gabe entwickelte, Gedanken zu lesen. Zuerst tat sie es als schieren Zufall ab und dann als Einbildung, doch als sie es immer wieder nachprüfte, musste sie sich wohl oder übel eingestehen, dass sie diese Fähigkeit wirklich entwickelt hatte, und sie schämte sich beinahe ihrer selbst. Jedes Mal, wenn jemandes Gedanken ihr enthüllt wurden, hatte sie das Gefühl, als blickte sie verstohlen in das Badezimmer eines Fremden, der gerade duscht. Daher verschloss sie dieses beunruhigende Geheimnis in ihrem Innern, nachdem sie es nur ihrer engsten Freundin Ladli anvertraut hatte.

Zu dieser Zeit hielt sie sich mit ihrem Mann in Bombay auf. Anil hatten sie auf die Welham Boarding School in Dehradun geschickt. Sie bewohnten eine der hübschen Suiten mit Seeblick im obersten Stockwerk des Taj Hotels. Es war die erste Dezemberwoche. Sie wollten zum Dinner zu Ladli und ihrem Mann Akhtar gehen.

Gegen halb neun war Indira gerade mit Ankleiden fertig. Sie liebte schöne Kleider und Schmuck. Wenn sie einmal jährlich nach Bombay fuhr, geschah das nur, um neue Saris und Juwelierwaren auszusuchen. Indira blickte in den hohen Spiegel, um sich zu vergewissern, dass ihr Sari in Ordnung war, doch was sie darin sah, ließ sie versteinern. Sie schrie, denn nicht ihr eigenes Spiegelbild starrte ihr entgegen, sondern die hohlen Augen eines Gerippes.

Ihr Mann kam aus dem Wohnzimmer angestürzt. Als sie ihm erzählte, was geschehen war, lachte er sie aus. »Mein liebes Mädchen, du liest zu viel. Daher siehst du Gerippe in Spiegeln. Es muss ein Bild sein, das an der Wand gegenüber hängt, oder die Meeresbrise hat die Vorhänge aufgebauscht und dir damit einen Streich gespielt.«

Sie blickte auf die gegenüberliegende Wand und sah, dass sie leer war. Es wird Einbildung gewesen sein, dachte sie, oder ein Schatten, der vertrackt fiel.

Ihr Mann ging ins Wohnzimmer zurück. Bevor sie den Ankleideraum verließ, blickte sie noch einmal über die Schulter, und da war es – das Gerippe war wieder aufgetaucht!

Indira hastete aus dem Zimmer und sagte kein Wort mehr zu ihrem Mann. Als sie es Ladli gegenüber erwähnte, bekam sie einen neuerlichen Schock. Ladli, die viel reifer und klüger war als Indira, musterte sie einen Augenblick und meinte: »Ist dir nicht klar, dass das vielleicht gar keine Einbildung ist? Du *bist* medial veranlagt – wie sonst könntest du die Gedanken der Menschen lesen?«

»Medial veranlagt? Ich?«, wandte Indira ein. »Ach, Ladli, fange ich jetzt an, Gespenster zu sehen? Bitte sag nicht so schreckliche Sachen!«

»Wie widersprüchlich du bist, Indira!«, erklärte Ladli. »Du liest Gedanken, hast prophetische Träume, hörst Stimmen – erinnere dich an den Vorfall in Quetta –, du spürst Schwingungen und trotzdem hast du paradoxerweise Spaß an Amüsements, an Kleidern, Schmuck und Geselligkeit. Vielleicht wirst du wie die heilige Teresa.«

»Ich bitte dich, Ladli, mach mir keine Angst! Ich kann nicht einmal im Traum daran denken, eine heilige *Weltenmutter* zu werden! Niemals etwas Falsches tun, immer auf einem Sockel sitzen. Nein, nein, dem könnte ich nie gerecht werden. Ich wäre viel lieber deine kleine Schwester. Du hast einen so wunderbaren Sinn für Humor, die Heiligen blicken so ernsthaft und überlegen drein. Wenn du mich zu einer Heiligen machst, dann wirst du kommen müssen, um dich von mir segnen zu lassen. Und ich verspreche dir, Ladli, ich werde dir die Zunge herausstrecken und alle Gläubigen schockieren. Lass uns lieber von etwas Amüsanterem reden.«

Doch noch während sie redete, erinnerte sich Indira an eine wunderschöne Vision von Christus, die sie gehabt hatte. Sie war in einer Stadt und ging auf einer Straße mit Kopfsteinpflaster. Zu beiden Seiten waren hohe Häuser. Aus einer Seitengasse konnte man das Geräusch von etwas Schwerem, das gezogen wurde, immer näher kommen hören; und dann veränderte sich die ganze Atmosphäre – die Luft war übersättigt mit etwas, das sich nicht beschreiben lässt.

Einige Männer in schweren, unförmigen Kleidern und Riemensandalen traten hervor, und dann erschien eine zusammengekrümmte Gestalt, die auf dem Rücken einen roh behauenen Baumstamm in Kreuzform schleppte. Er war zu schwer für ihn und sein Körper war unbekleidet bis auf eine Art indischen *Lungi*.[35] Sie drängte sich durch die Menge und rief, als sie in die Nähe des Mannes, der das Kreuz schleppte, gelangte: »Oh Herr, warum lässt du es zu, dass sie dir das antun?« Sie fiel auf die Knie und weinte. Er, der so gebrechlich und erschöpft wirkte, schaute zu ihr hoch und sie sah, dass Seine Augen nicht traurig waren. Sie glichen zwei tiefen, klaren Teichen und waren voller Mitgefühl. Denn Er verstand, weshalb die Menschen nicht begreifen. Er vergab den Unglücklichen, die ihn hassten, und bot ihnen Göttliche Liebe. Er, der rein und ohne Sünde war, wurde von den Sündern für deren eigene Sünden bestraft. Die Augen lächelten, obwohl die Lippen ausgedörrt waren. Die Erfahrung überwältigte Indira. Frieden strömte von ihrem Kopf durch ihren Körper hinunter.

Wieso hatte sie diese Vision inmitten ihrer vielen Verpflichtungen

---

35 Wickelrock, der von der Taille bis an die Knöchel reicht.

und ihrer Sozialarbeit gehabt? Konnte etwas derart Gewaltiges einfach so geschehen? Als sie darüber nachdachte, lächelte Ladli und fuhr fort:

»Ich frage mich allerdings, warum du ein Gerippe gesehen hast! Vielleicht erwartet Gott etwas anderes von dir. Weißt du, Indira, wenn du nicht zu Dummheiten oder zum Herumalbern aufgelegt bist, hast du einen sehr entrückten Ausdruck an dir. Ich überlege mir oft, weshalb du bei deiner Vorliebe für schöne Dinge so schnell das Interesse an ihnen verlierst, kaum dass du sie besitzt. Du liebst doch das Leben so intensiv und hast so wenig Hemmungen, woher kommt es dann eigentlich, dass du dich von Sex abgestoßen fühlst? Aber mach dir keine Gedanken, selbst wenn du eines Tages zur Heiligen wirst, werden wir Lachen und Heiligkeit zusammen haben – ein wahrer Segen!«

In diesem Augenblick kam Ladlis Mann Akhtar herein und sagte: »Wir haben einen norwegischen Geistlichen kennengelernt, Indira, einen wunderbaren Mann. Stell dir vor, plötzlich kam die Gabe der Weissagung über ihn, ohne dass er irgendwelche Bücher gelesen hätte. Er kann dir die Zukunft aus dem Abdruck deiner Handfläche vorhersagen.«

Ladli hatte eine gute Idee. »Akhtar, wir machen einen Handabdruck von Indira auf einem rußgeschwärzten Blatt Papier, den schicken wir ihm und sehen, was er sagt. Irgendetwas hat Indira sehr durcheinandergebracht und sie möchte wissen, was ihr die Zukunft bringt.«

»Schick ihm den Abdruck auf alle Fälle. Aber du weißt ja, dass ich nicht an Handleserei und Astrologie glaube«, sagte Indira.

»Es kann dir nicht schaden, Indira. Lass es uns nur zum Spaß versuchen«, antwortete Akhtar.

Sie schickten ein gewöhnliches rußgeschwärztes Blatt Papier mit dem Handabdruck an den norwegischen Mönch, der sein Antwortschreiben an Ladlis Bruder Sultan richtete:

> Ich gebe Ihnen hier eine kurze Deutung des Handabdrucks, den Sie mir sandten. Eine eingehende Analyse wird mindestens einen Monat beanspruchen. Da Sie nur bestimmte Dinge zu erfahren wünschen, übermittle ich Ihnen jetzt lediglich eine Skizze und lasse die ausführliche Darstellung folgen:
>
> 1. *Kindheit:* Ideale äußere Lebensbedingungen – sehr glückliches, gesundes, hochintelligentes, fantasievolles, überempfindliches, munteres Kind. Eine geborene Führernatur.

»Vielleicht erwartet Gott etwas anderes von dir.
Weißt du, Indira, wenn du nicht zu Dummheiten oder zum Herumalbern aufgelegt bist,
hast du einen sehr unirdischen Ausdruck an dir.«

2. Ehe: Von nun an zeigt sich eine Hingabe an die Pflicht, die an Vergötterung grenzt. Moralische Stärke des Charakters, absolute Hinneigung zu geistiger Veredelung, Mut und Entschlossenheit, zu dem zu stehen, was richtig ist, ohne Rücksicht auf Konsequenzen, werden im Alter von fünfzehn oder zwanzig Jahren die bemerkenswertesten Züge. Drei männliche Kinder in den ersten zehn Ehejahren sind wahrscheinlich. Sie erweisen sich als starkes Bindeglied zwischen den Eltern.

3. Rastlosigkeit und das Verlangen nach Wahrheit, Erkenntnis und spirituellem Frieden ist jetzt ein sehr dominierender Zug, diese plötzliche Störung im normalen Leben kann auf einen Schock oder auf den Einfluss einer bestimmten Person zurückzuführen sein.

Danach ist kein Anzeichen für echten Frieden oder Zufriedenheit vorhanden, der Kampf und das Streben, etwas Besseres und Höheres zu erlangen, werden immer stärker. Mit etwa dreißig Jahren deutet sich eine vollständige Veränderung an. Zum ersten Mal fällt der Schleier und die wahre, reine Seele wird enthüllt. Alles, was der »Hand« zusteht, muss sie jetzt erreichen. Von nun an lebt sie in ihrem eigenen Bereich und unter ihr würdigen Umständen.

Ohne Zweifel handelt es sich um eine überaus bemerkenswerte Hand – höchst außergewöhnlich, selten, kultiviert. Sie lässt darauf schließen, dass ihre weltlichen Bedürfnisse und Wünsche nahezu restlos erfüllt werden, dennoch »braucht und verlangt« sie mehr. Die Besitzerin der Hand muss eine wunderbare, ungewöhnliche, einzigartige Persönlichkeit sein.

Charakter: In höchstem Maße aufrichtig, lauter, kultiviert, philanthropisch, sehr fromm, wahrheitsliebend, sensibel, außergewöhnlich intelligent. Versöhnlichkeit und moralische Stärke sind felsenfest, unerschütterlich. Liebe zu Ehre und Würde ist bemerkenswert. Mangelndes Interesse an weltlichen Gütern und das vollständig fehlende sexuelle Verlangen sind vorherrschende Züge. Interessanterweise ist festzustellen, dass trotz der oben erwähnten starken Abneigung immer Überfluss an Reichtum vorhanden sein und dass die Besitzerin dieser Hand eine magnetische, unwiderstehliche Anziehung auf das andere Geschlecht ausüben wird. Von denen, die mit ihr in Kontakt kamen, wird sich fast niemand von ihrer Faszination lösen können, sofern sie ihn halten möchte. Das Verlangen, alles aufzugeben, wird sie häufig beschleichen, bis sich restlose Gleichgültigkeit gegenüber allem eingestellt hat, was die Welt als wertvoll erachtet.

Gesundheit: Schlecht, Atmungsorgane schwach, es gibt einen Hinweis auf Tod infolge Herzversagen oder Blutsturz im Alter von vierunddreißig und fünfundvierzig Jahren. Obwohl sie stets den Nimbus von Frieden und Glück auf ihre Umgebung verbreitet, wird die »Besitzerin« niemals »glücklich« sein ... Sie erfüllt alle Pflichten gewissenhaft und genau, bleibt aber von jeder Bindung meilenweit entfernt. Ein sehr einsamer Mensch – sie geht allein ihren Weg, strebt nach Spiritualität, ist unerschrocken, dennoch ängstlich, das zu nehmen, was ihr von Rechts wegen zusteht. Zweifel an ihrer Fähigkeit, Intelligenz und Kraft ist der bedrückendste Faktor in der Hand. Furchtbar deprimierte Stimmungen ein weiterer. Wenig vom Leben fordern, alles geben, immer gegen sich selbst kämpfen. Es ist schwer, etwas über diese außergewöhnliche Persönlichkeit in allgemeinen Worten zu sagen. Es ist eine so ungewöhnliche Hand – fast wie aus dem Lehrbuch.

Physisch muss die Besitzerin der Hand äußerst angenehm, charmant und attraktiv sein. Die wahre Verkörperung von Kunst, Kultur und Anmut.

Entschuldigen Sie diesen überhasteten Brief. Eine detaillierte Deutung nach besten Kräften folgt.

Inzwischen wollen Sie die Besitzerin der Hand freundlicherweise bitten, mir den Zehenabdruck, »Kopfabmessungen« und eine Fotografie zu schicken. Ich bin stolz darauf, Ihnen über die verborgenen Schätze in der Hand Ihrer lieben Schwester zu berichten.

Sykelke Reed
23. März 1945[36]

---

36 Reverend Reed sagte voraus, dass sich Indira im Alter von dreißig Jahren dem spirituellen Leben zuwenden würde. Ich begegnete ihr 1946 zum ersten Mal, als sie knapp sechsundzwanzig war. Danach schrieb sie mir einen Brief, sie tappe in unsagbarer Dunkelheit umher und brauche geistige Führung. Ich lud sie ein, mich als Gast in meiner Wohnung in Pondicherry zu besuchen – damals praktizierte ich unter der Leitung von Sri Aurobindo Yoga – und sie nahm im Februar 1949 die Einladung an. Am 26. März vollendete sie ihr neunundzwanzigstes Lebensjahr und war gerade in das dreißigste getreten, als ich ihr die Einweihung gab. So war die Voraussage des Geistlichen zutreffend. Seine andere Prophezeiung über ihren Tod im Alter von vierunddreißig oder fünfundvierzig Jahren war nicht weniger bemerkenswert, denn in jedem dieser Jahre musste Gott ein wirkliches Wunder vollbringen, damit sie die schlimmstmöglichen gesundheitlichen Krisen überstand. Über die generelle Genauigkeit dieser beachtlichen Charakterdeutung brauche ich wohl kaum einen Kommentar abzugeben. – D. K. R.

21
Träume und Stimmen

Leicht verwirrt kehrte Indira aus Ladlis Wohnung zurück. Sie nahm die Bemerkung ihrer Freundin, sie sei »medial veranlagt«, fraglos nicht ernst, konnte aber das Rätsel mit dem Gerippe nicht lösen. Jedenfalls hielt sie es für das Beste, nicht darüber nachzudenken, um das Ganze nicht zur Autosuggestion werden zu lassen.

Sie las in einem Buch, schlief spät ein und schreckte hoch, weil sie einen häufig wiederkehrenden Traum gehabt hatte.

Seit ihrer Kindheit träumte sie oft, frei und anmutig wie ein Vogel zu fliegen, immer höher, was ihr das Gefühl von Weite und Entfaltung gab. Manchmal erwachte sie ruckartig wie in jener Nacht. Doch gerade als sie wieder einschlummerte, hörte sie eine klare Stimme sagen: »Bist du deswegen gekommen? Bist du deswegen gekommen?«

Sie fuhr hoch und fragte ihren Mann: »Hast du etwas zu mir gesagt?«

Er öffnete die noch schlaftrunkenen Augen. »Was hast du gestern Abend gegessen? Es ist dir wohl nicht bekommen.«

»Aber ich habe die Stimme gehört«, protestierte Indira, »und zwar immer wieder. Es war bestimmt keine Einbildung von mir.«

Ihr Mann lächelte. »Hotels haben dünne Wände. Es muss jemand nebenan gesprochen haben. Schlaf weiter. Wie kann man einen harmlosen Menschen zu einer so unmöglichen Zeit aufwecken und belästigen!« Damit schlief er wieder ein.

Indira versuchte es ebenfalls, aber wiederum sprach dieselbe Stimme: »Warum bist du gekommen? Bist du deswegen gekommen, bist du deswegen gekommen?«

Danach konnte sie gar nicht mehr schlafen. Die Stimme war so deutlich und nahe! Wer war das? Vielleicht ein Teil ihres inneren Wesens? Oder war das Ganze ein Produkt ihrer Fantasie? Es war so real und doch so unglaubhaft. Wiederum beschloss sie, dies alles zu vergessen, und suggerierte sich unentwegt: »All das hat keine Bedeutung. Es ist ein Traum, und weil er so lebhaft war, ist die gedankliche Verbindung nicht gerissen, als ich aufwachte. Ich darf diesen Autosuggestionen nicht nachgeben.«

Doch das war leichter gesagt als getan. Zwei oder drei Tage später sprach sie auf einer Konferenz zu den übrigen Teilnehmern über das kleine Waisenhaus, das sie unter ihre Fittiche genommen hatte und mit ihrem eigenen Geld führen wollte: »Diese kleinen Kinder brauchen ein Heim, Liebe und ein Gefühl der Sicherheit. Sie wollen spüren, dass sie dazugehören und dass man sie gern hat. Sie sind kein Trödel, den man zusammenwirft, um ihn später zu verschachern oder an einen mildtätigen Menschen zu verschenken. Es ist unsere Pflicht, uns ihrer anzunehmen, aber Pflicht allein ist nicht genug. Es sollte eine von Liebe durchdrungene Pflicht sein und nicht Pflicht mit einem Zuckerguss von Mitleid. Es ist nicht Mitleid, was diese Kinder brauchen. Mitleid ist kein wünschenswertes Gefühl, weil es demjenigen, der gibt, ebenso schadet wie dem, der es empfängt. Es fördert nur Schwäche und Sichgehenlassen. Wenn diese Kinder den Mut entwickeln sollen, der notwendig ist, um dieser rauen Welt entgegenzutreten, brauchen sie unsere Achtung, unsere Ermutigung und vor allem unsere Liebe. Mitleid, insbesondere Selbstmitleid, zehrt die Kraft auf und führt zu einem Minderwertigkeitskomplex. Kinder sollen ermutigt werden, der Wirklichkeit ins Auge zu sehen. Sie dürfen ihr Leben nicht damit vergeuden, bemitleidet zu werden und sich selbst zu bemitleiden. Ich will sie lieben und für sie sorgen, weil ich so viele Menschen habe, die mich lieben und für mich sorgen.« Sobald sie geendet hatte, war ihr, als seien sämtliche Lichter gelöscht und sie in vollständige Dunkelheit gestürzt worden – ganz allein und verloren! Natürlich brannten die elektrischen Lampen durchweg. Indira hatte diese Erfahrung nie zuvor gehabt. Es war erstickend und sie fürchtete sich. Sie stand auf und erklärte ihren Freunden: »Ich fühle mich so sonderbar – vielleicht steht einer meiner üblichen Asthmaanfälle bevor. Ich muss nach Hause fahren und mir meine Adrenalinspritze geben lassen. Ich hoffe, ihr entschuldigt mich.« Mit diesen Worten verließ sie die Versammlung. Das Gefühl völliger Dunkelheit und Einsamkeit dauerte an und sie hörte wieder die Stimme: »Bist du deswegen gekommen, bist du deswegen gekommen? Weswegen bist du gekommen?«

Eine Weile blieb es still und dann wiederholte die Stimme abermals denselben Satz.

Als Indira zu Hause ankam, war zum Glück alles wieder wie sonst.

»Wie widersprüchlich du bist, Indira!
Du liest Gedanken, hast prophetische Träume, hörst Stimmen und trotzdem hast du paradoxerweise Spaß an Amüsements, an Kleidern, Schmuck und Geselligkeit.«

Diese Stimme und die unvermittelte Erfahrung, in völliger Dunkelheit umherzutappen, kehrten immer häufiger wieder, bis sie fast außer sich geriet. Sie hatte das Interesse an ihrem gesellschaftlichen Leben und an der Sozialarbeit nicht verloren, doch dieselbe Erfahrung wiederholte sich ständig. Schließlich war sie überzeugt, dass etwas sehr Seltsames im Gange war.

Indira konsultierte Ärzte und einen Psychiater, der ihr zu einem weiteren Kind riet. Anil, ihr Sohn, war damals acht Jahre alt. Ihr Mann flehte sie an, den Rat des Arztes zu befolgen, zumal er der festen Meinung war, sie würde von außerhäuslichen Tätigkeiten zu stark beansprucht – dem Waisenhaus, dem Heim für Leprakranke, der Schule (dort erlernten notleidende Frauen Nähen, Kochen, Stricken und andere Fertigkeiten), den Pfadfinderinnen und dem Frauenverein. Es genüge nicht, wenn sie das Haus tadellos führe, ebenso wenig beeindrucke ihn der Wunsch, Waisenkinder und Notleidende zu lieben, erklärte er. »Wohltätigkeit fängt daheim an, meine Liebe! Beginne damit, zunächst einmal deinen Mann und deine Familienangehörigen zu lieben. Danach kannst du dann deine Liebe Außenstehenden schenken.«

Er schrieb auch an Indiras Vater, dass er sich Sorgen um sie mache, da sie diese Anfälle tiefer Depression und manchmal einen völlig geistesabwesenden Blick in den Augen habe.

Ihr Vater telegrafierte ihr, sie solle sofort nach Mussoorie kommen, wo eine dicke Schneedecke lag und die Bäume wie weiß uniformierte, mit Schneehelmen gekrönte Wachposten dastanden. Es würde ihr ungemein guttun, meinte er und schrieb ihrem Mann ebenfalls mit der Bitte, zusammen mit ihr zu kommen.

Indira fuhr zuerst nach Lahore, um sich mit Verwandten ihres Mannes zu treffen. Ihr Vater hatte ihr mitgeteilt, ein guter Freund von ihm, Herr Franz, sei in Lahore und sie könnten alle mit dem Wagen nach Mussoorie fahren. Herr Franz befand sich auf einer Reise durch Indien und würde, wie schon bei früheren Gelegenheiten, ein paar Tage in Mussoorie verbringen, bevor er nach Deutschland zurückkehrte.

Sie begegnete Herrn Franz in Lahore zum ersten Mal und bat ihn, sie zum Dinner zu begleiten – sie wolle Freunde besuchen und werde ihnen seinetwegen telefonisch Bescheid sagen.

Sie sahen einer wunderschönen *Bharat-Natyam-Aufführung* einer russischen Tänzerin zu, die mit ihrem Mann unterwegs nach Mussoorie war, wo sie zusammen mit dem Zauberer Gogia Pasha ein Engagement im Savoy Hotel hatten. Indira blickte Franz an, um ihm einige komplizierte Schritte zu erklären (sie war selbst Tänzerin), als sie seine Gedanken las.

»Sind Sie Psychiater und versuchen, meinen Gemütszustand zu analysieren?«, fragte sie.

Franz war verblüfft. »Wer hat Ihnen das gesagt?«, erkundigte er sich. »Ihr Vater etwa? Aber er bat mich doch, es Ihnen gegenüber nicht zu erwähnen.«

»Ich weiß so etwas einfach manchmal, wie oder weshalb, begreife ich nicht – es passiert eben. Mich beunruhigt das, aber ich habe keine Gewalt darüber und kann auch Gedanken nicht durch bewusste Anstrengung lesen. Es ist, als ob ich durch einen gläsernen Schrank schaue, und es handelt sich nicht nur um den Gedanken des jeweiligen Moments, sondern bei seltenen Gelegenheiten auch um die Vergangenheit oder Zukunft eines Menschen, die an meinen Augen vorbeizieht. Weshalb geschieht das? Warum bin ich anormal? Vielleicht bin ich genau die richtige Patientin für Sie.« Indira lachte.

»Auch ich mache mir Gedanken«, erwiderte Franz, »denn Sie haben begonnen, mein Gemüt zu analysieren. Sie sind bestimmt nicht wahnsinnig in dem Sinne, wie wir Psychologen es verstehen, aber ganz normal sind Sie auch nicht.«

»Sie meinen, ich bin ein Grenzfall?«

»Sie sind ein Rätsel, Indira«, wich er aus. »Ein solcher Fall ist mir noch nie untergekommen. Sagen Sie mir eins – wissen Ihre Angehörigen davon?«

»Nein, sie haben keine Ahnung«, antwortete sie. »Ich habe noch nie zu jemandem darüber gesprochen, außer zu meiner Freundin Ladli. Deshalb erwähnen Sie bitte auch meinem Vater gegenüber nichts davon.«

Er erzählte ihr dann, dass er Psychiater sei, wenn auch jetzt die Rollen vertauscht schienen. Franz wurde ein sehr guter Freund und eine große Hilfe für sie, insbesondere als die mystischen Erfahrungen sie zu überfluten begannen, nachdem sie am 20. Februar 1949 dauerhaft in Sri Aurobindos Ashram Zuflucht gesucht hatte.

Franz stand ihr in der Stunde ihrer Not zur Seite. »Was Ihnen widerfährt, Indira«, sagte er, »ist weder eine Halluzination noch eine Autosuggestion, sondern etwas, das außerhalb des verstandesmäßigen Bereichs liegt. Ich begreife es sicherlich nicht, aber da ich Sie seit vier Jahren kenne und gern habe, interessiere ich mich dafür und höre alles, was

Sie sagen, mit Respekt an. Doch haben Sie keine Angst und analysieren Sie es nicht zu sehr. Warum lassen Sie den Dingen nicht ihren natürlichen Lauf?«

»Ich kann nicht anders, ich muss darüber nachdenken, Franz«, erwiderte Indira. »Meine Hauptschwierigkeit liegt freilich darin, dass ich mich nicht einmal mit diesen Erfahrungen identifizieren kann. Ich bin irgendwie außerhalb – wie ein Zeuge oder wie ein Zuschauer –, aber trotzdem widerfahren sie mir, oder? Wie kann ich aufhören, mich darüber zu wundern und nachzudenken? Immerhin ist der Verstand alles, was ich besitze.«

»Vielleicht irren Sie sich«, erwiderte Franz. »Vielleicht besitzen Sie außer Ihrem Verstand noch etwas anderes oder etwas, das über Ihr Denkvermögen hinausgeht. Es ist auch möglich, dass eine andere Kraft ins Spiel gekommen ist – sie muss latent in Ihnen gelegen haben.«

»Aber warum ausgerechnet in mir? Ich bin weder eine Zauberin noch eine Yogini. Mein Geist wird ruhelos, wenn er nicht begreift. Sicherlich ist es in unserem Zeitalter der Vernunft nicht zu viel verlangt, wenn ich verstehen möchte, was mir widerfährt. Ich weiß, dass es wahr ist, es ist eine Realität, aber warum, Franz? Ich habe Angst. Bitte helfen Sie mir, mich von diesem chaotischen Zustand zu befreien.«

»Ich kann mit Ihnen fühlen, zu helfen aber vermag ich Ihnen nicht. Alles, was ich dazu sage, ist Folgendes: ›Seien Sie geduldig – warten Sie ab und lassen Sie uns sehen, was geschieht.«

»Worauf sollen wir warten?«

»Auf morgen, Indira. Die Knospe ist gerade erst in ihrem Anfangsstadium. Lassen Sie die Wärme der Sonne die Blütenblätter öffnen und dann werden wir sie in ihrer ganzen Schönheit sehen und ihren Duft richtig wahrnehmen. Haben Sie Geduld, beschleunigen Sie den Prozess nicht künstlich; das kann der kleinen Knospe nur schaden. Da Sie selbst zugeben, dass Sie die meiste Zeit Zuschauer oder Zeuge sind, wie Sie es nennen, weshalb wollen Sie das dann nicht noch ein wenig länger bleiben? Vom Publikum erwartet man kaum, dass es auf die Bühne springt und beginnt, Regie zu führen oder Fragen zu stellen, während die Vorstellung im Gange ist. Dieses fantastische ›Mysterienspiel‹ hat eben erst angefangen. Lassen Sie uns das Ende abwarten. Warten Sie das Morgen ab, Indira. Kämpfen Sie nicht – warten Sie einfach ab.«

22
Indira begegnet ihrem Meister

Das »Morgen«, von dem Franz sprach, kam einige Monate später. Es war der 7. Oktober 1946. Sie sollte bei einer Festveranstaltung in einem College präsidieren; Hauptgast war Sri Dilip Kumar Roy, der bekannte Sänger und Schriftsteller. »Der Mann mit der goldenen Stimme«, erklärte ihr der Direktor des Colleges.

Indira hatte bisher nichts von Sri Roy gehört, aber da sie Musik leidenschaftlich liebte, nahm sie die Einladung an. Wie es das Pech wollte, hatte sie am 7. Oktober hohes Fieber und einen Asthmaanfall. So konnte sie natürlich nicht hingehen, empfand jedoch am Nachmittag den heftigen Drang, ihn kennenzulernen. Es war ein unerklärlicher, dabei unwiderstehlicher Antrieb. Sie sagte zu ihrem Mann: »Ich möchte diesen großen Mann sehen. Bitte lade ihn ein, herzukommen.« Ihr Mann war verdutzt: »Du musst sehr hohes Fieber haben, du fängst ja an zu fantasieren.«

»Bitte, lass das, ich möchte ihn sehen, warum kannst du ihn nicht anrufen? Wir haben ein halbes Dutzend von Indiens erstrangigen Dichtern bei uns – er kann sich gute Gedichte anhören oder danach an der Dichterkonferenz teilnehmen«, beharrte Indira.

»Und was genau soll ich ihm schreiben? ›Bitte, Meister, kommen Sie in mein Haus und besuchen Sie meine Frau, die mit hohem Fieber und Asthma zu Bett liegt!‹ Nein, meine Liebe, du bist jetzt im Reich des Fieberwahns – wir reden darüber, wenn du morgen wieder deine fünf Sinne beisammen hast.«

»Aber morgen kann er schon wegfahren«, flehte Indira, »er ist ein überaus beschäftigter Mann, davon bin ich fest überzeugt.«

»Genau«, bestätigte ihr Mann. »Und eben deshalb werde ich keine derart törichte, unüberlegte Bitte an ihn richten. Warum möchtest du eigentlich, dass er kommt? Um dein gerötetes Gesicht zu sehen und deinen keuchenden Atem zu hören? Schlaf jetzt, morgen früh wirst du dich besser fühlen.«

Indira Devi zu Füßen ihres Gurus Dilip Kumar Roy
»Plötzlich konnte sie in der Dunkelheit ihren Weg erkennen
und Sri Roy war der Fackelträger.«

Doch Indira war kein Mensch, der aufgab. Sie schickte ihren jungen Schwager mit einem Brief zum Direktor des Colleges, um Sri D. K. Roy zu bitten, sie zu besuchen.

Gegen halb acht Uhr abends kam jemand ins Zimmer und flüsterte der Krankenschwester, die Indira pflegte, etwas zu. Auf Befragen sagte die Schwester: »Es sind ein paar Herren da, die Sie sehen möchten. Einer davon ist ein Sadhu.«

»Ein Sadhu! Meine Güte, was habe ich mit einem Sadhu zu schaffen? Einen Augenblick bitte, erkundigen Sie sich nach den Namen der Herren.«

Ihr Mann kam herein. »Du hast es geschafft, Indira. Sri Dilip Kumar Roy ist gekommen, dich zu besuchen. Soll ich ihn hereinführen?«

»Warum hat er diesen Sadhu mitgebracht?«, fragte Indira.

»Er hat keinen Sadhu mitgebracht, er selbst ist der Sadhu. Aber mach dir keine Gedanken. Sadhu oder nicht, sein Gesicht leuchtet, er ist eine wunderbare Persönlichkeit. Sei es der Zufall oder deine Intuition – es ist tatsächlich ein Segen, ihn nur anzusehen. Aber beeil dich, er hat danach noch zwei Verabredungen. Kannst du aufstehen und herüberkommen? Weißt du, wie spontan ich mich verneigt und seine Füße berührt habe? Mach kein so entsetztes Gesicht, das brauchst du nicht zu tun. Es genügt, wenn du dich vor mir verneigst.«

Indira hüllte sich in einen warmen Schal und betrat das Wohnzimmer. Sri Roy saß auf einem Sofa zwischen zwei Freunden. Er stand auf, als Indira hereinkam. Ein elektrischer Strom schoss vom Ende ihrer Wirbelsäule bis hinauf ins Genick. Sie grüßte ihn mit gefalteten Händen und setzte sich. Das Erste, was sie beeindruckte, war die Reinheit seines Gesichtes. Dieses überaus attraktive Gesicht war geprägt von Aufrichtigkeit und Kraft. Auch Indiras Mann war von scheuer Bewunderung erfüllt, doch als nüchterner, praktischer Mensch sagte er zu Sri Roy: »Ich bin Präsident des Rotary Clubs. Es wäre uns eine Ehre, wenn Sie an jedem Ihnen genehmen Montag vor den Rotariern über ein Thema Ihrer Wahl sprechen könnten.«

Sri Roy lehnte ab, da er demnächst Gandhiji treffen und dann nach Kalkutta zurückfahren musste, wo ein Empfang für ihn anlässlich seines fünfzigsten Geburtstages stattfinden sollte.

»Dann bleiben Sie bitte auf Ihrem Rückweg nach Kalkutta ein paar Tage bei uns und sprechen Sie im Rotary Club«, beharrte Indiras Mann.

Sri Roy stimmte bereitwillig zu und erhob sich, um zu seiner nächsten Verabredung zu gehen.

Indiras Mann und die übrigen Haushaltsmitglieder verbeugten sich alle tief vor ihm, Indira jedoch stand reglos da, obwohl in ihrem Innern ein Sturm tobte.

Sobald sie Sri D. K. Roy sah, erfüllte sie Frohlocken, als sei sie durch einen finsteren Tunnel gegangen, an dessen Ende sich plötzlich eine Tür geöffnet und eine wahre Kaskade von Licht hereingelassen habe. Plötzlich konnte sie in der Dunkelheit ihren Weg erkennen und Sri Roy war der Fackelträger.

Man hatte verabredet, dass Sri D. K. Roy im Januar drei Tage ihr Gast sein und im Rotary Club über »Musik und Spiritualität« sprechen würde.

Indiras Mann war förmlich in Ekstase. »Was für ein Mann!«, sagte er. »Das nenne ich einen wirklichen Sadhu, er sieht überhaupt nicht wie der herkömmliche Typ aus. Weißt du, dass er Subhash Chandra Boses bester Freund ist? Sie studierten zusammen in Cambridge. Er ist ein außerordentlich gelehrter Mann. Was für eine Gnade, einem solchen Menschen zu begegnen! Meiner Meinung nach kam er her, um mich zu sehen – und du bist wirklich eine merkwürdige Frau. Stehst dort abseits und hochmütig, ohne ein Wort zu sagen. Nicht einmal verneigt hast du dich vor ihm. Na jedenfalls lerne ich gern Menschen wie ihn kennen, allerdings habe ich noch nicht viele seines Schlages getroffen. Ich konnte deutlich merken, dass ich ihm sympathisch war, weshalb würde er sonst die ganze Mühe auf sich nehmen, seine Reise zu unterbrechen und vor den Rotariern einen Vortrag zu halten? Nur ein Juwelier kennt den Wert eines Edelsteins. Danke mir, mein Mädchen, dass ich dir Gelegenheit gegeben habe, einem solchen Mann zu begegnen.«

»Weshalb sollte ich dir danken?«, fragte Indira. »Du hast nicht einmal den Brief für mich geschrieben und wie hast du mich am Morgen ausgelacht!«

»Eben deswegen musst du mir danken, denn hätte ich heute früh nicht deine Bitte abgeschlagen, hättest du niemals mir zum Trotz den Brief abgeschickt, und er wäre überhaupt nicht gekommen.«

»Sing nicht dein eigenes Loblied – das ist unfein«, tadelte Indira.

»Unfein oder nicht, jedenfalls ist es die Wahrheit. Und die hat den Mut, sich in dieser verdrehten Welt durchzusetzen, in der es gebildete Damen für kultiviert halten, Männer von Sri Roys Format aufzufordern, ihnen in ihren Krankenzimmern Besuche abzustatten.«

Indira lachte und ging wieder zu Bett.

In dieser Nacht hatte sie einen seltsamen Traum. Sie kletterte einen Zickzackweg hinauf. Der Pfad wurde immer schmaler, der Wald dunkler und der Abgrund tiefer. Indira wurde kurzatmig, und als sie um eine weitere Biegung kam, stockte ihr das Herz. An dieser nach oben führenden Kurve gabelten sich hundert kleine Wege, die in sämtliche Richtungen verliefen. Manche waren dunkel, manche teilweise beleuchtet und manche zu schmal und kaum zu sehen. Indira war überaus verwirrt und wusste nicht, welchen Pfad sie nehmen sollte. Plötzlich hörte sie eine Stimme: »Ich werde dich aus der Dunkelheit ins Licht führen.« Sie blickte auf und sah Sri D. K. Roy lächelnd auf dem Gipfel eines Hügels stehen. Er leuchtete ihr mit einer Fackel, auf seinem Antlitz lag Licht, aus seiner Brust kam Licht und zeigte den Weg.

Indira rief aus: »Ich bin außer Atem und der Weg ist schwierig. Bitte helfen Sie mir hinauf.« Sie erwachte, bevor ihr Flehen erhört wurde.

Sie wusste jetzt, dass Sri D. K. Roy ihr das Versprechen gegeben hatte, sie aus der Dunkelheit ins Licht zu führen, aber sie musste um seine Hilfe bitten. Im Traum war das nicht weiter schwer, im wirklichen Leben freilich nicht so einfach.

Indira stammte aus dem westlichen Punjab. Die Menschen dort sind tapfer, unbekümmert und gastfreundlich und zudem stark von der muslimischen Kultur beeinflusst. Schrift- und Umgangssprache des Punjabi unterscheiden sich voneinander. Die Amtssprachen im West-Punjab waren Urdu und Englisch. Hindus und Muslime lebten in guter Nachbarschaft zusammen, bis die Politiker auf der Bildfläche erschienen und das Chaos folgte. Alle Freunde Indiras waren Muslime und sie liebte sie. Aber die Bewohner des West-Punjab (heute Pakistanis) sind nüchterne, praktische Menschen – sie stellen die besten Soldaten in Indien. In fast jeder Familie, reich oder arm, gibt es Soldaten, sei es einen General oder einen gewöhnlichen Sepoy. Was jedoch Spiritualität angeht, so spielt sie eine untergeordnete Rolle, wenngleich große Heilige und Seher im Punjab geboren wurden und auch die zehn Gurus der Sikhs – der Religion, der Indiras Familie angehörte.

Indira hatte nicht die leiseste Vorstellung, was ein Guru oder ein Ashram war oder was *Guruvad*[37] bedeutete. So entsprach ihre Hinwendung zu Sri D. K. Roy weder ihrem Hintergrund noch ihrem Umfeld oder

37 Der Weg vertrauensvoller Hingabe an einen Guru, der seinen Schüler über Hindernisse und Krisen hinweg zum Ziel seines Lebens führt.

ihrer eigenen Natur. Sie hatte immer geglaubt, sie müsse tun, was ihr Gewissen ihr befahl, und niemand könne ihr den Weg zeigen, sondern sie müsse ihn selbst finden. Sie müsse ihr Leben allein gestalten. Von Spiritualität wusste sie nichts – war nicht im Geringsten an Spiritismus und dergleichen interessiert. Dieser plötzliche Drang, das Licht zu suchen, entsprang dem Wunsch zu verstehen, was mit ihr geschah, und aus der Sackgasse herausgeführt zu werden. Zufriedenheit und Dankbarkeit waren ihre beiden vorherrschenden Eigenschaften und erfüllten ihr Leben mit Freude. Wie glücklich sie in dieser Hinsicht war, wurde ihr einige Jahre später in einer Vision offenbart:

Indira stand in einer riesigen Marmorhalle, die von blauem Licht erfüllt war. Am entgegengesetzten Ende war ein goldener Thronsessel, auf dem jemand saß, doch wer es war, konnte sie nicht erkennen. Auf Indiras Seite nahe der Eingangstür befanden sich viele strahlende Wesen – mit prächtigen Gewändern und Juwelen geschmückt.

Nacheinander traten diese Wesen vor den Thron und wurden gefragt, wer sie seien und wie hoch sie auf Erden bewertet würden. Alle wirkten glücklich und zufrieden und sagten, dass die Menschen sie brauchten, sie seien sämtlich für die Welt unentbehrlich. Liebe, Schönheit, Mitgefühl, Barmherzigkeit, Würde, Geduld, Tapferkeit – sie alle traten vor und wurden prompt zurückgeschickt, um der Welt zu dienen. Als alle fort waren, sah Indira eine wunderschöne Göttin in weißem Gewand an der Wand lehnen. Sie wirkte traurig und wollte sich vielleicht unbemerkt entfernen, als sie vor den König gerufen wurde. Scheu ging sie nach vorn.

»Wer bist du, mein Kind? Und wie sehr braucht die Welt dich?«, fragte er sie.

»Ich bin sehr wenig begehrt in der Welt, Herr. Meine Dienste werden am wenigsten verlangt oder erbeten.«

»Wie ist dein Name, Kind?«, erkundigte sich der König.

»Ich heiße Dankbarkeit.«

Am nächsten Morgen erzählte Indira der Mutter des Ashrams von ihrer Vision, worauf diese nickte und sagte: »Das ist vollkommen wahr. Auch ich hatte eine ähnliche Erfahrung.«

23
Drei Meisterstücke eines Yogis

Im Januar kam Sri D. K. Roy auf Bitten von Indiras Mann und blieb drei Tage bei ihnen. Indira beobachtete ihn kritisch und nüchtern. Er hatte den ganzen Tag über Verpflichtungen: Singen, Vorträge, Besuche bei Hilflosen und Vergessenen.

Indira beobachtete ihn, mehr noch aber erforschte sie ihr eigenes Selbst – aus Furcht, dass sie sich insgeheim etwas vormachte und dass sie neben ihrer Suche nach Licht noch etwas anderes zu Sri D. K. Roy oder Dada (älterer Bruder) hinzog, wie sie ihn jetzt alle nannten. Er war ein großer Mann – ein hervorragender Musiker, ein glänzender Intellekt, ein guter Gesellschafter mit einem wunderbaren Sinn für Humor. Im wahrsten Sinne des Wortes verbreitete er Freude und das Haus war erfüllt von seinem kindlichen Lachen. Er besaß all diese Gaben und mehr, Indira aber wurde von Dunkelheit erfasst. Ihr ganzes Wesen rief laut nach etwas, dem ihr Verstand keinen Namen zu geben vermochte. So beschloss sie, es sei an der Zeit, dass sie aufhörte, mit dem Verstand umherzuirren, und begann mit dem Herzen zu suchen.

Sie musste ihren Stolz aufgeben und Dada bitten, ihr den Weg zu zeigen. Doch als er ihr von Sri Aurobindos Ashram erzählte, bekam sie Angst.

»Lacht man dort, Dada, oder ist man ständig ernst und düster?«, fragte sie.

»Sri Aurobindo hat mir einmal versichert«, antwortete Dada, »dass es im Königreich des Himmels Lachen gibt, wenn auch vielleicht keine Ehen.«

Drei Tage darauf fuhr Dada nach Kalkutta. Das Haus wirkte plötzlich still und leer trotz seiner dreißig Bewohner. Nach der Teilung Indiens wohnten alle Verwandten ihres Mannes bei ihnen.

Indira fuhr zu ihrem Vater nach Mhow und wurde am Tag ihrer Ankunft Zeugin eines atemberaubenden Glanzstücks eines Yogis.

Am Tor stand ein Mann in ockerfarbenem Gewand, flankiert von einem Jungen und einem Mädchen. Die Kinder waren etwa zehn Jahre alt und möglicherweise Zwillinge. Als der Torhüter ihn fragte, was er wolle, erklärte er, er würde gern ein paar Yoga-Kunststücke zeigen. In diesem Augenblick kam Indiras Vater aus dem Büro zurück. Er erkundigte sich bei dem Sadhu, was er vorführen wolle.

»Drei Kunststücke«, antwortete der Sadhu. »Ich lasse mich hier vierundzwanzig Stunden lang unter der Erde begraben. Sie können die Oberfläche zementieren und mit Ihrem Wagen darüberfahren. Dann den Seiltrick und zum Schluss werde ich Ihnen mit Hilfe meiner Tochter Levitation zeigen.«

Dreihundert Rupien wurden ihm für alle drei Kunststücke versprochen und er war entzückt.

Gleich darauf wurde eine Grube ausgehoben, einen Meter zwanzig breit, zwei Meter siebzig lang und ebenso tief. Der Sadhu sprach ein *Mantra* und sprang hinein. Er verstopfte sich die Ohren mit Stoff, schloss Augen und Nase mit den Fingern und wiederholte dann elfmal ein *Mantra* in Sanskrit. Indira stellte fest, dass sein Atem immer langsamer wurde, bis er kaum mehr wahrnehmbar war. Nun schaufelte man Sand und Erde über ihn, ebnete den Boden ein und zementierte die ganze Stelle. Die zwei Kinder erhielten etwas Geld und gingen fort.

Am folgenden Abend um halb sieben kamen sie zurück. Zahlreiche Freunde hatten sich versammelt, um zu sehen, wie der begrabene Sadhu heraufgeholt wurde. Als das ganze Erdreich und am Schluss das dünne Tuch, das sein Gesicht bedeckte, beseitigt waren, bemerkten sie, dass er wie ein Toter dalag. Seine beiden Kinder wurden in die Grube heruntergelassen und begannen, seinen Körper mit einem grünen Öl einzureiben, das sie mitgebracht hatten. Ein paar Tropfen wurden in seine Ohren, Nasenlöcher und Augen geträufelt.

Nach einigen Minuten öffnete er die Augen und man half ihm aus der Grube herauf. Er sah ein wenig müde aus, hatte aber durch diese schwere Belastung keinen Schaden erlitten. Er trank etwas heiße Milch und verabschiedete sich mit dem Versprechen, die beiden anderen Kunststücke am nächsten Tag auszuführen.

Indiras Mann, der sie begleitet hatte, sagte: »Er wirkt gar nicht wie ein Sadhu.«

»Du hast gesagt, dass Dada auch nicht wie ein Sadhu aussieht«, entgegnete Indira.

»Dada sieht nicht aus wie ein herkömmlicher Sadhu, sondern wie ein Gott.«

»Woher weißt du, wie Götter aussehen?«

»Weißt du es denn?«

Indira schüttelte den Kopf. »Nein.«

»Wieso kannst du mir dann widersprechen, wenn ich sage, Dada sieht wie ein Gott aus? Meine liebe Kontrahentin, genauso wie Gott deiner Ansicht nach den Menschen geschaffen hat, hat der Mensch meiner Ansicht nach Gott geschaffen – aus Furcht, aus Liebe, aus dem Verlangen, sich an jemandem festzuhalten. Gott ist die Schöpfung des Menschen. Der Gläubige liebt ihn und findet ihn wunderbar und voller Mitgefühl, der Sünder fürchtet ihn und nennt ihn Kali, die Schreckliche, oder Yama, den Gott des Todes. Rational denkende Menschen legen sich weder auf die eine oder andere Weise fest, noch zerbrechen sie sich die Köpfe über Dinge, die ihr Verstand nicht ergründen kann.«

»Aber du hast gerade eben gesagt, Dada sieht wie ein Gott aus«, protestierte Indira.

»Ein menschlicher Gott; die besten und edelsten Geister auf Erden sind Götter. Findest du denn gar nichts Gottähnliches an mir? Was bist du doch für eine Hindu-Ehefrau! Vor ein paar Tagen warst du in Tränen aufgelöst, als wir uns die *Geschichte von Ram* angeschaut haben. Wie hat sich Sita verhalten, selbst als Ram sie den strengsten Prüfungen und Feuerproben unterwarf? Sie gab ihren Palast, ihren Reichtum auf und ging freudig fort, um vierzehn Jahre lang mit Ram im Wald zu leben. Trotzdem willst du einfach weiterstreiten und deinen Mann besiegen! Pah!«

Indira lächelte. »Vergiss nicht, dass der Ehemann, für den Sita so viel opferte, kein Mensch wie du war, sondern Ram selbst. Wenn sie mit dir verheiratet gewesen wäre, hätte sie ihren Schwiegervater Dasharatha gebeten, die Zeit des Exils nicht vierzehn, sondern zwanzig Jahre dauern zu lassen, in denen sie im Palast geblieben wäre.«

Ihr Mann wechselte das Thema. »Ich kann bloß nicht verstehen, wieso ein Mann von Dadas Format ein Sadhu wird. Er hat alles – Reichtum, Genie, gutes Aussehen, eine wundervolle Stimme und vor allem einen überragenden Intellekt.«

Nach kurzem Nachdenken antwortete Indira: »Vielleicht möchte er Frieden.«

»Wozu Frieden? Sind wir mit irgendeinem Land im Krieg?«

»Sei nicht albern. Ich rede nicht von nationalem, sondern von dem inneren Frieden, den ein Mensch sucht, von Harmonie. Weißt du denn nicht, dass Kriege nur nach außen projizierte innere Disharmonien sind?«

»Wir wollen nicht weiter darüber diskutieren, du bekommst schon wieder diesen abwesenden Blick – das ist immer der Anfang deiner Halluzinationen. Denke nicht, das ist nicht deine starke Seite. Überlass das mir – ich werde eines Tages Dada selbst fragen.«

Es war noch taghell, als der Sadhu am nächsten Abend um sechs Uhr wieder mit seinen beiden Kindern erschien. Er war ein dunkler, magerer Mann, setzte sich auf den Boden und holte aus einem schmutzigen Stoffbeutel ein etwa neun Meter langes dickes Seil. Er wickelte daraus eine Art Knäuel, das er dann entrollte und ein Ende in den Himmel emporschleuderte. Das Seil schwankte ein wenig und stand danach steif in der Luft, als hänge es an einem Haken. Das obere Ende konnte man deutlich erkennen. Nun rief er den kleinen Jungen, der auf sein Geheiß am Seil emporzuklettern begann, als sei es eine Palme. Man konnte ihn hochklimmen sehen und auf einmal begannen seine Kleider zu Boden zu fallen! Er hielt sich mit beiden Händen und Füßen am Seil fest. Der Sadhu rief: »Ist alles in Ordnung, Ram?«

»Ja, mir geht es gut, Vater«, antwortete der Kleine.

»Möchtest du zurückkommen?«

»Nein, Vater. Ich klettere noch höher.«

Direkt vor aller Augen verschwand das Kind sehr schnell, bis nur noch das Seil in der Luft war.

»Ram, wo bist du?«, schrie der Sadhu.

Von Ferne entgegnete das Kind: »Wieder auf der Erde.«

Jetzt zog der Sadhu das Seil herunter und begann es aufzurollen, als ganz aus der Nähe Rams Stimme ertönte: »Lass mich dir helfen.«

Es gab keinerlei Effekt – keine Kulissen, keine Scheinwerfer, keine Bühne, keinen Vorhang – nur einen armen Sadhu in zerlumpten Kleidern, der im Garten seinen Auftritt hatte. Etwa fünfzig Menschen sahen zu.

Der Junge setzte sich wieder, der Sadhu klopfte ihm grinsend auf die Schulter.

Nach einer Weile trat das Mädchen vor. Sie hatte ein schmutziges, dünnes Kleid an und das Haar war mit einem Fetzen Stoff zusammengebunden. Der Sadhu führte sie mitten unter die Zuschauer, nicht mehr als drei Meter von ihnen entfernt.

Er holte einen langen Stock aus seinem Beutel und bohrte ihn hinter ihr in die Erde. Dann presste er die Finger auf ihre Stirn und glitt mit der Hand über ihren Körper, wobei er die ganze Zeit *Mantras* rezitierte. Nach ungefähr zehn Minuten berührte er sie im Rücken mit dem scharfen Ende des Stockes und stemmte sie mit der anderen Hand nach oben, bis sie auf der Spitze des Stockes etwa einen Meter fünfzig über dem Boden lag. Nun murmelte er einige weitere *Mantras* und zog dann jäh den Stock unter dem Mädchen weg. Sie schwebte jetzt ohne jede Stütze in der Luft. Indiras Mann wollte sie untersuchen, um festzustellen, ob es irgendeinen sichtbaren Halt gab. Der Sadhu sagte: »Berühren Sie sie nicht, Sir! Wenn Sie sich vergewissern wollen, können Sie mit der Hand unter ihr durch die Luft fahren.« Das tat er, zwei weitere schlossen sich an – doch da gab es keinen Gauklertrick. Nach sieben Minuten nahm der Sadhu die Kleine und legte sie behutsam ins Gras. Sie sah äußerst erschöpft und benommen aus.

Der Sadhu gab ihr Milch zu trinken und verabschiedete sich lächelnd.

Er ließ sich nie wieder blicken. Es hieß, er sei ein primitiver Mann – ein *Bhil*[38] aus dem Wald – und vermutlich wieder in seine Hütte zurückgekehrt.

38 Die Bhils sind ein Stamm der indischen Urbevölkerung.

24
Hohe Einsätze

Nach Dadas zweitem Besuch hatte ihm Indira mehrere Briefe geschrieben und ihn gebeten, das Dunkel, in dem sie sich befand, zu lindern. Er lehnte jedoch jedes Mal mit dem Vorschlag ab, sie solle sich besser an seinen Gurudev, Sri Aurobindo, wenden. Er riet Indira, in den Ashram zu kommen, und das jagte ihr eine Heidenangst ein. Sie wusste ja nicht einmal, was ein Ashram war und wie die Schüler dort lebten. Ihrer Meinung nach war es ein strenges Kloster, wo jeder mit Gebetsketten in den Händen umherging, mit gesenktem Blick und im Gesicht einen erhabenen, frommen Ausdruck. Kein Lachen, keine Freiheit, keine Arbeit, nur Gebete und Lektüre heiliger Schriften und die Frauen natürlich in einem eigenen Bereich eingeschlossen. Vielleicht durfte man nicht einmal das schöne Morgenrot über dem Meer oder den Sonnenuntergang bewundern!

Zudem war sie mit vielerlei beschäftigt und schob es daher immer wieder hinaus. Doch jedes Mal, wenn sie an Dada schrieb, bekam sie die gleiche Antwort: »Ich bin ein Suchender, wenden Sie sich an Sri Aurobindo.«

Als sie schließlich zu Sri Aurobindo ging, geschah das auf sonderbare Weise. Viermal im Jahr gewährte er im Ashram von Pondicherry einen *Darshan*, eine Audienz. Es war der 18. Februar 1949; am 21. hatte die Mutter des Ashrams Geburtstag. Indira erwähnte dies nach dem Dinner der Familie gegenüber und fügte hinzu, sie würde jetzt in Pondicherry sein, wenn nicht ihr kleiner einjähriger Sohn Premal unpässlich wäre. Alles lachte. Ihr Mann sagte: »Ein Ashram ist kein Fünf-Sterne-Hotel, Indira! Dort ist niemand, der dich bedient oder sich um dich kümmert. Ich fände es gut für dich, wenn du etwas tätest.«

Indiras Schwager mischte sich ins Gespräch: »Das ist der Witz des Jahres. Wer macht dir dort morgens deine erste Tasse Tee? Wer lässt dir das Bad ein und hilft dir beim Ankleiden?«

Ihre Schwägerin fügte hinzu: »Stellt sie euch in einem Ashram vor! Wie sie sich vor anderen demütigt und sagt: ›Ja, Sir, ja, Madam, gewiss, Herr!‹«

»Soll das eine Herausforderung sein?«, fragte Indira.

»Ja, allerdings.« Ihr Schwager nickte. »Wenn du ganz allein in den Ashram gehst und es dort sieben Tage aushältst, gebe ich dir fünfhundert Rupien.«

Indira nahm die Herausforderung an, wobei ihr kaum klar war, dass sie um viel höhere Einsätze spielte; ihr Leben, ihr Denken, ihr ganzes Wesen stand auf dem Spiel. Es war nicht ihr Schwager, der sie herausforderte, sondern der Herr ihres Schicksals. In diesem Spiel gab es nur eine Regel. Um zu gewinnen, musste man alles verlieren. Man musste geben, ohne sich die Folgen vorher zu überlegen, man musste sich besiegen lassen und dennoch die Freude des Sieges auskosten, man musste das *Mantra* lernen: »Leben ist geben, geben, geben.«

Am nächsten Morgen stand Indira auf, nahm den Wagen und fuhr mit nur einem kleinen Koffer allein nach Nagpur. Man hatte ihr nicht einmal einen Platz im Flugzeug von Nagpur nach Madras reservieren können, doch zum Glück wurde in letzter Minute einer frei und sie stieg ein. Kaum verließ sie in Madras das Flugzeug, sah sie als Ersten Dada, von einer großen Menschenmenge umringt. Jemand spielte offenbar seine Karten sehr gut aus und kannte jeden ihrer Schritte im Vorhinein. Auf dem ganzen Weg von Nagpur hatte Indira Skrupel gehabt und wollte einen Tag im Connemara Hotel in Madras bleiben, von dort aus telegrafieren und dann erst nach Pondicherry weiterfahren. Aber die Würfel waren gefallen.

Dada nahm sie mit nach Pondicherry. Am 21. Februar, dem Geburtstag der Mutter, erlebte sie zum ersten Mal den *Darshan* Sri Aurobindos und der Mutter. Sie fühlte sich überaus glücklich und gesegnet und ihr ganzer Körper wurde kühl und empfindungslos. Sobald sie Dadas schöne Wohnung mit Meerblick erreicht hatten, riet er ihr und seinen anderen Gästen, sich hinzusetzen und eine Weile zu meditieren. Es sei das Beste, nach einem *Darshan* nicht zu reden, um nicht alles zu verlieren, was die Gurus durch ihren segnenden Blick gegeben hatten.

Indira hatte keine Ahnung, was Meditation war, saß aber still da und schloss die Augen. Ihr erstarrter Körper wurde ruhig und Frieden senkte sich auf ihren Kopf wie ein Eisblock. Als sie die Augen öffnete, merkte sie, dass drei Stunden verstrichen waren. Da sie nicht wusste, was geschehen war, erwähnte sie es keinem gegenüber, obwohl sie merkte, dass alle sie neugierig anstarrten.

Am nächsten Morgen schrieb Dada an Sri Aurobindo, der einen *Sadhaka*

»Dada nahm sie mit nach Pondicherry. Am 21. Februar, dem Geburtstag der Mutter, erlebte sie zum ersten Mal den Darshan Sri Aurobindos und der Mutter.«

zu Dada schickte mit der Botschaft: »Sie ist bereit für Yoga und wir sind willens, sie als unsere Schülerin anzunehmen.« Dada war sehr glücklich, Indira jedoch voller Zweifel. Ein Teil von ihr freute sich, berufen und auserwählt zu sein, ihr Verstand aber quälte sich mit der Frage, ob sie imstande wäre, bei diesem Leben zu bleiben. Sie vermochte sich nicht davon zu überzeugen, dass das kein Eskapismus war. Sie hatte im Leben keine Frustration erfahren. Ihr Vater, ihr Mann, ihre Schwester, ihre Brüder und ihre Kinder liebten sie alle. Sie hatte zahlreiche Freunde und wirkte bei vielen karitativen Bestrebungen mit.

Wie konnte sie nun all dem, was ihr teuer war, den Rücken kehren, um in einem Ashram zu leben? Am Ende kam sie zu dem Schluss, dass es nur eine Möglichkeit gäbe zu erfahren, ob der Ruf echt war oder nicht: Sie musste nach Hause zurückkehren und abwarten. Dada meinte lächelnd: »Sie sind berufen worden, aber Sie müssen selbst entscheiden, ob Sie auserwählt sein wollen.«

»Was ist mit Meditation, Dada?«, fragte Indira. »Jeder hier redet so viel darüber, aber ich weiß wirklich nichts davon.«

»Setzen Sie sich in bequemer Haltung vor das Bild Gottes und versuchen Sie, sich auf einen bestimmten Punkt zu konzentrieren. Gedanken kommen von außen. Weisen Sie die unerwünschten Eindringlinge zurück. Treten Sie beiseite und beobachten Sie. Identifizieren Sie sich nicht mit der Rastlosigkeit des Mentals. Wenn Sie nicht mit den Gedanken spielen, werden sie sich allmählich zurückziehen und der Geist wird still werden. In dieser Stille und durch sie kommt Gnade herab.«

Als sie nach einem mehrstündigen Flug an ihrem Wohnort landete und die lebhaften Gesichter ihrer kleinen Söhne sah, war ihr Herz voller Freude. Alles war unverändert. Wie konnte es innerhalb von wenigen Wochen auch anders sein? Und dennoch hatte sich alles gewandelt. Sie war jetzt eine Fremde in ihrem eigenen Haus; nichts gehörte ihr mehr; sie war in eine unsägliche Düsternis eingehüllt! Was geschah mit ihr?

In diesem Zustand der Trostlosigkeit setzte sie sich am nächsten Morgen hin, um Dadas Anweisungen zur Meditation zu befolgen. Es war acht Uhr früh. Um halb zehn musste sie an einer Sitzung teilnehmen. Sie schloss sich in ihrem Zimmer ein und saß mit gekreuzten Beinen auf dem Fußboden. Sie erinnert sich, einige Minuten zu ihrem Guru gebetet zu haben, und als sie darauf die Augen schloss, geschahen seltsame Dinge: Ein elektrischer Strom schoss in einer Zickzackbewegung vom Ende ihrer Wirbelsäule hoch, und als er aufstieg, senkte sich Frie-

Darshan im Sri Aurobindo Ashram
Mutter (Mira Richard, geb. Alfassa), Sri Aurobindos spirituelle Partnerin, empfängt Sri Dilip Kumar Roy und Indira Devi. Aurobindo hatte sich zu dieser Zeit bereits völlig von der Öffentlichkeit zurückgezogen.

den wie ein Eisblock auf ihren Kopf herab und ihr Körper wurde starr und empfindungslos. Da war kein Gedanke, kein Gebet, keine Ekstase, nur stiller Frieden. Das Nächste, was sie bewusst wahrnahm, war, dass jemand sie rüttelte und dass es nahezu 14 Uhr war.

Benommen stand sie auf und erledigte ihre Pflichten im Haushalt, doch alles erschien vage und unwichtig. Sie war von einem unwiderstehlichen Drang ergriffen, einfach still dazusitzen. Es fiel ihr sehr schwer zu reden, zu arbeiten oder auch nur Interesse an etwas zu heucheln. Drei Monate lang hatte dieser Zustand des Berauschtseins oder der Gott-Besessenheit Gewalt über sie. Ein durch keine äußere Ursache begründeter Frieden senkte sich in sie. Er dauerte Tage an und verlor sich dann ebenso plötzlich, wie er gekommen war, und sie wurde in einen tiefen Abgrund von Einsamkeit und Verzweiflung geschleudert. Genau wie der Frieden jede irdische Freude, die sie erfahren hatte, bei Weitem überstieg, so war auch der Schmerz weitaus stärker als jedes mentale Leiden, das sie bisher durchgemacht hatte.

Zu jener Zeit entdeckte sie, dass sie allmählich eine Art von bewusstem Schlaf hatte. Sie schlief kaum vier oder fünf Stunden in der Nacht, und auch dabei blieb ein Teil von ihr wach. Sie konnte die leiseste Bewegung sehen und fühlen.

Der Guru war weit weg und alles, was geschah, war sehr neu und ungewöhnlich für sie. In ihrer Unkenntnis wusste sie nicht einmal, dass es für diese Dinge eine Erklärung gab, und da ist der Guru so überaus hilfreich, denn er kennt den Zustand des Schülers und kann die notwendige Führung, den Schutz und die Sicherheit geben.

Wenn die Leute dachten, sie sei verrückt geworden oder habe sich verrannt, hatten sie gar nicht so unrecht. Nur war es eine überaus gesegnete Verrücktheit – wie gesegnet, wusste selbst sie damals noch nicht.

Sie befolgte kein bestimmtes Rezept, keine festgelegte Methode, keine orthodoxen *Asanas* (Yoga-Stellungen), sondern überantwortete sich einfach Ihm, und das war alles. Während dieser Monate der Verrücktheit wurde die Gnade Gottes und des Gurus zunehmend zu einer Realität und alles andere daneben belanglos. Die Frage der Sünde und Unwürdigkeit bedrängte sie überhaupt nicht. Sie liebte Ihn und wollte Ihn *über* allen und nicht *unter* anderen Dingen, und das genügte. In Seinem Mitgefühl hatte Er sie angenommen; Liebe würde sie verändern und zu dem machen, was Er mit ihr vorhatte.

Dies, ihre Liebe, war für sie etwas Kostbares und Geheiligtes. Sie konnte darüber nicht mit anderen sprechen. Diese Erfahrungen waren nicht bloße Ereignisse; sie waren ein Teil von ihr, ein Teil des Spiels der Liebe zwischen ihrem schwachen menschlichen Herzen und dem unendlichen Herzen des Mitgefühls. Sie waren wie eine Reihe von Liebesbriefen des Geliebten. Ob sie freudvolle Botschaften brachten oder ihr Herz entzweirissen, sie kamen von dem Geliebten. Selbst heute findet sie es äußerst schwierig, über all das zu schreiben. Nicht dass sie bescheiden ist oder befürchtet, die Menschen würden nicht glauben, was sie nicht beweisen kann. (Gibt es irgendetwas wirklich Kostbares im Leben, das wir anderen beweisen können?) Es ist für sie nicht im Mindesten von Bedeutung, ob jemand glaubt oder nicht. Wahrheit wird, anders als Demokratie, nicht von einer Stimmenmehrheit oder von Bescheinigungen irgendwelcher Leute getragen. Wenn spirituelle Erfahrungen subjektiv sind, so ist ihre Äußerung trotzdem objektiv. Ihre Einwirkung auf das Bewusstsein und dessen daraus resultierende Transformation wird von anderen, die aufnahmebereit sind, empfunden, selbst wenn sie nur die Resultate sehen können.

Jedenfalls hatte sie niemals das Verlangen verspürt, ihre Erfahrungen zu beweisen oder sie auch nur mit irgendjemandem außer ihrem Guru zu erörtern. Als sie kamen, nahm sie sie als ein Zeichen der Gnade hin, und als sie aufhörten, beunruhigte sie das nicht; sie wusste, dass sie nicht mehr notwendig waren.

Es gibt nur einen Grund, aus dem sie mit einigen Menschen darüber sprach: Ihr Guru wünschte es. Er betrachtete es von einem gänzlich anderen, unpersönlichen Standpunkt aus. »Warum darf ich nicht über Dinge reden, die ich glaube oder von denen ich weiß, dass sie wahr sind?«, sagte er. »Ich gebe zu, dass die Mehrzahl der Leute es nicht verstehen und sogar missverstehen und anzweifeln wird. Doch ein paar Suchende wird es immer geben, die sich die Erfahrungen eines anderen zunutze machen. Diese wenigen sind es, für die wir schreiben und reden müssen.«

Sie spürte, dass es einen Unterschied zwischen den meisten Menschen ihrer Umgebung und ihr selbst gab. Für jene war Gott mehr oder weniger eine Theorie, für sie hingegen eine vertraute Wirklichkeit, ihr eigentliches Leben. Mit Ihm war alles Freude und Erfüllung, ohne Ihn konnte sie nicht existieren. Sie machte sich keine Gedanken über die Technik von *Sadhana* und Meditation. Was immer sie tat, versuchte sie für Ihn allein zu tun. Wo immer sie saß, meinte sie zu Seinen Füßen zu sitzen. Sie war sorglos und glücklich – ihr Guru hatte sie in seine Obhut genommen und sie gehörte Gott. Sie wusste, dass sie sehr unvollkommen war, und sie strauchelte immer wieder, aber sie fiel stets in seinen Schoß.

Wer lehrte ein Kind je die Methode, sich an seine Mutter zu klammern? *Sadhana* war notwendig; denn ebenso wie ein edler Sohn seinen irdischen Eltern zum Ruhm gereicht, muss ein spirituelles Kind seiner himmlischen Eltern – Gottes und des Gurus – so würdig sein wie nur menschenmöglich.

Doch wie konnte man diese Dinge Leuten mit einem völlig anderen Blickwinkel erklären? Wie konnte sie ihr Inneres bloßlegen, damit neugierige Augen es untersuchten oder fremde Hände es berührten?

Nach den ersten paar Tagen ihres *Sadhana* begann sie eine Art von Doppelleben zu führen: Sie redete von allem Möglichen außer dem einen, das es wert war, darüber zu sprechen, und vermied peinlich jede Diskussion über ihr inneres Leben. Sie konnte von nebensächlichen Dingen reden, doch es war ihr unmöglich, an etwas anderes als Ihn zu denken. Die Anziehungskraft war zu stark, als dass sie ihr hätte widerstehen können. Und sie sehnte sich nur danach, allein zu sein und zu beten, ebenso wie ein Trinker nach dem Wein verlangt, der ihm entzogen wird. Immer wieder kämpfte sie gegen diesen Drang, doch vergebens. Sie musste nicht Meditation praktizieren, sondern es war schwer für sie, nicht zu meditieren.

Indira Devi kehrte in den Ashram zurück, um bei ihrem Guru zu sein.
»Indira musste sich von ihrem Leben des fahlen Schimmers lossagen, um im Land des Lichts wiedergeboren zu werden.«

25
Der zweite Besuch

Da es jetzt wärmer wurde, fuhr Indira bald nach ihrer Heimkehr nach Mussoorie. Hier ging alles genauso weiter. Gegen halb elf Uhr abends setzte sie sich hin, um zu meditieren, und wenn sie sich erhob, war die Morgendämmerung angebrochen. Zuerst dachte sie, dass sie im Lotussitz einschlafe, aber als sie sich dann eines Tages setzte, stoppte der elektrische Strom, der vom Ende ihres Rückgrats emporzuckte, nicht wie gewöhnlich, sobald er den Kopf erreichte. Stattdessen öffnete sich ihr Haupt, als er es berührte, so erschien es ihr zumindest, und sie befand sich außerhalb ihres Körpers – schwebte auf samtenen Wogen der Seligkeit, weitete sich und bewegte sich so frei wie die Luft. Da war kein Gedanke, kein Verlangen, keine Freude, sondern etwas gänzlich anderes. Ein völlig anderer Rhythmus, eine andere Welt. Es gab keine Schranken von Zeit oder Raum, obwohl sie ihre eigene Ganzheit beibehielt. Sie konnte ihren Körper auf dem Fußboden sitzen sehen. Nach einer Weile spürte sie eine Schwere auf dem Kopf und befand sich wieder in ihrem Körper. Dies war ihre erste Erfahrung von *Savikalpa Samadhi*.

Zu dieser Zeit war Franz eine große Hilfe. Indira fragte ihn: »Wenn unser Unterbewusstsein solch ein Chaos in uns anzurichten vermag, warum kann nicht alles, was mir geschieht, einer von seinen Tricks sein? Woher weiß ich, dass es kein Traum ist?«

»Und woher wissen Sie eigentlich, dass das, was Sie mir jetzt sagen, kein Traum ist?«, entgegnete er.

»Da liegt ja die Schwierigkeit. Ich bin keineswegs sicher, welches der Traum und welches die Wirklichkeit ist. Vielleicht werde ich bis zum endgültigen Erwachen auf die Antwort warten müssen.«

Franz lächelte. »Ich hoffe, ich werde da sein, wenn das geschieht.« Unglücklicherweise lebte er danach nicht mehr lange. Einige Monate später sah Indira in ihrer Meditation Franz in einer Blutlache im Schnee liegen. Später erfuhr sie von ihrer Schwester, dass er beim Skilaufen tödlich verunglückt war.

Indiras Meditation vertiefte sich mit der Zeit weiter. Größtenteils lebte sie in sich selbst versunken; die Außenwelt wurde unwesentlich und undeutlich, wenn sie an der Schwelle Seines Schlosses stand. Sobald sich ihr Kopf öffnete und sie aus ihrem Körper heraustrat, war da jedes Mal ein starkes Gefühl von Befreiung und Frieden. Mit Frieden meinte sie nichts Passives oder eine Entlastung von Sorgen. Es war vielmehr eine sehr konkrete Erfahrung. Manchmal schien es ihr, wenn sie still sitzen und die ganze Zeit meditieren könnte, brauchte sie nichts weiter. Doch dieser Zustand weltvergessener Ekstase zog zahllose unerfreuliche Situationen nach sich. Die Menschen ihrer Umgebung verstanden es natürlich nicht und dachten, dass sie entweder »eine Show abziehe« oder gefühllos sei. Eines Tages spitzten sich die Dinge zu, als sie in ihrem Zimmer mehr als sechs Stunden in Meditation verharrte und eine wichtige Verabredung abgesagt werden musste. Nachdem jemand etliche empörte Anrufe von den Betroffenen entgegengenommen hatte, wurde er wütend und bohrte, da er die Echtheit ihrer Meditation bezweifelte, eine brennende Zigarette in ihren Finger. Die Hand zitterte, hieß es, aber die Meditation wurde nicht unterbrochen.

Dieser Vorfall gab den Ausschlag und bewog sie, wieder in den Ashram zu gehen. Sie erkannte, dass sie auf Zeit gespielt hatte, weil sie zögerte, den entscheidenden Sprung zu wagen. Sie saß am Strand und zählte die Wellen; doch wer errang je die wertvolle Perle, ohne in den Ozean zu tauchen?

Indira musste sich von ihrem Leben des fahlen Schimmers lossagen, um im Land des Lichts wiedergeboren zu werden.

Im Leben jedes Strebenden kommt eine Zeit, da die Wahl getroffen werden muss. Das bedeutet nicht unbedingt einen Wechsel in der äußeren Umgebung, aber es heißt, eindeutig Farbe zu bekennen und sich auf die göttlichen Kräfte einzustimmen.

Die Menschen wenden sich aus verschiedenen Gründen an Gott: die Armen und Enttäuschten in der Hoffnung auf eine hellere Zukunft; die Gerissenen aus Furcht, da sie meinen, sie könnten Gott ebenso täuschen wie die Menschen; die Reichen tun es als Liebhaberei und die Intellektuellen, um zu erfahren, »was in aller Welt das Ganze soll«.

Spiritualität ist keine sentimentale oder emotionale Turbulenz, auch keine Beschäftigung für tugendhafte Schwächlinge. Solche Leute nützen weder den Menschen noch Gott, denn wahre Spiritualität erfordert Aufrichtigkeit, Stärke und Ausdauer.

Zu jener Zeit machte es sich Indira zur Gewohnheit, achtsam zu sein. Sie war ständig bemüht, beiseite zu treten und sich selbst zu beobachten, ihre Reaktionen und Gedanken zu registrieren. Wie sie feststellte, wiederholte sie trotz des Entschlusses, sich zu ändern, dieselben Fehler immerfort. Und selbst wenn sie sich eine Zeit lang gewandelt hatte, reagierte sie wieder auf die gleiche korrekturbedürftige Weise, sobald sie ein wenig unaufmerksam wurde. Achtsamkeit oder Bewusstheit bildeten einen Hauptbestandteil ihrer Selbstdisziplin. Niemand hatte sie aufgefordert, wachsam zu sein oder beiseite zu treten und zu beobachten. Das geschah einfach spontan.

Dieses Gefühl des Gewahrseins veränderte sich allmählich etwas, denn nach und nach begann sie, Gottes Gegenwart die ganze Zeit um sich zu spüren. Wenn sie ging, konnte sie beinahe Seinen Atem auf ihrer Wange fühlen und sie wiederholte in tiefer Dankbarkeit: Er ist hier, Er wandelt neben mir. Beim Arbeiten spürte sie, dass Er ihr half, sie führte, ihre Bürde leichter machte. Sein Antlitz hatte sie noch nicht erblickt, doch Sein Schatten war auf sie gefallen. Sie hatte Seinen Schritt mit ihren Herzschlägen verschmelzen hören – Seine Hand hatte die ihre gestreift. Sie meinte, dass Er ihr manchmal etwas zuflüsterte. Sie bestärkte sich darin, Seine Gegenwart die ganze Zeit zu spüren, zu Ihm zu sprechen, sich zu bemühen und ständig ihr Bestes zu tun. Denn Er war immer gegenwärtig – in ihr und außerhalb von ihr. Niemals ließ Er sie im Stich, niemals forderte Er etwas, niemals feilschte Er. Er war nur ein Zeuge, der Freude empfand, wenn sie auf dem richtigen Weg ging, der ihr sanft aufhalf, wenn sie strauchelte, und den es schmerzte, wenn sie hinfiel.

26
Schwarze Magie

Nach einem dreimonatigen Aufenthalt zu Hause ging Indira für sechs Wochen zurück in den Ashram. Auch hier meditierte sie die ganze Nacht und verbrachte die Tage mit Arbeiten, Tanzen und Lesen.

Mitte August kehrte sie ein zweites Mal nach Hause zurück und hatte eine der erstaunlichsten Erfahrungen in ihrem an Erfahrungen überreichen Leben.

Sie war ein paar Tage daheim, als eines Morgens eine Bekannte in einem Auto angefahren kam. Sie erzählte ihr, ein großer Sadhu, Swami D., wolle sie treffen.

»Es muss sich um eine andere Hausbewohnerin handeln«, meinte Indira. »Ich kenne nämlich außer Dadaji keinen anderen Sadhu.«

»Nein, es betrifft dich«, versicherte die Freundin. »Swamiji hat deinen Namen genannt, bitte komm. Ist dir nicht klar, wie gesegnet du bist, von einem so großen Mann gerufen zu werden?«

Am nächsten Morgen ging Indira hin. Vielleicht kennt er Dadaji, dachte sie, und will deshalb mit mir zusammentreffen.

Der Swami wohnte bei einem Raja. Als Indira den Palast betrat, sagte man ihr, sie solle in sein Zimmer gehen, sich aber auf der linken Seite des Vorhangs, der den Raum unterteilte, hinsetzen, da der Swami nie das Gesicht einer Frau betrachte.

Indira war überrascht. Dergleichen hatte sie nie zuvor gehört.

Sie ging in das Zimmer und setzte sich auf ein kleines Sofa auf der Frauenseite. Plötzlich wurde der Vorhang weggezogen, und sie sah einen ungewöhnlich schönen alten Mann von etwa siebzig Jahren vor sich. Reiches silbergraues Haar fiel ihm auf die Schultern und ein prächtiger Bart zierte sein Antlitz. »Komm und setz dich neben mich, mein Kind«, sagte er mit leiser Stimme. Indira war nicht wenig erstaunt. Wie kam es, dass jemand, der angeblich niemals eine Frau anblickte, sie bat, sich neben ihn zu setzen?

Sie erhob sich und folgte seiner Aufforderung.

»Hat mein Dada Sie gebeten, mich zu treffen, Swamiji?«, fragte sie.

»Nein. Aber ich weiß von Sri Aurobindo und Sri Dilip Kumar Roy. Niemand hat mich gebeten, dich zu treffen.«

Er legte den Arm um ihre Schultern. Sobald er Indira berührte, durchlief ein Schauer des Abscheus ihren Körper.

Sie rückte weg. »Weshalb haben Sie nach mir geschickt?«, erkundigte sie sich.

»Erkennst du mich nicht?«, fragte er leise, aber mit angespannter Stimme.

»Nein. Ich interessiere mich nicht für Sadhus. Außerdem habe ich einen Guru, wie Ihnen bekannt ist«, entgegnete Indira.

»Ja, und ich weiß auch, dass du eine sehr hohe Stufe erreicht hast. Wir haben in früheren Leben zusammengearbeitet und sind dafür bestimmt, das wieder zu tun. Weißt du nicht, dass bei meiner großen spirituellen Arbeit die Hilfe der Frau erforderlich ist? Soll ich dir sagen, was du denkst? Du möchtest, dass jemand ins Zimmer kommt, damit du weggehen kannst. Aber du täuschst dich – du wirst niemals imstande sein, von mir wegzugehen.«

Indira sah zu ihm auf. Wie es das Glück wollte, kamen seine Gedanken so deutlich zu ihr, als lese sie in einem offenen Buch. »Sie selbst denken, Sie müssen freundlich zu mir sein, weil ich durch Drohungen nicht zu gewinnen bin«, entgegnete sie.

Er brach in Gelächter aus. »Du siehst, wir gehören derselben spirituellen Ebene an. Wir lesen beide die Gedanken des anderen. Soll ich dir mehr über dich erzählen?«

»Nein, danke«, antwortete Indira, »ich möchte nichts wissen. Ich muss jetzt gehen, ich erwarte ein paar Gäste zum Lunch.«

»Sei nicht kindisch!«, protestierte er lebhaft. »Du bist nicht geboren, um Schülerin zu sein, eine viel größere Bestimmung wartet auf dich. Wir beide werden eine bedeutende Veränderung in der Welt zuwege bringen. Ich brauche ein wenig Hilfe von dir, um einen bestimmten Übergang für mich freizumachen. Danach ist mir *Samadhi* sicher. Du wirst weltberühmt werden. Deshalb verzettele dich nicht in Sri Aurobindos Ashram.«

»Danke für Ihren Rat, aber ich muss gehen, ich habe eine wichtige Verabredung.« Indira erhob sich.

»Komm am Abend wieder und meditiere mit mir«, rief ihr der Swami nach.

Indira war, als sei sie einer erstickenden Atmosphäre entronnen. Um den äußerlich schönen Mann war etwas so Unheimliches und Furchteinflößendes! Sie hatte bestimmt nicht vor, zu ihm zurückzugehen.

Danach schickte er viele Botschaften, doch Indira blieb hart.

Eine Woche oder zehn Tage später stand sie mit einem heftigen Schmerz in der Brust auf. Sie konnte kaum atmen. Abends bekam sie Fieber. Die Ärzte meinten, es könnte eine durch ihr Asthma ausgelöste Sekundärinfektion sein, und behandelten sie entsprechend. Sie war völlig appetitlos und fühlte sich sehr matt.

Als sie sich eines Abends im Badezimmer die Zähne putzte, hatte sie eine schlimme Blutung. Sie konnte eben noch die Tür zu ihrem Ankleideraum erreichen und dann kollabierte sie. Kurz bevor sie das Bewusstsein verlor, dachte sie: Was für ein prosaisches Finale meiner Himmelsromanze! Und als der Schmerz sie umwarf, schrie sie: »Dada!«

Sie sah kein Licht, keine Gestalt, hörte nichts, sondern spürte nur, wie sie jemand vom Boden aufhob und behutsam auf ihr Bett legte. Ihr ganzes Wesen war erfüllt von Frieden, als sie zu sich kam. Als das Mädchen am Morgen anklopfte, um ihr den Tee zu bringen, bemerkte Indira, dass sämtliche Türen immer noch von innen verriegelt waren!

Ein paar Nächte danach träumte sie von ihrer Mutter, die etwa zwanzig Jahre zuvor gestorben war. Sie sah wunderschön aus in einem blauen Sari, ging auf Indira zu und sagte mit sanfter, aber fester Stimme: »Nimm nichts zu dir, das nicht in deiner Gegenwart zubereitet wird.«

Da Indira aus der Botschaft nicht klug werden konnte, schrieb sie an Dada, der ihren Brief an Sri Aurobindo weiterschickte. Sri Aurobindo antwortete, wenn Indira nicht sofort wegginge, würde sie sterben, eine dunkle Kraft wirke auf sie ein.

Sri Aurobindo schickte Dada, um sie in den Ashram zu bringen. Als Dada ankam, nahm er das Mädchen, das zu Indiras persönlicher Bedienung da war, beiseite und fragte sie, ob sie etwas in den Tee tue. Das Mädchen brach zusammen und beichtete, ein Hausbewohner habe ihr ein Pulver gegeben, ein Mittel gegen Asthma, das in Indiras morgendliche Tasse Tee geschüttet werden sollte. Später stellte sich heraus, dass Swami D. eine ältere Verwandte aufgesucht und ihr gesagt hatte: »Wenn Sie Ihre Familie vor einer Katastrophe bewahren wollen, müssen Sie alles tun, um Indira am Weggehen zu hindern. Sie allein bringt dem Haus Glück und Wohlstand. Ich gebe Ihnen dieses Pulver, verabreichen Sie es ihr. Vielleicht erkrankt sie darauf leicht, aber es wird sie am Weggehen hindern.«

Indira wurde auf einer Tragbahre nach Pondicherry gebracht. Sie konnte kaum gehen oder essen, aber sie flog trotzdem in diesem geschwächten Zustand und kam im Ashram an.

Doch Swami D. war nicht so leicht zu überlisten. Als sie nach wenigen Tagen gerade aus ihrer nächtlichen Meditation erwachte, sah sie zwei blutunterlaufene Augen. Und dann krallte sich eine Hand in ihre Brust unterhalb des Halses. Sie hörte eine heisere Stimme zischen: »Du kannst nicht entrinnen. Wenn du nicht kommst, wirst du sterben.«

Am Morgen entdeckte sie an sich die Spuren von einem Daumen und drei Fingern – dunkle, schmerzende Druckstellen. Sie müsse sie sich selbst während eines Albtraumes oder irgendeiner Fantasievorstellung beigebracht haben, dachte sie.

In der nächsten Nacht zog sie vor dem Meditieren Handschuhe an, was jedoch nichts nützte: Es erschienen die gleichen Fingerspuren. Deshalb beschloss sie, geradewegs zu Swami D. zu fahren und ihn zu ersuchen, sie in Ruhe zu lassen. Aber Dada erhob Einwände und schrieb über das Ganze an Sri Aurobindo, der folgenden Kommentar gab:

11. August 1949

Dilip,

es ist ganz offensichtlich, dass alle Suggestionen, die zu Indira kommen, Teil des Druckes sind, der aus der Entfernung von diesem übelgesinnten Mann ausgeübt wird: Der Gedanke, sie solle vor dem *Darshan* weggehen, ist seine Idee, und ebenso auch der Gedanke, sie solle hinfahren und ihn sehen. Du musst ihr sagen, sie dürfe unter keinen Umständen und aus keinem Grund seinem Druck nachgeben. Es ist klar, worauf er hinauswill, und es kommt gar nicht in Betracht, dass sie sich gestattet zu tun, was er verlangt; die Konsequenzen würden sehr ernst sein. Sie darf diesen Mann unter keinen Umständen sehen oder irgendetwas mit ihm zu tun haben. Selbst wenn sie es physisch oder in anderer Weise schwer findet, diese Art Druck auszuhalten, muss sie stark bleiben; dann muss er schließlich davon ablassen oder er wird seinen Tod finden. Wenn du es für nötig hältst, dass ich ihr direkt schreibe, lass es mich wissen und ich werde es tun.

Sri Aurobindo
12. August 1949

Indira,
ich habe bereits Dilip meinen Rat und meine Anweisungen geschrieben, was du in der Sache mit diesem Yogi und mit seinem Druck auf dich tun sollst. Ich schreibe aber an euch beide, um das noch zu bestärken, was ich ihm mitteilte, und um ein oder zwei Worte hinzuzufügen, die nötig sind, um das zu vervollständigen, was ich gesagt habe.

Besonders wichtig ist für dich, dass du die Furcht aus deinem Gemüt vertreibst. Bei diesem okkulten Wirken ist Furcht eine große Behinderung und Erschwernis; sie verstärkt den Angriff und schwächt deinen Widerstand. Glaube fest an die Hilfe des Göttlichen und an deine letztendliche Befreiung; wirf die Furcht immer hinaus, wenn sie hereinzukommen versucht. Wenn du das tust, wirst du immer stärker und fähiger werden durchzuhalten, bis der Sieg kommt.

Der physische Schmerz und das Leiden, das er dir zufügt, sind schwer zu ertragen, aber du musst versuchen, trotzdem stark zu bleiben, bis seine Macht, Kontakt mit dir zu bekommen, sich vermindert und zunichte wird. Sei tapfer und scheuche die Besessenheit durch ihn von dir; durch das Nervensystem und einen gewissen Druck seiner Kraft auf dieses, die er wirksam machen konnte, fügt er dir Leiden zu. Versuche dabei ruhig und gefestigt zu sein; dann wird es für dich leichter, stark zu bleiben.

Sei gewiss, die Hilfe der Mutter und die meine sind immer bei dir. Rufe nach ihr, wenn du sie brauchst.

Sri Aurobindo

Indiras Brust begann an den Stellen zu bluten, an denen die Hand sie allnächtlich packte, und sie saß an den Abenden nur sehr ungern allein in ihrem Zimmer. Als sie sich einmal im Bad zurechtmachte, öffnete sich plötzlich die Tür und eine Gestalt, vermeintlich Dada, betrat den Raum. Indira dachte bei sich: Wie merkwürdig, Dada würde niemals hereinkommen, ohne anzuklopfen.

»Indira«, begann die Gestalt.

Sie wich zurück und rief: *»Jai Guru Dada, Jai Guru.«*[39]

Sofort war der Bann gebrochen. Die Gestalt verblasste und sie sah, dass es niemand anders als Swami D. war. Bevor er verschwand, versetzte er

---

39 *Jai Guru* bedeutet: »Sieg dem Guru.« Es ist ein *Mantra*, das Schüler häufig zu ihrem Schutz benutzen.

Indira einen heftigen Stoß, der sie gegen die Badewanne schleuderte.

Als sie sich das nächste Mal zum Meditieren niederließ, wurde ihr zu verstehen gegeben, dass der Einfluss dieses bösen Menschen auf sie mit dem nächsten Vollmond enden würde. Und so geschah es auch. Ein Schüler des Swami schrieb an jemanden, den sie kannte: »Swami erlitt einen Schlaganfall und starb nach einem schweren Todeskampf. Er hinterließ Anweisungen, Indiras Bild zu verbrennen, das er in Mussoorie bei einem Fotografen gekauft hatte.«

»Wenn Dada mit seiner einzigartigen Stimme sang,
schwang ihr ganzes Wesen jedes Mal im Einklang mit.«

27
Die Bewährungsprobe

Bevor Indira den entscheidenden Schritt wagte, dachte sie immer, der Tag, an dem sie alles, was sie besaß, aufgab, würde auch ihren Kämpfen ein Ende machen. Diese naive Vorstellung scheiterte bereits an der ersten Klippe des inneren Erwachens. Denn kaum war ihr Rettungsboot in See gestochen, als sie auch schon erkannte, dass die Reise gerade erst begonnen hatte. Wie wenig hatte sie vom Ozean gesehen, als sie am Ufer der Sehnsucht und des Strebens stand! Ein paar Sturmwellen des Schmerzes und einige Unterströmungen, die erdwärts zogen – was waren sie verglichen mit den lautlosen Stürmen, die sich unter der Oberfläche erhoben, und den dunklen Strudeln, die sie ergriffen? Die verborgenen Riffe des Eigenwillens, die so unbedeutend wirkten, zertrümmerten fast das Boot. Kein Zweifel, es gab Inseln von erlesener Schönheit und unglaublichem Entzücken, doch das Boot streifte sie gewissermaßen nur. Eine Zeit lang genoss das Herz Ruhe und Frieden und Freude, bald genug aber war es Zeit, erneut auszulaufen, und sie befand sich wieder auf endlosen Wasserflächen. Bis man den endgültigen Hafen erreicht, gibt es keine andauernde Seligkeit.

Was war es, das Indira in diesen schwierigen Zeiten am meisten half? Wie immer – Dadas Musik. Sie nützte ihr mehr als irgendetwas sonst auf der Welt. Wenn Dada mit seiner einzigartigen Stimme sang, schwang ihr ganzes Wesen jedes Mal im Einklang mit. Doch es war nicht die Schönheit und Süße allein: *Dadas Stimme ist nicht von dieser Welt.* Sie kommt herangeweht wie ein Geisterruf von oben. Die Melodien erinnern an Krishnas Flötenklänge. Die Stimme ist sehr kräftig und ruft nicht nur die vitalen, sondern auch die psychischen Emotionen des Publikums wach. Er singt mit seiner ganzen Seele und hilft uns, seine vielschichtige Liebe zu seinem Gott zu teilen: Sehnsucht, flehentliche Bitte, Schmerz, Ekstase, Reinheit, Hingabe – alles findet Ausdruck in seinen Liedern. Sri Aurobindo schrieb ihm einmal, seiner Musik wohne eine große beschwörende Kraft inne. Sie ruft Licht und Gnade herbei.

Indira ist nicht so ausführlich auf Dadas Musik eingegangen, weil sie ihn rühmen wollte, sondern nur, um zu erklären, wie und weshalb sie ihr half. Obwohl sie ihre schönsten Erfahrungen durch sie bezog, war der Segen zugleich ein Unglück, da sie ihr nie sehr lange zuhören konnte. Nach den ersten paar Minuten vertiefte sich ihre Meditation, das Denken kam zur Ruhe und sie verlor das Wachbewusstsein.

Diese Erfahrung von *Samadhi,* wie man es nennt, vollzog sich generell auf zwei Arten. Manchmal hatte sie bei der Musik das Gefühl, als werde ihre Seele nach innen gezogen. Es war eine Erfahrung vollständiger Versunkenheit, aber sie verlor das Bewusstsein nicht gänzlich. Nur war alles außen undeutlich und schattenhaft sichtbar und Gott wurde zur einzigen Wirklichkeit. Da war eine große Ekstase oder eine große Sehnsucht, mitunter sogar ein großer Trennungsschmerz *(Viraha).* In diesem Zustand hat sie oft verzückt getanzt. Gedanken, Verlangen, Hoffnung und Liebe – alle waren um das Herz konzentriert, das für den Augenblick Gott gehörte. Nichts außen war wichtig oder klar, doch die Dinge existierten wie ferne Schatten. Es wurde ihr gesagt, dass man das *Bhava Samadhi* nenne. Der Name spielt allerdings keine Rolle, das Wesentliche ist die Erfahrung, wie auch immer man sie bezeichnen mag.

Die zweite Art der Bewusstseinsvertiefung begann mit einem elektrischen Strom, der vom Ende des Rückgrates ausging und zum Herzen, Hals und Schädeldach hinaufkroch oder emporzuckte. Auf einmal öffnete sich dann der Kopf und sie war frei. Frei von der Versklavung des Körpers, auf samtenen Wellen der Ekstase und Harmonie treibend. Sie sah, wie sie sich oberhalb des Körpers, der unbeweglich blieb, ausweitete. In diesem Zustand gab es kein Denken. Dennoch dauerte das Gefühl der Dualität an. Das Ich in ihr blieb – allerdings ein sehr demütiges und willfähriges Ich – jetzt befreit von den Grenzen von Zeit und Raum. Die meisten ihrer Visionen kamen in diesem Zustand. Nach einer Weile spürte sie eine Schwere auf dem Kopf und fand sich auf der Erde wieder.

Der Nachklang dieser Seligkeit blieb in ihrem Normalbewusstsein erhalten – aber mehr nicht. Sri Aurobindo sagte, das sei *Savikalpa Samadhi.*

Anfangs empfand als Indira es sehr schwierig, sich nach ihrer Rückkehr wieder im Normalbewusstsein zurechtzufinden. Es war, als werde sie zwischen Himmel und Erde hin- und hergerissen. Wie konnte man sich mit etwas anderem zufriedengeben, nachdem man diese unbeschreibliche Seligkeit erfahren hatte? Dada erklärte ihr, sie könne nur stabilisiert werden, wenn das äußere Wesen völlig verwandelt würde. Wie schwer es ist, seine Natur zu verändern, wusste sie. Selbst wenn Wünsche und Sehnsüchte stark abnehmen und Bindungen sich abschwächen, handelt man doch weiterhin falsch, aus reiner Gewohnheit. Sie stellte fest, dass sie oft Dinge tat, die ihr früher Vergnügen bereitet hatten, ihr jetzt aber nichts mehr bedeuteten. Obwohl sie von jeher ein geselliger Mensch gewesen war, langweilte sie zum Beispiel belangloses Geplauder jetzt tödlich. Den meisten Menschen fiel es schwer, sich auf Gott zu konzentrieren und zu verhindern, dass ihre Gedanken ständig zu weltlichen Dingen zurückwanderten, bei ihr war jedoch das Gegenteil der Fall. Was sie auch tat, ihr Denken kehrte immer wieder zu Gott zurück. Dennoch saß sie oft genug, wenn Freunde herüberkamen, mit ihnen zusammen und verplauderte einfach die Zeit. Wieder die alte Gewohnheit! Dada billigte müßiges Gerede in keiner Weise, selbst wenn von guten Dingen gesprochen wurde. Er wiederholte ständig: »Vergeude nicht deine Zeit und Kraft mit unnützen Sachen, die nichts mit deinem Yoga zu tun haben.« Doch dies war nur ein geringfügiges Problem.

Indira ging in den Ashram und ließ einen kleinen Sohn zurück, den eine Kinderschwester betreute. Ihr Erstgeborener, damals acht, war bereits seit drei Jahren im Internat, und so bildete der Jüngere den Prüfstein. Sie hatte ihn häufig zu Hause gelassen, wenn sie ihren verschiedenen sozialen und kulturellen Verpflichtungen nachkommen musste, aber irgendwie war es diesmal anders. Immer wieder ertappte sie sich dabei, dass sie an ihn dachte, und die Vorstellung, dass sie ihn vielleicht auf Jahre hinaus nicht wiedersehen würde, war sehr schmerzlich.

Als sie nach einigen Monaten meinte, es sei ihr teilweise gelungen, sich von ihrer Anhaftung an ihn freizumachen, kam wie ein Blitz aus heiterem Himmel die Nachricht, er sei lebensgefährlich erkrankt. Sie geriet völlig außer sich vor Kummer und Sorge. Indiras innere Gebundenheit und ihre Depression legten einen Schleier zwischen sie und den Guru und hinderten sie daran, seine Hilfe anzunehmen. Als sie Dada das Telegramm zeigte, sagte er: »Keiner von uns ist so unentbehrlich, wie wir meinen. Ich möchte, dass du Vertrauen zu Gott hast – aber die Entscheidung muss von dir kommen. Du musst wählen.« Indira erklärte ihm, er sei hart gegen sie, weil er ein Mutterherz nicht verstehe, doch sogar als sie es sagte, wusste sie, dass es nicht stimmte: Dada verstand sie besser als sie sich selbst, aber er war in dem Fall nicht sentimental. Hier ging es um eine Feuerprobe des Glaubens, um ein Dilemma – sie musste zwischen ihrem Kind und ihrer Liebe zu Gott wählen.

Abends war sie so gut wie entschlossen, am folgenden Tag nach Hause zurückzukehren. Dada sagte nichts mehr, sie wusste jedoch, dass sie ihn enttäuscht hatte.

Als sie sich nachts zum Beten niedersetzte, gab es weder Frieden noch Freude, nur fortwährende Dunkelheit. Ihre Gedanken plädierten für das Kind: Es war ihre Pflicht, bei ihrem eigenen hilflosen Fleisch und Blut zu sein; sie würde nach ein paar Tagen zurückkommen; es war grausam, sich in seinen letzten Stunden nicht um den Kleinen zu kümmern und so weiter. Doch trotz aller Argumente erkannte sie, dass sie nicht für das Kind, sondern für sich plädierte, indem sie ihre innere Gebundenheit rechtfertigte. Sie war gewogen und für zu leicht befunden worden. Ihre Liebe, ihr Streben, sogar ihre spirituellen Erfahrungen – all das hatte nicht vermocht, ihr den Glauben zu geben, den sie so dringend brauchte. Sie weinte zu Füßen ihres Gottes. Dann stieg ein Gebet aus den Tiefen ihres Herzens empor. Sie wolle Ihn vor allem anderen, sagte sie, und bat um die Kraft und den Glauben, ihre Bindung zu überwinden. »Lass mich meinen Guru und Dich nicht enttäuschen«, schluchzte sie.

Plötzlich kam ein unglaublicher Frieden auf ihr Haupt herab und durchdrang ihr ganzes Wesen. All die Düsterkeit und Schwermut in ihr wurde durch die unsichtbare Hand der Gnade vertrieben. Sie wusste, dass sie nicht zurückgehen konnte – gleichgültig, was geschah. Ihr Platz war hier – in Freude oder Leid, im Leben oder im Tode. Sie würde sich allein an ihrem Dada festhalten, er war ihr Vater, ihr Freund, ihr Kind.

Dada segnete sie am nächsten Morgen und erzählte ihr, dass er gebetet habe, sie möge das Richtige tun.

Indira erwähnt diesen Vorfall, denn er führte ihr zwei wichtige Erkenntnisse vor Augen. Einmal sah sie, dass Schmerz notwendig war, weil er reinigt und weil man sich selbst nie wirklich kennen würde, wenn man nicht durch das Feuer des Leidens ginge. Sie wäre sich ihrer Gebundenheit niemals bewusst geworden, wenn sie nicht so viel gelitten hätte. Zum anderen hatte sie eine intensive Erfahrung mit der Hilfe und Führung des Gurus gehabt. Wenn Dada ihrer falschen Haltung gegenüber kompromissbereit gewesen wäre, hätte sie niemals erkannt, welches die richtige Einstellung ist. Es war *seine* Stärke, die sie stark machte, und *sein* Gebet, das sie um Licht beten ließ. Dennoch hatte er nicht einmal darauf bestanden, dass sie ihm folgte. Er erläuterte den spirituellen Gesichtspunkt und beließ es dabei. Das Einzige, was er sagte, war: »Geh, wenn du es möchtest, aber sei dir vollauf bewusst, dass du deine weltlichen Pflichten über die Pflicht deiner Seele gestellt hast. Täusche dich nicht selbst.«

Er brachte sie zu der Einsicht, dass das, was für die meisten Mütter richtig war, für sie nicht zutraf. Sie war aufgerufen, sich ganz Gott zu überantworten. Sie erkannte, dass sie nicht aufrichtig genug gewesen und deshalb gefallen war, aber selbst dieser Fall führte sie in den Schoß ihres Herrn. Das Leid brachte sie ihrem Guru und Gott näher. Ihr wurde klar, dass spirituelle Erfahrungen und Ekstasen nicht ausreichten. Größere Wachsamkeit war erforderlich – sie musste kompromissloser, härter, rücksichtsloser sich selbst gegenüber sein.

Genau zu dieser Zeit verlor Indira zwei ihrer liebsten Freundinnen. Sie fehlten ihr sehr und das mentale Leiden war keineswegs geringer als das körperliche. Doch der Schmerz vertiefte nur ihr Streben und läuterte ihre Liebe.

Schmerz war notwendig, um ihren Widerstand zu brechen, denn ihr Eigenwille beugte sich nicht leicht, nur die Gewalt eines Sturms konnte ihn ausmerzen. Jede neue Enttäuschung führte ihr wiederum die Nichtigkeit persönlicher Bindungen vor Augen. Wenn sie zerbrachen, so zeigte das nur, wie schwach der Sockel ist, auf dem alle menschlichen Beziehungen beruhen. Menschliche Liebe, wie stark sie auch sein mag, ist begrenzt und auf das angewiesen, was sie vom anderen empfängt, wenn sie gedeihen soll. Auch wenn sie höher entwickelt ist und ein gegenseitiges Geben und Nehmen besteht, bleibt sie für ihre Entfaltung auf ein Echo, eine Rückmeldung angewiesen. Daher muss sie nach einer Zeit verblassen. Wir vermissen die Rückmeldung, wenn wir sie nicht bekommen, und betrachten sie als selbstverständlich, wenn sie vorhanden ist.

Als sich Indira anfangs dem Licht zuwandte, pflegte sie ihrem Guru zu sagen: »Hoffentlich macht mich Yoga nicht kalt und teilnahmslos. Wie kann ich leben, wenn ich nicht liebe? Wie kann ich Gott lieben, ohne seine Geschöpfe zu lieben? Was ist Liebe ohne Bindung?« Doch im Laufe der Zeit erkannte sie, dass die Liebe nicht geringer wird, wenn wir uns von unseren Bindungen freimachen. Im Gegenteil, wenn sich die Liebe vertieft, werden weniger Erwartungen an sie geknüpft und die Anspannung lässt nach. Man empfindet Freiheit und die Liebe wird zur Freude. Liebe, deren Erhaltung vom Gegenstand der Zuneigung abhängt, ist schwankend, bringt Kummer ebenso wie Freude, endet in Enttäuschung oder wird bestenfalls zur Gewohnheit und ist wie ein schwelendes Feuer voller Rauch. Gleichgültig, wie viel man nachschürt, der unangenehme Rauch wird stärker und beißt in die Augen.

Liebe, die von Schlacken gereinigt ist, die weder etwas erwartet noch nach ihrem Lohn fragt, ist in sich selbst Erfüllung. Zu lieben und nicht geliebt zu werden, dieser Akt ist es, der Erfüllung wie Befriedigung bringt und die Liebe am Leben erhält. Solche Liebe ist wie eine Feuersbrunst. Alles, womit man sie speist, wird zu Feuer und lässt es heller leuchten.

Sie wusste aus Erfahrung, dass nur diejenigen, die sie liebte, die Macht besaßen, ihre sensible Seele zu verletzen; nicht weil sie sie liebte, sondern weil sie Gegenliebe erwartete oder zumindest Anerkennung. Als diese Erwartung aufhörte, kam die Befreiung: Die Liebe war nicht mehr erstickt, sie atmete frei die wohlriechende Luft und weitete sich in ihrem eigenen Licht und ihrer Wärme.

Die Liebe des Gurus kommt der göttlichen Liebe in dieser irdischen Welt darin am nächsten, dass sie absolut selbstlos ist. Er beurteilt die Schüler nicht nach deren Fehlern noch nach dem, was sie sagen oder tun, sondern nach dem, was sie zu sein streben. Mit unendlicher Geduld und unwandelbarer Liebe versucht er, die sehr menschliche Natur des Schülers in Göttliche zu formen.

In ihrer tiefsten Düsterkeit und ihrem Leid sah Indira, dass der Guru stets da war, sie geduldig und mitfühlend beobachtete. Niemals enttäuschte er sie in ihren kritischen Stunden der Auflehnung und des Eigenwillens, auch wenn ihr die Einsicht fehlte: Er missverstand sie nicht und ließ sie nie im Stich. Niemals gab er ihrem Eigenwillen nach, sondern wartete stets, dass sie wieder zu sich kam.

Als sie ihr Gesicht der Sonne zuwandte, wichen die Schatten allmählich. Sein Sonnenlicht der Seligkeit und Harmonie und Strahlen der Gnade und des Mitgefühls grüßten sie, und so segelte ihr Rettungsboot weiter mit dem Guru am Steuer zu jenem fernen Land der Schönheit und Glückseligkeit.

Oh Krishnas gesegnete Magd
(zu Indiras Geburtstag)

Oh Krishnas gesegnete Magd! Du sagtest mir:
»Ich sah einen Funken zwischen deinen Brauen,
der wuchs an zu blendendem Licht, überstrahlte alles.
Dann, noch eh' ich es als die gewaltige,

unbegrenzte Sonne erkannte,
zersprang sie und mich umfing ein gütiger Glanz
von Seligkeit. Dann verlor ich das Bewusstsein
meiner selbst als separates Einzelwesen.

Die Zeit stand still, der Raum löste sich auf,
kein Wunsch, kein Trieb hielt sich, kein Name, keine Form,
was ich entworfen hatte als mein *Ich,* war annulliert.
Was ich erfuhr, wie kann ich es beschreiben?

Nichts als die Fülle schweigenden Glücks,
ein absolutes Licht, das kein Schatten kreuzte oder störte,
da gab es keine Welt, kein Wesen erhob Anspruch
auf Titel oder Status gesondert von dem Einen.

Kein Drang kam auf, ein eigenständig Selbst zu sein,
eine andauernde, nicht zu zerstörende Ekstase
durchdrang das grenzenlose Vakuum des Himmels
und waltete in unverletzter Majestät.

Doch diese Leere war kein ödes Nichts,
sondern ursachloser Friede, leuchtend aus sich selbst:
Der Wissende eins mit dem Wissen und Gewussten,
in nichts verborgen, aus nichts Seiendem abgeleitet.

Symbole flüstern leider nur, sie sprechen nicht,
und wie auch sprechen, wenn es keine Zweiheit gibt,
wenn alles *Ich* im Ewigen ist verloschen:
ein Ozean von Harmonie, der keine Ufer kennt?«

(Nach Indiras Beschreibung ihrer unbeschreiblichen Erfahrung des ab Mitternacht sechs Stunden währenden *Nirvikalpa Samadhi* an ihrem siebenunddreißigsten Geburtstag, am 26. März 1957.)

Dilip Kumar Roy

28
Andere Welten

Viel ist über die Geister-Welten geschrieben worden, die von Medien erschaut werden. Nicht nur diese sah Indira, sondern auch viele andere Welten, in denen Wahrheit oder Harmonie oder Schönheit herrschten.

Eines Nachts fühlte sie, dass ihre Seele, sobald sie den Körper verließ, wie ein Pfeil emporschoss und durch verschiedene Bewusstseinsschichten flog. Sie sah, dass sie vom Zentrum eines riesigen Kegels hochschnellte. Als sie die Spitze erreichte, war ihr gesondertes Sein verloren. Es blieb nur ein einzigartiges, unvergleichlich glückseliges Bewusstsein. Danach befand sie sich in einer Welt oder einem Land der Wahrheit, wo es keinen Schatten gab. Man sprach dort in Schwingungen, nicht in Worten. Aus dieser Welt konnten Wesen ihre Emanationen auf die Erde hinab senden, um den Menschen und Gott zu dienen. Es war eine Welt jenseits von Zeit und Raum.

Dann war sie in einer Welt, in der alles von Leben pulsierte: Bäume, Steine, Wasserfälle, Blumen und Erde – alles war lebendig.

Der Kegel begann sich auszudehnen und sie war in einer Welt, wo alles Harmonie und Schönheit verströmte. Nichts war unschön oder disharmonisch; selbst ein Erdklumpen bot einen herrlichen Anblick.

Und dann gab es die Welt des Klanges oder vielmehr der Musik. Wunderschöne Wesen sprachen in Melodien, bewegten sich in Wohllaut. Die Luft war voller Musik; Vögel, Bäume, Mauern – alles ließ seine besondere Weise erklingen, nirgendwo war ein Misston zu vernehmen. Alles war Musik, Gesang, Wohllaut!

Indira spürte, dass diese Welten statisch und nicht dem Rad des *Karmas unterworfen* waren, wenngleich aus der Welt der Wahrheit Emanationen zur menschlichen Erde entsandt werden konnten. Nach einer Weile begann sie ein Gefühl der Schwere zu empfinden; sie glitt durch die sich senkenden Wolken und kehrte auf die Erde zurück, wo alles sich zu mischen schien – Wahrheit, Falschheit, Gut, Böse, Hass, Liebe, Edles, Gemeines. Sie war so verschieden von den anderen Welten, doch irgendwie wusste Indira, dass man Kontakt mit diesem allerniedrigsten Land haben musste, um zu dem höchsten zu gelangen. Von hier konnte sie zur Spitze des Kegels emporschießen. Während jede andere Welt ein statisches Himmelreich war, befand sich diese in Evolution, strebte nach Vollkommenheit und reckte die müden Arme dem Himmel entgegen. Diese Welt war eine Werkstatt des Meisters – ein Laboratorium, in dem er ständig neue Methoden erprobte, seine Modelle zu läutern und zu vervollkommnen. Er meißelte und behaute sie mit dem Zorn des Himmels und beugte sich dann herab, um sie zu umarmen und zu streicheln, genau wie ein Bildhauer sein Werk berührt – sanft und zärtlich. Hier ist es, wo der gute Hirte seine verlorenen Schafe sucht und sich freut, wenn er eins seiner Herde findet, das sich vielleicht verirrt hatte. Er führt sie nach Hause, damit sie sich nach einem langen Tag ausruhen – sie sollen schlafen und *sein,* bis er sie auf die irdischen Weiden hinunterschickt, um sie wieder grasen zu lassen.

Als Indira eines Nachts ihren Körper verließ, stürzte sie plötzlich in einen finsteren Abgrund. Sie fiel immer weiter in die Dunkelheit, bis sie in eine Stadt kam. Eine Stadt wie jede andere auf der Erde, nur gab es dort weder Türen noch Fenster. Männer und Frauen gingen in den Häusern und draußen umher. Es lag eine tödliche Kälte in der Atmosphäre, sie fühlte sich wie auf einem Friedhof. Keine Feuer loderten, keine Strafen wurden zugemessen, aber sie sah kein Licht in den Augen der Bewohner – sie waren lebende, fühllose Leichname, unfähig, Freude oder Schmerz zu empfinden. Es gab keine Hoffnung, keine Liebe und keinen Hass. Das Leben spendende Licht Gottes nahte sich ihnen nicht – und nirgends waren Kinder. Eine lebendige Hölle, so meinte sie, und als Dada am nächsten Morgen an Sri Aurobindo schrieb, antwortete dieser: »Es war tatsächlich die Hölle, die Indira besuchte.«

Wie viel das Sprechen über spirituelle Erfahrungen hilft, weiß Indira nicht. Sie redet sich ein, es sei nützlich für andere, weil Dada dies sagt, und Dada weiß fraglos mehr als sie. Alles, was ihr widerfahren ist, geschah nur durch seine Hilfe, Liebe und *Guru-Shakti.* Daher ist das, was von ihm oder durch ihn gegeben wird, sein und sie muss sich seinem Willen und Urteil unterwerfen. Sie möchte nur klarmachen, dass es ihr sehr schwerfällt, über diese intimen, persönlichen Erfahrungen zu sprechen. Und dennoch würde sie es gern von den Dächern rufen, dass Gott kein Mythos *ist,* sondern eine lebendige Wirklichkeit, und dass sie weiß, wenn wir Ihn lieben, *können* wir Seine Liebe fühlen.

Indira hat bereits über die zwei Arten von *Samadhi* geschrieben, die sie häufig erlebt. Dreimal hat sie durch die Gnade des Herrn auch *Nirvikalpa Samadhi* erlebt. Das letzte Mal geschah dies 1971.

Wie gewöhnlich stieg ein elektrischer Strom vom Ende ihres Rückgrats auf. Ihr Schädel öffnete sich und sie war frei von der Knechtschaft ihres Körpers. Wie ein Vogel, der aus dem Käfig herausgelassen wird, schwang sich der Geist empor. Es war, als ob sie durch verschiedene Welten triebe und dem Lockruf einer Flöte folgte. Indira erinnert sich, Wesen des Lichts und der Harmonie gesehen und die Ekstase der erdenfreien Götter gefühlt zu haben, vor allem aber erinnert sie sich an den Ruf der Flöte. Er war so nah und dennoch konnte sie ihn nicht erreichen. Höher und höher stieg sie empor, bis es nichts mehr gab außer dem Flöten-Ruf, und dieser Ton hatte Gestalt angenommen – eine Realität, die sie irgendwie berühren wollte. Kaum tat sie es, verwandelte sich die Form in eine blendende Sonne, die in eine Million Teile zersprang, und dann war da nichts – und dennoch alles. Es gab kein *Ich* mehr, keinen, der etwas erfahren konnte – keine Form, keine Zweiheit, keinen Gott, keinen Strebenden. Sie hatte jegliches Bewusstsein verloren, um Bewusstsein zu *werden.* Es gab nur Seligkeit und eine unermessliche Wirklichkeit herrschte – jenseits allen Denkens, aller Beschreibung, aller Vorstellung. Die Zeit blieb stehen – vielmehr gab es keine Zeit –, dennoch kehrte sie nach einer Weile zurück in den Schatten jener Realität, in diese Welt.

Es heißt, dies sei eine höhere Stufe als *Savikalpa Samadhi.* Für Indira jedoch ist die Art ihres übernatürlichen Bewusstseins nicht von Bedeutung. Wenn sie in einem Zustand sein kann, in dem sie Dada oder Gott wahrnimmt, wenn sie ihr zulächeln, verlangt sie nichts anderes. *Nirvikalpa Samadhi* ist nicht ihr Ziel. Worum sie betet, ist nur eins: Dass sie imstande ist, sich selbst vollständig ohne Vorbehalt in ihrem normalen Bewusstsein hinzugeben. Ihr Ziel ist es nicht, der Welt helfen oder sie verbessern zu können. Wenn sie sich selbst ändern und es dem Guru überlassen kann, sie zu formen, ist das für sie Erfüllung. Es ist möglich, dass manche sich durch den Kontakt mit ihr ändern, genau wie es möglich ist, dass sie unbeachtet und unbekannt weggehen kann. Beides ist ihr gleich. Was kann sonst von Bedeutung sein, wenn nur Er sie erkennt und beachtet? Wenn ihre Hingabe zu Füßen ihres Gurus vollkommen ist und er dem Vollkommenen ein vollkommenes Opfer ihres Lebens darbringen kann, ist das für sie Erfüllung. Nichts weniger vermag sie zufriedenzustellen. Hingabe oder Gott-Verwirklichung – beide sind synonym.

29
Erkenntnis durch Identität

Zum ersten Mal geschah es im September 1956. Der Hari Krishna Mandir war noch nicht erbaut und in dem Haus, wo er und Indira wohnten, gab es am Abend für Dada keine Ruhe und Ungestörtheit. Daher fuhren sie oft im Wagen eines Freundes aus und Dada trank in einem nahe gelegenen Straßencafé eine Tasse Kaffee. Eines Tages gingen Dada und sein Freund nach dem Kaffee auf der Promenade spazieren, während Indira im Wagen wartete. Als sie aus dem Fenster schaute, sah sie einen halb verhungerten Hund auf das Café zutrotten und sehnsüchtig auf das Brot, das dort verkauft wurde, blicken. Der Verkäufer vertrieb ihn mit einem Stock. Sofort fühlte Indira den furchtbarsten Hungerschmerz im Magen. Es war, als ob dieser Hunger an ihrem Inneren nagte. Sie hatte keine Ahnung gehabt, dass Hunger so unerträglich sein konnte. Ohne nachzudenken stieg sie schnell aus und kaufte ein paar Brötchen, die sie dem Hund gab. Sobald er sie fraß, fühlte sie sich wieder ganz normal.

Das zweite Mal stand sie an ihrem Fenster und beobachtete einen Mann, der sein Feld gegenüber dem Ashram pflügte. Plötzlich nahm er einen dicken Stock und schlug den Ochsen heftig auf den Rücken. Indira schrie vor Schmerz auf, als ob jemand sie geschlagen hätte. Als sie ihren Sari hob, sahen Dada und die anderen Bewohner des Ashrams, dass auf ihrem Oberschenkel ein runder blauer Fleck war. Er bereitete ihr einige Tage lang starke Schmerzen.[40]

Beim dritten Mal ging es um eine Bougainvillea. Dieser orangefarben blühende Strauch stand zwischen zwei roten Pflanzen. Das Orange harmonierte nicht mit dem Rot und sie bat ihren Bruder-Schüler, der den Garten betreute, die orangefarbene Pflanze wegzunehmen. Als sie in dieser Nacht meditierte, sah sie, wie sich der Stamm der orangefar-

40 Sri Aurobindo beschreibt diese Art von übernatürlicher Erfahrung in seiner *Synthese des Yoga* in dem Kapitel *Kosmisches Bewusstsein*.

benen Blüten in zwei Hälften teilte und einen jungen Knaben sichtbar werden ließ, der in orangefarbenen Gewändern darin stand. »Warum willst du mich zerstören, Mutter? Ich bin noch jung.«

Am nächsten Morgen sagte Indira dem Bruder-Schüler, er solle die orangefarbene Pflanze so stehen lassen, wie sie war.

Danach verbot Indira allen, einen Zweig von den Bäumen zu schneiden oder eine Pflanze auszugraben, ohne sie vorher zu fragen.

Eines Nachmittags sah sie beim Meditieren einige kleine Jungen und Mädchen in Grün vergnügt um die Mangobaum-Gruppe neben dem Ashram herumtanzen. Plötzlich war Blut auf dem Gras und zwei kleine Jungen schrien: »Ma, sie schneiden unsere Arme ab!« Indira sprang auf und lief hinunter. Währenddessen erzählte sie Dada, was sie gesehen hatte. Sie war so tief bewegt, dass sie schluchzte. Unten fand sie den Gärtner, wie er Äste von den Mangobäumen wegschnitt! Der verantwortliche Bruder hatte vergessen, ihre Anweisungen weiterzugeben.

Sie vergaßen es immer wieder und Indira weinte um die verstümmelten Bäume und Pflanzen. Wie konnten sie mit ihren Herzen verstehen, was sie mit dem Verstand wussten – dass Indira ein wahrheitsliebender Mensch war und dass diese Blumen und Pflanzen durch ihre Schwingungen zu ihr sprachen und Freude und Schmerz empfanden, genau wie wir?

Warum widerfuhr ihr dies alles? Wenn man sie danach fragte, hatte sie keine Erklärung. Sie wusste nur, *dass* es geschah, und nahm es auf Knien an als Zeichen Seiner Gnade. Mit jeder Faser ihres Wesens war ihr klar, dass es nicht ihr Verdienst, dass sie nur ein Werkzeug war.

Indira war klar, dass sie in vieler Hinsicht ein anormaler Mensch war. Sie spürte Schwingungen von Personen, von Wut, Furcht, Gier und Eifersucht. Sie merkte es, wenn Menschen in ihrer Gegenwart logen, doch die Macht zu wissen, was ihr selbst in zwei Tagen widerfahren würde, besaß sie nicht.

Als sie die Fähigkeit entwickelte, die Gedanken anderer zu lesen, verwirrte sie das anfangs sehr. Sie bat sogar ihren Guru, sich an Sri Aurobindo zu wenden, er möge sie von dieser unwillkommenen Gabe befreien. Dada schrieb im März 1949 an Sri Aurobindo, worauf dieser antwortete:

Dilip,
wäre Indiras Fähigkeit, die Gedanken anderer zu empfangen, nur das übliche Gedankenlesen gewesen, das heißt, dass sie Einblick hat in das Mental anderer Menschen und sieht, was dort ist, dann wäre die Abhilfe sehr einfach gewesen: Es hätte genügt, wenn sie sich weigert, hinzublicken; diese Befähigung könnte sogar an Unterernährung eingehen, wenn sie lange nicht verwendet wird. Wenn aber die Gedanken anderer von selbst zu ihr kommen, mag der Grund das psychische Offensein ihres inneren Mentals sein, das loszuwerden schwer wäre. Würde sie gleichgültig bleiben oder diese unwillkommenen Besucher zurückscheuchen und nicht wieder an sie denken, dann wäre das eine der Abhilfen; wenn sie ständig nicht angenommen werden, könnten sie nach einer gewissen Zeit vom Kommen abgeschreckt werden. Du fragst, warum so etwas zu einem kommt? Das ist nicht etwas, das kommt, sondern etwas, das da ist, eine Fähigkeit oder eine psychische Gewohnheit der Natur; würde sie Yoga praktizieren und dabei einen beträchtlichen Fortschritt machen, wäre es für sie möglich, die Tür für diese Besucher zu verriegeln. Aber ich möchte auch sagen, dass diese Fähigkeit nicht nur eine Quelle von Schwierigkeiten zu sein braucht; sie kann sogar hilfreich sein, denn sie kann ihr, wenn sie die Meisterschaft über ihre eigene Natur erlangt hat, die Erkenntnis der Gedanken und Gefühle anderer Menschen geben; dann kann sie helfen, führen, umwandeln, was in deren Inneren gewandelt werden muss, sodass sie für das göttliche Werk besser wirken können. Ich werde warten, was du mir weiter zu berichten hast, bevor ich mehr sage ...

Sri Aurobindo

Indira nahm Sri Aurobindos Antwort als Zeichen Seiner Gnade. Er hatte in wenigen Sätzen so viel gesagt. Es war eine Warnung – eine Ermahnung ebenso wie eine Segnung. Sie wusste, dass die Gedanken der Menschen von allein zu ihr kamen. Es geschah nicht absichtlich, dass sie versuchte, sie zu lesen; die wenigen Male, da sie sich darum bemüht hatte, war das Ergebnis ein Fehlschlag. Immer wenn es notwendig war, wurden ihr Gedanken enthüllt, wenngleich sie nicht wusste, wie ihr das half. Sie gab sich selbst das Versprechen, nie wieder eine Anstrengung zu unternehmen, die Gedanken anderer zu lesen.

In einer Weise half ihr diese Befähigung jedoch: Ihr wurde deutlich klar, dass es nicht richtig war, einen Menschen nach dem zu beurteilen, was er in einem bestimmten Augenblick dachte. Die besten Menschen hegten manchmal schlechte Gedanken und weniger wertvolle mitunter edle. Sie erkannte ferner, dass viele der Gedanken, die wir für unsere eigenen halten, aus der uns umgebenden Atmosphäre hereinschweben und dass es in unserer freien Wahl liegt, ob wir sie annehmen oder zurückweisen.

Dies wurde ihr einmal sehr lebhaft vor Augen geführt. Sie saß mit einer Gruppe von Freunden im Gebetsraum ihres Gurus in Poona zum Meditieren. Sie konnte ganz klar erkennen, dass die meisten von ihnen eine Aura der Spannung um sich hatten. Sie konzentrierten sich so stark darauf, ihr Mental zum Schweigen zu bringen, dass es die Bewusstheit ihrer Gedanken nur erhöhte. Nicht einer in der Gruppe war vollständig entspannt – die erste zur Meditation erforderliche Voraussetzung.

Plötzlich *sah* sie einen Gedanken an Sex von draußen hereinschweben und einen Anwesenden berühren, der ihn akzeptierte. Er wurde unruhig, aber der Gedanke entfaltete sich in seinem Mental in Form der Eifersucht, einer der Begleiterscheinungen von Sex. Er spielte mit dem Gedanken und wurde bald auf einer Welle von Ressentiment und Ärger gegenüber dem Guru, der Welt und Gott davongetragen.

Der Gedanke berührte zwei andere, die ihm jedoch keinen gemütlichen Platz einräumten, sodass er sich schnell von ihnen abwandte. Ein anderer Freund nahm den Gedanken als seinen eigenen an und wurde schrecklich besorgt um seine Gesundheit.

Es war faszinierend, obwohl das Ganze nicht länger als eine Minute dauerte. Indira wurde klargemacht, dass sie Menschen nicht nach deren Gedanken beurteilen sollte. Das ließ sie viel toleranter und verständnisvoller ihren Mitmenschen gegenüber werden.

30
Miras Ankunft

Es war etwa um das Jahr 1949. Indira war in Mussoorie und meditierte von vierundzwanzig Stunden zumindest vierzehn. Als sie sich eines Nachmittags aus der Meditation erhob, wiederholte sie ein paar Zeilen aus einem Lied: »*Bari anokhi reet piyaki bari anokhi reet*...« Zuerst dachte sie, es könnte aus einem der Filme stammen, die sie irgendwann einmal gesehen hatte. Der Text war einfaches Hindi und obwohl Indiras Sprache Urdu war, konnte sie den Sinn erfassen.

Seine Wege sind seltsam, verwirrend,
ergründen kann ich Ihn nicht.
Wie Er unsre Herzen mit Seiner Liebe erfüllt,
weiß ich, oh Freundin, nicht.

Ich lernte, durch Tränen zu lachen,
setzte alles aufs Spiel, Ihn zu sehen:
Ich gewann Ihn, indem ich die Seine wurde,
verlor alles, doch errang Seine Gnade.

Unablässig entzog er mich
meinen niederen Lieben, meiner Sippe,
Bis selbst der Gefährte, den ich einst freudig empfing,
mir fern und fremd erschien.

Jetzt sind mir erstorben Furcht und Scham
auf einsamer Suche nach Dir:
Man hat keine Freunde, wenn Du, oh Geheimnis,
zum größten Freunde wirst.

Indira maß dem Lied keine große Bedeutung bei, aber es drängte sich ständig in ihr Gedächtnis, und zwar so beharrlich, dass sie es schließlich an Dada schickte, der damals in Assam war. Sobald sie eine der

Bediensteten gebeten hatte, das Lied in Hindi niederzuschreiben, dessen Schriftzeichen Indira nicht gelernt hatte, hörte es auf.

Einige Tage später stand sie mit den Worten eines anderen Liedes auf den Lippen auf. Auf diese Weise kamen etwa ein Dutzend Lieder zu ihr – eins nach dem anderen. Sie sah nichts, hörte kein Singen, erinnerte sich nur an die Liedtexte.

Danach ging sie nach Pondicherry und das unglaubliche Drama begann. Eines Morgens, als Dada in seiner Wohnung sang, sah Indira (sie ist nicht sicher, ob mit offenen oder mit geschlossenen Augen) eine wunderschöne Frau in der Tracht von Rajasthan. Sie war schlank, äußerst anmutig und hatte die bezauberndsten Augen. Sie saß in Dadas Nähe, schlug den Takt und schien in die Musik versunken zu sein. Indira fragte sich, warum sie nicht das weiße Gewand der Frauen im Ashram anhatte. Sie muss ein Gast oder eine gute Freundin von Dada sein, dachte Indira. Doch als die Frau aufstand, um mit den anderen wegzugehen, warf sie keinen Schatten und ihre Füße berührten den Boden nicht ganz.

Wenige Nächte später ereignete sich etwas noch Seltsameres. Während sie meditierte, sah Indira dieselbe Frau näher kommen. Sie sang und schien die Welt völlig vergessen zu haben. Ihre Stimme war lieblich, und in der letzten Zeile des Liedes tauchte der Name »Mira« auf.

Am nächsten Morgen erzählte Indira Dada, was sie gesehen hatte. Er war ebenso verwundert. Einbildung konnte es nicht sein, dazu war es zu deutlich, und Autosuggestion war auszuschließen, da Indira überhaupt nicht an die heilige Mirabai gedacht hatte. Als Dada sie bat, die Frau zu fragen, wer sie sei, erwiderte Indira: »Aber in meiner Meditation ist kein Gedanke, Dada, mein Gemüt wird ruhig wie ein See an einem windstillen Morgen. Da kräuselt sich nicht einmal eine kleine Welle.« Und dann vertraute sie ihm an: »Ich bin zur gespaltenen Persönlichkeit geworden. Ein Teil von mir ist immer stummer Zeuge dessen, was der andere Teil tut – wie die Mutter, die ihr Kind beobachtet, wenn es Possen treibt. Diese Frau kommt zu dem Teil meines Bewusstseins, der als Zeuge fungiert, und der stellt keine Fragen, verlangt nichts, ersehnt nichts. Er ist nichts als ein Zeuge, ein Freund, ein Führer, der mich schweigend leitet oder im Herzen flüstert.«

Das Ganze war so erstaunlich, dass es die meisten schwer zu glauben fanden. Indira tadelte sie nicht dafür, da es ihr selbst völlig unerklärlich war. Dennoch war es wahr und wurde mit der Zeit zur größten Wahrheit in ihrem Leben, zum kostbarsten Teil. Sie brauchte keine Bestätigung von anderen, verlangte von niemandem eine Bescheinigung. Selbst wenn die ganze Welt ihr nicht glaubte, selbst wenn ihr eigener Verstand zu zweifeln begann, spielte das keinerlei Rolle. Sie war wie eine arme Frau, der eine unverhoffte Erbschaft hinterlassen wurde und die daher eine Million Rupien auf der Bank deponieren konnte. Niemand glaubte ihr. Alle sagten, das Ganze sei eine erfundene Sensation, und bestanden darauf, dass sie es bewies, indem sie ihnen einen Kontoauszug zeigte. Die Frau lachte. Die Tatsache, dass sie das Geld besaß, war so viel wichtiger als der Spott der klugen Skeptiker. Im spirituellen Leben ist es dasselbe. Wenn man von Gott gesegnet wurd, ist alles andere gleichgültig. Und wenn man von ihm nichts empfangen hat, was spielt es dann für eine Rolle, was die Leute sagen? Denn dann würde unser Herz leer bleiben, selbst wenn wir sein Kommen mit Fanfaren ankündigten.

Miras Eintreffen war unglaublich, noch Jahre später fand Indira es so fantastisch, dass auch sie es kaum für wahr halten konnte. Die Lieder waren in Hindi und manche Wörter kannte Indira nicht – sie wunderte sich darüber, bis sie entdeckte, dass Mira in Schwingungen und nicht in Worten sprach. Wenn das Gemüt vollständig still war, kamen alle Wörter fehlerfrei herab. Gab es aber eine leichte Unruhe, wenn die Schwingungen hindurchgingen, dann wurde ein bestimmtes Wort weggelassen und durch ein ähnliches in Urdu ersetzt. Eines Tages schrieb Indira verzückt:

Von fern her, jenseits deines Reiches, oh Gemüt,
　　　　schwebt sie auf Flügeln der Liebe in dieses dunkle Land.
Mein Herz öffnet seine Blüte ihrem Blick,
　　　　mein ganzes Sein umschließend nimmt sie mich an die Hand.
Schnell durchqueren wir die Blässe deines Horizonts,
　　　　schweifen einher auf sanft rauschenden Wellen der Freude,
wo Schweigen flüstert und wo Stille fließt,
　　　　wo alles Liebe ist, dort ist meine Seele daheim.
Im stillen Nachklang der bewegenden nächtlichen Stunde,
　　　　wenn der Schlaf alle Sorgen von der Stirne streichelt,
dann blüht ein Blumentraum in meines Herzens Laube,
　　　　ein Duft gewinnt Gestalt, ich weiß nicht, wie.

Liebliche Traurigkeit schimmert in ihren sternklaren Augen,
ihre Lippen blühen rosenknospengleich zu einem Lächeln:
Rein wie die Lilie, als strahlender neuer Tag
kommt meine Liebe, den Träumen Wirklichkeit zu leihen.

31
Gnade

Oft fragte sich Indira, ob ihr die Erfahrungen bei ihrem Aufstieg halfen. Worin bestand letztlich ihr Sinn, wenn sie nicht dazu beitrugen, das Streben zu intensivieren?

Weshalb war zum Beispiel Mira zu ihr gekommen? Doch sicherlich nicht nur, um ihre wunderbare Kraft zu demonstrieren? Warum sang sie Indira Hunderte von Liedern vor, führte sie, sprach zu ihr, segnete und liebte sie?

Geschah es nicht, um Indira zu helfen? Gewiss erweckte es genau diesen Anschein. Denn nach jeder Erfahrung wandelte sich das Bewusstsein ein wenig, das Herz wurde ein wenig reiner, ein wenig verständnisvoller und toleranter, ein wenig demütiger.

Miras Ankunft vertiefte die Erfahrungen. Sie brauchte nur ein wenig zu entspannen und ihre Seele schnellte nach oben und durch ihre Schädeldecke heraus. Sogar während sie mit Menschen sprach, fand sie einige Augenblicke des Schweigens und war außerhalb ihres Körpers, auf Wellen der Seligkeit dahintreibend.

Mit der Zeit stellte sie fest, dass sie ohne jede Anstrengung ihrerseits Gottes Namen mit jedem Atemzug wiederholte. Manchmal, wenn auch selten, hatte sie die wunderbare Erfahrung, dass jede Pore ihres Körpers sprechen konnte und den Namen wiederholte. Dieser Name wurde zur lebendigen Gegenwart in ihr und erfüllte ihr ganzes Wesen, sodass sie jedes Mal, wenn diese Wiederholung aufhörte, eine große Leere im Herzen empfand.

Als sie einmal Mira in ihrer Meditation begegnete, erzählte sie ihr, dass die Menschen das ganze Phänomen Mira fantastisch fänden und dass sie, Indira, ihnen zustimmte.

Mira sagte lächelnd: »Wenn du deinen Freunden erzählst, dass du einen Geist siehst, der dich erschreckt, alles im Hause durcheinanderbringt und grässliche Geräusche macht, werden dir viele glauben. Du wirst dann andere Geschichten von Geistern hören, die erscheinen, um zu zerstören. Aber wenn du sagst, dass zu dir ein Geist kommt, der aufbaut und nicht zerstört, der hilft, aber dich nicht erschreckt, der von Gott singt und vor Freude tanzt, dann ist das für Menschen schwer zu glauben. Im Denken der Menschen liegt etwas Abartiges, das keine selbstlose Liebe oder Hilfe von Gott direkt oder durch Seine dienenden Geister annehmen kann.«

»Aber es ist ein Wunder«, beharrte Indira. »Du kannst es nicht leugnen.«

»Ist es irgendwie wunderbarer als eine Rosenknospe, eine goldene Morgendämmerung oder ein Grashalm? Wir erleben überall ringsum Wunder. Tatsächlich ist diese Welt ein unglaubliches Wunder, und dennoch *ist* sie. Was immer wir täglich sehen, akzeptiert unser Denken nach einer Weile und lernt, damit zu leben, sei es etwas Grauenhaftes wie der Krieg oder etwas Schönes wie ein Wasserfall oder hübsche Vögel oder treue Hunde. Man muss etwas nur immer wieder sehen und nimmt es dann, mag es auch noch so wunderbar sein, als gegeben hin. Menschen scheuen vor allem Neuen oder Unbekannten zurück und werten es als unmöglich ab. Die Menschen in ihrer Unzulänglichkeit können nicht viel tun, aber bei Gott ist alles möglich, wie Christus vor langer Zeit gesagt hat.«

Für einen Strebenden ist es ein Segen zu staunen und eine Sünde zu zweifeln. Indira schrieb, angeregt von einem bengalischen Lied, in tiefer Dankbarkeit:

Was ist das für eine Liebe, mit der du mich liebst?
Welch rätselhafterer Handel, ein himmlisches Gib und Nimm!
Du wägst nicht meine Sünden, meine tausendfachen Fehler,
du gibst nur immer und warum? Um der Liebe willen.

Ich zähle nicht deine Gaben, beachte nicht deine Gnade;
Ich lächle in meinem trotzigen Herzen und verschmähe,
was ich empfange, unverdient und ungefragt,
und dennoch schenkst du weiter und erwartest nichts dafür.

Ich streife dürstend um deine Nektarquelle,
mein ruheloses Herz ist ungestillt, doch fehlt ihm nichts;
denn was ich mir ersehne, gibst du und noch mehr;
doch sag mir, Freund, was gab ich dir zurück?

Du neigst dich, mich zu halten mit dem Anker deiner Liebe,
doch ich entschlüpf' den Liebesbanden, fliehe vor dem Himmelstor;
doch wenn ich falle, verlassen und verzweifelt,
rufst du: »Schau doch zurück! Ich bleibe stets bei dir!«

Die Frage der Gnade hat Indira, anders als so viele ihrer Freunde, nie beunruhigt. Es hat den Anschein, als seien sie nicht zufrieden damit, Gnade zu empfangen; ihre Hauptsorge ist, dass ihnen deren Existenz *bewiesen* werden soll. Da Indira hundertfach Beweise der Gnade überall ringsum sieht, hat sie nicht den leisesten Zweifel an dem, was sie nicht sehen kann. Womit haben wir es verdient, hier als Menschen geboren zu werden? Womit verdienen wir all die unschätzbaren Gaben der Natur? Wie können wir behaupten, wir hätten all die Liebe, Größe, Dankbarkeit und Freundschaft *verdient,* die wir sehen und empfangen. Ist nicht all dies ein Zeichen der Gnade?

Kann einer von uns all dessen *würdig* sein? Oder ist jemand so unwürdig, dass Gott ihm seine auserlesensten Gaben verweigert? Natürlich ist Gnade nicht bloß eine sinnlose, willkürliche Laune Gottes, aber sie geht über menschliche Logik und mentales Begriffsvermögen hinaus. Mit anderen Worten – Gnade hat offenbar ihre eigenen Gesetze, die nicht die unseren sind.

Tag um Tag erkannte Indira zu Füßen ihres Gurus das Wunder der Gnade auf lebhafte Weise. Sie sah diese stumme Freundin neben sich, die sie sanft, aber fest dem Licht entgegendrängte. Gnade ist keine Sklavin, die bereitwillig bei jeder Gelegenheit unseren Befehlen gehorcht, auch keine leicht zu erfreuende Geliebte, die durch kleine Geschenke geneigt gemacht werden kann, noch weniger ein Orden, den wir uns durch gute Führung verdienen können. Gnade ist der Kuss der Mutter auf die Stirn des Kindes. Die Liebe der Mutter zu ihren Kindern ist spontan. Sie liebt sie alle gleich. Nur empfangen manche ihre Liebe dankbar, manche erwidern sie teilweise, während andere sie als selbstverständlich betrachten oder sie sogar zurückweisen.

In vielen Fällen sehen wir Menschen, die zwar in menschlichen Augen überaus unwürdig sind, jedoch plötzlich die Kehrtwendung zum Licht vollziehen. Indira war stets der Meinung, wenn sich das psychische Wesen entfaltet hat, Mental und Vital aber gleichermaßen dominierend sind, wendet sich die Kindseele, außerstande mit den sie umtosenden Stürmen fertigzuwerden, in höchster Hilflosigkeit an die mütterliche

Indira Devi bei der Verehrung Krishnas
»Sie ist Sein Kind. Sie weiß nichts, als dass Er existiert und sie liebt und dass sie gewiss zu Ihm gelangen wird, wenn sie ausschließlich Ihn will.«

Gnade. Diese kommt dann herab und nimmt sie in ihre Obhut; die rebellischen Kräfte gelangen entweder zur Einsicht oder müssen kapitulieren. Dies mag der Grund sein, weshalb diejenigen, die so ungeeignet erscheinen, oft für Gnade empfänglich sind, während andere, die korrekt und fromm sind, niemals die Elfenbeinschalen ihrer Selbstgerechtigkeit zu zerbrechen vermögen. Im ersten Falle löst sich das psychische Wesen vom Vital und vom Mental und erfüllt sich selbst. Im zweiten ist die Evolution des psychischen Wesens nicht ausreichend, um etwas bessern zu wollen. Daher unterstützt es das egoistische Verhalten und ist es zufrieden, lieber unter seinem eigenen Binsenlichtschimmer zu sitzen als auszubrechen und von Gottes Sonnenlicht überflutet zu werden.

Wie auch immer die Erklärung sein mag, eins ist gewiss: Gott beurteilt uns nicht nach unseren *menschlichen* Maßstäben. Wir haben eine sehr begrenzte und oberflächliche Sicht: Er kennt jeden Schlag unseres Herzens, alles, was wir waren, sind und werden können. Für uns ist sein Streben lediglich einer von den hundert Zügen eines Mitmenschen und die meiste Zeit kaum wahrnehmbar. Gott sieht über die äußeren Züge, die guten oder die schlechten, hinweg und fördert unser innerstes Streben, damit es sich entfalten kann. Wie könnte Er, die Essenz der Liebe und des Mitgefühls, etwas anderes von uns wollen?

Es ist nicht so, dass Gnade nicht vorhanden wäre, sondern dass wir Ihn nicht genug lieben, um Ihm unerschütterlich zu vertrauen. Wir haben Vertrauen zu unseren Eltern, unseren Lieben, unseren Freunden. Wir erwarten anständiges Verhalten von Fremden und sogar von unseren Feinden, aber wir verlangen Beweise dafür, dass Gott fair spielt. Wir kennen die Spielregeln nicht, sind jedoch entschlossen, ein Urteil über den Schiedsrichter zu fällen.

Diese Welt wird von Gnade aufrechterhalten. Wir könnten nicht den nächsten Atemzug tun, wenn Gott uns nicht Seine Gnade einhauchte. Natürlich kann Gnade nicht immer angenehm sein, denn es ist nicht ihre Aufgabe, uns zu gefallen oder uns glücklich zu machen, sondern uns bei unserer Selbstverwirklichung zu helfen. Sie kann in Form einer Gelegenheit, einer Ermahnung, einer Warnung oder sogar eines Schlages kommen. Wichtig ist nicht die Form, sondern das Endziel oder Ergebnis.

Gnade schließt Verantwortung ein. Es ist schwer zu geben, aber im spirituellen Leben ist es gleichermaßen schwer zu empfangen. Was wir erhalten, betrachten wir als selbstverständlich; und wird uns das Gewünschte versagt, nehmen wir das schmählich übel. Indira erkannte, wie sie sich Jahr um Jahr guter Gesundheit erfreut hatte, obwohl sie gegen so viele Gesetze des Körpers verstoßen hatte. Ihr Herz war darauf voller Dankbarkeit. Je mehr sie sich auf all das konzentrierte, was sie bekommen hatte, desto unbedeutender erschienen ihr ihre Schmerzen. Das physische Leiden war freilich vorhanden, aber jeder einzelne schmerzhafte Atemzug bei einem Asthmaanfall ließ eins in den Vordergrund treten: wie segensreich es war, frei atmen zu können, was ihr die meiste Zeit vergönnt war. Wenn die Arthritis sie zu sehr plagte, wurde ihr klar, welches Entzücken sie beim Tanzen und bei unbehinderter Bewegung empfunden hatte. Wie viele Monate und Jahre der Schmerzlosigkeit hat sie nicht gehabt! Wie viele Nächte ungestörten Schlafes! Wie konnte sie sich also beklagen und warum gerade bei Gott? Wenn sie ihre Hand ins Feuer legt, muss sie Brandwunden bekommen. Wenn sie bestimmte Naturgesetze übertritt, bewusst oder unbewusst, müssen bestimmte Konsequenzen daraus folgen. Ist es nicht ein Wunder, wie oft und in welchem Ausmaß wir trotzdem diesen Konsequenzen entgehen?

Das Physische hat seine eigenen Gesetze, und dem spirituellen Leben zu folgen bedeutet nicht, dass der Körper dadurch geradewegs vergöttlicht wird. Kein Zweifel, in einem gewissen Stadium der Evolution wird das Licht imstande sein, in die Materie hineinzufließen, und es wird ihm gelingen, das Physische zu verwandeln. Doch wann das geschehen wird, weiß Indira nicht. Jedenfalls ist das Gottes Sache und Er wird das Problem lösen, wann es Ihm passt. Die großen Propheten und Seher mögen aufgrund ihres Mitgefühls für die leidende Menschheit darüber nachdenken oder reden; Indira aber ist weder eine Missionarin noch eine Heilige. Sie ist *Sein* Kind. Sie weiß nichts, außer dass Er existiert und sie liebt und dass sie gewiss zu Ihm gelangen wird, wenn sie ausschließlich Ihn will. Sie hat sich Ihm überantwortet und ihr einziges Gebet lautet: »Lass mich die ganze Zeit an Dich denken. Was immer von Dir kommt oder von Dir gutgeheißen wird, ist ein Segen für mich: Freude oder Schmerz, Liebe oder Zurückweisung, was immer ich empfange, lass es mich auf Knien hinnehmen. Nur offenbare mir Deinen Willen und wie ich ihn ausführen kann. Gib oder nimm, was Du willst, aber lass nicht zu, dass ich die Augen vom Ziel abwende. Ich weiß nicht, was gut für mich ist, ich will nicht wissen, weshalb oder wie Du mich zu Dir hinziehst. Dass Du mich nahe an Dich ziehst, ist alles, was ich erbitte. Wenn sich dieser Eigenwille nicht beugt, brich ihn mit dem Zorn Deiner Liebe. Lass mich lernen, alles zu geben, was ich habe und bin, und nichts zurückzubehalten. Alles, was ich gebe, bewahre ich, alles, was ich horte, verliere ich. Lass mich zu dem werden, was Du willst. Gut oder schlecht, was immer ich bin, ich gehöre Dir. Dein zu werden ist meine Aufgabe. Der Rest obliegt *Dir,* nicht mir.«

Und ich schrieb:

Warum sollte ich mich sorgen?
Ich werde einen neuen Morgen sehen,
einen neuen goldenen Sonnenaufgang,
wenn Mutter Erde ein Taufgewand
aus Rosenschimmer wird weben.

Warum soll ich traurig sein?
Ich werde sehen, wie eine Rosenknospe lächelt,
wie sich ihre taugeküssten Augen öffnen,
eine blühende Stunde, ein duftendes Leben,
eine ganze Ewigkeit.

Warum soll mein Dasein enden?
Werd ich doch wieder meines Meisters Ruf vernehmen,
den Drang verspüren, alles einzusetzen,
den Drang zu wissen und zu wachsen,
vollkommen zu sein wie Er.

Mein Herz hat sich aufgeschwungen
weit über die Schwerkraft des Lebens,
des Tages Aufruhr, Mühsal und Kampf,
weit über das Reich des Verstandes,
den Horizont von Denken, Freud und Leid,
über des Glückes Schlingen und sein Lächeln.

Meditation
»Wie ein Vogel, den man aus dem Käfig befreit hat, schwang sich ihr Geist empor und forderte seine Verwandtschaft mit den Sternen ein. Es war, als folgte sie dem Lockruf einer Flöte und schwebte dabei durch verschiedene Welten.«

Mein Herz hat sich aufgeschwungen
wie ein abendlicher Sonnenstrahl,
wie ein heimkehrender Vogel schwebt es dahin:
Schwach werden die flackernden Erdenlichter,
die zugemessenen Stufen von Tod und Geburt,
und der Maya rauchige Ringe.

Mein Herz hat sich dorthin erhoben,
wo Stille von zeitlosen Themen singt
und Musik in selbstleuchtenden Strömen fließt,
wo Tag und Nacht als Wachen stehn,
wo Licht und Liebe himmlische Barden sind,
dort schwingt es sich auf zu den Sternen und singt.

Welch eine Liebe ist dies, die mein Herz von Neuem überflutet
und fortspült alle Dämme von Denken, Raum und Zeit?
Die längst vergessene Vergangenheit strömt als Regen nieder
und fließt als Strom des Gestern ins Becken dieses Lebens.

Ein Traum vergangner Zeiten blüht auf dem Stamm des Lebens,
er trotzt dem Zugriff der Vernunft, bleibt unberührt von des Verstandes
groben Händen.
Im grauen, trüben Sand der Zeit glüht er als makelloser Edelstein;
Ein flüchtiger Duft weht her aus weit entferntem Land.

Manchmal versteh ich nicht, warum ich eine Flöte rufen höre
in tiefer einsamer Nacht, im dichtesten Trubel des Tages!
Sie ruft: Komm heim, komm heim, komm heim, der Schatten fällt!
Wer ruft mir zu? Von wo? So nah und doch so fern.

32
Meditation

Indira wird oft gefragt, welches die beste Art zu meditieren sei. Soweit sie weiß, wird jedoch Meditation nicht *ausgeübt*, sondern *geschieht* einfach. Sie ist vollständige Entspannung, ein Akt des *Seins* und nicht der Versuch, irgendetwas zu *werden.*

Meditation besteht nicht in Atemübungen, starren Stellungen oder dem Bemühen, das Denken zum Schweigen zu bringen und sich dabei nur umso mehr zu verspannen. Es handelt sich auch nicht um ein mathematisches Auflösungsverfahren oder um eine wissenschaftliche Leistung, die in Laboratorien erzielt werden kann. Meditation ist Kontakt mit dem Geliebten, mit dem wahren Selbst. Sie ist vollständiges Alleinsein mit sich, ein Zustand der Gnade, in dem man sein Herz spontan dem Licht öffnet. Seht, wie die Sonnenblume ihre Blüte der Sonne zuwendet, mühelos und doch so entschieden.

Menschen fürchten sich davor, allein zu sein, damit sie sich selbst nicht entgegentreten und sich als das sehen müssen, was sie wirklich sind. Sie verlangen kürzere Wege zum Frieden, zur Erkenntnis und heutzutage sogar zu Gott. Yoga wird ihnen in etikettierten Päckchen nebst Gebrauchsanweisung verkauft; sie beziehen ihre Inspiration aus Büchern und Vorträgen professioneller Sadhus.

Es ist möglich, dass die Gnade Gottes so leicht zu Indira kam, weil sie keinerlei Ahnung von all diesen Manipulationsmethoden hatte, jemand oder etwas zu werden. Sie hatte kein Verlangen, eine große Yogini zu sein, indem sie das Denken zum Schweigen brachte, um im Brahman jenseits aller Formen aufzugehen. Diese Entspannung oder, wenn man will, diese Unterwerfung ihres gesamten Wesens war ihr Tor zur inneren Burg Gottes, der Schlüssel zu Seinem Herzen. Sie begann als unbeschriebenes Blatt und wäre sehr froh, wenn ihre Freunde es ihr nachtäten; alle Rezepte vergessen, das Denkwesen vergessen, die Welt und sich selbst vergessen. Nur an Ihn denken und entspannen, entspannen, entspannen.

Wenn sie ihm auch nur eine halbe Stunde am Tag widmen würden, kämen sie zu innerer Harmonie und Kraft. Aber diese halbe Stunde muss ausschließlich Ihm gehören. Geht zu Ihm und sagt: »Herr, ich bin gekommen. Müde und erschöpft von meinen selbstgeschaffenen Sorgen bin ich zu Dir gekommen, um auszuruhen. Nimm mich an mit all meinen Fehlern und Schwächen oder forme mich nach Deinem Willen. Wenn mein Geist rastlos ist, akzeptiere diese Rastlosigkeit. Wenn er unrein ist, akzeptiere seine Unreinheit. Ich sorge mich nicht um Deine Herrlichkeit und vergiss Du meine Schwierigkeiten. Ich bin für diese halbe Stunde Dein. Sollten auch die drei Welten in ihren Grundfesten erschüttert werden, ich werde Dich nicht verlassen. Lass mich für diese halbe Stunde in Dir ruhen, damit ich neben Dir hergehen, für Dich arbeiten und für Dich leben kann.«

Sagte nicht Christus: »Kommet her zu mir alle, die ihr mühselig und beladen seid, so will ich euch Ruhe geben«? Warum ihn nicht bei diesem Versprechen nehmen – warum Gott nicht auf die Probe stellen?

»Sobald ich mich hinsetze, um zu meditieren, beginnen meine Gedanken zu wandern. Ich kann mich weder entspannen noch auf Gott konzentrieren.« Diese Klage hört Indira so häufig. Wie kann es anders sein, sagt sie ihnen, wenn man keinen Versuch macht, den Kontakt mit Gott während des restlichen Tages aufrechtzuerhalten? Man sollte so oft an Ihn denken, wie man kann. Auf diese Weise gewöhnt sich das Gemüt schließlich daran, sich zu erheben, und Meditation wird möglich. Indira rät Anfängern stets, jede halbe Stunde eine Minute an ihn zu denken, ungeachtet der Arbeit, mit der sie gerade beschäftigt sind. Selbst dieses Wenige wird den Kontakt aufrechterhalten.

Wir alle müssen geben, was wir können. Rechnet nicht, plant nicht. Wie wenig man auch immer Gott zu geben hat – man gebe es heute. Vor einigen Tagen hörte Indira zufällig, wie ein Strebender dem anderen erzählte: »Ich habe gestern zwei Stunden Meditation versäumt. Heute werde ich das nachholen.« Er erkannte nicht, dass diese Augenblicke, da er versäumt hatte, an Gott zu denken, für immer dahin waren!

Die Leute sagen: »Sobald ich aus meinen derzeitigen Verhältnissen herauskomme, werde ich mich Gott hingeben.« Doch dieses Morgen kommt nie, es liegt ewig vor uns. Sagt eine Mutter: »Morgen, nachdem ich dies oder jenes getan habe, werde ich meinen Sohn lieben«? Nein, das ist nicht der Weg. Die feindlichen Kräfte werden dafür sorgen, dass die jeweiligen Verhältnisse andauern.

Kennt Gott nicht unsere Verhältnisse? Er ist es, der sie gemacht hat, für welchen Zweck, weiß er allein. Er erwartet nicht mehr von uns, als wir geben können. Selbst wenn es nur fünf Minuten am Tag sind, wollen wir sie Ihm ganz geben.

Kann man sich Ihm nicht heute restlos hingeben, so soll man beten, dass man imstande sein möge, es morgen zu tun. Man soll nur das geben, was man heute kann. Wenn wir ehrlich sind, wird es immer Zeit geben, an Ihn zu denken, gleichgültig, was wir tun. Wenn wir Ihn wahrhaft wollen, *muss* Er unsere Verhältnisse ändern, falls sie ungünstig sind. Ich möchte den sehen, der das widerlegt. Die entscheidende Schwierigkeit liegt darin, dass wir Gott nicht wirklich wollen.

33
Gurus und Schüler

Im spirituellen Leben begegnet man zwei Arten von Suchenden. Wenn der erste den Herrn des Hauses zu sehen wünscht, geht er zum Torhüter und bittet bescheiden, ihn zum Herrn zu bringen. Der Pförtner erklärt sich natürlich bereit, da dies seine Aufgabe ist. Wenn sie nun dahingehen, mag der Mann hier und da stehen bleiben, um die Gärten und die Spazierwege zu bewundern. Doch sowie er dies tut, erinnert ihn der Pförtner: »Hier entlang, bitte, wenn Sie den Herrn zu sehen wünschen. Später ist reichlich Zeit, die Gegend zu betrachten.« Und so führt er den Mann auf dem geradesten Weg zum Herrn.

Dann gibt es den Weg des Diebes. Er bittet niemanden, sondern klettert hinten über einen Zaun. Dabei hat er keine Ahnung, wo der Herr ist. Er muss hier und dort schauen und verbringt eine Menge Zeit bei der Suche. Er hat Angst vor dem Wächter und den Hunden des Herrn und klettert deshalb durchs Fenster. Er flüchtet sich in Hinterzimmer und rennt wieder hinaus in der Hoffnung, dass niemand die paar Bananen entdeckt, die er aus dem Garten hat mitgehen lassen. Schließlich beginnt er sich sogar vor dem Herrn zu verstecken. Dann erkennt er, dass er ihn gar nicht wirklich sehen wollte, und geht mit seiner unredlichen Tagesbeute davon.

Der erste, der ehrliche Mensch, ist der Schüler, der bei einem Guru Zuflucht nimmt. Der Guru ist der Torhüter, der uns direkt zu Gott führt. Er ist der Diener des Herrn und handelt daher nur nach dessen Willen. Als Seinem Diener ist ihm nicht nur bekannt, wie man zu Ihm gelangt, sondern die verschiedenen Fallgruben auf dem Weg sind ihm ebenfalls vertraut.

Wahre Gurus sind in dieser Welt sehr selten, noch seltener aber sind wahre Schüler. Es liegt in der Natur der Menschen, das göttliche Licht und sein Wirken im Guru misszuverstehen. Sie können einfach nicht glauben, dass jemand sie selbstlos zu lieben vermag und nur in ihrem

»Wahre Gurus sind in dieser Welt sehr selten,
noch seltener aber sind wahre Schüler.«

wohlverstandenen Interesse handelt. Und daher wird, sobald der Guru den notwendigen Druck auf das Ego des Schülers ausübt, alles, was er sagt oder tut, oft falsch ausgelegt. Diese kleinen Missverständnisse liefern Stoff für die feindseligen Angriffe und bereiten den Absturz des Schülers vor. Der Schüler kommt zwar, um sich selbst zu wandeln, möchte aber am Ende, dass sich der Guru wandelt und auf seine Ebene herabsteigt. Der Druck des Lichtes ist es, der sich auf die vitale Natur des Schülers auswirkt und diese Schwierigkeiten verursacht. Genau wie Insekten, die sich still in eine dunkle Ecke verkrochen haben und plötzlich bei Lichtschein zum Leben erwachen, werden die in den Menschen schlummernden latenten Schwächen, vom Licht der Gnade geblendet, kopfscheu. Der Druck dieses Lichtes ist für den Schüler sehr schwer zu ertragen, und wer nicht bereit ist, sich zu wandeln, hört früher oder später auf und geht davon.

Natürlich wäre es für den Guru sehr viel leichter, sie einfach ihren eigenen Weg gehen zu lassen und zu sagen: »Ja, ja, du bist wundervoll.« Sie würden sich viel glücklicher fühlen und er wäre weniger belastet. Doch dann würden beide zur Hölle fahren! Das Ego ist so subtil und schwer auszumerzen. Es ist wie eine eitrige Wunde. Man kann sie zwar verbinden, aber schließlich muss das ganze Sekret doch abgeschieden werden. Übersieht man den falschen Schritt eines Schülers, so kann man freilich einen vorübergehenden Schmerz verhüten, doch früher oder später wird er dafür bezahlen müssen.

Indira sagt zu Dadas Kindern: »Ihr habt euer Heim, eure Familien und euer Einkommen aufgegeben – alles, was einem Menschen teuer ist. Ihr erhofft von uns, dass wir euch zu Gott führen. Wir können nicht mit eurem Leben spielen, weil ihr unwissend seid. Wir dürfen euren Anfällen von Trotz nicht nachgeben, weil das einfacher ist. Ein Guru, der seine Verpflichtung dem Schüler gegenüber nicht erfüllt, wird selbst niemals zu Gott gelangen. Seid einfach wie die Kinder. Habt Vertrauen, dass alles, was der Guru sagt, richtig ist. Wenn ihr das erreicht habt, werdet ihr ein großes Gefühl innerer Befreiung erfahren. Die herablassende Einstellung ›Ich werde es tun, auch wenn der Guru unrecht hat‹, wird euch nirgendwohin bringen. Hat der Guru euch missverstanden und Unrecht getan, so ist das sein *Karma*. Aber macht *ihr* euch keine Gedanken darüber. Ein solcher Gedanke sollte euch überhaupt nicht kommen. Ihr könnt den ganzen Tag lang meditieren und lauter wie Gold sein, aber sobald ihr einmal bei einem Guru Zuflucht genommen habt, kann es keine Erlösung geben, solange es nicht zu dieser Unterordnung kommt.«

Mit zunehmender Liebe werden diese Missverständnisse geringer. Dann überantwortet man sich froh dem Guru und nimmt Lob und Tadel als zwei Seiten derselben Münze hin, als zusammengehörende Äußerung seines Mitgefühls. Der Wille, sich zu wandeln, ist keine Mühsal mehr, sondern eine Freude. Wie oft war ich nicht überwältigt vom Mitgefühl meines Gurus, wenn er mich wegen eines Versehens oder eines Fehlers zurechtwies; dass er, der zu niemandem in der Welt eine Bindung hat und mit so vielen wichtigen Dingen beschäftigt ist, trotzdem seine kostbare Zeit und Energie darauf verwendete, mich zu korrigieren!

Obwohl der Schüler versucht, seinen Eigenwillen auszumerzen und sich dem Guru zu überantworten, gibt es keine sklavische Unterwürfigkeit im gebräuchlichen Sinne des Wortes. Denn er möchte dem Guru nicht als Sklave, sondern als Diener der Liebe mit Leib und Seele zu eigen sein. Er dient aus Liebe, nicht aus Furcht, und weil er Freude daran findet, nicht weil er muss. Er wird durch die Liebe des Gurus erobert und gewinnt dessen segnendes Herz durch seine Hingabe.

Wenn Indira auf die Jahre zurückblickt, die sie zu Füßen ihres Gurus verbracht hat, erkennt sie wieder einmal, wie gesegnet sie gewesen ist: Sie hat den Nektar der Gottesliebe gekostet. Sie hat die himmlische Zärtlichkeit in den Augen ihres Gurus gesehen. Sie hat den Meister gekannt, der die Fehler des Schülers nicht einmal, sondern tausendmal verzeiht. Sie hat seine Füße berührt; sie einmal zu berühren brachte ihrem ruhelosen Herzen unendlichen Frieden, ein Blick von ihm nahm wie durch Zauber allen Schmerz von ihrer gepeinigten Seele. Sie hat jene himmlische Stimme gehört, die wie eine Flöte zu ihrer verirrten Seele kam, um sie von ihren niedrigeren Lieben, ihren Illusionen und Gelüsten abzubringen. Sie hat diesen Guru geliebt, dessen Liebe fest und sicher wie der Felsen ist, lindernd wie die Morgenbrise, rein wie der Bergschnee, schützend wie die Arme der Mutter, selbstlos wie die Sonnenstrahlen, spontan wie der Bach und ewig wie Gott.

Heute braucht Indira des Gurus Schutz und Hilfe wie nie zuvor. Sie fühlt sich hilfloser und abhängiger von ihm als einst, da sie zu seinen Füßen Zuflucht fand. Denn heute weiß sie, was sie damals nicht ganz erkannte: Auf der Welt gibt es keinen größeren Segen, als ein hilfloses Kind des Gurus zu sein. Das Gefühl der Befreiung, das diese Abhängigkeit bringt, übersteigt bei Weitem jede Freiheit, die der auf sich selbst Vertrauende jemals erfährt.

34
Leben im Ashram

In der Neuzeit ist es die Technologie, die als Gott angebetet wird. Alle unsere Anstrengungen, unsere Hilfsquellen und unsere Energien werden diesem einen Ziel geopfert. Aber wie steht es mit dem Menschen? Wurde der bedauernswerte Mensch nicht bei all dieser Forschungsarbeit vergessen? Besitzen seine inneren Reichtümer und verborgenen Vorzüge keinen Wert mehr? Hat er nicht mehr das Bedürfnis, seine eigene Natur zu wandeln? Er wird ein ausgezeichneter Arzt, Ingenieur, Wissenschaftler – doch wie ist es um den inneren Menschen bestellt? Ist er eine bessere *Person* geworden? Er hat den Weltraum erobert, aber hat er die Herrschaft über sich selbst erlangt? Er kann der Führer seiner Nation sein, aber vermag er auch seine Leidenschaften, seine Wünsche, seine Kleinlichkeit, seine Wut, seine Habsucht zu kontrollieren? Ist nicht die innere Suche viel wichtiger? Hätten wir gottesfürchtige, freundliche, großzügige, demütige Führer, ließe es sich dann in unserer Welt nicht viel besser leben?

Aus diesem Grunde gibt es Ashrams. Während jedermann eifrig damit beschäftigt ist, andere zu bessern, wird uns im Ashram die Aufgabe gestellt, zuerst uns selbst zu bessern.

Seit unvordenklichen Zeiten hat es in Indien Ashrams gegeben. Krishna selbst verbrachte einige Zeit in einem Ashram und diente seinem Guru. Doch es sollte über eins Klarheit bestehen: Ein Ashram ist kein Nonnen- oder Mönchskloster und noch weniger eine spirituelle plus kulturelle Institution. Ein Guru nimmt einige Schüler an die Hand, sie leben mit ihm, dienen ihm, befolgen seine Anweisungen, lieben ihn und streben nach dem Göttlichen. Der Guru trägt Verantwortung für ihr physisches und spirituelles Wohl. Weder Privateigentum noch private Beziehungen sind erlaubt. Alles gehört dem Guru und dem Ashram. Jedes Mitglied arbeitet eine bestimmte Anzahl Stunden und erhält, was er oder sie braucht. Es ist eine Art spiritueller Sozialismus, in dem sich Guru wie Schüler Gott überantworten.

Es gibt keine Demokratie im spirituellen Leben, denn jeder Schüler befindet sich auf einer anderen Entwicklungsstufe und hat seine eigenen spezifischen Probleme. Daher bekundet der Guru die Liebe, die er für alle empfindet, auf verschiedene Weise. Die Beziehungen zwischen dem Guru und den Schülern sind spontan und entspringen den *Samskaras* oder ererbten Tendenzen aus früheren Leben. Es ist wie ein Puzzlespiel. Manche Teile nehmen einen großen Platz ein, andere einen kleineren. Doch alle haben ihren Platz. Ein Schüler fügt sich nur unnütz Schmerz zu, wenn er die Rolle, die Gott ihm zugeteilt hat, nicht annimmt.

Die Beziehung zwischen dem Guru und den Schülern ist etwas Wunderbares. Ein indischer Guru ist nicht bloß der Leiter des Instituts oder Klosters, er *ist* die Institution. Im ersten Fall tritt man in ein bestimmtes Kloster oder in einen Orden ein und liebt *dann* den jeweiligen Leiter, im zweiten aber geht man zum Guru und wohnt *seinetwegen* im Ashram. Streng genommen kann es nach dem Hinscheiden des Gurus keinen Ashram geben. Die Schüler mögen zwar aus praktischen Gründen weiterhin im Gebäude des Ashrams bleiben, aber das ist auch alles.

Das Ashramleben hat daher einen großen Vorteil. Im gewöhnlichen Dasein sind wir ichbezogen. Die ganze Welt dreht sich um unser Ego. In der Tat ist es schwierig, alle Gedanken, Handlungen, Liebe auf das Unsichtbare zu konzentrieren. Der Guru macht das möglich, denn hier zentriert sich alles um ihn. Die Schüler sind durch ein gemeinsames Band von *Guru Bhakti* und Streben verbunden. Dienen und Liebe werden möglich.

Als Indira zu ihrem Guru kam, überraschte es sie zunächst zu sehen, dass die Strebenden ringsum an all den kleinlichen Problemen der Welt litten – nur in weit ausgeprägterem Maße als draußen, mitten im Leben. Eifersucht, Intoleranz, Bigotterie und Falschheit existierten unter ihnen genauso wie unter den Weltkindern. Dann lüftete der Guru vor ihr den Schleier der Unwissenheit. Sie hatte sich stets für einen gelassenen, ruhigen Menschen gehalten, stellte aber nach einigen Monaten im Ashram fest, dass sie reizbar und überempfindlich geworden war. Mit etwas sachlichem Nachdenken erkannte sie, dass sie, da sie sehr stolz war, ihre Gereiztheit immer unterdrückt hatte, denn in ihren Augen war es hässlich und unwürdig, die Beherrschung zu verlieren. Es war ihr Stolz, der sie daran gehindert hatte, Wut zu zeigen. Jetzt, mit dem Druck, der

»Ein Guru nimmt einige Schüler an die Hand, sie leben mit ihm, dienen ihm, befolgen seine Anweisungen, lieben ihn und streben nach dem Göttlichen. Die Beziehung zwischen dem Guru und den Schülern ist etwas Wunderbares.«

durch die Gnade des Gurus auf ihr Ego ausgeübt wurde, kam all dies an die Oberfläche, um schließlich ausgemerzt zu werden.

Zweifellos gibt es viele Methoden, eine Wandlung zu erreichen, doch für sich selbst kennt Indira nur eine. Sie ist einfach und mag dem Experten sogar kindisch klingen – trotzdem funktioniert sie. Indira meint den Weg der Liebe. Sie liebt ihren Guru, und es *ist* eine spontane Regung der Liebe, dem Geliebten gefallen zu wollen. Was immer sie tut, sagt oder denkt, sie stellt sich automatisch die Frage: »Was würde Dada dazu sagen?«

Um Müll zu vernichten, braucht man ein Feuer. Das Feuer des Schülers ist Liebe, und wenn es kräftig genug ist, verzehrt es alles. Alle Unreinheiten, alle Schlacken werden weggebrannt. Sie *werden* zu Feuer. Ist jedoch das Feuer schwach, so wird nichts, was man hineinwirft, vernichtet. Es schmort nur ein wenig und ändert seine Form. Es wird dann sehr hässlich und strömt einen abscheulichen Geruch aus und es entsteht viel Rauch und Verwirrung. Wenn sinnliche Lust auf diese Weise verändert wird, wird sie zu Eifersucht, Besitzgier, Wut, Hass, Habsucht und so weiter.

Eifersucht und Undankbarkeit sind die zwei Charakterzüge, die in der Struktur des Menschen am festesten verankert sind. In nahezu jedem *Sadhaka* wird man Eifersucht finden. Es ist wirklich eine so kleinliche Regung, dass wir uns gedemütigt fühlen sollten, wenn wir sie in uns entdecken. Indira erklärt den Strebenden stets: »Es hat keinen Sinn zu sagen, wenn die und die Person nicht hier wäre, wärt ihr nicht eifersüchtig. Ihr wärt dann nämlich eifersüchtig auf X und nach X auf Y, bis jedes Lebewesen von der Bildfläche verschwunden wäre. Und dann wärt ihr eifersüchtig auf die Toten. Macht euch davon frei. Betrachtet Eifersucht als das, was sie ist, und versucht niemals, sie zu rechtfertigen. Ihr müsst sie unerbittlich zurückweisen. Merzt sie zu Anfang aus, ehe sie sich zu einem Wald auswächst, durch den ihr niemals zu Gott gelangen werdet. Jedes Fehlverhalten *muss* mit der Zeit schwinden, wenn man es strikt zurückweist. Wäre das nicht der Fall, dann könnte keiner von uns jemals sein Ziel erreichen.«

Eben diese kleinen, unwesentlichen Probleme sind es, die uns im Yoga am meisten behindern. Nichts ist zu unbedeutend, um sich nicht als Hemmnis zu erweisen, und nichts ist so groß, dass es nicht mit Aufrichtigkeit, Ausdauer und mit der Hilfe des Gurus überwunden werden kann. Wachsamkeit, Wachsamkeit, Wachsamkeit auf der ganzen Linie;

bei jedem Schritt ist sie unbedingt notwendig. Wann immer etwas Hässliches geschieht, müssen wir nach innen schauen. Das ist der Unterschied zwischen dem weltlichen Menschen und dem Strebenden. Der eine blickt ständig nach außen und findet an allem etwas auszusetzen, außer an sich selbst; der Strebende blickt nach innen und versucht, die Wurzel des Übels zu entdecken, die irgendwo unter den subtilen Schichten des Ich verborgen ist. Was außen geschieht, ist nur eine Projektion dessen, was in uns ist. Nichts kann uns etwas anhaben, wenn nicht in uns ein Zugang dafür existiert. Gäbe es keinen Berührungspunkt zwischen beiden, würden wir nicht betroffen.

In San Francisco wurde Indira einmal von einem Freund gefragt: »Meinst du nicht, es ist feige, vor der Welt davonzulaufen, weil man ihr nicht entgegentreten kann?« Sie antwortete: »Nein, denn es erfordert weit mehr Mut, sich selbst ehrlich und aufrichtig entgegenzutreten als ein paar Freunden, die uns sowieso nicht sagen werden, was sie von uns denken. Es ist nicht leicht, mit sich allein zu sein, sich zu sehen, wie man wirklich ist, und nicht wie man zu sein glaubt.«

Der Jäger breitet seine Netze aus und Hunderte von Vögeln werden gefangen, aber in ihrer Unwissenheit zwitschern sie nur vergnügt beim Anblick des Köders. Sie erkennen nicht, was sie verloren haben. Nur einige wenige kämpfen hier und dort, um sich zu befreien, und nur sehr wenigen davon gelingt es. Die wenigen Auserwählten, die der Herr in das Joch seines Mitgefühls spannt und mit den Zügeln der Liebe zu sich zieht, sind wie diese paar Vögel. Welches Recht haben jene, die immer noch versklavt sind, die wenigen zu kritisieren, die nach Freiheit dürsten? Sie mögen sich die Erinnerung gefallen lassen: »Ihr seid versklavt – sprengt eure Fesseln und kommt heraus. Wenn ihr das tut, seid ihr stark und tapfer, könnt ihr es aber nicht, dann bedauert euch und eure Misere und lasst uns die Befreiung suchen, die unser Geburtsrecht ist.«

»Im Januar 1953 schickte die indische Regierung Indira und mich in kultureller Mission auf eine achtmonatige Weltreise.«

Dritter Teil

von Dilip Kumar Roy

Papa Ramdas

»Vor Jahren hatte ich Ramdas' Ashram besucht und war gebannt von seiner Persönlichkeitsausstrahlung, seiner makellosen Aufrichtigkeit und der unsagbaren Lauterkeit seines Charakters.«

35
Papa Ramdas

Im Januar 1953 schickte die indische Regierung Indira und mich in kultureller Mission auf eine achtmonatige Weltreise. Wir flogen zuerst nach Tokio, dann nach Honolulu und San Francisco, die weiteren Stationen waren Los Angeles, Santa Barbara, Carmel, Chicago, New York, Philadelphia, Washington, London, Göttingen, Zürich, Rom und Kairo, von wo wir im August 1953 nach Bombay zurückkehrten. In all diesen Städten hielt ich Vorträge über die Weisen und Heiligen Indiens und sang zur Begleitung von Indiras Tänzen.

Da Sri Aurobindo bereits ins Jenseits eingegangen war, ließen wir uns bei unserer Rückkehr in der durch große Heilige gesegneten Stadt Poona nieder. Eine Zeit lang wohnten wir im Dunlavin Cottage, dem Nebengebäude einer imposanten Villa. Es war dringend renovierungsbedürftig, aber wir konnten es uns nicht leisten, ein Haus mit einem Saal zu mieten, wo wir jeden Abend singen konnten. Ich schrieb dort ein paar Bücher, um unsere Einkünfte aufzubessern.

Damals weilte ein großer Heiliger, Papa Ramdas, mit seiner gleichermaßen bedeutenden Schülerin, Mutter Krishnabai, drei unvergessliche Tage lang bei uns, in denen sie uns mit Geschichten von ihren wunderbaren spirituellen Erfahrungen verwöhnten. Vor Jahren hatte ich Ramdas' Ashram in Kanangadh bei Mangalore, Südindien, besucht und war gebannt von seiner Persönlichkeitsausstrahlung, seiner makellosen Aufrichtigkeit und der unsagbaren Lauterkeit seines Charakters.

Vielleicht hat Ramdas von all den großen Heiligen, die zu unserer Zeit in Indien lebten, am meisten über sich und seinen Yoga offenbart. Er hat eine Anzahl Bücher in einfachem Englisch geschrieben, *The Vision of God, In Quest of God, Songs of Ramdas* und weitere. Er war in der Tat ein Kind von Ram (mit Ram meinte er Krishna), er sprach und lebte wie ein Kind, er liebte Kinder und spielte gern mit ihnen. Als ich ihn zum ersten Mal sah, hatte er ein winziges Baby im Arm, dessen Mutter von ihrem Mann verlassen worden war. »Ich wurde als Baby ohne einen Zahn im Mund geboren«, erzählte er mir einmal lachend, »und nun sieh!« – hier lachte er fröhlich und zeigte seinen zahnlosen Mund – »Ram hat es so gewollt, dass ich einfach wieder in den Zustand eines Babys zurückkehren musste.«

Von seinem Vater hatte er ein *Mantra* erhalten, das er unablässig wiederholte, bis er nach wenigen Tagen in einen ekstatischen Zustand geriet, der dauerhaft erhalten blieb! Dann forderte Ram ihn auf, durch Indien zu wandern und sich nur auf Ihn verlassen, was seinen Lebensunterhalt betraf. Ramdas gehorchte und durchstreifte Indien von Kaschmir bis Cape Comorin – buchstäblich als Bettler im Namen Rams. Er zeichnete alle seine Erfahrungen und Prüfungen während dieser Zeit, die er ohne Obdach und in Armut verbrachte – sozusagen seine Tage des Noviziats –, mit peinlich genauer Sorgfalt auf. Seine Bücher legen Zeugnis ab von der erstaunlichen Einfachheit, Reinheit und Aufrichtigkeit dieses Kindes und Dieners von Ram.

Einmal kam ich in seinen Ashram, um seinen Segen zu erhalten, und blieb eine Woche dort. Meine erste Frage an ihn lautete: »Wie kann man *Darshan* (die Vision) Krishnas erlangen?« Er antwortete sofort: »Indem man von Gott besessen wird, von Krishna berauscht. Liebe Ihn nicht *unter* anderem, sondern *über* allem anderen. Lass Ihn dein einziges – dein erstes und letztes – Ziel sein und alles andere nebensächlich. Ich will dir ein einfaches Gleichnis geben: Ein Mann möchte einen Zug erreichen; unterwegs begegnet er einem Freund, entschuldigt sich und sagt: ›Ich bin spät dran – muss laufen – wir sehen uns später. Und er läuft. Auf eben diese Weise musst du zu Krishna laufen und sagen: ›Zu Ihm, zu Ihm zuerst – alles andere muss warten, bis ich Ihn finde.‹ Wenn dein ruheloses Verlangen, Ihm zu begegnen, den Vorrang vor allen anderen Wünschen hat, kannst du gewiss sein, dass Er dich dort um die Ecke erwartet.«

Er besuchte mich oft in meinem kleinen Raum, setzte sich wie ein Freund neben mich auf die Matte und sprach unentwegt mit gerötetem Gesicht über Krishnas Wege. »Aber wünsche Dir nicht bloß Rams *Darshan«,* sagte er, »denn Ihn zu sehen ist nicht genug. Ramdas sagte Ihm das, als Er zum ersten Mal zu ihm kam und mit der Flöte in der Hand umhertanzte. ›Nein, Herr‹, flehte Ramdas, ›das ist alles gut und schön, aber es genügt nicht. Denn Du wirst alsbald verschwinden und Ramdas in der Dunkelheit zurücklassen.‹ Das heißt nicht, dass es nicht großartig ist, Ihn *in* Ihm zu sehen. Jede Berührung von Ihm ist zum Verrücktwerden. Gemeint ist vielmehr, dass du darauf beharren musst, Ihn in allem und alles in Ihm zu sehen. Denn nur dann wirst du auf die Dauer von Demütigungen und Leiden des Egos befreit werden. Und diese Offenbarung wurde Ramdas erstmals in einer Höhle des Arunachala zuteil, unmittelbar nachdem er den Segen von Bhagavan Ramana Maharshi empfangen hatte. Er war es, der mächtige Yogi, der König unter den Menschen, dessen Gnade Ramdas' endgültige Erkenntnis förderte.

Und Gnade, Rams Gnade!«, fuhr er mit bewegter Stimme fort. »Wie soll man das Unbeschreibliche beschreiben? Es lässt sich nur mit dem ganzen Wesen erfahren – niemals schildern, nicht einmal mit den lieblichsten Worten. Begegne Ihm von Angesicht zu Angesicht, denn man *kann* Ihm so begegnen, wenn du Ihn über alles liebst. Liebe Ihn, wie du nichts sonst liebst, und Er *wird* zu dir kommen – in jeder gewünschten Gestalt. Vergeude nicht die Zeit damit, dass du über Ihn und Seine Wege diskutierst, und bemühe dich nicht, Sein unbegreifliches Spiel mit dem Denken zu erfassen. Das ist *nicht* der Weg. Bitte Ihn, dich zu lehren, wie du Ihn lieben sollst, und alles wird dir offenbart werden. Vertraue Ihm restlos und Er wird dich in die Hand nehmen und nach Seinem Willen formen. Er wird dich unter die Fittiche Seiner Liebe nehmen, wenn du in Ihm allein Zuflucht suchst.«

Mit glänzenden Augen sprach er weiter: »Liebe ... Liebe ... wir reden leichtfertig von Liebe. Aber was wissen wir armen Narren von Liebe, Seiner Liebe, von der uns ein einziger Tropfen sofort unsterblich und zugleich tot für alles andere macht! Kann die Fliege das Gewicht eines Berges kennen? Ein bloßer Kiesel ist mehr, als sie zu tragen vermag. Nein, Ram! Ich sage dir, Worte können dir niemals dazu verhelfen, dir das große Geheimnis Seiner atemberaubenden Liebe auch nur vorzustellen. Sie können dich höchstens auf den Weg bringen – das Anfangstempo bestimmen. Den ganzen Weg, den langen, steilen Aufstieg aber musst du selbst durchwandern, jeden Zentimeter, mit der ganzen Kraft und Beharrlichkeit deines Strebens.«

»Wie steht es dann mit dem Guru?«, fragte ich.

»Der Guru kann dem nachhelfen, aber die Flamme deines Strebens muss unablässig von deinem eigenen Bemühen und deiner Wachsamkeit angefacht werden. Das Paradoxe dabei ist, du kannst keine großen Fortschritte machen, sosehr du dich auch bemühen magst, wenn du glaubst, du wirst es durch deine eigene Anstrengung erreichen. Diese führt prompt zur Hilflosigkeit – zur Stunde null –, in der Seine Hilfe kommt. Dennoch muss diese Anstrengung gemacht werden, um die Vergeblichkeit jedes Bemühens, das nicht von Seiner Gnade gesegnet ist, zu erkennen. Und dies ist eine sehr wertvolle Erkenntnis, denn durch sie wirst du geradewegs zu Demut und Ergebung geleitet, ohne die niemand weit kommt.«

»So viel habe ich, glaube ich, um einen hohen Preis selbst erkannt«, erwiderte ich kleinlaut. »Nur … ich möchte auch verstehen, wenn ich kann – ein wenig zumindest …«

»Ramdas versteht«, sagte er mit einem bezaubernden Lächeln. »Nur, Ram, im Bereich des Geistes muss man zuerst verstehen, dass man mit dem Verstand sehr wenig erfassen kann – dies zuerst.« Plötzlich lachte er fröhlich in sich hinein und fügte hinzu: »Das erinnert Ramdas an einen recht komischen Zwischenfall. Hör zu.«

Er lachte abermals und fuhr fort: »Es geschah ein paar Jahre, nachdem Ramdas zum Bettler in Rams Namen geworden war. Damals lebte er auf einem Hügel in einer kleinen Hütte, als ihn eines Abends ein intellektueller Freund aufsuchte. In seinem Kopf brodelten zahlreiche Fragen, auf die er, wie er sagte, keine befriedigende Antwort finden konnte. Ramdas erstarrte vor Schreck, da er nicht wusste, wie er mit Leuten umgehen sollte, die nur allzu gern die Gottliebenden auf die Anklagebank zitieren, damit sie unter Eid für Gott aussagen. Daher wimmelte er seinen Freund ab und vertagte die Diskussion irgendwie. Da aber das Gespenst nur für den Augenblick verscheucht und nicht begraben war, musste er sich an den Einzigen wenden, der ihn herauspauken konnte, nämlich Ram. Zu seinem Erstaunen formulierte Ram selbst mitten in der Nacht einige Fragen und beantwortete sie Punkt für Punkt. Und das Seltsame dabei war, dass es schien, als habe Ramdas diese Fragen als irgendjemandes Sprachrohr in Worte gefasst. Am nächsten Morgen zeigte er die Fragen und Antworten, die er schriftlich festgehalten hatte, seinem intellektuellen Freund. ›Das verschlägt mir den Atem!‹, rief dieser aus. ›Das waren nämlich genau die Fragen, die ich dir stellen wollte!‹« Und er zeigte sie mir in seinem Buch *At the Feet of God*. Hier nur einige Auszüge:

Frage: Was ist das Ergebnis von Selbsthingabe?
Antwort: Immerwährende Seligkeit.
Frage: Wieso?
Antwort: Wenn der menschliche Wille für den Göttlichen Willen aufgege-

ben wird, endet jede Verantwortung des Werkzeugs, des Strebenden, und das Bewusstsein des individuellen Ich geht im Göttlichen Bewusstsein auf. Dann entspringen alle seine Handlungen, Gedanken und Worte dem Göttlichen Quell und lassen ihn frei von jedem Zweifel, Verlangen und jeder Knechtschaft.

Frage: Wieso erlaubst du dem Denken deines Kindes umherzuwandern?

Antwort: Alles, alles bin ich, oh Kind! Wo immer dein Denken wandert, wandert und ruht es in mir ... Du kannst nicht ergründen, warum das so ist, aber es ist die eine große Wahrheit. Du kannst sie nicht begreifen, aber du kannst sie realisieren.

Frage: Weshalb sollte Ramdas sie nicht begreifen?

Antwort: Weil sie jenseits des verstandesmäßig Fassbaren liegt.

Frage: Dann erkläre, warum es überhaupt einen Intellekt gibt und welches seine Funktionen sind.

Antwort: Der Intellekt existiert, damit er dir zu erkennen hilft, dass du *nichts weißt*.

Jeder, der Ramdas begegnete, war als Erstes von seiner völligen Einfachheit und Schlichtheit beeindruckt. Während meines Aufenthalts in seinem Ashram diskutierten wir über alle möglichen Fragen und Zweifel, die mich damals quälten. Er half mir nicht wenig dadurch, dass er mir offen berichtete, wie bei ihm ähnliche Zweifel aufgekommen waren und wie sie durch Ram selbst gelöst wurden. Er erzählte mir auch, wie Gott zu ihm kam gleich einem Freund, mit dem man scherzen und lachen konnte. Er sprach von seiner großen Schülerin Krishnabai, die durch Rams Gnade ebenfalls Selbstverwirklichung erlangt hatte. Er erzählte mir von zahlreichen Wundern, die er erlebt hatte, von den Sadhus, die ihm weitergeholfen hatten, und vor allem von Rams tiefer Fürsorglichkeit für ihn. Er ergötzte mich mit Anekdoten; manche waren amüsant, doch alle besaßen eine tiefe spirituelle Bedeutung. Er sprach auch über seine Enttäuschungen, insbesondere hinsichtlich des Ashrams, für den er die Verantwortung übernommen hatte. Aber ich kann mich nicht erinnern, dass er je eine dogmatische Behauptung aufstellte oder andere kritisierte, die unterschiedliche Überzeugungen oder Ansichten vertraten. Er lobte sogar Menschen, die ihn verleumdeten, aufs Hochherzigste, wobei ich mich freilich oft fragte, wie jemand den Mut aufbringen konnte, eine solch reine und demütige Seele mit Schmutz zu bewerfen. Einen Menschen, bei dem jede Geste spontanes Wohlwollen und Freundlichkeit ausstrahlte, der sich weigerte, gekränkt zu sein, und der sich vor allem selbst dann, wenn er sehr wohl Anlass dazu gehabt hätte, niemals bei seinem großen Beschützer beklagte, dass er ihn im Stich gelassen habe, sondern ihn im Gegenteil pries.

Einmal weilte er als geehrter Gast bei einem Raja in Zentralindien. Der Raja und seine Rani zählten zu seinen begeisterten Bewunderern und behandelten ihn fürstlich. Die ganze Stadt huldigte dem Heiligen, der zwar damals im fürstlichen Palast wohnte, aber alle – die Reichen wie die Armen – gleichermaßen spontan willkommen hieß. Er wurde in einem feierlichen Umzug durch die Stadt geleitet, die Dichter und Pandits traten auf und komponierten ihm zu Ehren Lieder und Hymnen.

Nach einigen Tagen wollte er weiterreisen und die *Tirthas* (Pilgerstätten) besuchen. Der Raja bot an, im Zug einen Salonwagen für ihn reservieren zu lassen. Doch Ramdas bestand darauf, in der dritten Klasse zu fahren.

Nun war der Zug überfüllt und das einzige Abteil, in dem es Platz gab, von etlichen muslimischen Grobianen besetzt, die keinen hinduistischen Sadhu unter sich dulden wollten. Die Leibwächter des Rajas verschafften ihm Zutritt; Ramdas stieg unerschrocken ein und vertraute auf seinen unfehlbaren Beschützer Ram. Als der Zug weiterfuhr, kamen immer mehr Reisende in das Abteil, bis sich Ramdas in eine Ecke quetschen musste. Selbst dieses bisschen Platz missgönnten sie ihm, und als sich noch ein paar Burschen hereindrängten, musste Ramdas schließlich auf dem staubigen Fußboden sitzen. Das erheiterte die Rowdies, die ihn für einen Bettler und einen Feigling hielten, über ihn kicherten und ihm manchmal verächtlich gegen die Schienbeine traten. Tränen rollten aus Ramdas' Augen und er murmelte entrückt: »Oh Ram, deine *Lila* ist wirklich unerforschlich! Letzte Nacht scharwenzelten Fürstlichkeiten um Ramdas herum und heute wird er von jedermann getreten! Wie du es liebst, mit deinen Verehrern zu spielen!«

»Bei anderer Gelegenheit«, so erzählte er mir, »sang Ramdas mit einigen anderen Sadhus in einem Tempel am Straßenrand und pries die Gnade Rams, der für alles sorgt. Da kroch eine große Kobra aus einer Ecke hervor. Die Sadhus sprangen erschrocken auf, doch Ramdas, der sich in einem ekstatischen Zustand befand, rührte sich nicht. ›Warum um alles in der Welt verlasst ihr Hals über Kopf eure Plätze?‹, fragte er. ›Seht ihr nicht, dass Ram selbst die Gestalt einer Schlange angenommen hat und gekommen ist, unsere Huldigung zu empfangen? Los, lasst uns für ihn singen.‹ Doch die anderen protestierten und riefen ihm zu: ›Lauf weg, Ramdas – sei kein Narr!‹ Ramdas aber sang verzückt weiter, bis die Schlange zu ihm kroch und sehr erfreut war, als er ihr ein Stück Kandiszucker hinhielt, das sie ihm aus der Hand fraß. Und Ramdas sagte unter Tränen der Ekstase: ›Wie unergründlich sind Deine Wege, Ram! Sich vorzustellen, dass Du zu Deinem Sklaven kommst, um von ihm, den Du sein ganzes Leben lang ernährt hast, gefüttert zu werden!‹«

So war der Heilige, von dem gesegnet zu werden ich das Glück hatte. Wenn wir einem Heiligen begegnen, werden wir in gewissem Grade dadurch verändert und plötzlich empfänglicher für ein Licht, das überall um uns ist und dennoch nicht in unser Wesen eindringen kann, weil unser Unglaube es ausschließt. Der Heilige kommt und hilft uns zu erkennen, wie vertraut wir mit der Dunkelheit geworden sind.

Nicht dass man vorsätzlich zweifelt oder nicht glaubt. Aber andererseits sind wir als »Söhne eines intellektuellen Zeitalters« – wie Sri Aurobindo es in seiner *Synthese des Yoga* formulierte – etwas undurchlässig für die Lichter geworden, die aus höheren Regionen stammen als denen des Intellekts. So liegt uns daran, unserem Intellekt zumindest teilweise Befriedigung zu verschaffen, ehe wir uns zu dem Eingeständnis durchringen können, dass uns ein über-intellektuelles Licht möglicherweise transformieren kann. Doch dann bietet uns das, was wir aus der Ferne durch Wolken von Gerüchten und Hörensagen gesehen haben, kaum jene solide Grundlage, auf der unsere Füße sicher ruhen können. Deshalb können wir, auch wenn wir die fundamentale Position des Glaubens im Gegensatz zur Vernunft akzeptiert haben, dies nur versuchsweise tun, was zur Folge hat, dass wir dann und wann schmerzhaft straucheln. In solchen Zeiten erweist sich das Zeugnis jener, die angelangt sind, als von unschätzbarem Wert. Denn gäbe es dies nicht, könnten wir freilich trotzdem zu einem Glauben kommen, doch eine derart halbherzige innere Wandlung ist kaum dazu geeignet, die Düsternis zu lindern, wie jeder aufrichtig Suchende weiß.

Auf alle Fälle ist dies einer der Hauptgründe, weshalb wahrer Glauben in Indien einen so günstigen Nährboden findet. Man kann hingehen, wo man will, als wahrer Suchender begegnet man mit Sicherheit in Gott versunkenen Weisen und Heiligen, die Heiligkeit durch lebendigen Glauben und Jahre mühsamer Selbstdisziplin erlangt haben. Papa Ramdas – seine Anhänger nennen ihn einfach Papa – bewies mir das neuerlich in Poona. Obwohl wir ihnen nur einen kleinen Raum zur

Verfügung stellen konnten, blieben sie drei Tage und Nächte in unserem Haus, um uns mit ihrer Liebe und ihrem Segen zu stärken. Ihr gnadenreiches Lächeln war für uns eine lichte Unterstützung in unseren dunklen Tagen der Knappheit und der Mühen.

Von morgens bis abends stellten ihm Anhänger Fragen und er gab unermüdlich köstliche Antworten. Eines Tages wollte ein Suchender von ihm erfahren, woher wir wissen könnten, dass Gott uns so nahe und kostbar ist, und wie wir dazu gelangen sollten, Ihn zu lieben, ohne Ihm jemals begegnet zu sein. Papa antwortete lächelnd: »Es war einmal eine Mutter mit einem kleinen Sohn. Der Vater war in die Fremde gegangen, um seinen Lebensunterhalt zu verdienen. Der kleine Junge hatte ihn zwar nie gesehen, aber dennoch lieb gewonnen, da er täglich von seiner Mutter hörte, wie großartig sein Vater sei. Eines Tages lachte ihn ein Spielgefährte aus, als er erklärte, er liebe seinen Vater von ganzem Herzen. ›Wie kannst du jemanden lieben, den du nie gesehen hast?‹, fragte er herausfordernd. Der kleine Junge entgegnete mit rührender Schlichtheit: ›Aber meine Mutter hat ihn gesehen.‹ Ein Kommentar zu einer so wunderschönen Parabel erübrigt sich; sie überzeugt gerade durch ihre Einfachheit. Wahrer Glaube, der auf Hörensagen beruht, kann uns helfen zu lieben und tut es auch. Es gibt ein bengalisches Lied, das Sri Ramakrishna zu singen pflegte: ›Na jene nam shune kane man giye tai lipta holo‹ (Ich kannte Ihn nicht, aber hörte Seinen Namen und so blieb mein Herz an Ihm hängen).«

Als der Morgen des 1. März 1956 dämmerte, machte ein Gedanke uns alle traurig: Papa Ramdas und Mataji Krishnabai werden uns morgen verlassen.

Im Jahre 1965 starb Papa Ramdas, Rams Namen singend. Für mich war es mehr als ein Todesfall, denn ich verlor einen Freund, der mir oft mit seiner Liebe und seinem Segen geholfen hatte. Ich will noch kurz berichten, wie er mir 1954 eine Erfahrung von *Samadhi* vermittelte.

Wir hielten uns damals bei unserem guten Freund Dr. B. Malik auf, der zu jener Zeit Präsident des Allahabad High Court war. Ich liebte es, ihm immer wieder von Papa Ramdas und von dem Licht auf seinem Antlitz zu erzählen. An jenem denkwürdigen Abend sprach ich ebenfalls lange über ihn und zog mich dann zurück. Plötzlich schreckte ich aus dem Schlaf hoch und hörte ihn sagen: »Komm, komm – hier herauf!« Und da geschah es: Meine pochende Schädeldecke öffnete sich und ich sah mich selbst himmelwärts emporschnellen, das Blau im

Mutter Krishnabai
»Er sprach von seiner großen Schülerin Krishnabai, die ebenfalls Selbstverwirklichung durch Rams Gnade erlangt hatte.«

Flug durchqueren, bis ich auf einmal erkannte, dass ich mich außerhalb meines Körpers befand. Es war eindeutig eine *Samadhi-Ekstase,* die mich zutiefst beglückte – ein gesegneter Sprung der Befreiung (*Mukti*) aus dem Käfig des Fleisches. Doch wie kann ich mit Worten eine Verzückung beschreiben, die man erfahren muss, um sie zu glauben? Als ich in meinen Körper zurückkehrte, schwang die Seligkeit noch nach, während ich Indira alles unter Tränen schilderte. Als ich später Ramdas erzählte, dass er als Zeichen von Krishnas Gnade zu mir gekommen sei, lächelte er nur und segnete mich noch einmal.

Nachdem wir am 2. März 1956 in Poona für ihn gesungen hatten, sagte ich ihm, wie zutiefst dankbar wir dafür seien, dass er drei Tage bei uns verbracht und unser Leben von früh bis spät mit Frieden und Freude erfüllt habe. Er entgegnete mit herrlichem Lächeln: »Wir kamen zu euch, weil ihr beide hier einen Mittelpunkt der Liebe geschaffen habt. Ich spüre die Schwingungen jederzeit von den Verehrern Gottes ausgehen, die ihr angezogen habt.«

»Wir haben wenig anderes zu bieten, Papaji!«, sagte ich mit belegter Stimme. »Wir besitzen nichts anderes als Liebe … Wir sind nur zwei Tropfen …«

»Keine Tropfen«, unterbrach mich Papa. »Ihr habt hier einen See geschaffen, randvoll mit der süßen, reinen Sahne der Liebe. Er ist so einladend und kühl, dass ich immer wieder in ihn eingetaucht und davon heiser geworden bin.« (Tatsächlich war er heiser geworden, weil er morgens und abends stundenlang unsere Fragen beantwortete.)

»Würdest du, Papa, uns von deiner endgültigen Verwirklichung erzählen?«

Er war sofort einverstanden und gab uns eine ausführliche Schilderung seines brennenden Strebens und Verlangens; es hatte ihn zum Berg Arunachala geführt, der durch Bhagavan Ramana Maharshis *Tapasya* geheiligten Stätte.

»Dort logierte Ramdas in einer Höhle und lebte von nur einer Mahlzeit am Tage. Morgens ging er aus, um zu betteln, und nach seiner Rückkehr kochte er ein Töpfchen Reis – nichts als Reis, den er mit den Streifenhörnchen teilte, seinen einzigen Gefährten in der Höhle. Eines Tages meinte jemand, Ramdas solle Ramana Maharshi, dem berühmten Heiligen, seine Ehrerbietung erweisen. Ramdas war sofort bereit und begab sich geradewegs zu ihm. Er warf sich vor dem Maharshi nieder und erklärte, er sei nur gekommen, um den Segen des großen Heiligen zu empfangen. Der Maharshi sah Ramdas so mitfühlend an, dass dieser freudig erbebte; ihm war klar, dass ihm die Gnade zuteil geworden war, derentwegen er sich hierher begeben hatte. Er sprach kein Wort mehr und kehrte in seine einsame Höhle zurück, wo er weiterhin den Namen Gottes in ekstatischer Sehnsucht wiederholte. Da erschien plötzlich sein Herr Ram – das ist Krishna mit der Flöte – vor ihm und tanzte und tanzte. Es war ein Tanz, der von seiner Flöte begleitet wurde und die Sinne betörte.«

»Hast du ihn mit geschlossenen oder offenen Augen gesehen?«, warf ich ein.

»Mit offenen Augen, wie Ramdas dich sieht«, antwortete Papa. »Aber es war nicht diese flüchtige Vision, die Ramdas' Herz ersehnt hatte. Er wusste, dass eine Vision wie diese nicht andauern würde und Ramdas in sein angestammtes Dunkel zurückkehren müsste, wenn der Herr wieder verschwunden wäre. So betete er um den großen *Darshan,* die Vision der Visionen, die für immer anhält, sodass es keinen Abschied mehr gibt. Mit einem Wort – Ramdas sehnte sich nur danach, Ram ständig in allem zu sehen, nichts Geringeres würde Ramdas befriedigen.« Er hielt inne und fuhr dann mit verklärtem Lächeln fort: »Und es geschah eines Morgens, als sich die ganze Landschaft veränderte: Alles war Ram, nichts als Ram, wohin immer Ramdas schaute! Alles war von Ram beseelt – die Bäume, die Sträucher, die Ameisen, die Kühe, die Katzen, die Hunde – selbst leblose Dinge vibrierten durch die pulsierende Gegenwart des einen einzigen Ram! Und Ramdas tanzte vor Freude wie ein Knabe, der einfach zu tanzen anfangen muss, wenn er ein schönes Geschenk bekommt. So war es bei Ramdas: Er tanzte vor Freude und lief zu einem Baum, umarmte ihn, weil es kein Baum war, sondern Ram selbst! Ein Mann ging vorbei. Ramdas eilte zu ihm, umarmte ihn und rief aus: »Ram, oh Ram!« Der Mann erschrak und machte sich aus dem Staube. Ramdas stürzte hinterher und zerrte ihn zurück zu seiner Höhle. Der Mann bemerkte, dass Ramdas keinen Zahn im Mund hatte, und beruhigte sich etwas. Zumindest wäre der ›Verrückte‹ außerstande, ihn zu beißen!« Er lachte und wir stimmten ein.

»Und dann?«, erkundigte ich mich, nachdem sich das Gelächter gelegt hatte.

»Seligkeit und Freude wurden anhaltend wie ein Wildbach, der bergab stürzt, bis er in der Ebene ein Bett findet und klar und ruhig dahinströmt. Bei dieser Erfahrung kannst du niemals von dem Bewusstsein abgeschnitten werden, eins mit dem Einen zu sein, der alles geworden ist, indem du fühlst, dass du eins mit allem bist, weil du erkannt hast, alles ist Er, der Eine ohne einen Zweiten.«

Im Raum vibrierte eine überirdische Energie. Und wir liebten Papa, weil er so natürlich zu uns von dem Einzigen reden konnte, das es wert ist, darüber zu sprechen: Gott und seine *Lila,* das kosmische Spiel. Doch leider reden wir weiter von diesem und jenem, verschwatzen unsere kostbare Energie, weil wir nichts Besseres haben, von dem wir sprechen (oder hören) könnten. Unsere Herzen huldigen diesem großen Kind von Ram, das – Gott sei Dank – niemals erwachsen wurde, sodass wir durch ihn, Ramdas, die Flöte hören konnten, die er vernommen hat, und den Einen sehen, den er in allem erschaut hat.

Und aus diesem Grunde vermochte er unsere Herzen sofort für sich zu gewinnen, da er uns etwas von den göttlichen Schauern spüren lassen konnte, die er immer wieder gefühlt hat.

Nach seiner Abreise schrieb ich ihm einen langen Brief, in dem ich ihm alles über unseren Yoga in Poona berichtete und ihm für die große Freude und Inspiration dankte, die er uns während seines Aufenthalts geschenkt hatte.

Er antwortete sofort: »Es ist nicht nur so, dass dir unser Aufenthalt bei euch Freude gemacht hat, sondern auch wir hatten eine überwältigend glückliche Zeit in deiner und Indira Devis Gesellschaft, während wir in die heilige Atmosphäre deines Hari Krishna Mandir eintauchten. Die Tage, die wir mit euch verbrachten, sind unvergesslich.«

Als er unseren Ashram verließ, wurde ich wieder an einen bekannten Ausspruch von Shankaracharya erinnert: »Die befreite Seele lebt nur, um anderen zu dienen.«

36
Wunder

Zwar glaubte ich stets, dass Wunder zu allen Zeiten und in allen Breiten von berühmten Yogis vollbracht wurden (ganz zu schweigen von Propheten wie Krishna, Buddha, Christus, Sri Aurobindo, Sri Chaitanya und Sri Ramakrishna), doch sehnte ich mich stets danach, für einige Zeugnis abzulegen, sei es auch nur, um aus persönlicher Erfahrung bestätigen zu können, dass die göttliche Kraft die sogenannten Naturgesetze und Schicksalsfügungen aufzuheben vermag. Von einem überzeugenden Wunder dieser Art will ich hier zunächst berichten.

Da ich davor zurückscheute, nach Pondicherry zu gehen, redete ich mir – um mein ungutes Gefühl zu besänftigen – ein, Sri Aurobindo habe es kategorisch abgelehnt, mir die Initiation zu gewähren. So beschloss ich nach einer Weile, einen Guru zu suchen, der mir die benötigte Führung geben konnte. Damals, 1926, lernte ich Swami Abhedananda, den hervorragenden Schüler Sri Ramakrishnas, kennen. Als ich ihm von allem berichtete, willigte er freundlich ein, mich in Yoga einzuweihen – genauer in den Ashtanga-Yoga des Patanjali.

Nun ergab es sich, dass ein guter Freund von mir und Schüler von Sri Aurobindo, Nalinikanta Sarcar, vorschlug, ich solle einen seiner Freunde, einen bedeutenden Yogi, Barodakanta Majumdar, der oft stundenlang in *Samadhi* verharrte, um Rat fragen.

Er lebte in Lalgola, etwa hundertsechzig Kilometer von Kalkutta entfernt. Als Nalinikanta ihm schrieb, lud er uns beide herzlich ein. Also fuhren wir mit dem Zug nach Lalgola und logierten bei ihm als seine Gäste.

Als ich ihm erzählte, wie ich auf der Suche nach einem Schlüssel zum Licht im Dunkel herumtappte, forderte er mich auf, mich hinzusetzen und mit ihm zu meditieren. »Ich werde alles darüber herausfinden«, sagte er etwas rätselhaft.

Ich war ziemlich verwirrt und versuchte vergebens, mit ihm zu meditieren. Was wird er herausfinden, fragte ich mich dauernd, als er in *Samadhi* sank.

Nach ungefähr einer halben Stunde kehrte er ins normale Bewusstsein zurück und erklärte rundheraus, ich dürfe unter gar keinen Umständen einen anderen als Sri Aurobindo als meinen Guru hinnehmen. Als ich ihm erklärte, Sri Aurobindo habe mich abgewiesen, schüttelte er den Kopf. »Nein, das hat er nicht.«

»Wie meinst du das?«, fragte ich völlig durcheinander.

»Ich meine genau, was ich sage.«

»Aber Sri Aurobindo sagte mir selbst …«

»Nein, Dilip Babu«, unterbrach er, »er hat dich bereits angenommen – das hat er mir gerade eben selbst gesagt.«

Ich war verdutzt und begann mich zu fragen, ob das Ganze Schwindel sei oder ob ich mit offenen Augen träumte.

Er sah mich freundlich an.

»Da du meiner Versicherung nicht glaubst«, lächelte er, »werde ich dir einen Beweis geben. Hast du im rechten Unterbauch einen chronischen Schmerz?«

»Allerdings«, antwortete ich verblüfft. »Es ist ein Bruch.«

»Ich weiß. Jetzt sage mir eins: Hat dir Sri Aurobindo nicht erklärt, du solltest dich einer Operation unterziehen, ehe du den Pfad des Yoga betrittst?«

Ich war sprachlos, denn Sri Aurobindo hatte mir das tatsächlich 1924 mit eben diesen Worten geschrieben.

Dann hielt mir Baroda Babu einen langen Vortrag über Yoga und Yoga-Kräfte und schärfte mir ein, nicht skeptisch zu sein. Er erzählte mir sogar von einigen Wundern, die er selbst vollbracht hatte, meistens um Menschen zu heilen.

Er besaß eine eindrucksvolle Persönlichkeit und seine Ausführungen waren genau das, was man sich nur wünschen konnte – nüchtern, sachlich und ohne jede Prahlerei. So kehrte ich als klügerer Mann zurück, wenn auch ein wenig traurig, und ließ mir seine kategorische Behauptung durch den Kopf gehen: »Sri Aurobindo sagte mir, dass er dich zur rechten Zeit nach Pondicherry rufen würde. Also schau nicht hierhin und dorthin und lass es dir ja nicht einfallen, jemand anders als deinen Guru anzunehmen, denn Sri Aurobindo *ist* dein Guru und kein anderer.«

Aber wann wird er mich rufen? Das fragte ich mich unentwegt, und die Antwort war Schweigen.

Zwölf Jahre später, 1937, traf ich Baroda Babu zufällig wieder, als ich nach neunjährigem Aufenthalt in Sri Aurobindos Ashram für ein paar Monate von Pondicherry nach Kalkutta zurückgekehrt war. Ich dankte ihm von Herzen für seinen hilfreichen Rat und erzählte ihm, wie glücklich und gesegnet ich mich zu Füßen des Gurus fühlte. Er schenkte mir ein freundliches Lächeln, sagte aber unverblümt: »Das ist alles so, wie es sein sollte, mein Freund. Nur eins möchte ich dir sagen: In Pondicherry wirst du Krishna nicht verwirklichen. Dafür musst du auf die Ankunft einer Frau warten, die eine hohe Evolutionsstufe erreicht hat. Erst wenn sie kommt, um als deine Schülerin mit dir zusammenzuarbeiten, wird dein Herzenswunsch erfüllt.«

Verwirklichung oder nicht, ich wollte jedenfalls im Ashram von Pondicherry einige Wunder sehen, da man mir erzählt hatte, es seien dort tatsächlich viele geschehen. Also wartete ich weiter mit heftigem Herzklopfen, bis Indira am Horizont erschien und ein Wunder nach dem anderen auslöste.

Indira hat bereits berichtet, wie sich alles zutrug und wie sie auf den Wellen mystischer Erfahrungen emporgehoben wurde. Doch sie hat nicht genügend betont, wie scheu es mich machte, als Guru für einen Menschen zu agieren, der bereits *Samadhi erreicht und Yoga-Vibhutis*[41] manifestiert *hatte*, die uns alle in Staunen versetzten. Daher muss ich noch kurz ergänzend hinzufügen, in welcher Verfassung ich mich damals befand.

In Sri Aurobindos Ashram ist es keinem Strebenden gestattet, einen Schüler zu haben. Daher schrieb ich an Sri Aurobindo, er müsse Indira bitten, *ihn* als ihren Guru anzunehmen. Er erwiderte, er sei bereit, ihr die Initiation zu geben, falls sie dies wünschte. Doch hier war Indira unerbittlich und erklärte, sie bewundere und verehre Sri Aurobindo zwar, könne ihn aber unmöglich als ihren Guru akzeptieren. Wenn ich also ablehnte, sie anzunehmen, würde sie einfach zurückgehen. Als ich Sri Aurobindo über ihren Standpunkt unterrichtete, schrieb er zurück, ich könne sie als meine Schülerin willkommen heißen, da sie eine Person von »fortgeschrittenem spirituellen Bewusstsein« sei und als solche eher eine Hilfe als eine Behinderung für meinen Yoga darstellen würde. Ich war völlig ratlos. Was sollte ich tun? Wie konnte ich mir anmaßen, eine Meisterin zu führen, die mit *Yoga-Vibhutis* von

41 wunderbare Kräfte, die durch das Ausüben von Yoga erlangt werden

hohem Rang begabt ist? Da mir Sri Aurobindo jedoch versichert hatte, dass sie mir auf meinem Weg helfen könnte, nahm ich sie im August 1949 als meine Schülerin an.

Danach erkrankte sie bei ihrer Rückkehr nach Jabbalpur so ernstlich, dass sie ans Bett gefesselt war und von den Ärzten aufgegeben wurde. Ihr Mann schickte mir ein verzweifeltes Telegramm: »Sofort kommen, nur Sie können sie retten.«

Damals hatte ich einen schwerwiegenden Fehler begangen und Gurudevs Rat nicht beachtet, sondern ihr geschrieben und darauf bestanden, sie solle *ihn* als ihren Guru annehmen, da ich offensichtlich keine mystische Heilkraft besaß – eine Kraft, die er hatte und ausüben konnte, um sie zu retten. Das missdeutete sie dahingehend, dass ich sie als meine Schülerin zurückwiese, und schrieb mir, sie wolle von keinem anderen als dem Guru ihres Herzens gerettet werden: »In mir ist etwas zersprungen. Die ganze Wärme ist verschwunden; ich kann nichts empfinden.« Zutiefst beunruhigt gestand ich Gurudev, spontan genau das getan zu haben, wovor er mich so dringend gewarnt hatte. Das Mitgefühl und Verständnis in Person antwortete er sofort und riet mir, nach Jabbalpur zu fahren. Er versprach, sein Bestes zu tun, um sie zu retten. »Ich hoffe«, schrieb er, »dass es sich um eine vorübergehende Depression handelt, die dadurch hervorgerufen wurde, dass sie das, was du ihr schriebst, missverstanden hat und dass die Elastizität ihres psychischen Temperaments und ihres Strebens ihr helfen wird, sich schnell, wenn nicht sofort davon zu erholen. Dennoch mögen Telegramme und Briefe ihr nicht helfen, ihren normalen Zustand unverzüglich wiederzuerlangen, und deine Anwesenheit dort kann notwendig und sicherlich angeraten sein, da sie die Dinge schnellstens in Ordnung bringen wird. Daher kannst du heute Abend abreisen, wie du vorschlägst.«

So fuhr ich am selben Nachmittag mit dem Auto los und war am nächsten Abend an ihrem Krankenlager, wobei ich die letzte Hoffnung hegte, dass Gurudevs Yoga-Kraft das Wunder bewirken würde. Doch als ich sie sah, ahnte ich nichts Gutes; denn obwohl ich mit Sicherheit wusste (aus allem, was Sri Aurobindo mir und ihr über sie geschrieben hatte), dass sie sowohl berufen als auch auserwählt war, sah ich nicht, wie ihre schrecklichen Krämpfe geheilt werden sollten. So raffte ich meinen ganzen Mut zusammen und riskierte es, ihr aufzutragen, sie solle sämtliche behandelnden Ärzte wegschicken. Sie war sofort einverstanden und erklärte ihnen, sie würde alles Gott überlassen, der sie

Dilip Kumar Roy über Indira Devis Beharren darauf, dass er ihr Guru sei:
»Ich war völlig ratlos. Da mir Sri Aurobindo jedoch versichert hatte, dass sie mir auf meinem Weg helfen könnte, nahm ich sie im August 1949 als meine Schülerin an.«

von nun an betreuen müsse. Ihre Angehörigen waren entsetzt. Gurudev jedoch, dem ich von ihrem Entschluss schrieb (ich berichtete ihm täglich über ihre Symptome und Erfahrungen), hieß in seiner Antwort meinen Rat gut und fand warme Worte für ihren Glauben. (Übrigens hatte er mir einige Tage vor meiner Abreise nach Jabbalpur in einem Brief viel von dem erklärt, was ihr »wegen ihres fortgeschrittenen spirituellen Bewusstseins« widerfahren war, und hinzugefügt, ihr *Samadhi* sei von der *Savikalpa* Art.)

Schließlich schrieb er in einem Brief, den ich in Jabbalpur erhielt: »Natürlich werde ich mich bis zum Ende bemühen; denn meine Erfahrung geht dahin, dass selbst ein hoffnungsloses Bemühen in den Wirkungsbereichen der spirituellen Kraft häufig besser ist als keines und das Eingreifen des Wunders auslösen kann.«

Ich schüttelte betrübt den Kopf und antwortete: »Guru, leider habe ich nie eine angeborene Schwäche für das gehabt, was wir Inder so sehnsüchtig als ›Wunderglauben‹ bezeichnen. Daher kann ich, wenn du mir verzeihen willst, nur gegen meinen rationalen Verstand an der Hoffnung festhalten, dass uns ein Wunder zu Hilfe kommt, ehe es zu spät ist.« Dann fügte ich nach einem ausführlichen Bericht über ihre Leiden hinzu: »Von den hiesigen Ärzten erfuhr ich – was mich völlig erschütterte –, dass Indira an Herzasthma, Koronarthrombose, Herzerweiterung, Arthritis, Hypotonie, Appetitlosigkeit und Anämie leidet und Gott weiß, woran noch, was bisher nicht diagnostiziert wurde. Daher fürchte ich, du wirst ein *großes Wunder* zu Hilfe rufen müssen, wenn es dir wirklich Ernst ist.«

Doch das Wunder geschah am Ende doch. In der zwölften Stunde, als alles verloren schien und die Menschen zu weinen begonnen hatten, genas sie, nachdem sie seit mehr als drei Monaten sämtliche Medikamente hartnäckig verweigert hatte.

Dies überzeugte selbst meinen skeptischen Verstand, da ich hier einen festen Ansatzpunkt fand für meinen Glauben an Yoga-Kräfte, deren Resultate ich nur als zu unglaublich, um einfach abgetan zu werden, beschreiben kann. Abschließend möchte ich einen Brief von Gurudev zitieren. Er beantwortete darin einige Fragen über den Gebrauch spiritueller Kraft, um den Körper gesund zu erhalten und Krankheiten zu heilen. Unter anderem wollte ich von ihm wissen, inwieweit er Sri Ramakrishnas Ansicht vertrat, der gegen den Einsatz spiritueller Kraft zur Gesunderhaltung des Körpers war. Er antwortete:

»Ich will ein Wort zu Sri Ramakrishnas Haltung dem Körper gegenüber sagen. Er scheint es als einen Missbrauch spiritueller Kraft angesehen zu haben, sie zur Pflege des Körpers oder zur Heilung von dessen Krankheiten zu verwenden. Andere Yogis – ich spreche hier nicht von denen, die es für vertretbar halten, *Yoga-Siddhis* (Kräfte) zu entwickeln – hatten keineswegs diese völlige Missachtung des Körpers: Sie trugen Sorge, ihn in guter Gesundheit und Verfassung zu halten, als Instrument oder als physische Basis für ihre Entwicklung im Yoga. Ich habe immer dieser Auffassung zugestimmt. Überdies habe ich nie gezögert, eine spirituelle Kraft für alle legitimen Zwecke zu verwenden, einschließlich der Erhaltung der Gesundheit und des physischen Lebens in mir selbst und in anderen Menschen ... Dem Körper lege ich einen Wert bei zuerst als einem Instrument des *Dharmasadhana*[42] oder umfassender ausgedrückt als einem Zentrum der manifestierten Persönlichkeit in ihrem Wirken, als einer Basis spirituellen Lebens und spiritueller Aktivität wie auch allen Lebens und aller Aktivität auf Erden, ferner weil für mich der Körper ebenso wie das Mental und das Leben Teil des Göttlichen Ganzen ist, eine Form des Geistes, und darum nicht gering geschätzt oder verachtet werden darf, als sei er etwas Unheilbares, Grobes, unfähig für spirituelle Realisation oder spirituelle Verwendung. Selbst die Materie ist insgeheim eine Form des Geistes und muss sich selbst als Geist offenbaren. Man kann sie dazu bringen, dass sie zum Bewusstsein erwacht und den Geist, das Göttliche Wissen in sich, entwickelt und realisiert. In meiner Sicht muss der Körper ebenso wie das Mental und das Leben spiritualisiert oder, wie man sagen könnte, divinisiert werden, damit er ein brauchbares Instrument und Gefäß für die Realisation des Göttlichen wird. Er hat seinen Anteil an der Göttlichen *Lila* und (nach dem Übungsweg der Vaishanavas) sogar an der Schönheit und Freude der Göttlichen Liebe. Das bedeutet nicht, dass der Körper gesondert um seiner selbst willen bewertet werden dürfte oder dass die Erschaffung eines göttlichen Körpers in einer zukünftigen Evolution des ganzen Wesens als Selbstzweck betrachtet werden dürfte und nicht lediglich als ein Mittel – das wäre ein ernster, unzulässiger Irrtum.«

Sri Aurobindos gesunde Ansicht über den richtigen Platz des menschlichen Körpers im spirituellen Leben ist für den modernen Intellekt völlig annehmbar, genau wie es seine rationale Auffassung über den

42 spirituelle Praxis im Einklang mit dem inneren Entwicklungsgesetz

Platz der *Yoga-Vibhutis* für einen Strebenden sein muss. Daher zitiere ich einen Brief, den er hierzu 1934 schrieb:

> Dilip,
> die Idee, wahre Yogis verwendeten solche Kräfte nicht oder sollten sie nicht verwenden, betrachte ich als einen asketischen Aberglauben. Ich glaube, dass alle Yogis, die diese Kräfte haben, sie auch verwenden, wenn sie dazu von innen her gerufen werden. Sie mögen davon Abstand nehmen, wenn sie denken, die Verwendung stehe in einem besonderen Fall im Gegensatz zum Göttlichen Willen oder wenn sie sehen, dass sie, wenn sie das eine Übel verhindern, die Tür öffnen könnten für ein noch schlimmeres oder aus irgendeinem anderen triftigen Grund, jedoch nicht aus einer allgemeinen Verbots-Regel. Verboten ist jedem, der ein starkes spirituelles Empfinden hat, ein Wunder-Gaukler zu sein, der außerordentliche Dinge aus Angeberei, Gewinnsucht, Ruhmsucht, Eitelkeit oder Stolz tut. Es ist verboten, solche Kräfte aus rein vitalen Motiven zu verwenden, aus ihnen eine asurische Schaustellung zu machen oder sie zu einer Unterstützung für Arroganz, Betrug, Ehrgeiz oder andere der so beliebten Schwächen zu verwenden, zu denen die menschliche Natur neigt. Weil halbgebackene Yogis so oft in diese Fallen der feindlichen Kräfte geraten, wird von der Verwendung dieser Yoga-Kräfte als schädlich für den Benutzer abgeraten.
>
> Zumeist kommen aber Leute, die sehr im Vitalen leben, auf diese Weise zu Fall; bei einem starken, freien und stillen Mental und einem erwachten und lebendigen psychischen Wesen kommt solche Kleingeistigkeit wahrscheinlich nicht vor. Für Menschen, die im wahren Göttlichen Bewusstsein leben können, sind bestimmte Kräfte überhaupt keine »Kräfte« in diesem Sinn, sie sind nicht übernatürlich oder anormal, sondern es ist viel eher *ihre normale Art, ein Teil ihres Bewusstseins, so zu sehen und zu handeln* – und wie kann man es ihnen da verbieten oder wie können sie sich weigern, im Einklang mit ihrem Bewusstsein und seiner Natur zu handeln?
>
> Ich vermute, ich selbst genoss eine noch ausschließlicher europäische Ausbildung als du und auch ich hatte meine Periode agnostischer Leugnung; aber von dem Augenblick an, da ich mir diese Dinge ansah, konnte ich nicht mehr die Haltung von Zweifel und Unglauben annehmen, die so lange in Europa modern war. Anormale bzw. supraphysische Erfahrungen und Kräfte, seien sie okkult oder durch Yoga erlangt, schienen mir immer etwas vollkommen Natürliches und Glaubwürdiges zu sein. Bewusstsein kann doch, seiner ganzen Natur nach, nicht auf das gewöhnliche physi-

sche menschlich-animalische Bewusstsein begrenzt werden; es muss noch andere Bereiche haben. Yogis oder okkulte Kräfte sind nicht übernatürlicher oder unglaubwürdiger, als die Fähigkeit, ein erhabenes Gedicht zu schreiben oder eine große Musik zu komponieren, etwas Übernatürliches und Unglaubwürdiges ist; wenige Menschen können das tun, wie die Dinge liegen nicht einmal einer in einer Million: Denn Poesie und Musik kommen aus dem inneren Wesen; um wahre und erhabene Dinge zu schreiben oder zu komponieren, muss man den Durchgang frei haben zwischen dem äußeren Mental und einem Bereich in unserem inneren Wesen. *Deshalb hast du die dichterische Kraft bekommen, sobald du mit dem Yoga anfingst – Yoga-Kraft machte den Durchgang frei. Es ist dasselbe mit dem Yoga-Bewusstsein und seinen Kräften; die Hauptsache ist, den Durchgang freizubekommen – denn sie sind bereits in dir da.*[43] Natürlich ist es das Wichtigste, dass man glaubt, danach strebt und sich mit dem wahren Drang im Inneren an die Arbeit macht.

Ich erwähnte bereits, wie nach Indiras Ankunft mein Gebet, die Echtheit göttlicher Wunder zu bestätigen, in einem Übermaß in Erfüllung ging, das ich im Traum nicht für möglich gehalten hätte. Dies veranlasste mich dazu, ein Manuskript mit dem Titel *Was kein Verstand erklären kann* anzulegen. Darin trug ich täglich die verschiedenen übernormalen Erfahrungen und Phänomene ein, die sich vor meinen erstaunten Augen abspielten. Der Leser, der uns bis hierher gefolgt ist, ohne unsere Aufrichtigkeit oder Objektivität anzuzweifeln, findet darin vielleicht ein paar weitere Beispiele von einigem Wert, zumal solche Wunder bei Indira meist eine über ihre Folgen als Phänomene an sich hinausgehende Bedeutung haben.

Sri Aurobindo verschied am 5. Dezember 1950 gegen ein Uhr morgens. Ich hörte die Nachricht am gleichen Tag gegen zehn Uhr vormittags in Benares im Radio. Mittags erhielt ich ein Telegramm von Indira, das am Vorabend um 21.55 Uhr in Bombay aufgegeben war und das ich als Dokument aufzubewahren beschloss. Es lautete: »Hatte letzte Nacht eine schreckliche Vision von Gurudev. Völlig erschüttert. Drahtet Segen.«

Am Nachmittag des 5. Dezember brach sie von Bombay und ich von Benares nach Pondicherry auf. Ich kam am Abend des siebenten im

---

43 Die Hervorhebung stammt von mir. Ungekürzt ist der Brief in meinem Buch *Sri Aurobindo kam zu mir*, Kapitel 9, abgedruckt. D. K. R.

Ashram an. Indira war die Nacht zuvor eingetroffen. Sie hatte ein Tagebuch geführt, aus dem ich einige Auszüge zitiere:

Bombay, 2. Dezember 1950. Ich hatte einen furchtbaren Schmerz in meinem Körper und sobald ich mich hinsetzte, um zu meditieren, sah ich Gurudev Sri Aurobindo im Bett liegen. Eine schreckliche Kälte in der Atmosphäre. Tod schwebt umher. Es war ein solch heftiger Schmerz!

Bombay, 4. Dezember 1950. Gegen Mitternacht sah ich Gurudev wieder ausgestreckt auf dem Bett in seinem Zimmer in Pondicherry liegen. Plötzlich erhob sich sein Körper. Ich wusste sofort, dass er seinen Körper verließ. Ich bemerkte ein dunkles Mal auf seinem Handrücken. (Später forschten wir nach und erfuhren, dass tatsächlich an genau der Stelle eine dunkle Narbe vorhanden war, die von einer Injektion stammte.)

Am 9. August 1951 erhielt ich einen dicken Briefumschlag. Als Indira ihn mir aushändigte, sagte sie: »Lass ihn noch einen Augenblick geschlossen, ich sehe am Absender, dass er von Lal kommt.« (Lal, mit vollem Namen Dewan Surindar Lal, ist ein guter Freund von uns und war 1949 unser Gastgeber in Shivpuri, Gwalior.) Und dann zeigte sie mir, was sie unter dem 2. August 1951 in ihrem Tagebuch notiert hatte: »Sah Lal an Dada schreiben, als Biji (Lals Mutter) ihn bat, eine kleine Girlande beizufügen, die sie für Dada geknüpft hatte.«

Jetzt öffnete ich den Umschlag und fand zu meinem Erstaunen darin eine wunderhübsche winzige Girlande von *Bakul*-Blüten. Im letzten Absatz des Briefes, der vom 2. August 1951 datiert war, schrieb Lal: »Die beiliegende Girlande schickt dir meine Mutter mit Ehrerbietung und *Pranams.*«

Am 21. September 1951 hatte Indira eine Vision, die sie sofort in ihrem Tagebuch verzeichnete.

Sah Dada einen Brief aus Amerika lesen (wahrscheinlich von Dr. Frederic Spiegelberg), datiert am 21. September. Dada wäre schlecht beraten, so schrieb er, sich um die Veröffentlichung seines Buches *Sri Aurobindo kam zu mir* in Amerika zu bemühen, da die amerikanischen Verleger sich nicht eben ermutigend dazu äußerten. Außerdem stand da, es wäre »wunderbar, dich und Indira hier zu haben«.

Am 29. September erhielt ich prompt einen Brief von meinem lieben Freund Dr. Spiegelberg, der (am 21. September 1951) von der Stanford University schrieb:

> Lieber Dilip,
> dein Brief wirft ein zweifaches Problem auf: dein Herkommen und die Veröffentlichung deines Buches. Ich darf sagen, dass mich die Lektüre deines Buches in sämtlichen Fortsetzungen in *Mother India* absolut fasziniert hat und mich dein Zögern, zu einem Besuch hierherzukommen, noch mehr bedauern lässt. Ich hoffe sehr, du wirst dich bald entscheiden, in der Erkenntnis, wie wichtig deine Hilfe für unsere Arbeit ist, und uns nächstes Jahr bestimmt die Freude deiner Anwesenheit machen. Ohne sie wäre unser Festival der indischen Künste eine zweitrangige Angelegenheit. Mit dir und Indira aber wird es etwas Wunderbares sein. Hinsichtlich deines Buches möchte ich dir raten, es in Indien veröffentlichen zu lassen, wo es sicherlich ein breites und begeistertes Publikum finden wird. Heutzutage in Amerika ein Buch herauszubringen, ist kein Vergnügen …

Im Juli 1951 ereignete sich etwas Erheiterndes. Indira brachte mir einen länglichen Briefumschlag vom Ashram und sagte: »Darin ist etwas sehr Reines. Was es ist, kann ich allerdings nicht sagen. Aber es hat mir das Gefühl eines Duftes von Reinheit vermittelt.« Beim Öffnen stellte ich fest, dass der Umschlag eine Fotografie von Indira enthielt, die mir ein Freund aus dem Punjab geschickt hatte, R. Kapur. Ich lachte und Indira flehte mich an, das niemandem zu erzählen! Doch da hatte sie mich falsch eingeschätzt, wenn sie meinte, dass ich, der so gerne lacht, ein solches Erlebnis für mich behalten würde.

Wir hatten einen Freund, L., einen guten Menschen, nur leider selbst in seinen reifen Jahren (als er es hätte besser wissen müssen) im Übermaß an seine kleine Welt gekettet, seine Familie, sein Geld, seine Bauernschläue. Doch ich mochte ihn wirklich gern, zumal er sich oft genug bei mir erkundigte, wie man zur Befreiung von seinen weltlichen Bindungen mit all den dazugehörigen Sorgen gelangen könne. Die einzige Lösung, die ich ihm bieten konnte, schmeckte ihm, wie ich befürchte, nicht so ganz. Ich hatte ihm nämlich geantwortet, wenn man wahre Befreiung und Seligkeit erlangen wolle, müsse man versuchen, nicht allein im Denken, sondern auch im Handeln für Gott zu leben und nicht für seine Familie. Aber er wollte sich nicht wandeln und meinte, ein wenig Meditation und »spirituelles Gespräch« würden schon zum Ziel führen.

Als wir im November 1957 in Kalkutta waren, erfuhren wir, dass er einen schweren Herzanfall gehabt hatte. Nach Poona zurückgekehrt besuchten wir ihn am 1. Dezember in seinem Haus. Er sah recht gut aus und hoffte, ganz gesund zu werden. Kaum hatten wir das Haus verlassen, sagte mir Indira jedoch, sie habe einen tiefen Schatten über ihm gesehen. »Ich fürchte, er wird einen Rückfall bekommen, Dada«, meinte sie bekümmert. Er tat mir so leid, denn wir beide sahen, wie sehr er noch an seiner kleinen Welt hing.

Am 5. Dezember, kurz vor Mitternacht, starb er plötzlich. Wir waren traurig, umso mehr als Gott ihm eine Chance gegeben hatte und er sie nicht nutzen wollte. Einige Tage später erschien er Indira, während sie meditierte. Nach ihren Worten wirkte er außerordentlich beunruhigt und erwiderte auf ihre Frage nach dem Grund: »Ich kann nicht in das neue Haus herein – ich habe keinen Schlüssel.«

»Vielleicht hast du ihn zu Hause gelassen«, meinte Indira.

»Nein. Nein. Die alten Schlüssel – ich meine die, die ich bei Ratna gelassen habe – können hier nichts helfen.«

»Was soll denn dann geschehen?«

»Erzähle es Dadaji – *er* hat die neuen Schlüssel.« Damit verschwand er ebenso plötzlich, wie er erschienen war.

Einige Tage danach suchte uns sein ältester Sohn auf, der aus Kalkutta gekommen war, um seines Vaters Angelegenheiten zu regeln. Im Verlauf des Gespräches erzählte er uns: »Mein Vater hatte nach seinem ersten Anfall einen furchtbaren Albtraum. Es passierte im Krankenhaus. Er sagte: ›Ich sah, dass ich tot war. Ich klopfte wie besessen an eine Tür. Sie ließ sich nicht öffnen, da ich keinen Schlüssel hatte. Es war ein schreckliches Gefühl von Angst und Einsamkeit. Ich wachte in kaltem Schweiß gebadet auf.‹«

Ich fragte ihn, wer Ratna sei. Seine Frau, entgegnete er, der ihr Schwiegervater, L., die Schlüssel unmittelbar vor seinem Tod anvertraut hatte. Ich habe immer geglaubt, dass die fraglichen Schlüssel jene waren, welche die Pforten zum Jenseits öffnen. Daher fühlte ich mich verpflichtet, für ihn zu beten, was ich aufrichtig tat. Ich wurde dadurch belohnt, dass er Indira nicht mehr erschien, da er offenbar den Frieden, den er suchte, gefunden hatte.

24. April 1958. Von Indira, ihrem elfjährigen Sohn Premal und Sri-

»Doch da hatte sie mich falsch eingeschätzt, wenn sie meinte, dass ich, der so gerne lacht, ein solches Erlebnis für mich behalten würde.«

kanta (Shiv Thadani, einem pensionierten Brigadegeneral) begleitet sang ich ein hübsches Lied, das Indira nach ihrem *Samadhi* diktiert hatte. Ich war tief bewegt, besonders als ich dieses Verspaar sang:

> Din bhar mai khelke hari ma!!
> Ab ayi sharana tihari, ma!
> (Ich habe den ganzen Tag gespielt, oh liebe Mutter,
> bis ich erschöpft zu deinen Füßen Zuflucht suchte.)

Danach sagte Indira in einer ekstatischen Halbtrance: »Dada, wie wäre es mit *Prasad*?«[44]

Ich wartete gespannt, als sie die Stufen zum Garten hinunterging, gefolgt von Premal und Srikanta. Auf ihre Bitte gab ihr Premal eine Handvoll schwarze, trockene Erde, worauf sie sich in *Bhava-Samadhi* wiegte. Dann legte sie etwas von der vermeintlichen Erde in Srikantas Hand. »Es ist süßer *Prasad,* Dadaji«, rief Premal aus. Sobald ich den Schauplatz erreichte, schüttete sie den Rest des wundersamen braunen Konfekts in meine Hände, sodass die ihren völlig leer waren. Als sei es damit nicht bereits genug, faltete sie abermals die Hände, öffnete sie wieder und brachte noch mehr *Prasad* hervor, diesmal aus dem absoluten Nichts!

Ich holte zwei Umschläge herunter, füllte in einen etwas trockene schwarze Erde und in den anderen ein wenig von der in *Prasad* verwandelten. Nach ein paar Minuten sagte Indira: »Oh, Dada, die Erde, die du in dem zweiten Umschlag aufbewahrt hast, ist durch göttliche Gnade zum Teil in *Prasad* verwandelt worden. Sieh nach!« Wir gingen alle gespannt zu meinem Schreibtisch. Dort lag die trockene Erde, die nicht einmal von Indira berührt worden war. Jetzt schimmerte sie, in dieselbe Art von körnigem *Prasad* verwandelt!

Vor drei Jahren hatten wir eine ähnliche Erfahrung im Garten von Sir Chunilal Mehta. Damals meditierten fünf von uns, darunter Sir Chunilal, und Mira übermittelte Indira folgende Botschaft: »Wenn selbst Erdboden, der Gott dargeboten wird, in *Prasad* verwandelt werden kann, warum sollte dann die triebgebundene Persönlichkeit des Menschen nicht auch gleichermaßen verwandelt – vergöttlicht – werden?«

Ich habe den Vorfall lediglich in Umrissen skizziert, da ich einen von

---

44 Speise oder Getränk, die Gott dargeboten wurden.

Srikanta verfassten Bericht darüber anfügen möchte. Das Zeugnis eines aufrechten Offiziers und ehemaligen Dekans des Institute of Armament Technology wird man, wie ich annehme, für objektiv und unbefangen erachten.

»Es war am 24. April 1958, dem zweiten Tag von Dadajis Aufenthalt in dem Landhaus in Khandala. Dadaji hatte gerade sein letztes Lied an Krishna beendet und Indira war tief in *Samadhi* versunken. Sobald sie aus dem *Samadhi* herauskam, fragte sie Dadaji träumerisch: ›Soll ich etwas *Prasad* holen?‹ Wir alle, das heißt Dadaji, Premal und ich, sahen sie verblüfft an und wussten nicht, worauf sie hinauswollte. Sie wiederholte jedoch: ›Soll ich etwas *Prasad* holen?‹ Dadaji entgegnete: ›Warum nicht? Wo ist er?‹ Da sprang Indira auf und sagte: ›Kann ich ein wenig Erde bekommen?‹ Sie schickte sich an, die Treppe hinunterzugehen. Als sie den Fuß auf die erste Stufe setzte, versank sie erneut in tiefen *Samadhi*. Wir alle standen gebannt da und betrachteten sie voller Ehrfurcht. Als sie aus dem *Samadhi* herauskam, sagte sie: ›Lasst uns etwas Erde holen. Ja, holt mir ein wenig Erde.‹ Da der Boden trocken und steinig war, musste man ihn mit einem Zweig auflockern, bevor man etwas davon aufheben konnte. Premal gab Indira eine Handvoll dieser sandigen Erde. Indira, die inzwischen die Stufen heruntergekommen war, fand es nicht ausreichend und bat um mehr. Dann hielt sie die Erde in ihren gefalteten Händen und versank abermals in *Samadhi*, wobei sie im Stehen hin- und herschwankte, wie sie es gewöhnlich tut, wenn sie in Trance fällt. Wir alle umringten sie – beobachteten sie genau und achteten darauf, dass sie nicht hinfiel. Nach wenigen Sekunden erwachte sie aus dem *Samadhi*, öffnete die Hände und fragte mich: ›Soll ich dir etwas *Prasad* geben?‹ Ich hielt ihr die Hand hin und sie tat ein wenig hinein, wobei sie sagte: ›Jetzt iss es.‹ Ich zögerte nur eine winzige Sekunde, dann gewann der Glaube die Oberhand und ich warf unverzüglich den Inhalt in den Mund. Tatsächlich – die harte, steinige Erde hatte sich in süßen, knusprigen, körnigen *Prasad* verwandelt! Wir waren außer uns vor Entzücken! Dann ließ sie den ganzen *Prasad* in Dadajis Hände gleiten, der Premal ein bisschen abgab. Während wir noch über das wunderbare Ereignis staunten, faltete sie wiederum die diesmal leeren Hände und ging in *Samadhi*. Innerhalb weniger Sekunden erwachte sie wieder und als sie die Hände öffnete, stellten wir zu unserer Verwunderung fest, dass sich in ihrer Linken wiederum ein wenig *Prasad* befand, den sie mir reichte. Dadaji schickte sich nun an, den *Prasad* sicher in einem Umschlag zu verstauen, und bedeutete mir, mit dem meinen genauso zu verfahren. Nicht ganz zufrieden, bat er um eine Handvoll von der Erde, die Indira ursprünglich gegeben worden war, tat sie in einen weiteren Umschlag. ›Nach allem, was man weiß, könnte auch das zu *Prasad* werden.‹

Es war jetzt Zeit fürs Abendessen und wir alle gingen ins Esszimmer. Unterwegs sagte Indiraji zu Dadaji: ›Die Erde, die du in den Umschlag getan hast, ist ebenfalls *teilweise* zu *Prasad* geworden. Als er das hörte, ging Dadaji schnurstracks in sein Zimmer, um den Umschlag zu untersuchen. Er verteilte an jeden von uns ein paar Körner zum Kosten und wir alle stellten fest, dass sich diese Erde gleichfalls in süße Körnchen *Prasad* verwandelt hatte! Bei näherer Untersuchung bemerkten wir jedoch, dass ein Teil dieser Erde *nicht* verwandelt worden war, wie Indira richtig gesagt hatte.«

Am 6. Juni 1959 fuhren wir für zwei Tage nach Belgaum, eine Nachtfahrt (mit dem Zug) von Poona entfernt. Wir unternehmen solche kurzen Besuche nicht häufig, da wir unseren täglichen Gottesdienst im Tempel verrichten müssen. In diesem Fall jedoch ließ sich die Reise einfach nicht vermeiden.

Etwa ein Jahr zuvor hatten wir eine aus dem Punjab stammende Familie als Nachbarn, deren Oberhaupt Offizier in der Armee war. Seine Frau und die beiden Töchter wurden unsere Schüler. Die jüngere Tochter, C., war damals ungefähr siebzehn und bereitete sich auf das Bachelor-Examen der philosophischen Fakultät vor. Nun wollten C.'s Eltern einen guten Ehemann für sie finden. Eines Tages kam ihr Vater zu uns und erbat unseren Rat. Es handelte sich dabei um A., einen vielversprechenden jungen Punjabi. Er war Bomberpilot und sein Vater, ebenfalls Offizier in der indischen Armee, besuchte hin und wieder unsere Gottesdienste im Tempel. Ich bezweifle nicht, dass die Ehe zustande gekommen wäre, hätte Indira nicht eine prophetische Vision gehabt, dass A. bei einem Flugzeugabsturz tödlich verunglücken würde. Da sich keine von Indiras Visionen als falsch erwiesen hatte, verweigerte der Vater des Mädchens seine Zustimmung zu der Heirat und wir alle vergaßen die Angelegenheit.

Jetzt, ein Jahr später, genau gesagt am 1. Juni 1959, kam A.s Vater aus Belgaum, wo er stationiert war, zu uns und erzählte, dass A. im vergangenen Monat bei einem Flugzeugabsturz in Rajasthan tödlich verunglückt sei. Da erinnerten wir uns an Indiras Vision. Er bat uns, sie in Belgaum zu besuchen, da seine Frau vor Kummer völlig außer sich sei. Wir waren einverstanden und trafen also, wie ich schon sagte, am 6. Juni ein, gaben ihnen so viel Trost, wie wir konnten, und erklärten, was von ihnen erwartet werde: nämlich Gottes Ratschluss hinzunehmen. Ich erzählte ihnen alles, was geschehen war, als Indiras Leben in Poona an einem seidenen Faden hing. Sie hatte Blut erbrochen und es gab keine Hoffnung mehr. Obwohl sie vor Durst umkam, konnte sie nicht einmal schluckweise Wasser trinken. Damals diktierte sie mir ein Lied, das ich unter Tränen sang: *»Karnewale jo hai kiya, bhala kiya bhala kiya«,* was bedeutet: »Alles, alles, was du getan und mir bestimmt hast, ist gut für meine Seele, oh Herr!« Dann sang ich ein anderes von Indiras Liedern, das ebenfalls von Dankbarkeit gegenüber Gott handelte. Wir alle vergossen Tränen, ich beim Singen, sie beim Zuhören, und danach sagte die trauernde Mutter zu Indira: »Dadajis Worte und Lieder haben eine Lampe in unseren Herzen entzündet. Ich kann dir nicht sagen, Didi, wie er uns die Gnade des Herrn bewusst gemacht hat!« Es war ein Wunder – der Friede, der sich in ihre verwaisten Herzen senkte und sie durchdrang! Sie weinten nicht mehr, sondern verbrachten die ganze Nacht damit, den Namen Gottes zu wiederholen.

Doch damit war die Geschichte noch nicht zu Ende. Ich zitiere aus Indiras Brief an die trauernde Mutter:

> Meine liebe Schwester,
> A. erschien mir gestern Nachmittag in einer Vision. Abwechselnd schloss und öffnete er ständig die Fäuste und blickte beiseite, während er sprach. Als ich sagte: »Gib dich jetzt dem Herrn, wende dich ihm zu«, brach er in Tränen aus und entgegnete: »Sie (die Leute vom Flugplatz) reden nicht die Wahrheit, Ma. Ich tat, was sie sagten. Sie gaben die genau entgegengesetzte Anweisung durch (das heißt, *nicht* mit dem Schleudersitz abzuspringen).« Ich erklärte ihm wiederum, er solle das vergessen und sich Gott zuwenden. Er sagte: »Ich habe Angst um meinen Bruder.« Nach einem kurzen Gespräch schien er dann ruhig und ging.
>
> Alles, was ich dazu sagen kann, ist dies: Wir wissen nicht, und Er weiß. Sein Wille geschehe. Er liebt A. mehr als du und wird das tun, was am besten für ihn ist. Wir begreifen nicht, weil wir unwissend sind. Möge Er uns die Liebe geben, die kniend hinnimmt, was immer Er beschließt.
>
> Deine Didi

Die Bestätigung von Indiras Vision kam auf eine höchst unerwartete Weise. Eine Tante von A. suchte uns plötzlich am Morgen des 16. Juni auf, als wir gerade Tee tranken. Eine ihrer Schwestern, die in Delhi lebte, sei in Belgaum gewesen, sagte sie, und habe A.s Mutter erzählt, die Zeitungsberichte, dass er sich geweigert habe abzuspringen, seien unwahr. A.s Funkkontakt mit dem Flugplatz war von einer neutralen Stelle abgehört worden. Nach deren Darstellung war A. ständig über dem Flugplatz gekreist und hatte unentwegt Funksprüche nach unten gegeben, von wo er Befehl erhielt, das Flugzeug zu retten und *nicht* abzuspringen. Ich war recht froh, diese Bestätigung zu bekommen, obschon ich niemals irgendwelche Zweifel an der Authentizität des Ganzen gehegt hatte. Ich meine, ich war überzeugt davon, dass A.s Geist tatsächlich Indira erschienen war, um ihr seine Botschaft zu übermitteln.

Was A.s Ängste um seinen Bruder betraf, die er Indira gegenüber geäußert hatte, so vermuteten wir, dass sie sich auf ein ähnliches Unglück bezogen, da der Bruder immer noch als Offizier in der indischen Air Force war. Und tatsächlich stürzte das Flugzeug des Bruders einige Monate später ins Meer ab. Der Kopilot war sofort tot, A.s Bruder jedoch wurde von einem Fischerboot geborgen und genas nach dreimonatiger Rekonvaleszenz von seinen Rippenbrüchen. Er suchte Indira auf, um ihren Segen in unserem Ashram zu empfangen.

Ein guter Freund von uns, Nilkantha Maitra, Wissenschaftler am National Chemical Laboratory in Poona, war häufig unser Gast. Im Oktober 1960 sah Indira, während wir uns in Mussoorie aufhielten, dass Nilkantha deprimiert war, weil man ihn gerade von Poona versetzt hatte, wahrscheinlich nach Dehradun, fügte sie hinzu.

»Wie kann das sein?«, fragte ich. »In Dehradun gibt es mit Sicherheit kein National Laboratory.«

»Ich weiß nicht«, entgegnete Indira, »aber das ist geschehen.«

Einige Tage danach erhielten wir einen Brief von Nilkantha (am 28. Oktober 1960 datiert), in dem er schrieb:

> Ich bin von Poona versetzt worden. Einen diesbezüglichen offiziellen Brief bekam ich am 19. Oktober. In Dehradun wird ein neues Government Laboratory gebaut, das Indian Institute of Petroleum heißen wird … Als ich den Bescheid erhielt, konnte ich meine Tränen nicht zurückhalten, weil ihr nicht dort sein werdet. Ich kann euch niemals genug danken für all das, was ich von dir und Didiji empfangen habe.

Wenn ich mich solchen Mühen unterziehe, um diese übernatürlichen Phänomene festzuhalten, so will ich damit lediglich die völlige Unzulänglichkeit moderner materialistischer Erklärungen spiritueller Phänomene hervorheben. Um ein Beispiel zu geben: Ein Suchender hat Kontakt mit einem göttlichen Wesen. Der moderne Psychologe wird lächelnd erklären: »Oh ja, ich habe keinen Zweifel, dass er es gesehen hat. Das Unterbewusstsein ist imstande, alle möglichen Halluzinationen zu bewirken.«

Das Wort ›Unterbewusstsein‹ ist zum Allheilmittel für diejenigen geworden, die empirische Erfahrung durch bequeme Etiketts ersetzen möchten. Einst war es Gott, der »alles tun« konnte und daher angerufen wurde, das zu verteidigen, was den Theologen sonst unhaltbar erschien. Obwohl heute die Naturwissenschaft die Führung übernommen hat, ist die Situation weitgehend unverändert geblieben. Physik und Chemie sprechen von der Allmacht der Materie, die Psychologie von dem für alle Zwecke verwendbaren Unterbewusstsein, das zu erklären vorgibt, was immer sich dem augenfälligeren Materialismus entzieht. Und während so das Bewusstsein auf der einen Seite als weitere Sinnestäuschung der Materie abgetan wird, gesteht man ihm andererseits die Fähigkeit zu, die Materie zu beeinflussen, unabhängig von den Sinnen zu wirken, ohne Hilfe im Nu durch den Weltraum zu reisen, und der Himmel weiß, was noch alles. Was überdies damit zugestanden wird, ist nicht irgendeine überbewusste Fähigkeit, die auf einer höheren Ebene als der Intellekt und in einer okkulten Beziehung zu diesem operiert, sondern ein irrationales und atavistisches animalisches Denkwesen, das von der Evolution bereits transzendiert, wenn nicht transformiert wurde.

Dass eine solche Auffassung nicht nur widersprüchlich in sich selbst ist, sondern sogar in ihrer Extravaganz spirituelle Phänomene nicht zu erklären vermag, leuchtet auf den ersten Blick ein. Denn sieht man einmal von Telepathie und dem Sehen über eine Entfernung hinweg ab (was oberflächliche Ähnlichkeit mit drahtloser Telegrafie und Radar hat), wie könnte das weitestreichende und tatkräftigste Unterbewusstsein auch nur annähernd verantwortlich zu machen sein für folgende Vorkommnisse, bei denen im Falle Indiras ich selbst sowie ziemlich viele andere persönlich Zeugen waren? Nämlich: Visionen von Verstorbenen, deren bestürzende Botschaften später verifiziert werden; prophetische Visionen, die wahr werden; die wunderschönen Mira *Bhajans* (jetzt über achthundert an der Zahl), die sie unmöglich allein verfasst haben konnte; Materialisation von köstlich süßem Konfekt (manchmal aus Erde, ein andermal aus überhaupt nichts!); der starke Sandelholzduft, der plötzlich ihren Händen und Füßen entströmt?[45] Und dann gibt es noch das Zeugnis derjenigen, die nicht nur ihre Wunder bestätigen, sondern ihrer teilhaftig wurden.

So unterzog sich zum Beispiel Indiras jüngere Schwester und Schülerin Kanta im September 1960 einer größeren Operation, bei der den Ärzten ein schwerer Fehler unterlief. In der Tat ist es unwahrscheinlich, dass sie ohne das unglaubliche Eingreifen göttlicher Gnade überlebt hätte. Kanta selbst hat folgenden Bericht an einen Bruder-Schüler geschrieben:

> 7. September 1960
>
> Lieber Prashanta Bhai,
> Wunder ereignen sich immer noch und geschehen manchmal denen unter uns, die es am wenigsten verdienen. Lass mich dir erzählen, wie Mas und Dadajis Gnade mir erst kürzlich das Leben gerettet hat. Im August kam ich wegen einer Gebärmutteroperation nach Poona. Ma hatte mich darum gebeten, weil sie einen Schatten auf mir sah. Am 1. September wurde ich operiert und dies ist der Verlauf:
>
> Als man mich in den Operationssaal brachte und ich all die Gesichter mit den Masken um mich sah, ergriff mich plötzlich Furcht. Dann machten sie die Narkose und zunächst verlor ich das Bewusstsein. Plötzlich jedoch war ich wieder wach. Ich konnte sämtliche Ärzte und Schwestern erkennen und empfand heftige Schmerzen. Wieder packte mich die Angst und ich schrie nach Ma. Sofort sah und fühlte ich sie neben mir stehen, ihre Hand ruhte auf meiner rechten Schulter. Sie sagte: »Ich bin hier, hab keine Angst.« Dann gab mir der Anästhesist eine zweite Dosis und ich war weg.
>
> Während sich all dies zutrug, saß Ma in dem für mich reservierten Zimmer, das einen Block entfernt lag. Sie sagte zu Mohanbhai: »Kanta ruft mich.

45 Ich hätte beinahe vergessen, dies zu erwähnen, obzwar es buchstäblich Dutzende von Malen vorgekommen ist. Es findet immer dann statt, wenn Indira den Krishna ihres *Samadhi* berührt, und ereignete sich sogar einmal in einem Auto, während sie und einige ihrer Schüler durch Delhi fuhren. In der Regel sind es nur ihre Hände und Füße, die den Duft ausströmen, mitunter aber kam er auch aus ihrem Haar. Nicht weniger bemerkenswert ist die Tatsache, dass jeder, der von Indira in diesem Zustand berührt wird, den Duft ebenso auszuströmen beginnt. Es hat Fälle gegeben, in denen durch ihre Berührung ein halbes Dutzend oder mehr Gottesverehrer gleichzeitig betroffen wurden.

Sie braucht mich – ich muss zu ihr.« Und das, Prashanta, war genau der Augenblick, in dem ich nach Ma rief und die Vision von ihr hatte.

Sobald ich wieder zu mir kam, klagte ich über einen furchtbaren Schmerz; er war so heftig, dass ich nicht einmal meine Zehen bewegen konnte. Das Arztpersonal versicherte mir, das sei eine ganz natürliche Nachwirkung der Operation. Ma besuchte mich am zweiten Abend, als der Schmerz immer noch sehr stark war. Etwa um ein Uhr früh begann ich am ganzen Leib zu zittern. Meine Freundin Dina, die neben mir im gleichen Zimmer schlief, breitete vier oder fünf Decken über mich, doch das Zittern hielt an. Als die wachhabende Ärztin gerufen wurde, sagte sie, es sei ein Anfall von Schüttelfrost, der, wie du weißt, gewöhnlich mit einer Infektion einhergeht. Gegen zwei Uhr bat ich um die Bettschüssel, die mir gegeben wurde. Die Schwester schien plötzlich sehr besorgt und eilte hinaus. Nach fünf Minuten kam sie zurück, begleitet von der Ärztin im Nachtdienst, der diensthabenden Stationsschwester und zwei weiteren Schwestern. Alle standen um mein Bett herum und sagten: »Ja, ja.« Ich fragte immer wieder: »Bitte, was ist denn los?« Aber sie sagten es mir nicht. Törichterweise erörterten sie jedoch den Fall direkt vor meinem Fenster. Ich hörte, wie sie sagten: »Die Gaze ist drin. Wieso wurde sie drin gelassen? Wir müssen sofort den Arzt verständigen.« Als die Schwester wieder hereinkam, bearbeitete ich sie so lange, bis sie schließlich zugab, dass einer der Gazetupfer versehentlich drinnen gelassen worden war und man ihn ungefähr sechs Zentimeter heraustreten sah. Die Chirurgin sei verständigt worden und habe Anweisung gegeben, mich für eine weitere Operation vorzubereiten. Meine Temperatur war bereits auf 39,4° angestiegen. All dies wurde von der Nachtschwester des Krankenhauses ins Protokollbuch eingetragen.

Ma kam gegen 7.30 Uhr mit Dadaji. Als ich sie sah, weinte ich los und sagte: »Ma, sie haben mich umgebracht.« Dina berichtete in allen Einzelheiten, was geschehen war, und Ma überzeugte sich selbst im Protokollbuch davon.

Um neun Uhr erschien die Chirurgin und untersuchte mich. Sie bestätigte, dass mein Bauch wieder aufgemacht werden müsse, um die Gaze herauszuholen. Ma bat sie, den Operationstermin auf den Nachmittag zu verlegen und ihr zu gestatten, allein und ungestört bei mir im Zimmer zu bleiben. Nachdem die anderen gegangen waren, sagte Ma: »Vergiss alle. Denke allein an Gott und ergebe dich Ihm.« Ich entgegnete: »Ma, werde ich wieder gesund?« Sie antwortete: »Er weiß es am besten, Sein Wille geschehe.« Sie ergriff meine Hand. »Denke jetzt an Ihn.« Ich war immer noch sehr verängstigt. Als sie meine Hand festhielt, schloss ich die Augen und hatte das starke Gefühl, als ob sie mir durch ihre Berührung etwas mitteilte. Allmählich entspannte ich mich, von Frieden durchdrungen. Als ich die Augen öffnete, war es zwölf Uhr mittags. Mein Körper brannte nicht mehr im Fieber und der Schmerz hatte erheblich nachgelassen. Erst da gab Ma meine Hand frei und ging hinaus, um die Ärztin zu rufen. Sie erschien prompt mit ihrem Stab und untersuchte mich neuerlich. Zu ihrem größten Erstaunen stellte sie fest, dass die Gaze restlos verschwunden war. Sie suchten überall danach, jedoch vergebens. Schließlich meinten sie übereinstimmend, das sei wirklich ein Wunder.

Als Ma in den Ashram zurückkehrte, war ihre Temperatur auf 39,4° gestiegen, und sie fieberte noch weitere drei Tage. (Wie ich bereits erwähnte, war meine Temperatur von 39,4° gefallen, und zwar genau dann, als Mas stieg.) Sie hat mir das Leben gerettet, so wie sie das ständig bei vielen anderen, Würdigen und Unwürdigen, tut.

Herzlich
Deine Kanta

Nach meiner Rückkehr aus Europa nach Indien im Jahre 1928 schrieb ich weiterhin regelmäßig an Vladja und Marthe, insbesondere nach meiner Einweihung in den Yoga zu Füßen meines Gurus Sri Aurobindo.

Später teilte Vladja mir mit, dass Marthe Kommunistin geworden sei, ihn verlassen habe und nach Russland gegangen sei; er habe eine bezaubernde Schwedin, Anna Lisa, geheiratet. Sie hatten eine reizende kleine Tochter, die sie Mira nannten.

Als die Deutschen in Prag einmarschierten, entkamen Vladja und Anna Lisa nach Schweden, wo ihn jedoch seine Agitation gegen die Nazis zwei lange Jahre ins Gefängnis brachte. Nach dem Krieg kehrte er nach Prag zurück, musste aber 1948 neuerlich fliehen, diesmal nach Italien, wo er ein kleines Haus am Lago Maggiore mietete und sich als Kaufmann durchschlug.

1953 besuchten Indira und ich Vladja, Anna Lisa und die kleine Mira, die damals, glaube ich, vierzehn Jahre alt war, in Rom. Wir korrespondierten weiter und 1964 schickte ich ihm ein Exemplar unseres Buches *The Flute Calls Still,* in dem unter anderem einige Visionen Indiras von Mira geschildert werden. Vladja bedankte sich überschwänglich; er sei begeistert, schrieb er, und könne sich direkt sehen, wie er täglich mit uns im Tempel bete. Danach jedoch hörte ich nichts mehr von ihm, bis plötzlich am 26. März 1965 ein Glückwunschtelegramm zu Indiras

Geburtstag eintraf (Indira wurde am 26. März 1920 geboren). Ich fragte mich, woher er ihr Geburtsdatum erfahren hatte – aus welcher Quelle, da ich es ihm ja nicht mitgeteilt hatte. Ich war etwas beschämt, einen so lieben Freund vernachlässigt zu haben, und wollte ihm gerade ausführlich schreiben, als wir die folgenden Briefe erhielten.

Liebe Indira,
heute Nacht erschienst Du mir im Traum und sagtest: »Es ist mein Geburtstag. Denke an mich und Du wirst an Mira denken.« Und ich denke an Dich, liebe Indira, intensiv und aufrichtig, und wenn es stimmt, dass heute Dein Geburtstag ist, dann möge unsere spirituelle Freude unsere Herzen vereinen und im Chor eine Hymne von Dir singen lassen – für Dich! Möge Deine heilige Mira uns segnen, denn unsere Tochter heißt ebenfalls Mira und sie ist unser Ein und Alles. So bitten wir Dich auch, nimm sie in Deinen Liedern und Tänzen unter Deine Fittiche, denn sie braucht Dich und Deinen Segen. Beschütze sie, Indira – unsere Gebete gehen zu Dir und zur heiligen Mira über die Entfernung hin, die uns trennt, auch wenn wir im Herzen einander nahe sind. Wir grüßen Dich, liebe Indira.

In Treue
Vladja und Anna Lisa

Mein lieber Dilip,
es ist wahrhaftig ein Wunder, dass Indira mir ganz plötzlich erschienen ist, dass ich auf meinem Tisch ihren Namen in meinem Buch fand, dass ich im Traum durch die Worte inspiriert wurde: Schreibe an Indira, es ist ihr Geburtstag. Und tatsächlich ist mir heute, als wäre ich bei Euch. Lieber Dilip, ich habe eine unglaubliche Sehnsucht nach Euch beiden und möchte alles stehen und liegen lassen und nach Indien gehen, um mit Euch zu singen und endlich ein spirituelles Leben zu führen, ohne jede Einschränkung. Betet für uns, liebe geliebte Freunde.

Dein Vladja

PS: Ich nehme in der Luft einen herrlichen Duft wahr – ist das nicht der Duft von Indiras Händen?

Ich war verblüfft, da Indira mitunter in ihrem *Samadhi* tatsächlich einen köstlichen Duft nach Moschus oder Sandelholz ausströmt, wie ich bereits geschildert habe. Es wäre noch hinzuzufügen, dass auch mancher andere Strebende über die Entfernung hin Kontakt mit ihr herstellte, ebenso wie es zwischen ihren Schülern und Sri Ramakrishna, Swami Brahmananda, Sri Ramana Maharshi und anderen Weisen und Heiligen der Fall war. Ich wollte Vladja zu uns einladen, was sein plötzlicher Tod leider verhinderte. Seine Tochter Mira schrieb mir, er habe seinen letzten Atemzug in tiefem Frieden getan. Ich bin sicher, dass seine Seele ihre letzte Ruhestätte zu Füßen des Einen gefunden hat, dessen Gnade ihn kein einziges Mal in den dunkelsten Stunden seines Lebens verlassen hatte.

37
Mira – Wunder und Wirklichkeit

Als Sri Aurobindo mir erstmals schrieb, dass Indira als Schülerin eine Hilfe und keine Behinderung für meinen Yoga sein würde, war ich zugleich erfreut und alarmiert. Erfreut, weil ich bei einer derart begabten und charmanten Schülerin gar nicht anders hätte empfinden können, und alarmiert, weil ich von jeher meinen Weg unbeschwert gehen wollte. Schließlich, als ich dem Drängen von beiden Seiten nachgeben musste, vertraute ich darauf, dass wir einander helfen könnten, und hieß sie aufrichtig willkommen. Und je mehr ich sie kennenlernte, desto befriedigter fühlte ich mich, da sich ihre spirituelle Unterstützung und ihr persönliches Beispiel als Korrektiv für meine unheilbare Tendenz zum Schwanken und Zweifeln erwiesen. Indira hatte zwar ihre eigenen Schwierigkeiten, Unentschlossenheit gehörte jedoch nicht dazu. Sie brauchte keinen anderen Halt außer der Stütze durch meine Kraft. Sie wollte, dass ich die wunderschönen Lieder, *Mira Bhajans,* die sie mir Tag um Tag schenkte, vertonte und sang – nichts weiter. Ob andere sie hörten oder Beifall spendeten, kümmerte sie nicht. Das ging sogar so weit, dass sie gegen meine Beflissenheit, sie zu veröffentlichen, ein Veto einlegen wollte. »Mira singt sie mir vor, ich trage sie dir vor und du singst sie wieder mir vor – das genügt doch. Wozu sie veröffentlichen?« Ich brachte triftige Gründe vor, um ihre Einwände zu entkräften, stieß aber auf taube Ohren. Tatsächlich geschah es gegen ihren Wunsch, dass ich 1950 ihren ersten Gedichtband herausgab, den ich *Shrutanjali* nannte, das heißt »gehörte Lieder«, nicht selbst komponierte. Mehr als hundert dieser Lieder übersetzte ich ins Bengali und sang sie mit großer Freude. Sechzehn von ihnen übersetzte ich auch ins Englische.

Danach diktierte Indira weiterhin täglich die Lieder, die sie gehört hatte – bis ich zu meinem größten Erstaunen feststellte, dass es insgesamt über achthundert waren, die fortlaufend in sechs Bänden[46] veröffentlicht wurden, wahrhaftig eine Leistung!

Ich begrüßte diese Lieder aber nicht nur als eine Errungenschaft von Miras Wunderkind, sondern auch wegen des Ansporns, den sie meinem eigenen Streben tagtäglich gaben. Oft kam es vor, dass ein Lied, das sie diktierte, meine derzeitige Stimmung widerspiegelte. Hier eins dieser Lieder zur Veranschaulichung:

Von welchen Ufern, Wanderer, bist du gekommen?
Zu welchen willst du noch gelangen?
Hast du auf deinem blinden Weg vergessen,
verpasst, wozu Du aufgebrochen?

Die Welt ist wie ein Rasthaus an der Straße,
dein wahres Heim erwartet dich weit fern.
Verlier dich nicht im Spinnennetz des Karma,
oh Pilger auf dem Weg zum Paradies!

Warum bemalte Muscheln, blasse Kugeln sammeln,
um die erlittenen Schmerzen zu bedauern?
Spring, tauche tief, du wirst gewinnen
die reine, edle Perle ohne Makel.

Der Samen ist gesät im Felde des Gebets,
er blüht in Gottes eigner Blüte auf.
Steil ist der Pfad, das Ziel noch nicht in Sicht,
doch wandle durch das Dunkel in des Glaubens Licht.

Dieses Lied liebte ich, weil es in jeder Zeile mein sehnsüchtiges Verlangen nach dem Jenseits spiegelte. Doch viele weitere ließen mich beim Singen Tränen vergießen. Sri Aurobindo schrieb mir, der vorherrschende Antrieb meines Wesens sei zweifellos *Bhakti* und *Karma* (Liebe und Arbeit). Doch immer, wenn ich *ihre* Lieder sang und *Bhakti* in meinem Herzen aufwallen fühlte, sehnte ich mich danach, mich entschieden von *Karma* abzuwenden und mich allein auf den Wellen der *Bhakti* zum Meer Seiner Gnade tragen zu lassen. Leider aber kehrte

---

46 *Shrutanjali, Premanjali, Sudhanjali, Bhavanjali, Deepanjali* und *Ushanjali*

Sri Dilip Kumar Roy an seinem Schreibtisch
»Danach diktierte Indira weiterhin täglich die Lieder, die sie gehört hatte – bis ich zu meinem größten Erstaunen feststellte, dass es insgesamt über achthundert waren, die fortlaufend in sechs Bänden veröffentlicht wurden, wahrhaftig eine Leistung!

mein Drang nach *Karma* mit verdoppelter Heftigkeit zurück, und weiterhin schrieb ich oder komponierte oder las oder gab Musikunterricht. Unsere Weisen sagten: *»Niyatih kena badhyate?* – Wie kann man dem Schicksal entgehen?«

Ich habe durch Indira sehr viele Wunder geschehen sehen, das größte aber war für mich stets ihre Gabe, so schöne, inspirierende Lieder zu hören und sie dann jahraus, jahrein zu diktieren. Ich selbst bin überzeugt, dass diese Lieder Indira von Mira *persönlich* vorgesungen wurden und werden. Die meisten meiner Leser werden diese Überzeugung wahrscheinlich nicht teilen, das weiß ich. Einige von ihnen mögen Mira als Indiras *alter ego* bezeichnen. Eins habe ich jedoch von Indira gelernt, was mir häufig gut zustattenkam: dass ich mich nämlich für meine ehrlichen Überzeugungen, die aus *persönlicher* Erfahrung stammen, keineswegs auf Rückendeckung oder Bestätigung von außen zu stützen brauche. Was jedoch nicht heißen soll, dass Indiras Kontakt mit Mira nicht von Persönlichkeiten erhärtet wird, deren Ansichten in solchen Dingen gehört zu werden verdienen. Während der kurzen Zeit, die Sri Aurobindo zur Beobachtung des Phänomens blieb, bekräftigte er dessen Authentizität in drei Briefen an mich. Im ersten schrieb er am 7. Mai 1950:

> Es ist keineswegs unmöglich, dass sich Mirabai auf diese Art, vermittelt durch Indiras Trance, manifestiert, vorausgesetzt, sie (Mira) ist noch genügend in Berührung mit dieser Welt, sodass sie Krishna begleiten kann, wo immer Er sich manifestiert; und in diesem Fall wäre es auch nicht unmöglich, dass sie die Rolle übernahm, die Indira von ihr und ihrem Wirken visionär erschaute. Wenn Indira in einem Hindi schrieb, mit dem sie gewöhnlich nicht vertraut war, oder in dem sie nicht gewohnt war zu schreiben, und wenn das unter dem Einfluss von Mirabai geschah, wäre das ein ziemlich starker Beweis für die Wirklichkeit von Mirabais Gegenwart und ihren Einfluss auf Indira.

Dem fügte er am 2. Juni hinzu:

> Es ist evident, dass Indira eine Inspiration für ihre Hindi-Gesänge von der Mira ihrer Vision empfängt, dass ihr Bewusstsein und das Bewusstsein Miras auf einer für das gewöhnliche menschliche Mental überbewussten Ebene zusammenwirken: auf einer okkulten Ebene. Auch ist dieser Einfluss

> keine Illusion, sondern eine Wirklichkeit, sonst könnte das nicht in dieser Weise geschehen. Solche Dinge spielen sich auf der okkulten Ebene ab; sie sind nicht neu und nicht ohne Präzedenzfall.

Und schließlich am 11. Juni:

> In jedem Fall sind die Gedichte, die Mirabai durch Indira geschrieben hat – denn so viel scheint klar zu sein – schön; das ganze Phänomen, dass Indira in einer Sprache schreibt, die sie nicht gut kennt ... ist wahrhaft außerordentlich und für die ganze Sache sehr überzeugend.

Hierzu möchte ich noch zwei Gutachten anfügen, die von Sri S. K. Chaudhuri, Sekretär der Calcutta Research Society, verfasst wurden und die er danach Sri Birendra K. R. Choudhary zuschickte, der sie freundlicherweise an mich weiterleitete:

> The Psychical Research Society
> 31/A Brindaban Bysack St.
> Kalkutta
>
> 2. Februar 1952
>
> Sri Birendra Kishore Roy Choudhary zeigte mir die Fotografien von Srimati Indira Devi, die jetzt in Pondicherry lebt. Sie gerät in Trance, wenn sie religiöse Lieder hört. Ihre geistige Führerin ist Mirabai. Die Tatsache, dass körperlose Wesen durch ihre Hand in ihr unbekannten Sprachen schreiben, weist darauf hin, dass sie ein bemerkenswertes Medium ist. Im Allgemeinen findet automatisches Schreiben in einer dem Medium bekannten Sprache statt, wenn dieses jedoch in ihm unbekannten Sprachen schreibt, ist auszuschließen, dass das automatische Schreiben dem Unterbewussten des Mediums entstammt.
>
> Die durch Indira Devi empfangenen Botschaften sind daher in hohem Maße authentisch. Ein solches Medium ist selten, und Materialisten, die nicht an die Existenz eines Lebens nach dem Tode glauben, werden ernsthaft darüber nachdenken müssen, wie derartige Phänomene vorkommen können. Ich habe ein solches Medium bisher nie gesehen.
>
> PS: Die Bemerkungen meines geistigen Führers Soham Swami werden nachgereicht.

Soham Swami war ein berühmter Vertreter der Vedanta-Philosophie und Verfasser der *Soham Gita*. Die von seinem entkörperten Geist übermittelte Botschaft lautet folgendermaßen:

Betrifft: Indira Devi (früher Janak Kumari)

Saroj, ich sah in meiner Meditation, dass diese Frau von *Bhakti* erfüllt ist. Sie ist ein entwickeltes Wesen dank ihres *Sadhana* in früheren Inkarnationen. Sie hat häufig *Bhava-Samadhi*, wobei körperlose Geistwesen von höheren Ebenen sich durch sie mitteilen, während sie in ihr verborgen sind. In ihrer früheren Geburt hatte sie eine enge Beziehung zu Mirabai, die jetzt die Seele ist, die sie beschützt und bewacht.

Während ihrer Trance wird sie häufig zum Medium und erinnert sich nicht an das, was durch ihre Trance geäußert wird, weil Mirabai dann völlig die Führung über sie übernimmt – ihre eigene Seele verlässt für diese Zeit ihren Körper und befindet sich dann jenseits der Astralebenen. Da Mirabai die »silberne Nabelschnur« überwacht, die ihre befreite Seele mit ihrem Körper verbindet, kann keine Gefahr für deren Rückkehr in den Körper bestehen. Mirabais Botschaften kommen zu ihr, wenn sie sich in einem solchen Trancezustand befindet.

Die Psychologen des Westens glauben meist nicht an die Lehre, dass es andere Welten neben und jenseits der unseren gibt. Deshalb versuchen sie, alle Phänomene medialer Natur durch eine weit hergeholte Theorie vom Unterbewusstsein und von zwei oder drei Persönlichkeitsinstanzen zu erklären. Aber ihre Entdeckungen sind in solchen Fällen nicht immer stichhaltig. Janak Kumari hat sich bis zur Ebene des *Bhava Samadhi* entwickelt, die anderenorts mit dem Wort »Ekstase« bezeichnet wird. Was ihr gegeben wurde, ist somit nicht die gewöhnliche Art von Trance, sondern der ekstatische Zustand, der uns geradewegs ins innerste Heiligtum der Mystik trägt. Ihre Erfahrungen gehören zu einer überaus hohen Ebene. Sri Aurobindo hat sie mit seiner Gnade überschüttet und sie durch Mirabai beschützt, die im Wesentlichen ihre geistige Führerin oder ihr Schutzgeist ist.

In Bezug auf Indiras Lieder möchte ich noch Folgendes bemerken: Am 13. Mai 1950 hörte Indira, wie ihr Mira ein Lied vorsang, das ich später selbst bisweilen sehr gerne gesungen habe, weil darin *Bhakti* und Poesie zu einem harmonischen Ganzen verschmelzen. Erst allmählich wurde mir jedoch klar, dass die letzte Zeile des Liedes eine bemerkenswerte Prophezeiung ausspricht. Hier ist meine Übersetzung seiner fünf Strophen:

> Als Seine Priesterin kehr ich zurück,
> Seine Taten hier zu besingen.
> Lass mich in den Tempel des Herzens ein:
> Ich komm, Dir zu dienen, Herr.
>
> Ich stahl die Kühle des Mondes,
> von den Sternen den himmlischen Glanz,
> das Lachen der Blumen, die Wellen des Sees,
> vom Windhauch die Melodie.
>
> Ich flocht meine Hände zum Blumenkranz,
> Seine Füße damit zu umwinden,
> mit Seiner Liebe stetigem Strom
> das Licht meines Lebens zu zünden.
>
> Oh, zeitlos ist meine Liebe zu Ihm,
> der mein Leben und Sterben beherrscht.
> Ich bin nur ein Tropfen, Er ist das Meer,
> ich bin die Flöte in Seiner Hand.
>
> Um Ihm zu geben mein ganzes Sein,
> bringe ich Körper und Seele Ihm dar.
> Lausche Miras Liedern der Liebe zu Ihm,
> von dessen Gnade zu singen sie heimkehrt.

Für mich ist die letzte Zeile nicht nur bedeutungsvoll, sondern frappant, spricht sie doch ausdrücklich von einem Plan: Mira hatte beschlossen, uns erneut die unschätzbare Geschichte ihrer Liebe und Sehnsucht, ihrer Freude und ihres Kummers, ihrer Tränen und ihres Lachens, ihrer Wolken und ihres Sonnenscheins vorzusingen.

Dieses Versprechen hat sie gewiss eingehalten: Sie hat Indira mehr als achthundert Lieder vorgesungen: In letzter Zeit konnte Indira auch deren Melodien wiedergeben, die sie mich lehrte. So wurde der Lehrer zum Schüler!

Ich schließe mit zwei Briefen Indiras, die für sich selbst sprechen:

Savoy Hotel, Mussoorie

8. August 1950

Dada,
es ist ein wunderschöner, friedlicher Tag. Alle sind nach Dehradun hinuntergefahren und ich bin ganz allein. Ich werde den ganzen Tag beten und keine Zeit bei den Mahlzeiten mit Gästen vergeuden.

Letzte Nacht sah ich Mira wieder, Dada! Ich betete, als plötzlich das ganze Zimmer mit blauem Licht überflutet war! Dann hob ich den Kopf und sah sie. Sie sprach lange zu mir. Ich sagte nichts, doch irgendwie spricht mein Herz zu ihr und sie weiß es. Wie zärtlich und vertraut ist jede Berührung, jeder Blick von ihr! (Weißt du, Dada, sie hat ein schwarzes Muttermal direkt unter dem Daumengelenk auf der rechten Handfläche.) Sie sagte etwas sehr Schönes und Rührendes.

»Auf der Reise der Seele durch Jahrmillionen begegnest du jemandem, bei dem du einige Jahre bleibst, und die Welt sagt, ihr gehört zueinander. Aber ist nicht andererseits eine solch kurze Begegnung in nur einem unter Tausenden von Leben vergleichbar damit, wenn man jemandem in einer Inkarnation für, sagen wir, zwei Stunden begegnet? Solcherart *sind* die oberflächlichen Begegnungen dieser Welt – kurz und zufällig –, wohingegen wahre Liebe immerwährend und unerschütterlich ist und die Verwandtschaft von liebenden Seelen für alle Zeiten besteht. Du kannst das Wasser in verschiedenen Farben färben, trotzdem bleibt es immer Wasser. In gleicher Weise kannst du deine äußere Gestalt in deinen verschiedenen Geburten verändern, doch die Liebe, die dich trägt, bleibt dieselbe und kann niemals wirklich schwinden, noch kann es eine wirkliche Trennung zwischen Seelengefährten geben, da sie alle gemeinsam auf dasselbe Göttliche Ziel zuwandern. Mitunter kann es geschehen, dass einer von beiden vom Weg abweicht und so den anderen mit sich nach rückwärts zieht, wodurch sich dessen Reise vorübergehend ebenfalls verlangsamen kann. Doch für die, welche von den Wellenkämmen der göttlichen Strömung getragen werden, kann keine Rede von Umkehr sein: Je weiter sie gelangen, desto näher kommt der Ozean und desto stärker wird die Strömung der Flüsse, die in das Meer münden. Jetzt weißt du, Indira, weshalb du mir so teuer bist. Ich sagte dir, dass ich dir alles erzählen würde. Nach und nach wirst du alles erfahren.«

Alles Liebe und *Pranam,*
Dein Kind Indira

Savoy Hotel, Mussoorie
19. August 1950

Dada,
ich schreibe dies in den frühen Morgenstunden, nachdem ich gerade aus meiner Meditation erwacht bin, die über fünf Stunden andauerte.

Mira kam wieder zu mir. Oh Dada, wie lieb ist sie mir geworden und wie nahe! Ihre Liebe ist so real und meinem Herzen so vertraut! Und ist es nicht dennoch kaum glaublich? Sich vorzustellen, dass jemand, der so heilig ist, der in meinen Träumen und Trancen zu mir kommt, sozusagen mit meiner eigenen Entwicklung mitwächst! ... Man erzählt mir, dass mir die Leute einfach nicht glauben wollen. Kümmert es mich auch nur im Geringsten, selbst wenn die ganze Welt über meine Geschichte lachen sollte – jetzt, da ich sie gesehen und geliebt habe? Nur ein Traum? Aber kann ein bloßer Traum mehr andauernden Frieden und Halt durch Liebe geben als sämtliche Realitäten der Welt zusammengenommen? Oh Dada, ich werde dir stets dankbar sein, denn durch *deinen* Segen, *deine* Meditation kam sie zu mir und liebte mich, wie sie es getan hat. Und wie kostbar ist ihre Liebe ... Ich wünschte, du könntest sie sehen! Sie ist bezaubernd und ihre Schönheit wächst einem ans Herz. Doch ergründen kann ich sie nicht. Neulich fragte ich sie: »Sag mir doch, existierst du wirklich?« Sie legte mir segnend die Hand auf den Kopf und lächelte. »Aber was *ist* denn wirklich?«, fragte sie ruhig. Ich antwortete: »Ich meine die wirkliche Mirabai.« Sie lächelte abermals. »Kennst du dich selbst, dein wahres Selbst?« ... Ich erzähle dir mehr darüber, wenn du nach Mussoorie kommst. Eins aber kann ich dir heute mit Bestimmtheit sagen, dass sie mich niemals im Stich lassen wird, selbst wenn die ganze Welt es tut.

Alles Liebe und *Pranam*,
Indira

Vieles ist seit damals geschehen. Mira ist unlösbar in unser Leben verwoben. Es gab eine Zeit, da ich zögerte, ihre Rückkehr bekannt zu machen. Jetzt aber fällt es mir schwer, es nicht laut von den Dächern zu verkünden und darauf zu verzichten, Wahrheitssucher diese wunderbare Wahrheit wissen zu lassen, dass der Kontakt zu einem göttlichen Mitgefühl durch eine supraphysische Gestalt ebenso konkret hergestellt werden kann wie durch eine physische. Ich weiß, der Tag wird kommen, an dem solche tieferen Erkenntnisse spiritueller Wahrheiten allgemein akzeptiert werden. Doch mag dieser Tag vielleicht auch fern sein, so halten wir dies für gewiss: dass sich die Manifestation durch Mira in der gegenwärtigen Generation spürbar machen wird, wenn ihre göttlichen Lieder und Botschaften über das Hohngelächter der Skeptiker triumphiert haben. Um ihr, die von Gott als Seine Botin zu uns geschickt wurde, diesen Dienst zu erweisen, habe ich beschlossen, einen Anhang mit einer Auswahl ihrer Aussprüche anzufügen, die Indira gewissenhaft in ihrem Tagebuch festgehalten hat.

38
Die entzündeten Lichter

Ich habe in Verbindung mit Mira von »Wirklichkeit« gesprochen. Die entscheidende Schwierigkeit liegt jedoch darin, dass sich eine solche Wirklichkeit außer- und oberhalb des Physischen nicht nach den Maßstäben des »gesunden Menschenverstandes« bewerten lässt. In den Naturwissenschaften treten bestimmte Phänomene genau dann ein, wenn die erforderlichen Voraussetzungen erfüllt sind. Wenn wir aber bei supraphysischen oder psychischen Phänomenen nach solcher empirischen Präzision suchen, tun wir das vergebens; was nicht heißen soll, dass sie im letzten Sinne unbedingt fehlt, sondern nur dass dem menschlichen Denken in seiner Unkenntnis okkulter Variablen die Dinge notgedrungen wenn schon nicht willkürlich, so doch zumindest als jenseits des von Menschen Vorhersehbaren erscheinen müssen.

Es stimmt, dass auf den unteren Stufen okkulter Erfahrung, wo peinlich genaue Prozeduren befolgt werden und Gnade weder gesucht noch erfleht wird, ein Seher etwas wahrnehmen mag, das annähernd einer nachvollziehbaren Kausalkette folgt. Zu betonen ist jedoch »annähernd«, da selbst hier die Ergebnisse immer eine Sache der Wahrscheinlichkeit bleiben müssen. Denn weder wurde das kosmische Gesetz aufgehoben noch seine Durchführung von den Göttern vernachlässigt, vielmehr werden die Dinge durch die Verflechtungen unseres individuellen *Swadharma* (Anlage und Temperament) und des nicht erschöpften *Karmas* über die Möglichkeit unserer Voraussicht hinaus kompliziert. Vermag das rationalistische Denken dem schon schwer zu folgen, wie überfordert muss es dann erst sein, wenn es mit dem unerforschlichen Wirken göttlicher Gnade konfrontiert wird? Denn im spirituellen Leben sind es nicht, wie Indira darlegt, eine oder mehrere spezifische Handlungen, die sich als wirksam erweisen, sondern es geht nur darum, dass man sich selbst in einen Zustand der Empfänglichkeit versetzt, wonach dann alles, was zu tun ist, auch getan werden *wird,* aber von Gott und auf die Weise, die *Er* für die beste hält.

In meinem Fall trat die göttliche Gnade in Gestalt von Mira ein, die in einem entscheidenden Stadium meines Lebens erschien, genau ein Jahr vor dem Hinscheiden meines Gurus. Wäre sie mir nicht in meiner Stunde der Verlassenheit zu Hilfe gekommen, so weiß ich nicht, wie ich mich auf diesem schweren Weg voller Fallgruben und Wüsteneien zurechtgefunden hätte. Und ich bin überzeugt, dass sie die Wunder durch Indira, ihren Schützling, vollbrachte, um mir in meiner Stunde dunkelster Verzweiflung Hoffnung einzuflößen. Da all dies jedoch etwas mysteriös klingen mag, will ich an einem Beispiel zeigen, wie sie uns geholfen hat. Den folgenden Brief schrieb ich an eine amerikanische Schwester, die Ägyptologin Natasha Rambobha, die uns liebte und uns als aufrichtig Suchenden vertraute:

10. Dezember 1960

Liebe Schwester,
seit meiner *Diksha* (Initiation) hatte ich mir stets gewünscht, ein Zeichen zu sehen. Du magst ein solches Verlangen ernstlich missbilligen, aber ich kann dich unmöglich belügen, nur um Beifall von dir zu erhalten. Nein, ich habe niemals irgendwelche Skrupel gehabt, weil ich ein Zeichen sehen wollte, zumal ich gelesen hatte, dass viele Gottliebende in der Vergangenheit Gott bewogen haben, ihnen ähnliche Bitten zu erfüllen. Tatsächlich habe ich früher meinen Gurudev häufig dringend gebeten, mir ein Zeichen zu offenbaren. Einige Male willigte er ein, wovon ich in meinen *Sri Aurobindo kam zu mir* betitelten Erinnerungen berichtet habe. Da aber diese Fälle vielleicht nicht als klarer Beweis erachtet werden, sehe ich davon ab, sie dir zu wiederholen. Ich will hier ein Beispiel anführen, von dem du einräumen musst, dass der darin gegebene Beweis unumstößlich ist, es sei denn natürlich, du tust das Ganze als vorsätzliche Erfindung meinerseits ab. Ich darf vorab noch bemerken, dass ich persönlich oft bestätigt fand, was Gurudev in seinem *Savitri* so einleuchtend behauptete:

»Ein Gebet, eine Meistertat, ein höchster Einfall
können des Menschen Stärke zusammenschmieden
mit einer Kraft, die das Weltall übersteigt;
dann wird das Wunder sein die Regel des Alltags.«

Die Geschichte: Ich war damals in Pondicherry. Indira war gekommen und hatte mich 1949 als ihren Guru angenommen. Innerhalb weniger Monate wurden Wunder faktisch zur »Regel des Alltags«. Trotzdem war ich durch das plötzliche Hinscheiden von Sri Aurobindo am 5.12.1950 oft deprimiert.

Es war nach Mitternacht am 9. Oktober 1951. Ich betete allein auf der Veranda meiner Wohnung. Indira schlief in ihrem Zimmer. Ein Vetter von mir war mit Frau und Tochter bei uns zu Gast, sie schliefen unten. Damals waren alle in unserem Ashram restlos davon überzeugt, dass das supramentale Licht auf die Erde kommen müsse, und zwar bald, wie unser Gurudev prophezeit hatte. Ich jedoch sah nirgends Anzeichen einer Herabkunft, außer der künftiger Atombomben. Für mich war das Licht in nächtliches Dunkel gehüllt, da die einzige Sonne meines Lebens, mein Gurudev, für immer dahingegangen war. Meine Brüder behaupteten, er habe nach wie vor die Führung über den Ashram, für mich aber waren das nichts als Worte, leere Worte: Nie spürte ich dort seine teure Gegenwart. Ich hatte alles für ihn aufs Spiel gesetzt, doch obwohl ich unter seiner Anleitung viele wunderbare spirituelle Erfahrungen hatte, gab ich mich nach seinem Hinscheiden nahezu verloren. Jetzt, da er nicht hier war, um mich heimwärts zu führen, meinte ich, nirgendwohin zu gelangen. Denn ich war mit einem einzigen Streben zu meinem Guru gekommen: unbedingt dem Herrn meines Herzens, Krishna, in menschlicher Gestalt als dem ewigen Geliebten des Menschen von Angesicht zu Angesicht zu begegnen. Nichts Geringeres konnte mich mit dem Leben aussöhnen. Ich existierte einzig, um dieses höchste aller Ziele zu erreichen und kein anderes. Ich hatte alle Glücksgefühle gekostet, die Reichtum, Ruhm, Reisen, Bücher und Romanzen bringen konnten. Doch diese Freuden und Faszinationen waren sämtlich verblasst und hatten nur die Düsterkeit und Verdrossenheit vertieft, die ihnen folgte. So hatte ich mein Herz schließlich auf dieses eine Ziel gerichtet – auf die Erkenntnis Krishnas als Gott-Menschen. Er sagt im *Bhagavatam,* dass man dem Guru als seinem einzigen Stellvertreter folgen müsse. Dem Guru unerschütterlich zu dienen, muss den Strebenden zur Vereinigung mit Krishna führen – so hatte er Sridama im Zehnten Buch verkündet. Und dennoch hatte ich zwar jahrelang einem großen Guru gedient, aber am Ende die Vereinigung mit Krishna nicht erlangt! Welche Hoffnung hatte ich also jetzt, das Ziel zu erreichen? ... Solche Gedanken kreisten in jener schicksalhaften Nacht unaufhörlich in meinem Kopf, neun Monate nach dem Heimgang meines Gurudev. Ich fühlte mich wie eine verlorene Seele, als ich um Mitternacht allein vor einem Bild Krishnas betete. Meine Augen waren von Tränen verschwommen, als ich ihn anflehte:

»Wenn Du wirklich ein Erlöser der Verlassenen bist, dann lass es nicht zu, dass ich mich nach über zwanzig Jahren des Yoga in solch tiefer Enttäuschung verliere – fern von meiner Heimat, meinen Freunden, meinen Verwandten und allem, was Menschen teuer ist. Jetzt, da mein innigst geliebter Gurudev nicht mehr ist, flehe ich Dich an, Herr, mir selbst zu Hilfe zu kommen. Mein Gurudev half mir durch einige der schwersten Krisen meines Lebens und versicherte mir immer wieder, er würde mich zu Dir führen; da er mich aber nicht mehr führen kann, ist es jetzt an Dir, zu kommen und mir ein Zeichen zu geben, dass Du noch da bist, Dich meiner anzunehmen ...«

Ein Freund hatte mir ein schönes Geschenk gemacht, das wir jetzt in unserem hiesigen Gebetsraum aufgestellt haben: ein Bild Krishnas, zu dessen Füßen Mira singt. Beide sind in eine dicke Glasplatte geätzt, die gerahmt und auf einem Sockel befestigt wurde. Dahinter ist eine Glühbirne angebracht, an der sich ein elektrisches Kabel mit einem dreipoligen Stecker befindet. Sobald man das Licht einschaltet, strahlen die beiden Figuren in leuchtender Schönheit auf.

Jede Nacht vor dem Zubettgehen zog ich den Stecker heraus und gestattete keinem anderen, ihn anzufassen. Auch an diesem unvergesslichen Abend hatte ich die Beleuchtung wie üblich ausgeschaltet. Jetzt, als ich in tiefster Verzweiflung betete, hörte ich eine leise, aber deutliche Stimme: *›Geh und sieh: Er hat die Glühbirne entzündet.‹*

Ich sprang aus dem Bett und sah dort, in unserem Gebetsraum, voller Erregung, dass das Bild Gottes beleuchtet war. Der Stecker befand sich wieder in der Steckdose – und da er drei Zinken hatte, brauchte man dazu etwas Kraft und einige Geschicklichkeit. Ich rieb mir erstaunt die Augen, aber es konnte kein Irrtum sein – der Stecker, den ich selbst herausgezogen hatte, war wieder hineingesteckt worden.

Ich rief nach Indira und befragte sie eindringlich. »Du weißt doch, ich rühre den Stecker nie an«, sagte sie. Außerdem war sie ganz sicher, dass ich ihn herausgezogen hatte, bevor wir zur Nacht in unsere Zimmer gingen.

Voller Freude weckte ich meinen Vetter und seine Frau. Sie eilten freudig erregt hinauf und wir alle begannen verzückt, den Namen des Herrn vor Seiner hell erleuchteten Gestalt zu singen!

Doch als wir uns nach etwa einer Stunde wieder zu Bett begeben wollten, kamen mir neuerlich Zweifel. Zwar waren wir alle sicher, dass ich den Stecker herausgezogen hatte, trotzdem fragte ich mich, ob ich ihn nicht versehentlich drin gelassen und dann völlig vergessen haben könnte? Also ließ ich jetzt den Stecker in der Wand und sagte mir, wenn es Gott selbst war, der ihn hineingesteckt hatte, könne Er ihn ebenso wieder herausziehen – und sei es nur, um mich zu überzeugen.

Ich war freilich nicht wenig beschämt über meine Zweifel, aber wie sollte ich sie leugnen, wenn sie mich bis zum Wahnsinn verfolgten? Daher betete ich wieder in tiefer Verzweiflung zu Gott. Ich empfand Reue, da ich jedoch meine Zweifel nicht fallen lassen konnte, bat ich Ihn, mir zu verzeihen. Indira, die jetzt im Nebenzimmer betete, hatte solchen Zweifeln nie Raum gegeben. Nun dankte sie Gott unter Tränen für Seine Gnade. Nur ich war es, der sich immer noch unglücklich fühlte, und das nach dieser ekstatischen Seligkeit, stell dir das vor! Ich begann abermals noch zerknirschter zu beten, als die Stimme mich tadelte: ›*Immer noch Zweifel? Geh. Der Stecker wurde herausgezogen.*‹

Ich berührte Indiras Kopf und erzählte es ihr. Sie sagte überrascht: »Aber wie konntest du überhaupt einen solchen Zweifel hegen?« Ich lächelte gequält und antwortete: »Das werde ich dir später erklären, komm jetzt.«

Von ihr gefolgt ging ich wieder in unseren Gebetsraum, und wir überzeugten uns unter Schauern des Entzückens, dass der Stecker tatsächlich herausgezogen worden war. Das Bild lag völlig im Dunkeln.

Nun, liebe Schwester, wenn du nicht all dies als bewusste Irreführung und ausgeklügelte Erfindung, als Ammenmärchen abtust, musst du einräumen, dass hiermit ein klarer Beweis und eine eindeutige Bestätigung für das Zeugnis unserer Heiligen erbracht ist: Der Herr erhört bisweilen die Gebete seiner hilflosen Anhänger um ein Zeichen. Deshalb glauben wir auch fest, dass Christus ein solches Verlangen nur dann von sich gewiesen haben wird, wenn jene, die es forderten, keine echten Suchenden waren, sondern »Pharisäer und Schriftgelehrte«, die ihn aus bloßer Neugier belästigten und somit ein Zeichen weder brauchten noch verdienten. Jedenfalls kommt das, was ich dir hier berichtet habe, aus der unmittelbaren Erfahrung eines aufrichtigen Wahrheitssuchers, der zu dem Zeitpunkt in einem tiefen Dilemma steckte. Daher hoffe ich, dass unser Zeugnis bei dir ins Gewicht fallen wird, da du nicht weniger aufrichtig bist in deinem Streben nach Glauben und Reinheit, nach Inbrunst und Erleuchtung.

Wir senden dir unsere herzlichsten Grüße und Segnungen und beten darum, dass du künftig Christus mit dem Licht deiner spirituellen Einsicht und Selbsthingabe zu deuten vermagst. Denn nur dann kann man wirklich aus Seinen machtvollen Verkündigungen in den vier Evangelien Nutzen ziehen, die wie alle echten Offenbarungen allein zu den von Glauben und Liebe erleuchteten Herzen sprechen und nicht zu denen, deren kalter Verstand nur argumentieren und spekulieren, aber niemals erkennen kann.

Herzlich Dein
Dada, Dilip

Samadhi von Sri Dilip Kumar Roy, 1897 – 1980

Hommage an Dadaji Sri Dilip Kumar Roy[47]

Der du so viel erreichtest
und doch größer bist als alle deine Errungenschaften –
unsere Ehrerbietung.

Dir, der alles gab und die Kosten nicht zählte,
der alle liebte und nichts dafür erwartete,
unsere ewige Dankbarkeit.

Dir, der die Menschen nicht nach ihren Fehlern beurteilte,
sondern nach ihrem Streben,
unseren Gruß.

Dir, durch dessen goldene Stimme
der Flötenspieler seine Flöte ertönen ließ
und Tausende Herzen in der ganzen Welt beglückte,
unsere stille Verehrung.

Dir, der die aus innerer Kraft geborene Demut besaß
und die Kraft, die aus Aufrichtigkeit
und lebender Wahrheit entstammt,
unseren Pranam.

Dir, einem Ozean der Glückseligkeit,
unser Gebet.

Dir, der du nichts besaßest
und doch ein König unter den Menschen warst,
unsere Hochachtung.

Dir, den Sri Aurobindo »einen Freund
und Sohn und Teil seines Daseins« nannte,
die Verehrung unserer Herzen.

Indira Devi

47 eingraviert auf seinem *Samadhi*

Epilog
Miras Botschaft

Endloser Widerhall,
wie stimme ich die Saiten meiner Seele
auf dein mystisches Flammenlied,
dessen mächtiger Klang unsre furchtsamen Herzen erschreckt?
In der Wiege schon
wurde ich mit deinen Legenden genährt,
die meine Seele erhoben.
Gierig trank ich die Kunde deiner einzigen Liebe,
die schmeichelnd das Formlose zwang, Form anzunehmen
und als menschlicher Freund mit dir zu spielen.
Das Blau des Himmels in sterbliche Hüllen gewebt:
unglaublich und doch nicht zu bezweifeln!
Wie Strahlen aus Sonnenglut,
die Festung der Nacht durchbrechend!
Was niemand zu hoffen wagte, geschah:
Krishna, der Gott der Götter,
stieg nieder in diese düstere Welt
und die Königin der Königinnen,
die allem entsagte, was uns wichtig erscheint,
für ein Märchengespinst – einen schillernden Traum!
Und dieses luftige Nichts kam herab als dein Freund,
umwarb dich, entzog dich der Welt
und hob dich zurück
in das Lichtreich jenseits unserer Trübnis.
Ein Leben, gelebt auf unserem friedlosen Stern
der zerrinnenden Zeit und der flüchtigen Lust,
ein Streben, vom stolzen Verstand verhöhnt,
wird Offenbarung des Höchsten – Ein Hymnus,
den die Ätherstimme der Liebe so innig sang.
Sei gepriesen, oh stetige Flamme

im Wirbel des Vergänglichen, Zeichen des Himmels,
du kamst, um auf Erden zu leuchten
als Fanal – als Ruf des Schicksals,
alles dem göttlichen Wagnis zu opfern
und zu ernten, worum Engel uns beneiden.
Zarte Pilgerin,
du wagtest, den Gipfel zu stürmen,
den nur der ausdauerndste Bergsteiger bezwingt!
Oh Rose aus Feuer, du neigtest dich
zu einem Kloß aus Lehm, nahmst seine Hand,
lenktest sein Streben mitleidsvoll
und sprachst in menschlicher Zunge zu ihm:

»Ich, Mira, bringe nicht neue Lehren,
noch liebe ich, was in des Zufalls Brandung verweht:
Schäume des Vergänglichen,
bunt glitzernd am Trugstrand der Zeit,
zerplatzte Blasen als Erbe hinterlassend.
Ich stehe nicht mehr auf der lauten Lebensbühne,
wo Rampenlichter schnell erlöschen
und Schauspieler im Dunkeln tappen,
gleißendes Licht nur tiefe Trübe nach sich zieht.
Ich bin berauscht von destilliertem Sternenschein;
das wunderbare reine Feuer leuchtet mir den Weg.
In dieser ewigen Nektarquelle bade ich,
die der Herr selbst speist. Der Eine,
ohne dessen Farbigkeit die Welt verblasst
zu nebelgrau
und dessen sonnenhaftes Lächeln
das Leben in ein Fest verwandelt,
ist mein Ziel im Wachen
und im tiefsten Schlaf mein Traum.
Der ewig Jugendliche ist mein einziger Geliebter,
mein Nordstern jenseits aller Nebelwolken.
Die stolze Weltklugheit wird matt
wie eine flügellahme Motte,
Millionen Wellenkämme ziehn vorbei
und brechen an den Schicksalssträänden meines Wegs.

Ich bleibe Bürgerin der unerforschten Tiefen
genau wie du, mein anvertrauter Schützling,
und deshalb nenn ich deine Seele der meinen gleich,
denn auch du strebst zu dem Einen,
nach dem mein Sehnen ging in vielen Erdenleben.
Seine Freudenbotschaft soll ich künden.
Von Ihm beauftragt trage ich dir auf:
Leb nur für Ihn, sprich nur von Seiner Gnade.
Versenke dich in Seinen namenlosen Glanz.
Nähre die Blumen Seiner grenzenlosen Großmut
im Garten deines Herzens. Singe Tag und Nacht
mit allem Feuer deiner Dichterkraft
von Ihm, dem unsichtbaren Liebsten,
dem geheimnisvollen Sänger,
der jedes liebevolle Herz verzaubert und verwandelt
in ein erblühtes Brindaban aus Seligkeit,
ein Freudenfest. Sich einzureihen in den Reigentanz
ruft Seine Flöte jede Seele auf.
Folge der Flöte, ihrem Ruf,
der einmal nur gehört, nie mehr vergessen wird.
Fordere dein Geburtsrecht ein:
Sei Bürger jenes Königreichs,
in dem die Gnade die Gesetze gibt,
wo Weisheit Herrscher ist und Schönheit Bannerträger.
Die Gier der heutigen Zeit nach diesem grauen Leben,
nach jedem schönen Schein, dem so bald Trübsal folgt,
das ungreifbare Irrlicht eitler Kunst,
verwirrte Wissenschaft, vergeblich forschend
in isolierten Tröpfchen halben Wissens,
die doch das Unerklärbare nie klären kann
und zaghaft späht in unerforschte Weiten,
oder die trügerische Staatskunst,
die mehr raubt, als sie je geben kann –
du bist für dieses alles nicht geschaffen!
Du bist nicht der, der du zu sein vermeinst:
ein Diener der blind tastenden Vernunft.
So wandtest du dich erdenmüde ab,
verwaist, enttäuscht von diesen halben Lichtern,

hin zu dem Einen Licht,
das keine Wolke je verhüllen kann,
zu dem Stern jenseits aller Nebelschwaden:
zu Krishnas Strahlenglanz.
Der viel gerühmten Erdenmusik warst du satt,
sobald du Seiner Zauberflöte lauschtest,
mit der verglichen selbst die schönste Harmonie
der Welt doch nur ein armer Missklang ist.
Ich werde dir die Ohren weiter öffnen
für Seine offenbarende Musik.
Je mehr du ihren Ruf vernimmst,
je weniger kannst du dich halten
an deinen Lieblingsankerplätzen,
je weniger du Erspartes hortest,
desto reicher wirst du werden,
bis du, die Flöte suchend,
auf den versteckten Flötenspieler triffst,
der sanft unwiderstehlich lockt mit Seiner Melodie
im ewigen Zyklus der kosmischen Zeit.
Doch sei gewarnt: Die heutigen Seher werden lachen.
Sie werden dir entgegenhalten:
›Wie kann ein primitiver Mann vom Lande
Schritt halten mit der neuen Zeit?
Wie kann ein Lotosesser uns,
mit unseren verfeinerten Begierden, führen?
Wie kann Er uns entwöhnen unserer
berauschenden, starken, vielfältigen Kost?
Als malerisches Fabelwesen
hat Er in Seiner Zeit wohl einen Zweck erfüllt,
doch ist Er nun ganz fehl am Platze:
Der Schöpfer wächst mit Seinen Kreaturen.
Wenn Seine Zauberglöckchen einst Entzücken brachten,
so sind sie heute nur noch kindliches Geklingel
und dienen bestenfalls als amüsantes Zwischenspiel.‹
Der Herr belächelt der Schmähredner Hohn
und lässt sie ihren Illusionen folgen
in ihrem Tal des falschen Glanzes,
und weiterhin Signale gebend,

Die ›Pilger der Sterne‹ in einem freudigen Augenblick am Ufer der heiligen Ganga.

rufend, singend, tanzend
wartet Er den rechten Zeitpunkt ab.
Selbst den Rebellen steht Er bei,
die Ihn in ihrer Blindheit leugnen.
Auch sie führt Er zurück
in Seinen ewigen, immerblühenden Garten
aus Schönheit und Glückseligkeit,
zum makellosen Fundament
und höchsten Gipfel allen Seins.
Selbst seine Spötter lenkt Er unerkannt,
die – Seine Warnungen missachtend –
wähnen, den Wagen Ihrer Selbstsucht
zum heimatlichen Ziel zu steuern.
Er führt sie alle – Narren und Verschwender,
Heilige, Seher, Weise, Avatars.
Er führt sie alle in den Himmel Seines Lichts
und Seiner Liebe, Gnade, allbefreienden Weisheit.
Wenn es der Allerhalter nicht so will,
fällt nicht einmal ein welkes Blatt vom Baum.
Ich konnte dich begeistern, inspirieren,
weil Er es wünschte, Licht zu bringen
in deine tiefe, wirre Suche nach dem hohen Ziel,
nach Seiner Ordnung, nach dem Hafen,
den endlich jeder Seefahrer erreicht.
Ich wollte dich befreien, du mein Pilger-Sohn,
aus Donnerstürmen dich zu tiefer Stille leiten
und aus dem Labyrinth der Worte, Worte
in die Erfahrung reiner Liebe,
der einen Zuflucht jeder einfühlsamen Seele.
Einst halfen dir die Worte, aber heute,
da dir die Schicksalsstunde schlägt,
musst du den trauten Unterschlupf verlassen
und mutig jene unsichtbaren Höhen erklimmen,
die auch das wahrste, beste,
herzwarme Wort niemals erreicht.
Steil ist der Pfad zu diesem Gipfel,
von dem man Ihn in Seiner Herrlichkeit erschaut,
Ihn, der uns alle ruft und der uns foltert,

wenn Er sich ewig hinter Schleiern birgt
und uns doch immerwährend zu Sich winkt.
Ob du es willst, ob nicht,
Er hält dich fest, der göttliche Verführer.
Nun widerstrebe Ihm nicht mehr!
Du findest Ihn in goldener Verzückung,
dann lebst und fließt du in den Weiten
von Gottes Willen, der das All erlöst –
gleich, ob du spielst in der Vergänglichkeit
oder in Seiner zeitenlosen Stille schwebst.«

Oh Bettlerkönigin!
Mein Herz ergibt sich deiner Führung.
Wer einmal deine ewige Stimme hörte,
kann nicht mehr anders. Wer einmal sie vernahm,
entweicht nicht mehr aus der Umarmung deines Mitgefühls.
Wer einmal Antwort gab,
muss auch besiegeln, was das Herz beschloss.
Was du gesagt, was du gesungen hast,
dein Leben selbst mit seinen schweren Prüfungen,
dein Streben auf das Ziel in weltvergessener Liebe
halten mich fest, und deinem Griff,
dem meine Seele sich ergeben hat,
entkomme ich nicht mehr.
Nun führe mich, wohin du willst,
entwöhne mich der Welt
und mache mich zu Seinem Eigentum,
zu Seinem demutsvollen Knecht.
Hör mein Gebet:
Lass deinen Morgenklang der Freude
hallen in meine dunkle Gruft.
Du Makellose! Aus des Todes Abgrund
hebe mich hoch in Seiner Sonne Reich.

D. K. Roy

Anhang A
Biografische Anmerkungen

Königin Mirabai wird allgemein als die größte unter den weiblichen Heiligen Indiens anerkannt. Wäre sie jedoch nichts weiter als eine Heilige gewesen, würden sich heute nicht überall in Indien Millionen ihrer erinnern und sie verehren. Man schätzt sie hoch als eine der liebenswertesten Verfasserinnen von Liedern an Krishna, den sie in ihren Liedern bei Seinen verschiedenen vertraulichen Beinamen nennt, wie *Ghanshyam* oder *Shyam* (der ewig Jugendliche), *Chirasathi* (Ewiger Gefährte), *Gopal* (Hirtenjunge), *Chitachor* (Herzensdieb), *Maharaj* (König der Könige) und so fort. Sie redet Ihn so vertraulich an, weil der ewige Geliebte bereits in ihrer frühen Kindheit auf den Anruf ihrer unerschütterlichen Gopi-Seele[48] geantwortet hat. Und Er war nur gekommen, um sie unwiderruflich ihren niedrigeren Neigungen zu entfremden (ihrem Palast, Gefolge, Luxus und so weiter) und sie zu einer echten Bettlerin in Seinem Namen zu machen. Tatsächlich wurde sie schon in der Blüte ihrer Jugend überall als eine *Prem-Divani,* das heißt eine Gottesnärrin, bekannt. Denn sie war berauscht von der Liebe zu Krishna, dem Immer-sich-Entziehenden, der »winkend stets hinter dem Schleier entschwindet«. Kein Wunder, dass sie in zahlreichen ihrer Lieder wie eine Verlassene sang. Die leidenschaftliche Ausdrucksfülle ihrer Verse bewegte die Menschen zutiefst – umso mehr, als sie bereits zu ihren Lebzeiten fast zur Legende geworden war, eine wahrhaft grandiose Gestalt, von der Aura einer göttlichen Romanze umstrahlt.

---

48 Eine Gopi – wörtlich eine Kuhmagd von Brindaban – ist in der Vaishnava-Mystik gleichbedeutend mit der ewigen Seelenbraut des Ewigen Bräutigams *(Giridhara nagar),* dessen Zauberflöte den gebieterischen Aufruf Gottes symbolisiert, sich aus seinen Verankerungen zu lösen, um schließlich zu Seinen Füßen Zuflucht zu finden. Mit anderen Worten ist sie Seine Geliebte, deren Herz Seine göttliche Schönheit und Seligkeit *(Ananda)* widerspiegelt, die jedes Begreifen übersteigen. Faktisch ist jede Gopi-Seele – wie die Miras – ihrem Wesen nach auf die von Radha eingestimmt; so regiert in jeder Gopi, die von Krishna gerufen und für sich gefordert wird, die einzigartige Radharani, die Königin der Gopis.

Und es war wirklich ein echter Heiligenschein; doch was ihn für alle Zeiten fortbestehen ließ, war die erhabene Poesie und die Schmerzlichkeit ihrer Lieder. In ihnen rief ihre liebestrunkene Gopi-Seele leidenschaftlich nach ihrem geliebten Hirtenjungen von Brindaban, dessen Liebe sich durch Schönheit manifestiert und uns zur höchsten Seligkeit letzter Verwirklichung führt. Und diese Lieder, die Tausende von Gottliebenden zu ihren Lebzeiten und Millionen nach ihrem Hinscheiden zu Tränen rührten, entströmten Tag um Tag ihrem liebeglühenden Herzen.

In Indien bezweifelt niemand die Historizität von Krishna oder Mira, außer Atheisten oder Pedanten, die nicht zählen. Im Übrigen existiert für die Gottliebenden (die allerdings zählen) das akademische Problem der Geschichtlichkeit kaum. Sri Aurobindo legte den Gesichtspunkt des Gottliebenden in einem Brief an mich mit seiner typischen Klarheit dar:

> In dem Nachdruck, der in der Moderne auf das Biografische und Historische gelegt wird, also zum Beispiel auf die äußerliche Faktizität eines Avatars (wie Krishna) und auf die Ereignisse seines äußeren Lebens, steckt ein kardinaler Irrtum. Wichtig allein ist die spirituelle Wirklichkeit, die Macht, der Einfluss, die mit ihm kamen oder die er durch sein Wirken und sein Dasein herabbrachte. Im Leben eines spirituellen Menschen ist gar nicht das entscheidend, was er tat oder was er in der Sicht seiner Zeitgenossen von außen her war (darauf laufen doch Geschichtlichkeit und Biografie hinaus, nicht wahr?), sondern was er in der inneren Welt war und tat; allein das gibt seinem äußeren Leben überhaupt seinen Wert ... Darum brauchen wir gar nicht nachzuforschen, ob die Geschichten über Krishna Protokolle (wie ungenau auch immer) seiner Taten auf Erden sind oder ob sie symbolisch das darstellen, was Krishna für die Menschen war oder ist, Darstellungen seines Göttlichen Wesens, das sich in der äußeren Gestalt von Krishna zum Ausdruck bringt ... Was gibt denn einem Buddha oder Christus ihren überwältigenden Platz in der spirituellen Welt? Es ist die Tatsache, dass sich durch sie etwas manifestierte, was mehr ist als jedes vergangene äußere Ereignis oder jede Lehre. Das allein ist entscheidend, doch die belegbare historische Wahrheit vermittelt uns davon sehr wenig.

Ähnlich ist auch im leuchtenden Beispiel der Mirabai die spirituelle Tatsache ihrer völligen Wandlung das wirklich Entscheidende, eine Wandlung, welche die Fürstentochter aus ihrer heimischen Umgebung herausriss und sie in der Aura des Göttlichen zu einer unvergesslichen Persönlichkeit, der weltabgekehrten mystischen Dichterin von einmaliger Strahlkraft erblühen ließ, restlos hingegeben zu Füßen ihres alleinigen Herrn und Wegweisers, Seelenführers und Freundes.

Aus Platzgründen muss ich mich darauf beschränken, eine kurze, auf zwei Quellen beruhende Darstellung ihres Lebens zu geben: einmal die hervorstechenden Ereignisse, wie sie von modernen Wissenschaftlern verzeichnet wurden,[49] und zum anderen all das, was Miras körperlose Seele Indira in diesen vielen Jahren Tag um Tag mitgeteilt hat.[50] Aus der Einleitung von Dr. Goetz:

> Mirabai ist eine der berühmtesten Gestalten aus der frühen Hindi- und Gujarati-Literatur. Nach einem halben Jahrtausend sind ihre Lieder immer noch unter Millionen und Abermillionen Menschen aller Kasten im nördlichen und westlichen Indien lebendig, während die meisten anderen alten dichterischen Werke vergessen oder nur Wissenschaftlern und Liebhabern bekannt sind.

Des Weiteren unterstreicht er, dass durch ihre ganz persönliche Selbstoffenbarung

> mit unmittelbarer Intensität eine tief empfundene, echte religiöse Erfahrung durchbricht, ein Sichversenken in die Hingabe an Gott über alle Schranken von Glauben und Konfession hinweg, ganz jenseits aller menschlichen Grenzen und Schwächen und dennoch außerordentlich menschlich. Eine große Dichterin? Nein, viel mehr: eine Heilige und ein wunder-

---

49 Siehe *Mirabai, Her Life and Times* (Bombay: Bharatiya Vidya Bhavan); diese Biografie stammt von dem hervorragenden Orientalisten Dr. Hermann Goetz, der von 1936 bis 1955 in Indien lebte und dann Honorarprofessor an der Universität Heidelberg und Leiter des Seminars für vorkoloniale Geschichte und Kunstgeschichte Indiens wurde.

50 Viele Historiker mögen ein solches Zeugnis eher anzweifeln, da es auf mystischer Erfahrung beruht. Doch es gibt eine Fülle von zuverlässigem, verbürgtem Beweismaterial über solche überphysischen Phänomene, wie all denen bekannt ist, die mit inspirierenden Offenbarungen vertraut sind. Zum Beispiel stellt der weltberühmte Dichter und Mystiker A. E. (George William Russell) in der Einleitung zu seiner Autobiografie *Candle of Vision* kategorisch fest: »Ich weiß aus Erfahrung, dass körperlose Wesen starken Einfluss auf uns ausüben können.« Und er fügt in einem überzeugenden Ton hinzu, wenn eine mystische Erfahrung den Erkenntnisstand bereichere, solle man nicht sagen: »Ich habe mir das eingebildet«, sondern nur bescheiden kundtun: »Der Vorhang wurde ein wenig gelüftet, damit ich sehen konnte.«

barer Mensch, auf dieser Welt lebend, jedoch eingehüllt in die unsichtbare Gegenwart ihres göttlichen Herrn! ... Wenn Poesie vom Göttlichen inspiriert wird, dann war sie die größte Dichterin Indiens im letzten Jahrtausend, eine außergewöhnliche Persönlichkeit, eine Heilige, eine der erhabensten und reinsten Vertreterinnen der Menschheit.

Sie war eine herausragende Figur in der Geschichte spirituellen Strebens, eine großartige Dichterin, geboren mit einer hell strahlenden Persönlichkeit, die alle verzauberte, dazu bestimmt, durch die Macht ihrer herzergreifenden Poesie nicht nur für ihre Zeitgenossen ein große Rolle zu spielen, sondern auch für die Nachwelt.

Sie wurde 1498 in Rajasthan geboren – in einem Ort namens Kurkhi, der heute nicht mehr auf der Landkarte zu finden ist. Ihr Vater, ein Raja, betete seine begabte, bildschöne Tochter an, die schon in früher Kindheit alle Blicke auf sich zog.

Bei der Feier ihres siebenten Geburtstags erschien Sanatan Goswami (der berühmte Schüler des großen Heiligen Sri Chaitanya) und übergab ihr eine Statuette von Balgopal, ohne ihr jedoch zu sagen, dass dieser ihr Gefährte sein würde.[51] Die kleine Mira war überglücklich und begann mit einer Inbrunst, die alle erstaunte, zu der Statuette zu beten. Später erwachte die Figur zum Leben – oder sollte man sagen, Krishna trat aus der Statuette heraus, um Tag für Tag mit ihr zu spielen, wobei allerdings kein anderer ihn sehen konnte. (Dieses Phänomen wird durch das Zeugnis großer Mystiker überall in der Welt und zu allen Zeiten bestätigt.)

Doch Gottes Wege sind nicht unsere Wege, wie auch Mira erkennen musste. Als sie ins heiratsfähige Alter kam, zwangen ihre Eltern sie zur Ehe mit Bhojraj, dem regierenden König von Mewar und damit dem mächtigsten Fürsten in Rajasthan. Mira erklärte, zur Braut Gottes auserwählt zu sein, und bat ihren Mann inständig, sie in Ruhe zu lassen. Er tat das auch, nicht nur, weil er sie liebte und anbetete, sondern auch weil ihm die unbeschreibliche Aura von Heiligkeit, die Mira umgab, Ehrfurcht einflößte, und ihn die wunderbaren Lieder, die sie Tag für Tag dichtete und sang, faszinierten.

---

51 Diese Statuette wird heute noch in Miras persönlichem Tempel in Udaipur aufbewahrt und verehrt. Als wir 1962 diesen Schrein besuchten, zeigte der Priester sie uns.

Doch ihre Schwägerin, die zänkische Udabai, wurde (zusammen mit anderen Verschwörern) auf ihren Ruhm eifersüchtig – denn Miras Lieder wurden mittlerweile weithin viel gesungen, von Heiligen und Sündern gleichermaßen. Daher verbündeten sich Miras Gegner und begannen, sie auf vielfältige Weise zu verleumden und zu verfolgen. Bhojraj hielt ritterlich zu ihr und beschirmte sie nach bestem Vermögen; aber als er auf dem Schlachtfeld fiel, hatte Mira niemanden mehr, an den sie sich wenden konnte, außer ihrem Krishna in ihrem persönlichen Tempel, wo sie die meiste Zeit verbrachte. Doch er riss sie aus der vertrauten Umgebung heraus und trug ihr auf, den Palast bei Nacht zu verlassen und nach Brindaban aufzubrechen, wo, wie er sagte, ihr Guru sie erwartete. Mira zögerte keine Sekunde. Sie vertraute der Gnade ihres Einen Geliebten völlig und verließ Mewar für immer. Als wahrhafte Bettlerin in Seinem Namen, wanderte sie ihrem Ziel entgegen, der Ewigen Stadt ihres Traumes, um dort dem ihr bestimmten Guru zu begegnen.

Auf ihrem Weg wurde sie ständigen Prüfungen unterworfen und musste Fährnisse und Ungemach erdulden, die sie in verzweifelte Tränen ausbrechen ließen. Trotzdem blickte sie kein einziges Mal zurück, bis sie endlich ihren Guru fand. Es war Sanatan, und damit hatte sich der Kreis geschlossen. Zu seinen Füßen führte sie in Hingabe ein ausschließlich Gott geweihtes Leben. In den wenigen Jahren, die sie in seiner kleinen Hütte weilte, verfasste sie weiterhin ihre berühmten Lieder. So wurde sie bereits zu ihren Lebzeiten zur Legende und ihr Name überall bekannt.

Doch für die Unsterblichen gibt es keinen Tod. Daher lebt Mirabai weiter und wird weiterleben bis zum Ende aller Zeiten und Millionen Verehrer Krishnas inspirieren. Zum Schluss sei die Hommage von Dr. Goetz an Miras unsterbliche Seele zitiert:

> Dass Mira all diese Verzerrungen überlebt hat, ist der beste Beweis für ihre Größe. Sie gehört zu den großartigsten Gestalten der Menschheit. Ich persönlich kenne nur einen ähnlichen Menschen: Jesus Christus, gehüllt in die Gegenwart seines himmlischen Vaters – so wie sie in die ihres Göttlichen Gefährten –, rein, voller Liebe und wie sie missverstanden.[52]

---

52 Für eine ausführlichere Darstellung sei auf unsere Bühnenstücke *The Beggar Princess* und *Mira in Brindaban* verwiesen. Miras Lebensgeschichte wird in der einfühlsamen Einführung zum ersteren schön nacherzählt.

Anhang B
Miras Lieder
von Gopinath Kaviraj

Im April 1952 schickte mir Dilip Kumar *Shrutanjali,* eine Sammlung bezaubernder, wohlklingender Liedtexte auf Hindi. Einige waren von seiner Schülerin Indira Devi verfasst. Die überwiegende Mehrzahl diktierte sie nach dem Gedächtnis, wobei sie wiedergab, was sie in ihrem *Samadhi* gehört hatte, wenn Mirabai zu ihr kam und sang. Beide Liedarten weisen ähnliche Züge auf, sind jedoch nicht identisch im Stil.

Solch lebensvollen, mit dem Geist der Hingabe *(Bhaktirasa)* getränkten Gedichten begegnet man selten; in einfacher, klarer Sprache verleihen sie dem tiefen Gefühl des Herzens und der nur auf Gott gerichteten Sehnsucht Ausdruck. Die göttliche Liebe, die Er in Seiner *Brindaban Lila* manifestierte, strömt aus diesen Gedichten und vermittelt eine Vielfalt von Stimmungen, die von der Ekstase mystischer Liebe erfüllt sind.

Als der Einfluss Miras und der durch sie inspirierten Gottesliebe in Indiras Leben immer stärker wurde, entstand eine zweite Serie ähnlicher Lieder, die einige Jahre später veröffentlicht wurde. Nach meiner Meinung entstammte diese neue Sammlung, *Premanjali* betitelt, einer noch tiefergehenden Inspiration *(Bhava)*. Auf dem Gebiet mystischer Liebesgedichte *(Bhakti-Kavya)* ist *Shrutanjali* zusammen mit *Premanjali* ein wahres Geschenk mit einem ganz eigenen Charme.

Nun kommt ihre dritte Liedserie, *Sudhanjali,* in der wir die hohe Qualität und Süße der vorhergegangenen durchaus wiederfinden, wobei sich noch eins hinzugesellt: eine weitere Bereicherung im Atmosphärischen, in der Vielfalt von Gefühlstönungen *(Rasa).*

Obwohl Indiras Lieder verschiedene Stimmungen der Gottesliebe widerspiegeln, die alle glänzend dargestellt werden, ist ihr vorherrschendes Thema *Viraha,* die Qual der Trennung von dem Geliebten mit all ihrer bitteren Süße. Dies ist, wie allgemein bekannt, der vorherrschende Tenor in Miras erhalten gebliebenen alten Liedern sowie in denen anderer mystischer Sänger.

In der Evolution der Seele steht die aus *Viraha* geborene Sehnsucht der Seele sozusagen an der Spitze. Ohne die treibende Kraft des Getrenntseins vermag sich die Liebe nicht zu entfalten, fehlt ihr der Nährboden. Die ungeweinten Tränen von *Viraha* bilden die Grundlage für die höchste Seligkeit und Herrlichkeit des *Milan, das Wiedersehen nach der Trennung.* In der Tat kann *Viraha* sehr wohl als die Quintessenz der Liebe betrachtet werden. Nicht nur das Denken, sondern auch die Seele haben ihre dunkle Nacht zu durchmessen; die liebeskranke Radha ist kein poetisches Fantasieprodukt.

Es stimmt, dass *Milan* auf *Viraha* folgt, doch ebenso wahr ist, dass *Milan* dem in seinem Innern wachenden *Viraha* nicht ein für alle Mal ein Ende setzen kann. Mit anderen Worten muss *Viraha* jedes Mal auf *Milan* folgen, eine neue Sehnsucht nach einer Phase der Erfüllung. Wäre dem nicht so, könnte das tiefere *Milan* mit seiner begleitenden Bereicherung nicht unmittelbar auf *Viraha* folgen und damit die stetige Neuheit seines Reizes bewahren.

Was ist *Viraha?* Ein Gefühl der Leere, das aus ungestillter Sehnsucht herrührt; einerseits haben wir die Leere *(Abhava),* andererseits ein gleichzeitiges Gefühl der Erfüllung *(Bhava).* Der Grund dafür ist folgender: Sobald die Sehnsucht den Höhepunkt der Intensität erreicht, wird die dazwischenliegende Kluft – von Raum und Zeit und was sonst noch – aufgehoben und führt zur Erfüllung *(Prapti).* Mit jeder Erfüllung wächst die Rezeptivität des Strebenden, worauf die Seele abermals ausruft: »Ich möchte mehr, immer noch mehr!« Als Folge vermag die Erfüllung ihren ursprünglichen Status nicht zu behalten, und eine neue Suche beginnt. Wie dem Grenzenlosen eine Grenze setzen? In der unendlichen *Lila* der Liebe erfährt man bei jedem neuen Schritt eine neue Erfüllung: Man erlangt und meint dennoch, nicht genug erlangt zu haben, man sieht und meint dennoch, man habe nicht genug gesehen, und so geht die Pilgerfahrt zum Unendlichen unaufhörlich weiter. Eine neue Gefühlstönung entsteht an jeder Wegbiegung: Das unendliche Entzücken (*Rasa*) hat unendliche Melodien und so kennt die Wanderschaft kein Ende.

Und doch *hat* alles ein Ende – jederzeit und überall, denn wie kann Bewegung das ewige Gleichgewicht überholen, das Unerschütterliche, Stille?

Dennoch ist auch Bewegung eine Realität, weshalb im Innersten jedes *Milan* ständig die Melodie von *Viraha* mitschwingt: Die *Lila* des Unendlichen schwebt unbehindert in jedes endliche Wesen ein. Der Tropfen im Meer und das Meer im Tropfen sind beide gleichzeitig wahr.

Genau wie der Schmerz des *Viraha* im Herzen des *Milan* lauert, so erblüht die Qual des *Trennungsschmerzes* zur ewigen Seligkeit im *Mahamilan*, dem endgültigen Einswerden. Im Augenblick dieser endgültigen Auflösung im Zeitlosen werden der Tropfen und der Ozean wirklich eins; doch im göttlichen Spiel innerhalb der Zeit bleibt immer noch eine Kluft bestehen, die, selbst wenn sie überbrückt wird, unüberbrückbar erscheint. Mit anderen Worten überdauert in der Umarmung des *Milan*, selbst wenn die Kluft teilweise überbrückt ist, trotzdem ein Teil, der in der endlosen Zeit niemals endet. Die Erfüllung (*Prapti*) tritt zwar ein, aber nur um von der Leere (*Abhava*) wiederum eingeholt zu werden, sodass die Suche neuerlich beginnen kann. Erfüllung und Enttäuschung (*Bhava* und *Abhava*) sind für die Kontinuität des Spiels gleichermaßen unerlässlich. Dies ist die Herrlichkeit des *Mahabhava*, die Identität in der Zeit: Selbst wenn man das Ziel erreicht, bleibt das Verlangen danach unerfüllt; selbst wenn man sieht, bleibt der Durst zu sehen ungestillt.

Damit dieser herrliche Yoga gelingt, müssen mein Wille und der Gottes zusammenwirken. Wenn Er Seinen Willen zurückzieht, kann der Yoga nicht geschehen, ebenso wenn ich selbst es ablehne, ihn zu wollen. Auf meiner Seite bedeutet das Wollen Hingabe und Hingabe schließt nicht den Verzicht auf den persönlichen Willen ein, sondern nur dessen Wandlung. Mein Wille wird dann eins mit dem Seinen – und das *ist* der Yoga. Würde mein Wille am Anfang ausgelöscht, könnte dieser Yoga nicht durchgeführt werden und es gäbe lediglich das für sich allein bestehende göttliche Gleichgewicht (*Sthiti*). Wenn jedoch die Hingabe erreicht ist, kann mein persönlicher Wille nicht als gesonderte Wesenheit existieren, denn dann wird Gottes Wille der meine, und ich kann nur wollen, was Er will. Selbst wenn ich Schmerzen erdulde, muss ich das als Seinen Willen akzeptieren, sogar hocherfreut darüber sein, wie ich es bei allem anderen bin, das von Ihm kommt. Dies ist der in der Trennung ebenso wie in der Begegnung erfahrene Yoga und Mira ist seine Yogini.

Aus Miras eigenem Zeugnis schließen wir, dass Indira ihre vertraute Freundin und Weggefährtin auf der ewigen Pilgerschaft ist. Indira muss das noch erkennen, Mira hingegen ist dies vollständig klar, denn sie ist sich bewusst, den Hafen erreicht zu haben. Die außergewöhnliche Autorität, die sie auf Indira ausübt, kann eine Ahnung von diesem mystischen Geheimnis vermitteln.

Manche mögen das Phänomen, dass Mira vor Indira erscheint, um ihr vorzusingen und sie tagtäglich zu führen, als zu unglaubhaft abtun. Doch ich bin überzeugt davon, dass es hier keinen stichhaltigen Grund für Skepsis gibt. Die Menschen kennen die Welt der Sinne, die wahrnehmbare Welt der Tatsachen. Aber kein Wissender wird zu leugnen wagen, dass diese materielle Welt zuinnerst von einer übersinnlichen, reinen Sphäre durchdrungen und mit ihr verflochten ist, die im Licht eines überirdischen Bewusstseins strahlt. Ehe man jedoch nicht die nach innen gerichtete Sicht *(antarmukhi drishti)* erlangt, muss man vergebens nach einem Schlüssel zu dieser übersinnlichen Welt und ihren Gesetzen und Gegebenheiten suchen.

Hier bietet sich die Erinnerung an die heilige Teresa an. Als sie in ihrer einsamen Klosterzelle in Toledo lebte, kam eines Tages Mutter Maria von den Engeln zu ihr, um eine wichtige Botschaft zu überbringen. Die heilige Teresa schrieb damals an ihrem berühmten Buch *Die innere Burg*. In ihre Arbeit vertieft hatte sie gerade eine neue Seite begonnen, als die Besucherin erschien. Doch kaum hatte sie ihre Brille abgesetzt, um die Nachricht zu empfangen, versank sie in *Samadhi* und verharrte etliche Stunden in völliger Selbstvergessenheit darin. Mutter Maria war von ehrfürchtiger Scheu erfüllt und verließ den Raum nicht, sondern wartete und sah dabei die heilige Teresa unverwandt an. Als diese endlich wieder zu sich kam, war das leere Blatt von oben bis unten mit Schriftzeilen bedeckt. Sobald sie erkannte, dass eine Außenstehende ihr Geheimnis entdeckt hatte, schob die heilige Teresa das Blatt hastig in ein Kästchen.

Es wird auch berichtet, dass eine Nonne, Mutter Anna von der Inkarnation, einmal an der Zelle der heiligen Teresa vorbeiging und deren Gesicht flüchtig zu sehen bekam. Sie hielt erstaunt inne: Das Antlitz der Teresa strahlte von einem intensiven Licht, während sie schnell weiterschrieb, ohne auch nur einmal zu unterbrechen und das, was aus ihrer Feder floss, durchzulesen oder zu korrigieren! Nach etwa einer Stunde, um Mitternacht, hörte sie auf, und da verschwand das wundersame Licht auf ihrem Antlitz! Danach kniete Teresa nieder und betete drei volle Stunden, ehe sie zu Bett ging.[53]

---

53 Einleitung zu *Die innere Burg der Teresa von Avila* von Pater Benedikt Zimmermann, S. 10 – 11

Solche Berichte finden sich in der mystischen Literatur verschiedener Länder. Ich selbst habe persönliche Erfahrung mit derartigen Phänomenen gehabt. Daher bin ich überzeugt davon, ich wiederhole es, dass es keinerlei rationale Berechtigung dafür gibt, die Tatsache anzuzweifeln, dass Mira in Person zu Indira kommt, ihr vorsingt und sie Tag um Tag anleitet.

Anhang C
Miras Tagebuch

Hier wird nur eine Auswahl dessen wiedergegeben, was Mira in ihrem wunderschönen reinen Hindi mitteilte. Indira hat es selbst übersetzt und war bemüht, die kraftvolle Schlichtheit von Miras Hindi nach besten Kräften zu bewahren. Kürzlich versuchte ein rational denkender Freund, mir mit allen Mitteln auszureden, so okkulte Wahrheiten wie diese zu veröffentlichen. Sein Argument lautete: Was sich nicht mit den Tatsachen deckt und für die Vernunft akzeptierbar ist, kann bei der Mehrheit unmöglich ankommen. Die beste Antwort darauf hat Mira selbst Indira gegeben, als diese sich fragte, wie es die meisten Menschen wohl aufnehmen würden, wenn man ihnen erzählte, dass Mirabai tatsächlich Tag um Tag zu ihr komme und vertraulich zu ihr rede. »Aber die Wahrheit braucht keine Bescheinigung von den ›meisten Menschen‹«, entgegnete Mira mit ihrer charakteristischen sanften Ironie, »und zwar aus dem einfachen Grund, weil sie ihre Stärke nicht aus den Stimmen der Mehrheit bezieht.« Ich muss jedoch hinzufügen, dass Indira die ganze Zeit dagegen war, das hier Dargestellte zu veröffentlichen; ihre Bedenken wurden erst überwunden, als ich darauf bestand und sie erinnerte, dass die Botschaften ebenso sehr für andere empfängliche Seelen bestimmt wären wie für sie selbst. Dennoch zögerte ich, bis Mira ihre Frage am 16. September 1951 präzise beantwortete. Das gab für mich den Ausschlag, obwohl ich sehr wohl weiß – da ich ja selbst so etwas wie ein Rationalist bin –, wie schwierig es für die ›Mehrheit‹ ist, die Objektivität von so seltsamen Erfahrungen wie diesen zu akzeptieren. Trotzdem beschloss ich, es zu riskieren, da ich es für falsch hielt, etwas als persönliches Eigentum zu beanspruchen, was rechtmäßig *allen* wahren Suchern nach der geschichtlichen Wahrheit einer Gestalt gehört, deren legendäre Persönlichkeit und herzbewegende Liebeslyrik durch die Jahrhunderte die Menschen zu Tausenden von der Heilslehre Krishnas überzeugt haben. Und ich bin absolut überzeugt davon, dass Wahrheiten wie jene, die bekannt zu machen sie uns erlaubt hat, wahren Suchern nur nützen können, sofern sie mit echter Demut an sie herangehen. Denn diese allein vermag die vom Verstand errichteten Kerkermauern niederzureißen, die das wohltätige Licht der Seele ausschließen sollen.

13. Juni 1951 – Mira sagte zu mir: »Ich war das einzige Kind meiner Eltern. Meine Mutter starb, als ich erst sechs Jahre alt war.

Sri Chaitanyas berühmter Schüler Sri Sanatan, der später mein Guru werden sollte, hatte eine Vision. Er betete regelmäßig zu einer Statuette von Balgopal (Krishna als Kind), die lebendig wurde und ihm befahl, ›Mira‹ ausfindig zu machen. Ihr solle er die Statuette übergeben. Er wusste nicht, wo ich war. So wanderte er umher und suchte nach mir, bis er zum Palast meines Vaters kam, wo er mich sofort erkannte. Ohne mir irgendetwas zu erzählen, händigte er mir die kleine Figur aus. Ich war damals gerade sieben Jahre alt. Ich nahm sie nachts mit mir ins Bett und schlief ein, als sie lebendig wurde und zu mir sprach. Dies war der Beginn meiner Liebe zu Krishna. Von Stund an wurde Er zur lebendigen Person und zum Gefährten. Ich liebte Ihn und betete Ihn mit dem reinen Herzen eines Kindes an. Meine Angehörigen dachten, ich hätte den Verstand verloren. Als ich dreizehn Jahre alt war, beschloss mein Vater, mich zu verheiraten. Ich hatte niemals an eine Ehe gedacht, da ich meinte, meine Seele sei bereits mit Krishna vermählt, der mein einziger Herr, Geliebter und Meister geworden war. Ich konnte damals nicht im Traum daran denken, einem anderen zu gehören, da ich fühlte, dass ich Ihm allein zu Eigen war, mit Leib und Seele. Er war auch so wirklich, so echt! Ich hatte Ihn gesehen, Seine Gnade erfahren – mein Leib war unter Seiner Berührung erschauert. Ich erhob Einspruch, doch als mein Vater drohte, Selbstmord zu begehen, musste ich mich fügen.

Der Maharana, mein Gemahl, war ein sehr freundlicher, guter Mensch und liebte mich leidenschaftlich. Zu Anfang ließ er die Zügel überaus locker: Ich besaß völlige Freiheit, in meinem kleinen Tempel, der an unseren Palastgarten angrenzte, zu meinem Gott zu beten. Doch allmählich wurde die Lage sehr misslich für ihn, da ich es einfach nicht fertigbrachte, dem Tempel fernzubleiben. Ich hörte mitten in der Nacht die Flöte nach mir rufen. Mein erster Impuls war, ihre Aufforderung nicht zu beachten und mich an meinen Mann zu klammern. Aber sie zog mich so gebieterisch fort, dass das Band, das mich mit meinem Mann verknüpfte, wie ein abgewetzter Faden riss. Ich war gezwungen, meinen irdischen Gemahl zu verlassen und meine Tage und Nächte zumeist im Tempel zu verbringen, wo ich meinen göttlichen Herrn und Meister anbetete. Ich konnte es nicht einmal ertragen, wenn mein Mann meinen Körper berührte, der nach meiner Überzeugung ausschließlich und unwiderruflich Krishna gehörte. Der Maharana konnte das zwar überhaupt nicht begreifen, war aber sehr duldsam, da er mich heftig liebte. Seine Liebe war so stark, dass er mir mitunter in den Tempel folgte, wo ich ganze Nächte im Gebet verweilte. Wenn ich die Augen aufschlug, fand ich die seinen unverwandt auf mich gerichtet. Einmal tat er mir leid und ich fragte ihn, weshalb er so auf mich warte.

›Du betest deinen Gott an‹, erwiderte er, ›und ich bete meine Göttin an.‹ Doch viele Menschen – wie sein eigener Bruder, der Rana, und seine Schwester – wurden eifersüchtig auf mich und versuchten, dem Maharana einzureden, ich spielte Theater und sei überdies eine unkeusche Frau. Das verletzte ihn und er litt sehr, aber dennoch gab er mir nie ein böses Wort.

Wir waren dreizehn Jahre verheiratet, als er starb. Danach tat sein Bruder, der die Thronfolge antrat, alles, was er konnte, um mich auf die verschiedenste Weise zu verfolgen, bis er mir schließlich einen Giftbecher brachte. ›Um der fürstlichen Familie und der Ehre der Rajput-Kaste willen muss deinem Leben ein Ende gemacht werden‹, sprach er, ›da alle Welt stets gesagt hat, dass du unkeusch bist.‹ Ich war so berauscht von Liebe zu meinem Gott, dass ich den Becher unverzüglich leerte. Nun, das Gift benetzte nur meine Kehle, die vom stundenlangen Singen ausgedörrt war. Der Rana war bestürzt und stellte fest, ich müsse eine Art Hexe sein. Dieser Vorfall war jedoch der Wendepunkt meines Lebens. Ich erkannte, dass der fürstliche Palast, Bequemlichkeit und weltliche Bande nichts für mich waren und dass mein Platz zu Füßen des Herrn war. Da dachte ich an meinen Guru, und diesmal war ich es, die auf die Suche nach ihm ging, dem Heiligen, der jetzt in Brindaban lebte. Man hatte mir erzählt, er habe prophezeit, dass ich eine *Bhakta,* eine Jüngerin Krishnas würde. Ich machte mich nun auf den Weg nach Brindaban, um zu seinen Füßen Zuflucht zu suchen. Der Rana versuchte nicht, mich von meinem Vorhaben abzuhalten; wenn überhaupt, so fühlte er sich erleichtert, eine verrückte Person loszuwerden, die nicht mehr zur Vernunft zu bringen war. Doch jetzt kam meine schwerste Prüfung.

Zwei Jahre lang litt ich qualvoll. Krishna entzog sich mir vollständig und dann wurde mein linker Oberschenkelknochen von einer großen Geschwulst befallen. Als ich eines Tages fast nicht mehr weiter wusste, wallte plötzlich ein Gefühl tiefer Dankbarkeit in mir auf, da mir klar wurde, dass Er mich all die Jahre mit erlesener Behaglichkeit und Luxus umgeben und ich nur zwei Jahre Schmerz und Entbehrung kennengelernt hatte. Mit welcher Gnade Er mich überschüttet hatte! Wie mitfühlend Er war! Tränen rannen mir über die Wangen. Ich bückte mich und hob eine Handvoll Sand auf und da sah ich in jedem Sandkorn meinen Gott. Sofort hörte aller Schmerz auf, da war kein Leid, kein Fragen, kein Gedanke, nichts außer Krishna, Krishna, Krishna überall! In meiner Ekstase presste ich meinen geschwollenen Oberschenkel und all die Absonderungen flossen heraus, was mir sofort Erleichterung verschaffte. Gänzlich erschöpft legte ich mich hin: Es gab kein Wasser in der Nähe und ich war sehr durstig. Plötzlich sah ich einen Hirtenknaben, der mir Wasser in den Mund schüttete. Ich rief aus: ›Du kannst in jeder Verkleidung kommen, die Dir beliebt, doch selbst wenn Du über mein Grab gingest, würde ich Dich an Deinem Schritt erkennen. *Mira* kann sich in Dir nicht täuschen.‹ Er lächelte und entschwand, doch von nun an konnte es kein Verbergen mehr vor Mira geben. Ich hatte Ihn in meinem Herzen *gesehen*. Ich hatte gesehen, dass alles Krishna war. Jedes Sandkorn, jedes Wölkchen, jedes vereinzelte Blatt offenbarte nur Ihn, meinen Geliebten.

In diesem Zustand wanderte ich immer weiter, gesellte mich zu Bettlern und Yogis, aß, was immer ich bekam, fastete mitunter, schlief an allen möglichen Stellen, verbrachte manchmal die Nacht schlaflos – aber immer sang, sang, sang ich die Lieder, die mir in den Sinn kamen. Doch schrieb ich niemals nieder, was ich verfasste oder vielmehr improvisierte, wie die Stimmung es mir eingab. Meine Lieder sind weitgehend entstellt worden, da sie ungleich denen anderer damals nie zu Papier gebracht wurden. Die Yogis, die bei mir waren, sangen sie mit mir und nachher allein. So wurden meine Lieder verbreitet und viele gingen verloren, andere wurden zu Worten gesungen, die nicht von mir stammten, wie es unvermeidlich geschieht, wenn man gesungene Lieder nicht gewissenhaft aufzeichnet.

Ein Beispiel soll das erläutern: Surdas, der große Gottliebende, war in jenen Tagen der berühmteste Verfasser von *Bhajans*. Doch seine sämtlichen Lieder wurden sorgfältig niedergeschrieben und entgingen so dem Schicksal, das die meinen später ereilen sollte – der Entstellung. Jetzt werden meine Lieder wieder gesungen und überall verbreitet werden, sodass Miras Liebe von Neuem allerorten fruchtbar sein kann.

Ich wanderte zu Fuß den ganzen Weg nach Brindaban, singend und tanzend, und es kümmerte mich kein bisschen, was mir geschehen würde. Entscheidend war an erster Stelle Krishna und dann mein Guru, der mich, wie ich wusste, in der heiligen Stadt erwartete. Der Kreis hatte sich für mich wahrhaft geschlossen – vom Überfluss zur Armut –, doch in meiner entrückten Stimmung war mir das gleich. Das Einzige, wofür ich jetzt lebte, war die Begegnung mit meinem Guru, den ich freilich noch mit Krishna gleichzusetzen hatte. Das war der Lockruf von Brindaban, wie ich ihn vernommen hatte.«

25. Juni 1951 – Mira sprach: »Mein Guru, Sanatan, entstammte der Aristokratie. Sie waren drei Brüder: Rupa, Sanatan und Anupam, die alle Schüler von Sri Chaitanya Mahaprabhu wurden. Sanatan war Minister des damaligen Nawab von Bengalen, der ihm vertraute und auf den er wegen seiner völligen Aufrichtigkeit angewiesen war. Als er daher von seinem Posten zurücktreten wollte, um Zuflucht zu Füßen seines Gurus, Sri Chaitanya, nehmen zu können, setzte ihn der erboste Nawab hinter Schloss und Riegel. Aber Sanatan bestach den Gefangenenwärter, entfloh und begab sich geradewegs zu seinem Meister nach Jagannath Dham. Dort wurde er am ganzen Körper von schweren Ekzemen befallen. Mahaprabhu, der ihn später heilte, umarmte ihn trotz seiner Proteste täglich. Daher beschloss er in seiner höchsten Not, Selbstmord zu begehen, zumal er sich für zu unrein hielt, von seinem Guru umarmt zu werden, den er mit Krishna selbst gleichgesetzt hatte. Mahaprabhu las seine Gedanken und tadelte ihn liebevoll. ›Wie kannst du über deinen Körper verfügen, nachdem du alles, was du hast und bist, mir hingegeben hast? Dein Leib gehört nicht mehr dir – sondern mir, mir allein. Du sollst jetzt mit meinem Segen nach Brindaban gehen als Bettler im Namen meines Herrn.‹ Und er fügte hinzu, dass mein Guru nun ein Bettler im wahrsten Sinne des Wortes werden und sogar auf die letzte und einzige Decke, die er besaß, verzichten müsse. ›Du wirst nicht nur ankommen‹, prophezeite er, ›sondern leben und etwas sehen, das dir das Gefühl geben wird, gesegnet zu sein: Jemand wird als dein Schüler zu dir kommen, jedoch dich lehren, was *Radha*-Liebe ist.‹«[54]

---

54 Nachdem Indira mir all dies über Sanatan berichtet hatte, schlug ich im *Chaitanya Charitamrita* nach,

22. Mai 1951 – Ich fragte sie danach, wie ihr der Guru eigentlich half. Sie sagte: »Vor dem Tor zum Himmel hing ein schweres Schloss. Ein Mann kam und begann, darauf einzuhämmern, im festen Glauben, das Schloss würde nachgeben und das Tor sich öffnen, wenn er nur unablässig darauf einschlug. Das ist der Weg jener, die das Königreich Gottes durch ihre Askese im Sturm erobern wollen, also ohne fremde Hilfe. Doch dann kam ein anderer, der geradewegs zum Torwächter ging und ihn bat, das Tor zu öffnen. Der Torwächter entsprach der Bitte und er trat ein. Das ist der Weg des *Guruvad*. Der Torwächter, der den Schlüssel besaß, symbolisiert den Guru.«

24. Mai 1951 – »Ich habe solch unerträgliche Schmerzen in der Herzgegend«, klagte ich Mira, »ich kann kaum atmen.«

»Denke nicht an den Schmerz«, antwortete sie. »Suche und trachte allein nach Gott. Gib alles, was du hast, Ihm: deine Freude und deinen Schmerz, deine Tränen und dein Lachen, deine Hoffnungen und Ängste – mit einem Wort, dein ganzes Selbst. Du musst wissen, dass du Ihn nicht zwingen kannst, deinen Schmerz zu heilen. Aber wenn du Ihm deinen Schmerz gibst, wirst *du* geheilt werden, das heißt, wenn du deinen Schmerz als einen, der um seinetwillen ertragen wird, annehmen kannst. Glaube mir, alle, die für Ihn leiden, sind Ihm teuer und Er fühlt ihren Schmerz viel mehr als sie selbst. Das weiß ich aus eigener Erfahrung. Doch ob Schmerz oder nicht, suche Ihn nur um Seiner selbst willen, nicht wegen irgendeines Nutzens, den du aus Ihm ziehst, sondern nur um der Freude willen, dich Ihm zu geben – denn ohne Ihn hat das Leben nur wenig Sinn. Warum wünschen wir nicht, nach Ihm zu streben? Weil unsere Seelen wie Eisen mit Staub und Schmutz überzogen sind. Sobald diese beseitigt sind, wird er – der Magnet – uns zu Sich ziehen. Wir haben also unsere Rolle zu spielen: uns von den Unreinheiten zu befreien, denn dann werden wir automatisch von Ihm angezogen, bis wir in Einheit verbunden sind.«

---

das ich nur flüchtig gelesen hatte, sodass mir der Name Anupam und auch der Vorfall mit der Decke entgangen waren. Ich erwähne dies, da ich nie zu ihr darüber gesprochen und es erst später nachgeprüft habe. Ich bezweifelte sogar, ob sie den Namen von Anupam richtig gehört hatte, da ich von jeher der Ansicht war, dass Sanatan nur einen Bruder hatte, nämlich Rupa. Mira erzählte ihr auch viel von Sri Advaita Acharya, was ich aus Platzgründen weggelassen habe. Ich füge diese Fußnote hinzu, da ich selbst durch diese Einzelheiten nicht wenig beeindruckt war.

31. Mai 1951 – Mira sprach: »Der Verehrer Gottes ist der Faden und Gott ist die Nadel. Die Nadel näht mit dem Faden, aber der Faden ist ohne die Nadel ganz und gar nutzlos. Erst wenn er sich der Nadel hingibt und zu ihrem Werkzeug wird, kann er einem nützlichen Zweck dienen. Die Nadel benutzt den Faden und ist anschließend wieder ungebunden, dennoch braucht auch die Nadel den Faden. So braucht auch Krishna den *Bhakta* für Sein Spiel und Seine Offenbarung. Der eine hängt vom anderen ab oder vielmehr erfüllt sich der eine durch den anderen.«

30. Juni 1951 – Mira sprach: »Schließlich erreichte ich Brindaban zu Fuß. Doch meine Enttäuschung war groß, als ich erfuhr, dass mein Guru, Sanatan, dessentwegen ich den ganzen Weg gekommen war, zurückgezogen lebte und ein Gelübde abgelegt hatte, niemals eine Frau anzusehen. Ich entsandte einen Boten, um ihm mitzuteilen, mir sei zu verstehen gegeben worden, dass in Brindaban jeder Mensch eine Radha-Seele sei und so könne niemand außer Krishna Anspruch auf Männlichkeit erheben. Dies brachte ihn aus der Fassung und er schickte nach mir. Als er mich sah, empfing er mich mit offenen Armen und sagte: ›Mira, du bist keine Frau, sondern ein Gebirgsbach, und jeder, der mit dir in Berührung kommt, kann daraus nur rein hervorgehen.‹

Von da an lebte ich bei ihm als seine Schülerin in seiner Hütte, die so eng war, dass ich nachts *unter* seiner kleinen Liege schlafen musste. So blieb ich siebeneinhalb Jahre bei ihm.

Anhang D
Glossar

Aham	Ich, das Ego
Ahamta	Ichhaftigkeit, Ich-Bewusstsein
Ahimsa	Gewaltlosigkeit; eins der ethischen Gebote, die in den *Yoga Sutras* als Voraussetzung für Erfolg im Yoga genannt sind
Ananda	die Glückseligkeit, die bei tiefen spirituellen Erfahrungen eintritt; eine Freude von anderer und höherer Qualität als jede Beglückung durch irdische Güter oder Genüsse. Ananda ist eine der drei Qualitäten des Göttlichen *(Sat-Chit-Ananda*: Sein-Bewusstsein-Glückseligkeit).
Asana	»Sitz«; Yoga-Stellung; eine der im *Hatha-Yoga* geübten Positionen des Körpers. Asanas können auch spontan in der Meditation eintreten, ohne vorher geübt worden zu sein.
Ashtanga Yoga	»Der achtgliedrige Yoga«; Bezeichnung für die acht Elemente, die in den *Yoga-Sutras* des Patanjali gemeinsam die ganzheitliche Yoga-Praxis ausmachen. Diese sind *Yama* (ethische Verhaltensregeln), *Niyama* (innere Disziplin), *Asana* (Körperstellung), *Pranayama* (Atemübungen), *Pratyahara* (Zurückziehen der Sinne nach innen), *Dharana* (Konzentration), *Dhyana* (Meditation), *Samadhi* (Versenkung, Sammlung, reines Bewusstsein).
Asura	Dämon; in der indischen Mythologie kommt es wiederholt zum Versuch dämonischer Mächte, sich die Welt untertan zu machen. Dies wird durch ein direktes Eingreifen des Göttlichen in Gestalt eines *Avatars* wie z. B. Rama oder Krishna verhindert.

Avatar	»Herabkunft«; traditionell die irdische Inkarnation Gottes in tierischer oder menschlicher Gestalt, um die Welt vor dem Überhandnehmen gottfeindlicher Mächte zu retten. Nach Sri Aurobindos Definition ist ein Avatar jemand, der sich der in ihm geborenen oder auf ihn herabgekommenen göttlichen Gegenwart und Macht bewusst ist, die von innen heraus seinen Willen, sein Leben und Handeln beherrschen. Er identifiziert sich innerlich mit dieser göttlichen Macht und Gegenwart.
Baba	Vater; Anrede für einen heiligen Mann; auch für einen kleinen Jungen
Bakul	»Spanische Kirsche« (Mimusops elengi), ein Baum mit wohlduftenden Blüten
Balgopal	Krishna als Kind
Bhagavad Gita	»Der Gesang des Erhabenen«; die berühmteste religiös-philosophische Schrift des alten Indien in Form eines in das Epos *Mahabharata* eingebetteten Dialogs zwischen dem Avatar Krishna als Wagenlenker und dem Krieger-Helden Arjuna unmittelbar vor einer Entscheidungsschlacht. Krishna lehrt darin fundamentale spirituelle Wahrheiten und gibt Anweisungen zum Handeln im Sinne des Yoga, d.h. zu einem Handeln, das ohne die bindende Wirkung des Karmas zur Befreiung führt. In der Bhagavad Gita, oder kurz Gita, werden die für verschiedene Temperamente geeigneten Yoga-Wege erläutert: *Bhakti Yoga* (der Weg der Gottesliebe), *Jnana-Yoga* (der Weg der Weisheit) und *Karma-Yoga* (der Weg des Egofreien Handelns).
Bhagavatam	kurz für das *Bhagavata Purana*, eine heilige Schrift vishnuitischer Prägung. In 18.000 Versen, die auf 12 »Bücher« aufgeteilt sind, erzählt es Geschichten von Vishnu und seinen *Avataras*, von denen der bekannteste Krishna ist.
Bhajan	Gesang zur Verehrung Gottes. Das Singen von Bhajans erfüllt das Herz mit *Bhakti*.
Bhakti	Hingabe, Gottesliebe

Bhakti Yoga	die Annäherung an und Vereinigung mit Gott durch Liebe und Hingabe
Bharat Natyam	eine der klassischen Tanzformen Indiens; eine Kunst, in der Episoden aus der Mythologie tänzerisch dargestellt und ursprünglich nur in Tempeln aufgeführt wurden.
Bhava Samadhi	ein erhabener Zustand der Kommunion mit einem Aspekt des Göttlichen bzw. einer göttlichen Person
Bhil	zur indischen Urbevölkerung gehörige Volksgruppe in West- und Zentralindien
Bhuma	Größe, das Umfassende, die Unendlichkeit, das Ewige
Brahmachari	ein Strebender, der ausschließlich dem Ruf des Göttlichen folgt und ehelos lebt.
Brahmacharya	Verhalten, durch das man »Brahman«, das Absolute, erreicht; die Schülerschaft als Lebensstufe; sexuelle Enthaltsamkeit
Brahman	Das formlose, alles durchdringende göttliche Absolute
Brahmarandhra	die »Öffnung Brahmas« am Scheitelpunkt des Schädels, durch die im tantrischen Yoga die Kundalini-Kraft aufsteigt und mit der göttlichen Energie von oben zusammentrifft
Brindaban	(auch Vrindavan): Stadt im nordindischen Distrikt Mathura; Schauplatz der u. a. im *Bhagavatam* erzählten Geschichten aus Krishnas Kindheit und Jugend, seiner frühen wunderbaren Taten und seiner romantischen Treffen mit den Gopis am Ufer der Yamuna
Chaitanya	auch Mahaprabhu genannt: bengalischer Heiliger (ca. 1486 – 1534) und Lehrer einer auf Krishna gerichteten *Bhakti* (Gottesliebe)
Chakra	»Kreis«, »Rad«; Bezeichnung für die feinstofflichen Energiezentren entlang der Wirbelsäule
Chakradhari	»Träger des Rades«: Beiname des Gottes Vishnu, der sich auf dessen wunderbare Waffe, ein flammendes Rad, bezieht.
Dada	»Älterer Bruder«. Als Dada bzw. respektvoll als Dadaji wurde Dilip Kumar Roy von seinen Schülern angeredet.

Darshan	der segensreiche Anblick eines Heiligen oder einer geweihten Götterfigur; Vision Gottes
Dharma	Kosmische Ordnung, Ethik, religiöses Gesetz, Pflicht
Dharmasadhana	spirituelle Praxis (Sadhana) im Einklang mit dem inneren Entwicklungsgesetz (Dharma)
Didi	»Ältere Schwester«. So wurde Indira Devi von Dilip Kumar Roys Schülern angeredet. Später setzte sich die Anrede »Ma« (Mutter) durch.
Diksha	Einweihung; spirituelle Initiation
Gandharva	engelähnliches himmlisches Wesen; himmlischer Musikant.
Gauranga	»mit weißem Körper«: ein Beiname Krishnas sowie des bengalischen Heiligen Chaitanya Mahaprabhu (ca. 1486 – 1534), der als Avatar Krishnas angesehen wurde
Gita	kurz für die *Bhagavad Gita*
Gopal	Krishna als Jugendlicher, meist mit einer Flöte dargestellt
Gopi	Hirtenmädchen; die Gespielinnen Krishnas in seiner Jugend in Brindaban; Vorbilder für reine Gottesliebe
Gurubhai	Bruder-Schüler: Schüler desselben Gurus fühlen sich brüderlich verbunden.
Gurubhakti	die auf den Guru gerichtete Liebe und Hingabe
Gurudev	»Der göttliche Guru«; respektvolle Bezeichnung für den Guru, die dessen Gottverwirklichung zum Ausdruck bringt.
Guru-Shakti	die vom Guru ausgehende *Shakti* (Kraft, Energie)
Guruvad	der Weg vertrauensvoller Hingabe an einen Guru, der seinen Schüler über Hindernisse und Krisen hinweg zum Ziel seines Lebens führt

Hindi / Urdu	Hindi und Urdu sind zwei nah verwandte Sprachen Nordindiens und Pakistans. Beide entwickelten sich aus dem Dialekt der Region Delhi, beide haben denselben Grundwortschatz und dieselbe Grammatik. Der weitere Wortschatz des Hindi entstammt älteren indischen Quellen, Urdu speist sich dagegen stark aus arabischem und persischem Vokabular. Hindi wird in der indischen Devanagari-Schrift, Urdu in einer Variante der persisch-arabischen Schrift geschrieben.
Jivanmukti	die Befreiung bereits zu Lebzeiten
Jnana	Erkenntnis, höchste Einsicht, Weisheit
Karma	Tat, Handlung; die Konsequenzen des Handelns; die Kette von Ursache und Wirkung
Karma-Yoga	Der Yoga-Weg selbstlosen Handelns, bei dem jede Handlung Gott als Opfer dargebracht wird
Kirtan	Gemeinsames Singen der Namen Gottes. Im Wechselgesang intoniert ein Vorsänger jeweils einen Vers und die Gruppe wiederholt ihn.
Kaupin	Ein nicht genähtes Stück Baumwollstoff, das sich Brahmacharis um den Unterleib wickeln. Es erfüllt die Funktion einer Unterhose.
Kundalini	Die Energie, die im Körper zusammengerollt und latent ist. Sie steigt durch die Wirbelsäule und die Zentren *(Chakras)* hindurch empor, um mit dem Göttlichen oberhalb des Körpers zusammenzutreffen.
Kurukshetra	Die Ebene in Nordindien, auf der im *Mahabharata*-Epos die Entscheidungsschlacht stattfand.
Lila	»Spiel«: Das gesamte Universum wird als Schauplatz des göttlichen Spiels von Erschaffung, Erhaltung und Auflösung angesehen.
Lungi	von Männern, besonders in Südindien, getragener Wickelrock
Ma	Mutter
Maharaja	König

Mahatma	»Große Seele«; Bezeichnung für bedeutende spirituelle Lehrer und Führer
Manasa Putra	geistiger Sohn
Mantra	heiliges Wort, Gebetsformel, bewusstseinserweiternder Klang als Mittel zur Meditation
Maya	Illusion, Täuschung, Schein. Nach Auffassung einer philosophischen Schule unterliegt die Mehrzahl der Menschen der Zauberkraft der *Maya*, die vergängliche Dinge als real und beständig erscheinen lässt.
Mayavad	die Lehre von der illusorischen Natur der Welt
Mayavadi	Anhänger dieser Lehre
Milan	Treffen, Vereinigung; speziell die Wiedervereinigung mit dem schmerzlich vermissten göttlichen Geliebten
Mounam	Schweigen, Schweigegelübde
Mukti	Befreiung, Erlösung
Muladhara	das Energiezentrum *(Chakra)* am unteren Ende der Wirbelsäule
Nidra	Schlaf
Nirvikalpa	»ohne alle Sinnestätigkeit«: eine Form des *Samadhi*; der höchste transzendentale Bewusstseinszustand, in dem der Geist ohne Denken, ohne Dualität, die letzte Wirklichkeit erfährt
Nityasiddha	ewig vollkommen; befreit geboren
Pranam	Verneigung, ehrfürchtige Begrüßung. Es gibt verschiedene Formen des Pranam von der Verneigung mit zusammengelegten Handflächen bis zur Niederwerfung des ganzen Körpers.
Prasad	Gnade, Geschenk; die Gott geopferten Speisen, die wieder an die Gläubigen verteilt werden
Puja	Ritual der Verehrung. Meist werden dabei Früchte, Blumen, Räucherstäbchen u. a. dargebracht.

Radha	Die Bekannteste unter den *Gopis*, häufig zusammen mit Krishna im Tanz dargestellt. Sie steht für die unbedingte Liebe und Hingabe der menschlichen Seele an einen persönlichen Gott.
Raga	Färbung; Gefühl, Emotion; in der klassischen Musik Indiens festgelegte Tonfolge, die einer bestimmten Tages- oder Jahreszeit zugeordnet ist und die entsprechende Stimmung erweckt
Raja	Fürst, Feudalherr über ein kleineres Territorium
Rani	Fürstin
Rasa	»Saft«: Geschmack, Genuss; die übersinnliche Freude ekstatischer Vereinigung mit Gott
Rishi	Seher; inspirierter Dichter (insbesondere der vedischen Hymnen)
Rudra	»Der Heuler«: in den Veden furchterregende Naturgottheit der Sturmgewalt
Sadhaka	Ein spirituell Strebender, der *Sadhana* ausübt.
Sadhana	geistige Übung; regelmäßig und ernsthaft ausgeübte spirituelle Praxis, z. B. Meditation
Sadhu	tugendhafter Mensch, Weiser, Heiliger; Bezeichnung für einen wandernden Bettelmönch
Sahaj Samadhi	»Natürlicher Samadhi«, der kein tranceartiger Ausnahmezustand mehr ist, sondern sich im täglichen Leben stabilisiert hat und mit normalem Wachbewusstsein einhergeht.
Sahasrara Chakra	»Der tausendblättrige Lotos«: das oberste der sieben *Chakras*, das Scheitel-*Chakra*
Samadhi	1. Sammlung; reines Bewußtsein; Erfahrung der Einheit mit dem Göttlichen als höchste Stufe des Yoga; 2. Grab oder Denkmal eines Menschen, der schon zu Lebzeiten Gottverwirklichung erlangt hat
Samskaras	latente Neigungen; aus früheren Inkarnationen mitgebrachte Tendenzen des Gemüts

Sannyas	Die mönchische Lebensweise, zu der Armut, Enthaltsamkeit und das Streben nach dem Göttlichen als Hauptziel gehören.
Sannyasi	(auch Sannyasin): jemand der »Sannyas genommen«, also die Mönchsgelübde abgelegt hat.
Savikalpa	»mit Unterscheidungen versehen«: eine Form des *Samadhi,* in der man das Selbst bereits erkennt. Im Gegensatz zum *Nirvikalpa Samadhi* verbleibt aber noch eine Spur von Dualität.
Shakti	Göttliche Energie
Shunyam	Leere; die schöpferische Leere des Schweigens und der Seligkeit
Shyam	»dunkelblau / schwarz«: ein Beiname Krishnas
Swabhava	die angeborene Veranlagung; das Gesetz des eigenen Wesens
Swadharma	das eigene innere Gesetz, das ein bestimmtes Verhalten erfordert, um die persönliche Lebensaufgabe erfüllen zu können
Tantriker	Yogis, die das Leben in seiner Gesamtheit bejahen, einschließlich des Körpers, den sie den »Tempel Gottes« nennen. Sie versuchen, den Körper mithilfe komplizierter Rituale zu reinigen, wodurch schließlich die Begierden des Körpers transformiert werden.
Tapasya	spirituelle Bemühung, Askese
Thakur	Herr; Bezeichnung für Gott, aber auch für Personen von überragender Heiligkeit wie z. B. Ramakrishna Paramahansa
Tirtha	»Furt«: ein Wallfahrtsort, verstanden als eine Furt, eine Stelle des Übergangs zwischen diesseitiger und jenseitiger Sphäre
Upanishaden	Klasse philosophischer Schriften, in denen in Form lebendiger Dialoge zwischen Meister und Schüler die existenziellen Fragen der menschlichen Identität behandelt werden
Vairagya	auf Weltabkehr und Entsagung gestimmte Gemütslage

Vaishnava	(auch Vaishnavismus oder Vishnuismus): der Zweig der Hindu-Religion, der sich auf Vishnu als höchste Gottheit ausrichtet und diesen besonders in seinen menschlichen Inkarnationen als Rama und Krishna verehrt. Der bengalische Mystiker Chaitanya Mahaprabhu und seine Schüler, darunter Sanatan Goswami, waren berühmte Vertreter des Vaishnava-Kults, sie praktizierten und lehrten besonders die auf Krishna gerichtete Bhakti.
Vedanta	»Das Ende des Veda«: auf den *Upanishaden* beruhende Philosophie, in der die grundlegende Einheit der individuellen Seele *(Atman)* mit dem allgegenwärtigen göttlichen Absoluten *(Brahman)* postuliert wird.
Vibhuti	1. ausstrahlende Kraft des Göttlichen; 2. eine Person, in der sich gewisse göttliche Kräfte manifestieren, wodurch sie fähig ist, sehr wirksam in der Welt zu handeln.
Viraha	Der Schmerz der Trennung vom göttlichen Geliebten, den man bereits in seiner Meditation oder einer Vision auf äußerst beglückende Weise kennengelernt hat.
Yama	1. der altindische Gott des Todes; 2. Selbstkontrolle, erstes der acht Glieder des Ashtanga Yoga
Yoga-Vibhuti	wunderbare Kräfte, die durch das Ausüben von Yoga erlangt werden
Yuga	Weltzeitalter. Nach altindischer Auffassung verläuft alles Geschehen im Universum zyklisch. Ausgehend vom goldenen Zeitalter der Wahrheit, dem *Satya Yuga*, nimmt die Rechtschaffenheit in der Welt über das *Treta Yuga* und das *Dvapara Yuga* bis zum *Kali Yuga* immer weiter ab, bis ein neues *Mahayuga*, ein neuer Weltzyklus, wieder mit dem *Satya Yuga* beginnt.
Yugavatar	der *Avatar* (die göttliche Inkarnation) dieses *Yuga* (Zeitalters)

WEITERE TITEL IN VORBEREITUNG

★ ★ ★

Östliche Weisheit & Yoga

Paul Brunton

YOGIS

Verborgene Weisheit Indiens

368 Seiten, ISBN 978-3-95659-005-4

★

Mouni Sadhu

RAMANA MAHARSHI

In Tagen des tiefen Friedens

368 Seiten, ISBN 978-3-95659-009-2

★

OSWALD WIRTH

Oswald Wirth (* 1860 in der Schweiz, † 1943 in Frankreich) war ein weiser Eingeweihter und Meister des Tarot. Er war ein renommierter Heiler, berühmter Rosenkreuzer[1] und als Hochgradfreimaurer Mitglied im Obersten Rat der Freimaurer des »Alten Angenommenen Schottischen Ritus«, Tarotforscher sowie Schriftsteller und Künstler in den illustren Pariser Bohemienkreisen und Salons. Er arbeitete als Ministerialbibliothekar in Paris und war Herausgeber der Zeitschrift »Le Symbolisme«. In den mystischen Bildern des Tarot entdeckte er die Stationen der magischen Einweihung und die Symbole der Astrologie, Kabbala und Alchemie.

Oswald Wirth steht zusammen mit den großen Geistern der Esoterik Papus, Joséphin Péladan und seinem Mentor und Meister Graf Stanislas de Guaita in direkter Einweihungs-Tradition zum Meister der Magie Éliphas Lévi. Zusammen mit dem legendären Prinzen der Rosenkreuzer Graf de Guaita entwarf und zeichnete er den legendären Rosenkreuzer Wirth Tarot, der in esoterischen Orden und Logen bis heute sehr beliebt ist. Der Rosenkreuzer Wirth Tarot ist das berühmte erste moderne Tarotdeck, das durch die große Yoga-Meisterin und Grande Dame des Tarot Elisabeth Haich (Autorin der Bestseller »Tarot – die Reise des Helden: 22 Stufen der Einweihung«, »Einweihung«) international bekannt wurde. Wirth arbeitete sein gesamtes Leben an diesem besonderen Tarotdeck. Schnell erkannten andere dessen tiefe Bedeutung und so leiteten die Ordensbrüder Arthur Edward Waite und Aleister Crowley ihre eigenen Decks (Rider Waite Tarot, Thoth Tarot) davon ab. Oswald Wirth verbindet die schweizerisch-deutsche und französische Tradition der Esoterik und schaffte mit seiner fundierten Forschungsarbeit den Brückenschlag zu den britischen Esoterik-Brüdern und -Schwestern z. B. im Golden Dawn.

---

1 Rosenkreuzer sind die geheimen inneren Kreise der Logen, Orden und spirituellen Gesellschaften. In diesen sagenumwobenen inneren elitären Zirkeln geht es um das höhere Einweihungswissen. Das goldene Kreuz ist das Symbol des (goldenen, also transformierten) Menschen und die Rose das der aufblühenden Seele.